周蓓 主編

『民國專題史』叢書

(美)顧西曼 著
瞿世英 譯

河南人民出版社

西洋哲學史

（上册）

一部『以地理與文學史和政治史爲根據的哲學史』，問世後被美國大學采用爲教材。全書分爲三卷：古代哲學、中代哲學和近代哲學，至十九世紀的哲學爲止

圖書在版編目(CIP)數據

西洋哲學史 : 全2册 / (美)顧西曼著; 瞿世英譯. —
鄭州 : 河南人民出版社, 2016. 4(2017. 1 重印)
(民國專題史叢書 / 周蓓主編)
ISBN 978-7-215-10049-7

Ⅰ. ①西… Ⅱ. ①顧… ②瞿… Ⅲ. ①哲學史—西方
國家 Ⅳ. ①B5

中國版本圖書館 CIP 數據核字(2016)第 079720 號

河南人民出版社出版發行
(地址：鄭州市經五路 66 號　郵政編碼：450002　電話：65788063)
新華書店經銷　　河南新華印刷集團有限公司印刷
開本 710 毫米×1000 毫米　1/16　印張 49
字數 710 千字
2016 年 4 月第 1 版　　2017 年 1 月第 3 次印刷

定價 : 317.00 圓(上、下册)

出版前言

中國現代學術體系是在晚清西學東漸的大潮中逐步形成的。至民國初建，中央政治權威進一步分散和削弱，加之新文化運動帶給國人思想上的空前解放，新學的啓蒙，新知識分子的産生，民國學術如草長鶯飛，進入一個自由而蓬勃的時代。中國傳統學科乃中國學術之根基與菁華所在，民國學人采用『取今復古，别立新宗』之方法，引入西方的學術觀念，積極改造，使史學、文學等學科向現代學術方向轉型。此外，大力推介西方社會科學的新學科和自然科學，在學習、借鑒乃至移植西方現代學術話語和研究範式的過程中，逐漸建立中國現代學科，使中國的學科門類迅速擴展。一時間，新舊更迭，中西交流，百花齊放，萬壑争流，開創了中國現代學術的源頭。

伴隨知識轉型和研究範式轉換而來的，還有學術著作撰寫方式的創新。中國古代的著作向來以單篇流傳，經後人整理匯編後，方以成册成集的面目出現并持續傳播。直到十九世紀末，東西方的歷史編撰體裁不外乎多卷本的編年體、紀傳體和紀事本末體等，章節體的出現標志着近代西方學術規範的産生和新史學的興起。章節體具有依時間順序，按章節編排；因事立題，分篇綜論；既分門别類，又綜合通貫的特點。以章、節搭建起論述之框架，結構分明，邏輯清晰，較傳統的撰寫體裁容量大、系統性强。它的傳入，使中國現代學術體系從内容到形式被納入了全球化的軌道。民國時期專題史的研究、譯介、編纂、出版恰恰是在這樣的背景下欣欣而發，是學術的實驗場，也是歷史的記録儀。編選『民國專題史』叢書的初衷正是爲了從一個側面展示中國學術從傳統向現代過渡的歷史進程。

專題史是對一個學科歷史的總結，是學科入門的必備和學科研究的基礎，也是對一個時代艱深新鋭問題的解答，是學術研究的高點。民國專題史著作中，既包含通論某一學科全部或一時代（區域、國别）的變化過程的，又囊括對一時代或一問題作特殊研究的，還有少部分是對某一專題的史料進行收集的。原創與翻譯并重，翻譯的底本大多選擇該學科的代表著作或歐美大學普及教本，兼顧權威性和流行性，其中日本學者的論著占據了相當比重。日本與中國同屬東亞儒家文化圈，他們在接納西方學術思想和研究模式時，已作了某種消化與調適，從思維轉换的角度看，更便于中國借鑒和利用，他們的著作因而被時人廣泛引進。

與當代學術研究日趨專業化、專門化、專家化的『窄化』道路迥乎不同的是，中國傳統學術崇尚『學問主通不主專，貴通人不尚專家』的通識型治學門徑，處于過渡轉型期的民國學術在不同程度上保留了這種特徵。民國學術大師諸學科貫通一脉、上千年縱横捭闔之功力自不待冗言，外交家著倫理政治史、文學家著哲學史、化學家著戰争史等亦不乏其人，民國專題史研究呈現出開放、融通、跨界撰述的特點。與此同時必須看到，自晚清以來，中國的命運就在外侮屢犯、内亂頻仍的窘境中跌宕彷徨，民族存亡仿若命懸一綫。這股以創建學科、總結經驗、解決問題爲指歸的專題史出版風潮背後，包裹着民國學人企望以西學爲工具拯民族于衰微的探索精神，及以學術救亡的愛國之心。梁任公曾言：『史學者，學問之最博大而最切要者也，國民之明鏡也，愛國心之源泉也。』這種位卑未敢忘憂國的歷史使命感和國民意識是今人無法漠視和遺忘的。

『民國專題史』叢書收録的範圍包括現代各個學科，不僅限于人文社會科學，學科分類以《民國總書目》的分科爲標準，計有哲學、宗教、社會、政治、法律、軍事、經濟、文化、藝術、教育、語言文字、中國文學、外國文學、中國歷史、西方史、自然科學、醫學、工業、交通共19個學科門類。本叢書分輯整理出版，内不分科，單本發行，方便讀者按需索驥。既可作爲大專院校圖書館、學術研究機構館藏之必備資源，也可滿足個人研讀或興趣之收藏。

與目前市場已有的一些專題史叢書相比，『民國專題史』叢書具有規模大、學科全、選本精、原版影印的特點。本叢書選目首重作者的首創、權威和著作影響力，尤其注重選本的稀見性。所謂稀見，即建國後没有再版，且多數圖書館没有收藏，或即便有收藏，也是歸于非公開的珍本之列予以保存，普通讀者難以借閲。部分圖書雖有電子版，但作爲學術研究的經典原著讀本，紙質版本更利于記憶和研究之用。本叢書精揀版本最早、品相最佳的原版圖書作爲底本，因而還具有很高的版本收藏價值。

『民國專題史』的著作是民國學者對于那個時代諸問題之探究，往往有獨到之處，無論其資料、觀點短長得失如何，要之在中國現代學術史的構建與發展進程中，自有其開宗立論之地位。

序

哲學是什麼？研究哲學有什麼價值？幾千年來，哲學的定義很多，眞是介紹不盡，卽使都介紹來，也是沒有多大用處的。但是哲學有個對象，就是生活。傑姆士道，「哲學是一種世界觀，是對生活的一種知識的態度。」羅伊思(Josiah Royce)也道；哲學的價值與起原就是企圖要將我們個人對於生活的比較重要的事情的態度加一種合理的解釋。倭伊鏗更明明白白的揭出人生問題來。

哲學本來是很難有確切的定義的，但是我想如果我們說哲學的目的是企圖解答人生問題與宇宙問題的換言之是一種人生觀與世界觀這樣概括的說去，大概無論那一派的哲學家，都不至於搖頭罷。

我們研究哲學至少可得兩種利益：一可以解放思想，一可爲科學，文學，築一基礎。深一層說，可以創造我們自己的人生觀與世界觀。但是有人說哲學與科學衝突，或者說哲學不如科學致用。

然而我深信科學的勝利便是哲學的勝利，近代科學的發達，便是哲學之花的盛開。記得杜威博士道，凡事要看原因，不要單看結果。我們祇要研究科學發達的原因，則前面兩個疑問，自然而然的答復了。又有人說哲學與宗教矛盾，現在我們不討論宗教問題，但無論如何，一種宗教便是一種哲學。無所謂矛盾！

我們知道什麼是哲學哲學史是什麼的問題，當然不用問了。今年羅素返國臨行前幾天，我去問他有什麼好哲學史，哲學史應當怎樣研究？他說道，哲學史無甚用處。哲學史家想在一本書裏，述說一切的哲學家的哲學，其實却一個哲學系統也說不清楚。研究哲學最好還是讀各哲學家的原文。……但是比較起來，還是愛德曼（Erdmann）的哲學史不錯云云。他的話自然有一部分眞理但是說讀哲學史無用處，我却不贊成。何以呢？因爲哲學史可以使人知道各哲學家思想發展的統系，是人類精神的進步的系統的記載，更可以知歷來的時代精神。又如本書著者所說，是人類的見解的記載。所以我承認哲學史有研究的必要。而初學哲學的，更不可不研究哲學史。

中國現在研究西洋哲學的人很多，却沒有一本好好的西洋哲學史。我四年前初讀哲學時，使感受了無邊的痛苦。那時便想在數年後譯一部西洋哲學史。到今年暑假，便開始翻譯這本書。現在譯完付印的祇是第一册。包括古代和中代。是一九一八年的再版本。

我所以翻譯這本書而不譯別的哲學史，有幾個原因。一這本書是我從前研究哲學史的教本，譯他比任意取一本書來，提筆便譯的，至少可以減少些謬誤。第二個原因，是正如著者所說的，「是一本以地理與文學史和政治史爲根據的哲學史」。這是這一本書特出的好處。杜威博士曾說道，若果有人將哲學史的研究與人類學，原始生活，宗教史，文學，與社會組織的研究相連，……哲學史便取得一種新意義。這幾句話是很對的，顧西曼便也見到這一點。第三個原因，這本書條理淸楚，說理明顯，每稱哲學系統，都能還他個本來面目。這是好的。

現在祇譯完了古代和中代，希望不久便可以將近代譯完。我譯這本書，最要感謝的是燕京大學科長兼哲學教授博晨光君 (L. C. Porter B.D., M.A.) 因爲他是四年來領導我研究哲學的，譯這一本書時也得他許多幫助。朋友中最感謝許地山君，因爲他在許多方面鼓勵我，譯中代哲學時，因爲他是研究宗教的，所以幫助我的地方更多。至於我的譯文，自然有許多錯誤的地方，文辭亦未經潤色，這是要請讀者原諒並且指正的。我譯這本書，是逐句直譯，間亦將無關重要之字或句略去一二。但所略去的合起來也不滿兩頁。

除此之外，有三件事要說的，就是(一)譯哲學書名詞最難譯，竟有以一字而躊躇好幾天的。本書所譯除常用之字外，或從日譯之善者，間亦暫時自鑄新字應用，非敢立異，亦採用試錯法(Try and Error Method)耳。(二)書中「神」字即英文("God")不譯上帝而譯「神」的緣故是因爲我很贊成地山兄譯"God"爲神的意見。(三)原書中有人名地名，費解的字或專門的名詞，亦爲他是主張加一註解，以便讀者。

瞿世英

一九二一，十，三一。於北京燕京大學。

原序

這本書是預備初學哲學史的人做教本的。是爲學生預備的，不是爲教師預備的。是一本以地理與文學史和政治史爲根據的哲學史。

既然是一本教本，就要預備些節要和表解以便記憶。哲學的學說表現得愈簡單愈好，好將那些主要的學說都提揭出來。一方面將我個人的解釋與批評，一方面又將專門的話的解釋，都設法避開不用。有的時候，我就要選擇還是用解釋，還是用專門的話，遇有這種事情，就以篇幅的限制來決定。因爲這本書是爲學生預備的，所以教師格外有必要；因爲這本書祇給學生一個綱要，給教師以上課的時間以他自己的解釋去鼓勵學生。本書應用地圖與當時的文學與政治史的時候，祇是爲教授的原故利用這些大學學生在開始研究哲學史時已經有了的知識。

許多年來爲初學的人教授哲學史的經驗，深知道學生於研究這種學科時有四種觀念，能取來與哲學學說相連合的地理的知識，若干歷史與文學的知識，和許多說不出所以然的個人的哲學意見。他們個人的哲學意見自然是最重要的部分，但這不過是因這種學科的影響迪提清些，並不是直接與這種學科的本身相接觸。而教師可用以爲挂住哲學學說的「記憶之鉤」還是學生對於地理歷史與文學的觀念。如果哲學史祇是一連貫的許多學說，則學生於開始研究這種學科時，不但覺着地域是新奇的，便自己也是其中的一個外人了。不但如此，如果將歷史的哲學的學說分離，不啻給學生以一種謬誤的歷史的透視，因爲哲學思想與當時的事情在歷史上是不可分開的兩方面兩分面互相解釋，缺一不可的。如果要哲學史與初學者有益，必要有一種歷史的意義表示出來。

至於哲學史的材料問題，我祇求便於學生，和歷史上重要的部分。所以我很感謝每一位我所經過的斯學權威，但大部分是依着偉大的文得而班 (Windelband) 的鼓勵的指導。許多好朋友看了一部分的草稿，承他們加以指示和批評。我特別感謝派克 (C. P. Parker) 伊磨頓 (Ephraim Emerton)，諾頓 (A. O. Norton)，和羅伯司 (J. H. Ropes) 等教授，哈佛大學的福勒博士，(Dr. B. A. G. Fuller) 威士里大學的賈爾金司教授 (Mary W. Calkins) 和脫夫次大學的魏特教授(C. S. Wade)和毛司白教授(D. L. Maulsby)；和我的妻子，(Abby B. Cushman)但是這預備了許多年的書，如果有錯，我一人負責。

代替每章末的參考書目，有的小註上已註明某書的頁數。我願意特別請學生們注意討論柏拉圖時，後面的附錄。這是一種完全的柏拉圖的原文的選集。前朱維德教授(Prof. Jowett)特別為懂英文的人預備的。這種選本，朱維德教授書分給他的牛津的哲學班，很可慶幸的我也是一分子。

哲學的名詞，或者在書裏面加以界說，或者在小註上。他們的目的祇求適用於學生，並不一定是完全的。

一九一〇，六月．脫夫次大學。

再版原序

本書再版時祇在討論初期宇宙論的哲學的形式上，加以修改。(第二章)．

顧西曼(Herbert E. Cushman)

一九一八，二月．西牛頓．West Newton.

西洋哲學史目錄

第二章　宇宙論時期：宇宙哲學

第五章 蘇格拉底

第七章　柏拉圖

第九章 「希臘的羅馬」期

第十章　伊璧鳩魯派

第十一章　斯多亞派

第二章　中代的初期

第三章　過渡期

第四章 經院哲學期

西洋哲學史

導言——哲學史的三大時期

三大時期的區分：

古代哲學，紀元前六二五——紀元後四七六。

中代哲學，紀元後四七六——一四五三。

近代哲學，紀元後一四五三——現代。

這便是哲學史上自然而然的分成的三大時期區分這三大時期的兩個年分是四七六和一四五三，前者便是舊羅馬滅亡的那一年後者便是新羅馬（君士坦丁）陷落的那一年。由此可以見到一千年的中代生活是介乎古代與四百五十年的近代中間。不管這三個時期的知識的產物的價値是怎樣，而時期的長短亦是很可注意的。歐洲自有哲學思想以來已有二千五百多年了。却祗有四百五十年是屬於近代的。換句話說，自歐洲人成年能思想以來，他的生活有五分之二是屬於所謂古代文明裏，五分之二是屬於中代文明裏。祇有五分之一是屬於近代的。

三大時期的眞正不同點　這三大時期於歐洲人思想生活上的不同點是很眞切顯明的。不獨可以政治上的改變或經濟上的變遷去解釋；更不全是文學的或藝術的作品上的不同。他們的不同點伏得還深些，因爲他們的不同點是心理上的態度的不同。哲學史比別種歷史更深，更難，更切近人生因爲他是人類的眼光和見解的記載。學者如取古代及中代的心理的態度時，大部分的同情的領會與讚賞是要的。人若不將人類思想的歷程全走完，是不能想具有此種領會與讚賞的。

哲學史是從客觀的生活觀到主觀的生活觀的一種有機體的發展，有一個傳襲的中代，其中客觀的與主觀的是相混的。古代思想是客觀的，中代是傳襲的，近代是主觀的。但我們能不能將這些抽象的名詞略加解釋呢？所謂古代思想之客觀性就是古代研究思考生活問題的時候是以宇宙全體爲起點的。想要從外表去考察事物的相互關係。宇宙即是實體；人與神都是宇宙的一部分。即人的心理的歷程亦是事物全體的一部分。即在倫理方面人亦不是獨立的個體，不過是國家的一分子。當古代想到分別心物的時候，他不想到人是與被知的物質相對的知者他却以心和物是一個宇宙的分子。古代思想的對照實在是表象與本質，非實體與實體而並不一樣重視他們。古代企圖以空想去改造他的世界，却總是以世界爲觀點。

所謂中代思想之傳襲主義是說那時人的思想是爲從前的有勢力的規條所支配。在中代時古代的獨立思想是止住了。人們思想，並且深深地思想，但他們已爲宗教的傳襲束縛住了。權威在他們之上鉗制了他們的思想。客觀的基督教會與其權威取客觀的希臘宇宙而代之。教會有許多不可破壞的教義，思想祇許去解釋教義。

在別一方面，當我們說近代思想是主觀的一句話時，我們便提到知識的重心已完全改變了。起點不是世界，却是個人。宇宙是與心意相對的（二元論）或是心所創造的（惟心論）。無論在那裏近代的人都以宇宙看做他的僕人，眞理的標準要在他自身去找而不在外界的什麼事物的中間。知者的本身現在是與被知的對象相對照，而對象並不能離開人類思想的歷程而獨立。實體與其說是宇宙無寧說是人。政治的國家能增加個人權利的纔能算是正當的；宗教的權威是

個人良心的表現；物質的宇宙是人類的解釋。(註一)

柏拉圖，但丁，和歌德是這三個歷史的時期中人們思想的最好的代表。但若沒有一種對於這些時期的哲學的領會和讚賞，怎樣能明白他們呢？

(註一)請參閱 Knight, Life and Teaching of Hume, PP. 102 f. (Blackwood Series); Falckenberg, Hist. Modern Phil., P. 10; Zeller, Pre-Soeractic Phil., Vol. i, PP. 161 f.

哲學上三大時期的詳細的區分表

I. 古代 625 B.C.—476 A.D.

- 希臘 625—322 B.C.
  - 宇宙論時期 625—480（至波斯戰爭）
  - 人事論時期 480—399（至蘇格拉底死）
  - 系統哲學時期 399—322（至亞利士多德死）
- 『希臘的羅馬』322 B.C.—476 A.D. 亞利士多德死至舊羅馬的滅亡
  - 倫理的時期 322 B.C.—1 A.D.（至基督教時代開始）
  - 宗教的時期 100 B.C.—476 A.D.

II. 中代 476—1453.

- 初　期 476—1000（從舊羅馬的滅亡至近代歐洲的開始）
- 過渡期 1000—1200（從近代歐洲的開始至十字軍）
- 復古期 1200—1453（從十字軍至君士坦丁的陷落）

III. 近代 1453—現代

- 文藝復興1453—1690至洛克的人類知識論及英國革命
  - 人本主義的 1453—1600
  - 自然科學的 1600—1690
- 啓明時期 1691—1781（從洛克的著作到康德的『批評』）
- 德國唯心論時期 1781—1801（從康德的『批評』至黑格爾之死）
- 進化論時期 1820——

卷一 古代哲學 (625 B.C.—476 A.D.)

第一章 古代哲學中的初期希臘

古代哲學的區分。 古代哲學史自然而然的分成兩大部分：純粹的希臘哲學與「希臘的羅馬」哲學（或羅馬世界中的希臘哲學）。紀元前三二二，就是亞利士多德死的那一年，是這兩個時期的分界，這是歷史上的一塊磨石。因為亞歷山大是紀元前三二三死的，亞歷山大和亞利士多德死的年分相差不多，這不但指示他們師徒間一生關係的密切，並且還可以將他們以前和他們以後希臘文明的分別對比起來。在他們以前那時的文化完全是純粹希臘精神的產物，他們以後古代的文化却是許多元素的混合的產物——如希臘與羅馬的文明，許多東方的宗教亦包括基督教。在他們以前古代文化是為愛知識求知識，不為深遠的目的，不論是服務或是效用；在這些歷史上的大人物以後，文化漸縮小為特殊科學而受奴役於實用的問題。在他們以前，希臘市府起而成政治的強國；在他們以後，政治方面希臘漸漸的失敗而被羅馬帝國吸收去了。

古代哲學的史料的來源（註一）　古代哲學的史料的來源有三：(一)原料或原著；(二)副料，或間接得來關於原來作者的報告；(三)可靠的近代的哲學史家的解釋。專門研究哲學的自然要找頭兩種。其餘便可找着許多可靠的近人作的古代哲學史。研究古代哲學的人不可不有齊勒(Zeller)，文得而班(Windelband)，韋博(Weber)，倭伊鏗(Eucken)，余白凡(Ueberweg)；英國的白柰脫(Burnet)和弗爾班(Fairbanks)美國的羅吉而史(Rogers)和脫柰而(Turner)的關於哲學史的著作在手邊。

『蘇格拉底以前的希臘初期的哲學家的著作現在祇有斷錦零紈了。柏拉圖著作的全部差得還遠；亞利士多德的重要著作亦是如此，其餘如斯多亞派，伊壁鳩魯派，懷疑派和新柏拉圖派亦是一樣。基督教時期的哲學家的重要著作却差不多都有了。』(Ueberweg, Hist. of Phil., Vol, 1, P. 7)　副料包含柏拉圖，亞利士多德，斯多亞派，懷疑派，新柏拉圖派與所謂校釋家的著

(註1)請參閱 Fairbanks, First Philosophers of Greece, PP. 263 f.

作中的古代哲學家的引句和註釋。校釋術——校訂並註釋古時作品之學——在亞利士多德以後在亞利山特利亞，勃克母（Pergamos），和羅特地方很盛。創始者提亞法瑞斯脫斯（Theophrastus）他是亞利士多德的徒弟接管來西亞（Lyceum）的。校釋家最主要的人物中有普洛太希（Plutarch），斯托啓（Stobaeus），和愛條（Aetios）。

初期希臘的環境 生物學家解釋一種生物必要搜尋研究他的以前的環境和遺傳的本能。所以如果我們知道了初期環境和遺傳的本能，我們必可以比較清楚些第一層知道歐洲哲學爲什麼起始於希臘而不起始於別處；其次可以知道希臘哲學爲什麼向這幾路發展。

（一）他的地理的環境 產生哲學的希臘比現在的希臘大的多。古代的希臘包括凡爲地中海所沖刷之一切海岸與島嶼，從小亞細亞到西西利和義大利，從西林（Cyrene）到脫雷斯（Thrace）。希臘本土卽希臘半島起先並不甚重要。做領袖的還是曾經移殖於小亞細亞沿岸的伊和寧人（Ionians）。紀元前七世紀，希臘哲學初發現的時候，這些伊和寧人握住了全世界三洲的商業。在地中海沿岸他們都擴張商業並且移殖人民。買利脫斯是這些殖民地中最富饒的亦是希臘科學的搖籃。因爲富饒所以人民有閒工夫於是就有機會去思考。

(二)他的政治的環境。　要明白開始發現哲學的希臘的政治，必要從歷史方面去解釋他的起源。這便要將我們帶回四百年到敍事詩(Epic)的時代去。(1000—750 B.C.)在敍事詩的時代有二百多年工夫經過兩次變動這都是於未來的希臘文明很有影響的：(一)代替古代文系專制的寡頭政治很堅強的存立着而(二)敍事詩又成功了。荷馬的敍事詩的重要不單是創造了一種偉大的作品，實在是希臘宗教的成立就是希臘的惟美的多神教。他的著作中指明從前的原始的，無組織的，野蠻的宗教已經過去了，至少在上等階級中已有了一種惟美的多神教，這多神教的大體便已經在敍事詩裏規定了。

從七五〇到六二五的百餘年間，從敍事詩的時代到希臘哲學的中間可以說是政治擾亂的時代。寡頭政治的政府竟不論貧富一概壓制。於是希臘及各殖民地發現了一班以經商而富足的市民階級。以寡頭政治之不良，結果便是(一)移徙(二)和革命。此種情形尤以平民階級強有力者的殖民地及冒險者衆多的城市爲最眞確。富人政治與貴族政治相鬬爭便是強有力的人的機會。這些政治上的煩難紛擾自紀元前六五零以後不止，希臘城市的歷史就是要竭力設法建設平民政治。那時因國內有戰爭於是所謂霸者紛起，其中如在買利脫斯的斯萊西白奴(Thrasybulus)，在利斯浦(Lesbos)的畢太古(Pittacus)，在哥林市(Corinth)的白利安特(Periander)和在雅典的必昔斯脫拉都(Pisistratus)都是這些霸主的朝廷便是知識界的中心。他們都獎勵扶助那時的詩人，著作家和藝術家。敍事詩的普遍主義破壞了，抒情詩和諷刺的文章的個人主義來代替了他。好些地方那些貴族跑去退隱常常的刻意去研究詩文，科學，和哲學。

初期希臘的天賦的趨勢。 為什麼希臘人是歐洲的哲學家的始祖呢？海洋與陸地的地理的環境確有些關係。紀元前七世紀時在舊的貴族階級與新的富商階級的鬭爭下一定養成了一種獨立的思想與健全的人格。然而天才是在民族血統裏的。誰敢說他的眞原因不是亞利安人侵入與原來的居民血統相混後的結果呢？對於這個問題不論怎樣回答總之在紀元前七世紀的希臘民族對於自然世界是有特殊興趣的。他們喜歡具體的事實——那時沒有別人注意的——並且願意將他們所見的具體的事實淸淸楚楚的表示出來。他們有一個精巧的宇宙是沒有一毫紛亂的。希臘人在很早的時候就組織他們的經驗，思考觀察社會力與自然力的工作，因此才能進而達於研究基本的哲學問題的三條路。

（一）第一是宗教的發展。他們的宗教組織的第一步我們已經看見了，因爲荷馬的敍事詩便是那從原始野蠻的自然神教發展而成一組織完備的，含有詩意的，惟美的多神教的表現。希臘人以爲人神都是自然世界的部分。他們比較的可以自由去圖成因爲他們沒有祭司們的教會政治亦沒有專斷的信條去遏抑他們的想像。希臘祭司並不干涉私人的日常生活也不傳教。『他們不是傳道士，他們是堅守聖器人和禮拜的員司們』。哲學發現的前五十年以科學去組織宗教的趨勢亦表顯出別種進步的開端來。一元的信仰發生出來；這可以從初期希臘的著作中尋出些證據。這種一元論是那些格言派的詩人所表現的。這些詩人也叫做「詩哲」(“Wisepoets.”)因爲他們用格言的口調去說明道德的原理。

（二）初期希臘的天才在他們思考觀察物質的事情上就顯明了。希臘人早就搜集各種材料，而最要緊的是對於這些材料加以思考。伊和寧人原來是精於航海的；所以他們有好多實際的經驗並且對於他們所看見的事物有極眞實的觀察。他們亦因遊歷而得與東方人及埃及人相接觸，雖然他們的關於科學的概念大半是他們自己的而他們的知識却的確因此而增加。紀元前七世紀時希臘人很有了些物質科學大半是無機科學（如天文地理氣象等學。）初期希臘關於有機的現象如醫學生理等科的知識是很有限的。關於算學的研究雖然東一鱗西一爪的有些材料，却也不甚發達。有許多最初的哲學家亦是科學家。

（三） 希臘人不但最初從他們的自然神教的危險中提出了一種宗教系統，不但最初將他們的關於物理的材料放在科學的形式裏；更最初特別注意於人的行爲。這事一可見於荷馬（800 B.C.）次可見於黑息阿特（Hesiod 700B.C.）而在格言派的詩人中其思想尤深遠。伊利亞特（Iliad）雖然是敍述的詩却是倫理的觀察。譬如，黑克透（Hecter）說，『爲國而戰是最好的預兆；』奈斯脫（Nester）在議會中說，『沒有親戚的可憐人沒有家庭的不法的人是歡喜本國有戰爭的。』黑息阿特的詩（工作與時間）本意是要講道德的。這本書實在是一種教育的詩。

黑息阿特的地位是在許多希臘講倫理的先生們以上。但他的道德的觀察却並不是連貫的表現出來的；並沒有普遍的概說不過是對於某種經驗的單獨的批評。格言派詩人在紀元前七世紀之末發現，算是政治紛擾中的道德改良家。這個時代希臘人稱之爲（七賢時代）是選出來當時最可尊敬的七個人。格言派的詩的精神在他們的說話裏很顯露。他們恐怕普通一般人不管前代的風俗習慣而目前又太奢侈；所以他們的箴言是「節制，」他們常常的說「不要太多了。」他們要靠着警句，格言，暗語，等等去改良社會。這七個人的名字不一定，祇有四個是知道的，就是泰利士（Thales）蘇隆（Solon），畢太古（Pittacus），和白阿斯（Bias）。他們的倫理思想不是和黑息阿特一樣注意於家庭，村莊，和風俗習慣的規則，他們所注意的是個人與社會的一般關係。這種倫理學說於當時是很有影響的。茲略舉幾條他們的言辭如下：——

『沒有人是快樂的；全都充滿了煩惱。』『誰都想做好事，却沒有人知道他做的要得什麼結果，亦沒有人逃得過定數。』『人因自身的不公平將神所要保護的城市也毀壞了。』『要反對這些罪惡，最要緊的是在國家方面有法律和秩序，個人方面能知足節制。』『最高之善是節制不是資財。「所得有餘便是自己抬高自己」。

希臘哲學的三個時期。紀元前六二五——三二二。這三個時期是：——

一、宇宙論時期　紀元前六二五——四八〇

二、人事論時期　紀元前四八〇——三九九

三、系統哲學時期　紀元前三九九——三二二

一、宇宙論時期起於希臘之有哲學思想迄波斯戰爭（紀元前四八〇）。這並不是說希臘人對於宇宙論的興趣終於紀元前四八〇，但此後確不是他們最感興趣的時候了。宇宙論是什麼？宇宙論就是研究物質的宇宙的實體（Reality）的。這時期占有希臘人思想的宇宙論的特殊問題就是在物質世界的各種變易之中，什麼是不變的呢？這就是哲學的問題而不是自然科學的問題。哲學的活動的劇場不在本土而在各邦。除哲學以外還有很重要的兩方面必要討論的就是政治的狀況和宗教的神祕。

二、人事論時期於宇宙論運動在各邦未終了之先即起於本土。始於一極大的社會的衝動正

在波斯戰爭得勝之後迄蘇格拉底之死。雅典是個中心。從大體看來雖然許多大哲學家不在這時期，但是希臘文化最發達的時代。蘇格拉底是本期最特出的人格。這一期所以叫做人事論時期(Anthropological Period)的原故是因為他們的興趣是在研究人而不在物質的宇宙。

三、系統哲學時期始蘇格拉底之死終亞利士多德之死。(紀元前三二二)亞歷山大是紀元前三二三死的。這一期所以叫做系統哲學時期的緣故是因為給希臘哲學以一種組織和系統的三個大哲學家都在這一期以內。這三位就是德謨克利泰，柏拉圖，和亞利士多德。至於因亞歷山大的遠征而希臘文化得以擴張發展的事實在「希臘的羅馬」的思想史上確是極重要的，且等說完了這一期便當再提到他。

第二章　宇宙論時期 (625—480 B.C.) 宇宙哲學

當我們開始研究這希臘哲學的發端的一百五十年叫做宇宙論時期的時候，我們覺着與我們相對的是一種極有趣的社會情況，這種社會情況的來由一半是由於希臘的政治與地理的環境，一半是由於希臘的遺傳的天才。在這一方面，希臘在這一個半世紀之間，政治上的煩難以東有波斯西有迦太基(Carthage)的發展而愈劇。在別一方面希臘宗教忽然變成神祕主義哲學問題在旁邊進行雖緩而興趣日增。雖然在這個時期希臘政治與希臘宗教常爲希臘生活之害，而希臘哲學却還是於他們很安全的。

希臘政治狀況的危險：波斯與迦太基。希臘的市府永久沒有聯合成一國，這是要記淸的。他們常常的互相爭抗。前面我們已經提到國內平民政治與寡頭政治的相爭。這種內部的紛擾直相延到希臘歷史的終了。在這一時期中除內部的紛擾外更加上外患竟似已危及希臘的本身的存在。這第六世紀在希臘竟是極重要的一個時代。東西兩大帝國的崛起似乎要掃滅他的文明。『波斯威力的擴張將但泰奴(Tantalus)的一塊石頭懸在希拉斯上(Hellas)希臘文明似乎要沉入一個東方的帝國裏去。』(註一)西奴斯(Cyrus)於紀元前五五〇取米迭亞(Media)，紀元前五四六取來迭亞(Lydia)，紀元前五三八取巴比侖爲波斯建其基礎；紀元前五二八康

(註一) Bury History of Greece, P. 311.

佩西（Cambyses）又加上埃及；至達利由（Darius），在位極久，（從紀元前五二一八至四八六）便組成了大波斯國。在西方呢，迦太基總向希臘的西西利（Sicily）示威，在本期之末便和波斯一致行動要取得地中海。

新宗教的危險神祕派與畢太哥拉（Pythagoras）　在紀元前七世紀希臘的政治社會已經覺着因爲幾件不能贖的罪惡受了神罰。詩人歌道『地上全是病，海裏全是病。』宗教的墮落漸漸的普遍了。於是大不滿意於舊時的多神教，尤以黑息阿特的神統紀（Theogony）上說的最清楚，到紀元前六世紀希臘就按照他們當日的需要去解釋了。一般人都渴望不朽和個人的超自然的知識。要想尋捷徑去解釋人生之神祕的欲望更普遍了。人都注意於禮式去潔淨他們，使他們不沾染世上的罪惡並且得着個人與精神世界的接觸。這種新宗教佈滿了希臘全境，叫做神祕派（或是Orgia）。所謂神祕派的意思並不是建築於某種祕密的知識的信仰上的會社。（這個字或者有這個意義）神祕派以儀式爲基礎，而不以獨斷教義爲基礎。特殊的儀式就是創始禮和淨洗禮（Purification）。他們假設是去潔淨那有關係的而將他放在一個新的精神的組織裏。靈魂卽可脫離常常爲害的惡魔。舉行這些儀式的時候有時竟有三萬餘人到會。有遊行，唱歌，跳舞，和戲劇等等。最重要的神秘派有 Orphic 和 Eleusinian。

神秘派是畢太哥拉派的結社的基礎。沙母 (Samos) 地方的畢太哥拉實在是很非常的人，他跑到義大利去住在克洛禿納 (Crotona) 地方。他的宗派於我們格外重要因爲後來他們就用他的算學和天文學方面建設了一種哲學。但畢太哥拉和當時接近他的人與後來的畢太哥拉派不同。畢太哥拉和最初的畢太哥拉派並不是哲學家，不過是像神秘派一派的「屋非的」(Orphic) 會，但畢太哥拉派範圍大的多。他們想支配並制裁本派分子的公共的和私己的生活並且建設一種普通的教育法。（註一）畢太哥拉是一位流放的貴族，他的一派人是一部分反對平民奢侈的宗教團體。畢太哥拉最注重的道理是輪迴不朽說(Immortality in the form of Metempsychosis)（靈魂自此體式至彼體式的移轉。）在紀元前四五〇左右這一派便像宗教

（註一）Burnet, Early Greek Philosophers P. 104.

團體般分散了。及至紀元前三五〇分散的分子纔在提勃斯(Thebes)建立了一派哲學。至於後來的哲學的畢太哥拉派及其「數的哲學」後當詳論。

畢太哥拉派一分散，新宗教的危險也就沒有了。新宗教狂也就過去了。在紀元前六世紀的時候實在是希臘的未來的知識界的危險。那時如再稍爲增加一些兒勢力時或者寺院裏便要容納他們而在這樣司祭中心主義(Sacerdotalism)很有力量的時候，祭司們或者竟可以束縛住希臘的精神使一變而爲迷信，那些霸主們便竟可以利用這些祭司們了。那也就沒有蘇格拉底，沒有柏拉圖，沒有亞利士多德了。神祕派實在是避世主義的一個反響要從政治的危險中取得宗教的救度，但他們也同樣是希臘的一個危險。希臘的賢人君子所取的居中的一條理性哲學的路纔是濟度他們的正道。

宇宙論者的特點　這種最初的哲學有許多特點是在起始時候便要知道的。

(一)　這些宇宙論者都是自然科學家。他們的科學的見解除幾點外都很有注意的價值。亞利士多德稱之爲物理學家以別於在他們以前的神學家。

(二) 他們常常在學院裏共同研究。哲學界自倍根以來大致以個人爲中心；但從歷史上看來希臘人常常集合團體來研究。這些哲學的科學家在學院裏研究正如「敍事詩」上所說的Homeridae；研究藝術之祕的許多最初的藝術家叫做 Daedalidae 的；和宗教方面的神祕派。此時的哲學是在修道院裏的，那時的智慧都是從公衆生活退下來說的。買利西安學派因爲買利脫斯地方從不擾亂，故一毫也不曾受干涉，而宇宙論時期的哲學家大半都是受了政治的壓迫才退隱的人。

我們要知道所謂「學院」("School") 並不一定是有教師和學生。這時的「學院」就是許多學者共同研究同樣的問題。以後在歷史上我們可以找着一個團體中有一位學識較高者爲師如柏拉圖之「學園」(Academy)。

(三) 這些宇宙論者都是主張萬物有生論 (Hylozoism) 的。這字的原義就是「物質是有生的」。這種主張是蘇格拉底以前從泰利士到安納撒哥拉斯以來的哲學家的根本特點 (也有些學者說自恩比多立以後便不是主張萬物有生論的了)。萬物有生論的意義是極簡單的而其概念在近代人心意裏却是不容易明白了解；因爲現在我們都習慣以宇宙爲受機械律支配的。而宇宙論時期的希臘人却以宇宙之本質的組織是非人身的活物質我們呢却以之爲非人身的死物質了。這兩種見解須要取來與希臘多神教所包含的宗教信仰相對照，而這種多神教是以宇宙爲有生的人格的神的；這種荷馬式的多神教更要取來與部落時代的萬有靈活論(Animism)相對照，因他已將原始的野蠻的萬有靈活論加以組織而成一「美的統一」了。這些萬物有生論的哲學家並不否認荷馬的神(Gods)，但却以他們的存在爲想像的，詩情的。他們差不多都信仰他們的存在，但將他們放在一有生機的宇宙基礎之下。

(四)　這些希臘哲學家和別的古時候的人一樣不信宇宙有無限的空間。他們以爲是有限的，如蛋形。

宇宙論者表。　宇宙論者分爲兩派：(一)早先的是一元論者——這些人信宇宙的實體是單純的，不分的統一；(二)後來的是多元論者——這些人信宇宙的實體是由幾種一樣眞實的原子合成的。爲列表如下：

一元論者

一、買利西安學派 The Milesian School
- 泰利士 Thales
- 安納西門特 Anaximender
- 安納西米尼斯 Anaximenes

在買利脫司 At Miletus

二、齊諾分尼斯 (Xenophanes)……在哥羅封與埃利亞 At Colophon and Elea

三、埃利亞學派 The Elealic School
- 巴門尼底 Parmenides
- 齊諾 Zeno

在埃利亞 At Elea

四、希拉克利泰 (Heracleitus)………在伊弗所 At Ephesus

多元論者

五、恩比多立 (Empedocles)……………………在亞格利眞特 (At Agrigentum)

六、安納撒哥拉斯……………………………在克拉阜門尼 (At Clazomenae)

七、後畢太哥奴派 (Later Pythagoreans)……大部分在提勃斯 (Thebes)

八、盧西巴斯 (Leucippus)……………在阿勃特拉 At Abdera

哲學問題的發生　這些哲學的科學家的興趣絕對與以前的神統記家(Theogonists)如黑息阿特和伊必門尼第 (Epimenides) 等不同。與神祕派的宗教家亦不同。他們是希臘本土人不以宗教重興的感情刺激為可以解脫當時的煩惱紛亂。以他們自己在政治的紛擾中所得的經驗乃將事物的永久性的問題提得很高。而其答案必須用知識的法子在宇宙中去尋求。他們找着了傳襲的神統記，却不能答復這問題，因為神統記不過是從「不可知」起的許多神的神話史而已。宇宙論者的問題不是「什麽是這變易的世界的原來樣式，」是「什麽是這世界的永久的基本」。時間的元素不要緊了。他們所尋求的不是臨時的是眞實的事物的暫時的起原的觀念進為永久的存在的觀念。這問題最終就是「組成這宇宙的眞本質是什麽？」

希臘一元哲學　我們看前面的表便知道希臘最初的哲學家都注重一元的趨勢，這是在希臘宗教上很顯著的。這一派一元論者有買利西安學派，齊諾分利斯，埃利亞學派，和希拉克利泰。這些最初的思想家的思考很單簡的，還有許多矛盾；這許多矛盾卽是近代讀者也或許要忍受不住的。研究這些初期希臘的哲學的價值完全是歷史的。他們的歷史的價值是很大的因爲這便是那時希臘文化的默示，使我們得以明白柏拉圖和亞利士多德的許多學說，最要緊的是此中己蘊藏着近代玄學的問題。他們提出的問題是「宇宙的本質的組織是什麽」？他們的答案是這自古以來的玄學上的『謎』的單純的解決

歐洲史上最早的哲學學派是買利西安學派，關於宇宙本質的問題他們似乎是假定了兩條自然明顯的事實：（一）宇宙中各種變化的根本是有一種與他自體相同的宇宙的本質（Cosmic Substance）；（二）動的物質就是生命。買利西安學派中人並不覺這兩條的矛盾處，但其矛盾處却給他後來的人如齊諾分尼斯，希拉克利泰和埃利亞學派以一種印象；在他們後來的哲學的發展的過程上，便分途了。與自體相同的物質是「不變的」(Unchanging) 與「變的生命」或動的物質是相反的。所以齊諾分尼斯，希拉克利泰，和埃利亞學派——其實是後來一切的哲學——的問題是：不變的本質如何能解釋這生命的變易的歷程呢？

齊諾分尼斯之爲人與其謂爲哲學家無寧謂爲宗教改良家。他絕端爲第一條假設所吸收取

來爲他實際改良社會之用而完全放棄第二條假設埃利亞學派——便是齊諾分尼斯也是從埃利亞來的——却不能安於他的片面的解釋。他們承受了他的「宇宙的神的不變」說，但因此便逼迫着這些深邃的思想家設法去給這些變化的宇宙歷程以一種解釋。他們以爲變易不能眞有存在。希拉克利泰在別一方面却注意於第二條假設所表現之生命一方面——有生機的物質是動的物質。於是乃正與埃利亞學派相反，以爲祇有宇宙中的變易的有生機的歷程是眞實的。因買利西安學派原定兩條假設之相互矛盾乃引起希拉克利泰與埃利亞學派的玄學上的大辨論。埃利亞學派說，宇宙的本質是不變的，變易不過是幻象。希拉克利泰說，宇宙的本質是常常變易，不變無非是幻象。一切事物不是全不變便是全變。這時的哲學家既沒有經驗的知識(Emperical knowledge)又沒心理學的思想，於是祇好各趨極端而不問其實際的結果了。這也不算奇怪的。

（一）買利西安學派。紀元前六世紀時希臘的許多市府中以買利脫司爲最富饒。買利脫司爲伊阿寧殖民地之一，在小亞細亞口岸，雖爲好戰之東方帝國的鄰居，而自身尙足維持其自治。

至雷特之戰始被征服（時紀元前四九四）。兩代以來的哲學家歷史上祇保存了三個名字，——泰利士，安納西門特，和安納西米尼斯。這一派也叫做伊阿寧學派。買利脫司地方與哥羅封伊弗所，和克拉卓門尼等地都很近，所以買利西安學派便影響了希拉克利泰，齊諾分尼斯，和安納撒哥拉斯的學說。買利脫司因與東方及埃及相接觸，一定得到許多知識和正確的科學的觀察，關於天文學的尤多。

泰利士（生於紀元前六四〇）為買利脫司大族，生息於太拉西蒲拉的霸權之下（The Tyranny of Thrasybulus）那時正當買利脫司富饒的時代。他算是七賢之一，是屬於富商階級的。他或者經營過商業，遊歷過埃及。他熟諳當時的學問，預言過一回日蝕，於算學及天文學很有研究。但或者一點著作也沒有。祇有從亞利士多德的評註上可以得着一點材料。

安納西門特（紀元前六一一——五四五？）是一位天文家和地理家；他製了一座天文的球，一個日規，一張地圖。他是泰利士的近徒，著了一篇「宇宙研究」（Concerning Nature），這算是希臘哲學的第一篇文字。他的一生卻不大清楚。

安納西米尼斯(紀元前五六〇——五〇〇?)是安納西門特的徒弟。他的著作祇存留一句話。(這句話便是『正如我們的靈魂因爲是空氣，於是將我們收聚起來，全世界也是如此爲呼吸與空氣所環繞。』)

買利西安哲學　買利脫司的居民住在海岸上，海洋與空氣的變化一定使他們得着極深的印象。他們有一種知識的好奇心要考究那與自體相同而同時能運動的宇宙的本質。所以他們不是要發見物質的化學的組織，是要尋求那極能運動因而最有生命的物質。泰利士說是水；安納西米尼斯說是空氣；安納西門特說是「無限」(The Apeiron, or the Unlimited)。他們所選的都是他們各人以爲最能動而又具有最大的內在的生機的。泰利士以爲水具有此種性質，水是流轉不息的。泰利士也看見水不息的流轉。所以他以爲水的自體中是有生命的。安納西門特以爲我們知覺的經驗中沒有一樣可以充分解釋宇宙的不息的運動，所以他稱之謂「無限」或「無定」(Apeiron)。這是一種混合體，在其中一切性質都失去了。宇宙中變化無窮，所以宇宙中一切變化所自來之單純的宇宙本質亦必是無窮，『事物無論從那條路來，終點亦在其中。』安納西米尼斯所以以氣爲宇宙本質者亦卽此意。空氣不是最能變動而又無限的麼？

泰利士與安拉西米尼斯依然持守着希臘敍事詩上的傳襲的多神教。安納西門特在這一方面却比他們高。他所說的從科學的研究得來的「無限」之概念，他以爲是神。他稱之爲『神』("The Devine");他雖然稱之以中性，然而確是歐洲第一個「神的哲學上的概念」(Philosophical Conception of God)。這是第一次企圖認神爲純物質的，然而却沒有絲毫神祕的色彩。在安納西門特的學說中，買利西安學派的一元論便有了宗教的色彩。

(二)宗教哲學家之齊諾分尼斯(紀元前五七〇)安納西門特的科學的一元論至終不過是表示對於黑息阿特的世界創成論(Cosmogony)及荷馬神話的不道德之宗教的不滿意。這話那些「賢人」已經早說過了。現在是第一次哲學與宗教有了積極的衝突，從哥羅封的狂論家齊諾分尼斯身上發表出來。哥羅封是離買利脫司很近的一處伊阿寧的市府，以邪惡與暴虐之宗教儀式著。自降波斯後，齊諾分尼斯乃歸咎於其不德之宗教去而之 Magna Graecia，假飾爲晉樂家，遊斯士者六十七年，用歌曲去反對人神同感說，神祕主義和希臘的普通的社會儀式與習慣後來就住在南伊大利的埃利亞地方，因此亦有人稱之埃利亞派的始祖。

齊諾分尼斯對於希臘思想所發生的影響有三種：（一）用宗教的一元論的形式將買利西安學派的一元論傳佈給希臘人；（二）他將這種學說從東希臘（小亞細亞）直帶到西希臘（Magna Graecia），（三）他是買利西安學派與埃利亞學派的連鎖。

齊諾分尼斯的哲學　本着買利西安學派的第一條假設，齊諾分尼斯想着可以為宇宙立兩條原理。

一、為宇宙種種變化的根本的單純的原始本質是「神」。泰利士所謂水，安納西門特所謂無限，安納西米尼斯所謂氣，齊諾分尼斯則謂之神。所要緊的是齊諾分尼斯並不曾給希臘人以一種精神的「神」；但他却積極的說道宇宙的本質是宗教崇拜的一個對象。他稱之為「神」，而不稱之為水，為氣，為無限。神是物質的東西，然却使敬禮崇拜一種對象。他以此神為球形，然仍有無所不知的精神的能力。神是『一而多』的，然他仍是『人神中最大的一位神，形式與思想都不像平常人的』。在齊諾分尼斯的心中神的概念依然是不大清楚。他不能算一神論者，更不能算多神論者。他是一個萬物有生論者，以宇宙本質爲一種宗教的敬禮之對象云。

二、 宇宙變化下之單純的宇宙本質是「不變的」。原來買利西安學派以爲物質愈能運動愈有生機。生命與運動是一樣東西。齊諾分尼斯所主張的與此正相反。他以神爲有限有球形，是不能變而且性質一致的。物質的本質——神——永久是不變的。『他用不着跑東跑西去實施他的願望；但他却不用費力便統制了人』因此齊諾分尼斯便成爲埃利亞派的先鋒了。

(三)希拉克利泰。 「厭世家」與「最難了解的」(大約在紀元前五六三——四七〇)希拉克利泰是伊弗所人，屬於貴族階級而受制於平民階級。他做了一篇論文，即古人亦不能了解。(這篇文字的斷片還有保存着的)因爲他厭世嫉俗所以人稱之爲『哭泣的哲學家』("Weeping-philosopher") 因爲他文字的佶倔聱牙深奧難讀所以人稱之爲『黑暗的哲學家』("Dark-philosopher")與其謂他爲科學家，無寧稱他爲理論家，他的學說都預伏了近代的物理學說。他於希臘思想有極深刻的印象與巴門尼底並稱。他從他的憂悶抑鬱的退隱生活中看着圍繞他的世界覺着很可恥，好像他以後的多斯亞派一般。

甲、希拉克利泰的絕對變易與普遍變易說　宇宙現象相互改變，伊阿寧人覺爲奇祕者，至希拉克利泰乃活潑潑地表現出來。他不但以變易爲宇宙現象的基本，並且說明人的經驗亦有他的極快而完全的渡過。他更歡喜引證相反的改變。但他比買利西安學派進步的地方是他將變易這一方面與買利西安學派的宇宙物質的概念分開，因而確認永久的存在爲幻象。確認變易爲實體是一件事而確認沒有不變的存在以證明無所不變爲又一件事。買利西安學派的學說却到不了這一步。希拉克利泰收集了許多比喻去證明決沒有不變的。一切存在的事物不過是『轉化的』事物或過去的事物。存在永久是轉化，或將要有。最不變的事物就是變。『你不能踏下同一條河，因爲新鮮的水不斷的流着。』『神是無晝夜，無冬夏，無戰爭與和平，無滿足與飢餓的。』『萬物皆流轉。』擔任保守「神」的名字的不是事物，是運動——轉化。

乙、火是宇宙的本質　這裏希拉克利泰的學說却不容易講了，因爲他自己心裏也沒有清楚。他實在是向着一條路走要以宇宙本質爲一種抽象的——爲變易之歷程的。但他不能完全抽象。他止住了告訴我們說火是宇宙的本質，或者他所謂火與安納西米尼斯所謂氣是同一樣意思。火是宇宙的本質是一切物質的東西的本質，因爲火是最能動的。但希拉克利泰之所謂火不是爐中的火。爐中的火是永久與自體相合一的。希拉克利泰之所謂火是永久飛進永久變形的物質。總而言之：希拉克利泰不以火爲抽象變化律；一般亦不以之爲一種永久不變的物質，却以火爲一種變形的物質。

丙、火之有定的變化。希拉克利泰對於這變易的火的特性觀察得極精細。原來買利脫司的人便注意天氣的變化而以凝結與鬆散爲宇宙變化的方式。希拉克利泰進而注重變化的有定的關係。變化的遞嬗永久一樣。他們的有定的關係是世界上僅有的存在。希拉克利泰的這個意思已預伏了近代自然則律的意思。這些變化是（一）命定的，（二）理性的，（三）公正的。世界是一種運命，一種理性，一種正義。以物理的性質與倫理的和論理的性質相合，便將希拉克利泰思想的粗忽處洩漏了。

總之，希拉克利泰所謂變化之有定的遞嬗有兩點宜特別注意：（一）變化永爲相反者的調和；（二）變化如輪轉。變化的歷程並不是像河流一般向一個方向流，是向相反的兩方面的運動。所謂變化者不但是說轉成別的事物，亦是說轉向反面。萬事萬物爲相反者的和協，一切事物是相反者正要分離的過渡點。事物之流乃可想像的認爲事物之戰，這戰爭便是『萬有之父』此相反者的統一常引我們想着他必是永存的。宇宙是不可見的調和，自分自合。生命各處都有相反處。戰爭便是生命。至於變化的遞嬗的第二個特點是他們的輪轉。火變成萬物。萬物復變成火。這兩種運動謂之『向上運動』與『向下運動』。向下時火因空氣與水而變成地土。向上時地土乃復變爲水，空氣和火。每一變化，必有一反變化，動作必有反動。『人不知道相反者怎能調和。世界的調和的組織須視乎相反的力量，像琴弦與琴一般。』

丁、希拉克利泰的實際哲學　希拉克利泰與其說他是科學家無寧說他是玄學家。他的目的是想創造他的變化說並實際上取此說來應用。他看人是一塊宇宙的火禁梏在有土，有水，有氣的身體裏的。死後則火的靈魂被釋放而復歸於宇宙的火。人的存在是分開的：一是靈魂生活或是理性之火；一是禁梏的身體的感官生活。理性自感官之幻覺中退而從較高之點見其感覺之虛幻。因爲感官告訴我們說他們的對象是永存的不變的，而理性却看透了這種虛假說宇宙是變易的此爲理性與感覺的概念的分別處，爲希拉克利泰所提出者。眞理乃系統的與意見相對立了。理性的賢人對一切事都退讓，因爲他知道這是定命的，聰明的，公正的。賢人承認一切都是變易，因此他是快樂的因爲他於他自己生活的變易中他已看見了神意。所以希拉克利泰在反對平民團體的貴族生涯裏以服從法律爲求得快樂的惟一途徑。爲社會之指導的不是羣衆的感覺乃是賢人的理性。

希拉克利泰是一位極精細的觀察家和理論家。他的關於科學的學說預伏了近代的自然則律說與相對性說。他的實際哲學在普羅太哥拉斯（Protagoras）的心理學和斯多亞派的人生哲學上要重新發現。

（四）埃利亞學派　齊諾分尼斯遊歷所到的埃利亞現在移住了從福卡（Phocaea）來的伊阿寧難民。福卡是小亞細亞的沿海的一市府，爲波斯人所征服者（紀元前五四三）。埃利亞人爲義大利西岸的 Castellamare 現在都以之爲所謂埃利學派之祖的巴門尼底和齊諾的生地。

甲、巴門尼底（生於紀元前五一五）。

巴門尼底在紀元前四七〇左右曾有所著述。人很有影響而極嚴肅，道德亦很高尚。於後來的哲學家如柏拉圖和德謨克利泰都有很大的影響。他是埃利亞人在埃利亞地方政治上亦很有勢力。他於畢太哥拉派不算是外人。他的斷片的詩的大部分是存留下的最古的希臘玄學思想的刻石。

巴門尼底極謹慎的將齊諾分尼斯的學說取來，齊諾分尼斯所說的關於神性的，巴門尼底却用來解釋一切。齊諾分尼斯所視爲宗教的武器的一種不變的宇宙本質在巴門尼底手中便成了科學學說和論理上的爭端的基礎。巴門尼底在他的傑作的詩上——『眞理之途與意見之途』——用齊諾分尼斯的學說故意去駁倒希拉克利泰的學說。巴門尼底在這一時期是最重要的思想家。齊諾是他的朋友和學生。

(一)宇宙的本質是存在。(Being) 買利西安學派所假定的兩條假設的第一條巴門尼底認爲是自然明顯的用不着再去證辨。他就假定這一條是準確的，好像人人都信服一般。然而他却用反面去解釋他所謂「存在」的意思。他說：不存在的 (Not being)，或不是的，便不能思想。存在與思想相互關係極深竟是一樣的。思想永久有主象。沒有不思想的存在。存在——思想。他這種主見可用下列的論理方式寫出來。

> 一切思想都有所思想的，所以有存在爲之主象；
> 無所思想的思想便沒有主象，必不存在；
> 因此，不存在不能被思想，更不能存在。

這些話太抽象了，好像我們立刻跑到德國惟心論中去了。但巴門尼底毫無疑義的是個萬物有生論者。存在的確是思想，但存在也是物質。存在——思想——物質存在是佔有空間的，一切存在都有亦只有這種性質。一切存在是絕端相像的，祇有一惟一的存在。巴門尼底所謂不存在就是沒有佔有空間而不是物質的。所以巴門尼底假設存在爲宇宙本質的意義是：凡存在的，包括思想，都占有空間；不存在的不占有空間。

宇宙的本質，就是「存在」，是合一的，永久的，不朽的，相同的，不變的，並且是物質的。如果人見着世界的實在，見着宇宙的本質就看見是不斷的一大塊物質。世界不是由許多部分中有空隙而組成的，是堅固的相同的一個總體。宇宙的「存在」是毫無界限的無空間與時間的「存在。」「存在」是球形的。爲宇宙之物體，亦宇宙之思想。這便是巴門尼底所認爲自然明顯人人皆知不用證辨祇須解釋的道理。

(二)除宇宙本質(「存在」)外無眞存在。 如「存在」是塞滿了的空間，「不存在」是虛空的空間。則虛空的空間無眞存在。然多數事物的存在就靠着居間的空間。事物之運動與改變亦靠虛空的空間始能運動改變。因爲虛空的空間不存在故多數事物及事物之運動與改變亦無存在。不過是幻覺。自然世界中種種性質與運動在巴門尼底的論理上便『像阿拉伯人一般捲起帳篷悄悄地偷走了』。

這種從買利西安學派所主張的宇宙的物質的一方面的論理關係中所引申出來的結果很奇怪。買利西安學派與齊諾分尼斯要以宇宙的本質去解釋一切宇宙變化。但在巴門尼底手中，宇宙的本質是實體的全部，變化便不是實體了。原來要解釋變化的至終却否認變化的存在了。宇宙的本質將一切起原與衰退，空間與時間的分別，一切分割性，不同點，和運動都排除了。祇有一實體，其餘都是幻象。

但我們對於表現於吾人的自然世界的形形色色將如何解釋呢？我們是不是看見，聽到，觸着許多事物與運動呢？在他的詩的第二卷上他便提出了這個問題。假定人以變易的世界爲眞，他應當怎樣解釋呢？他便用希拉克利泰的話來答覆。但這些耳目的變化是屬於感官世界的。巴門尼底在他的詩的第一卷上便提到他所說的眞世界或爲思想所知的世界。巴門尼底和希拉克利泰一樣堅持以引吾人入實在者是理知而非感覺。但結論却正與希拉克利泰相反。感官所示者祇及於改變的理性所示者，却完全不是那一種的，祇有永存的和不變的。

乙、齊諾（紀元前四九〇——四三〇）

齊諾是生在埃利亞的。與那些願意調和這玄學上的兩方面的的爭執的人如恩比多立，安納撒哥拉斯及原子論者同時。他作文用散文問答體。這是問答體文學的起點，問答體的文學在哲人和蘇格拉底，柏拉圖的時候極盛行。在Pericles的時代希臘劇場上便引用愛息奴（A Eschylus），沙福克利（Sophocles）和優利皮地（Euripides）的戲劇體了。

齊諾的哲學　齊諾是埃利亞學派中很有力量的辨證家却不是建設的哲學家。並未將巴門尼底的哲學加以增修。他用邏輯來擁護他先輩的學說，將他們的對手的論證扯得粉碎。齊諾所攻擊的對手與其說是希拉克利泰不如說是與他同時的阿勃特拉的原子論者(Atomists of Abdera)。他的貢獻是反面的是形式的，然却是很有價值的。但他的證辨與反面的說法，若我們不想及他是要證明在斷絕的空間中「大小」(Magnitude)，「多數」(Multiplicity)與「變易」(Change)的謬妄時便失去了他的勢力。他這種論證經過許多攻擊，但對於反對原子說仍很有勢力。

前面說過他的主張是反對「大小，」「多數，」「與運動。」若是有「大小，」豈不是一件東西可以無限大亦可以無限小了麼？事物不能有多數；若是有多數，豈不是在數目中又可以有限又可以無限了麼？更不能有運動，因爲(一)穿過固定的空間是不可能的；(二)穿過一動的界限的空間是不可能的；(三)因爲運動的相對性。阿奇利斯(Achilles)與龜，靜止時之飛箭，與斗穀的譬喻是很有名的。(註一)

希拉克利泰與巴門尼底相爭的結果。一、第一個結果便是理性與感覺思考與經驗的對立。哲學愈進步，愈與不思想的人的意見相反。最初的相反處是很平常的：就是他們自己的思想是對的，人家的思想若是與他不同便是錯的。於是以爲思考所得是眞的，感覺得來是假的。而思考乃得獨立。哲學家覺着理性較高，以爲他有了眞理，非合理的信仰便謂之「意見」（"Opinion"）。這在希拉克利泰與巴門尼底的相爭中表現得極有趣。他們說自己所主張的宇宙的本質都是從理知來的而別人的却是『意見』。

二、第二個結果是在希臘思想中，一元說不足以研究宇宙。起初的一元說自然而然的引到多元說，但他們自身的主張却沒有用。買利西安學派哲學的缺點在他們兩個人的爭論中有了不可貫通的鴻溝。祇要使以後的宇宙論者，用多元論作基礎看能否調和上兩說而同時得一滿意的宇宙哲學。

（註一）讀 Windelband 的古代哲學史，六十七頁起。又 Zeller 的希臘哲學，六十三頁起。

三、第三個結果是神祕派的危險漸漸的沒有了。有了哲學了。希臘的理知有了一個極感興趣的科學的目的。神祕派不是消滅了，是屈服了。未來的希臘的思想界已有了一個題目，時候一到，對於超自然界的感情的興趣便減少了。

第三章　多元論（Pluralism）

調和的努力　希拉克利泰與巴門尼底的學說都是一半太新奇一半太抽象了。這便是買利西安學派兩條假設不能相合的表現。

於是科學的學說乃起而修改這些玄學的學說；這些發生出來的結果雖不十分合乎邏輯，却離人生事實近得多了。埃利亞派主張「存在」以否認在自然世界中知覺所得的變易的現象之存在。一方面希拉克利泰又太偏重了普遍的變易，於是個體的變易中實體又很少了。後來的希拉克利泰一派的學者竟是發了瘋的希拉克利泰。他們說『我們不但不能兩次踏進一條河，便連一次也不能』。以前的哲學家都是主張一元論的。如果思想有用，那些思想家自然要捨棄一元論的。一元論不管是希拉克利泰的普遍變易說或是巴門尼底的普遍存在不變說，都將關於

「多」(“Many”)的問題撇開了。自然是祇要人生成熟經驗較多卽能有一較滿意的解決。於是希臘哲學家乃不得不去一元論而欲從多元論得一解決。起初多元論祇想調和買利西安學派的兩條假設所趨的極端。後來普羅太哥拉斯的多元論却又和一元論一般太趨極端了。

多元論者對於變易的新觀念 事實上變易必須加以解釋而不能否認，於是多元論者乃謂變易非變形(Transformation)乃換位(Transposition)。是大塊中各小分子的換位。生死成長都不過是位置的變易而已。多元論的開創者恩比多立說道，『存在的沒有消滅的亦不會有終了死亡的，不過是分散與混合而已。正如繪者經營廟宇——手中拿着許多顏色混合起來而使之調和——所以不要使這種謬誤盤據在你們心裏，就是以死亡的無數衆生爲另有一來源。』一切創造是一種新結合而一切破壞不過是原來分子的分散而已。這是多元論者利用希拉克利泰的主張來解釋宇宙。

多元論者對於「不變」的新觀念——元素 要有變必要有不變爲變之基礎。這祇可假設有許多原本的單體他們自身是不變的。宇宙的質料是永久不變的沒有什麽新創造。「存在」是基於許多元素不是單純的大塊。恩比多立第一個想到以元素爲基礎的說法，此於科學上有極重要的位置；以是人多歸功於他。多元論者以元素爲不生，不滅，不變。與巴門尼底的單純的「存在」的性質一切相同；惟元素可以變更位置而受機械的分割。這是多元論者利用巴門尼底的主張來解釋宇宙。

原動力的觀念　埃利亞派以爲「存在」沒有運動的性質。多元論者旣然又引用這種主張，勢必要另尋一種力量爲宇宙中運動的動力。元素旣不能變，怎樣能動呢？元素自身不能動。動之者爲外力。恩比多立此處使有了個極重要的貢獻——就是原動力(Efficient Cause)的概念。但是多元論有了這個原動力的概念以來，是否還能算萬物有生論呢？學者對於這個問題的意見不盡相同。然而這個新概念確是萬物有生論破壞之初端而宇宙的機械觀的濫觴。或者這些多元論者與他們的先輩一元論者一樣都是萬物有生論者。原動力與元素一樣亦是物質的，惟解釋得像詩詞一般不甚清楚。他們都以爲有生發的運動的物質耳。更要緊的我們要記住的是一切宇宙論者除掉埃利亞學派外都信運動卽是生命。

調和派學說的相異點與相同點其相同點爲：——

一、多數的元素。 二、有一原動力，卽以此原動力來解釋爲自然世界的起原，發展與滅亡的原因之元素的換位。其不同點爲：——

一、元子的數目與性質。 二、原動力之數目與性質。

多元論的哲學家恩比多立，安納撒哥拉斯，盧西巴斯，與後畢太哥拉派多元論者已全完出了紀元前六世紀。這些主張萬物有生論的多元論者，便跨過了五世紀，而對於宇宙論的興趣還要後些纔漸減。齊諾是生在紀元前四九〇至四三〇，恩比多立亦是生在四九〇至四三〇，安納撒哥拉斯從五〇〇至四二五，畢太哥拉派與盧西巴斯還要後些。宇宙論的運動在各殖民地還很有力，並且還沒有到德謨克利泰的時候，研究「人」的運動已起於本土的雅典。波斯戰爭爲兩時期之分界。此不過指明在雅典的一種新運動的開端，並不是說在小亞細亞與 Magna Graecia 的舊運動已經終了。與多元論者同時的便是俾利格 (Pericles) 的時代，那時那些哲人正在敎育平民，蘇格拉底正在雅典的市場傳道。在五世紀之中葉，學派很多，互相交換學識，其思想有相同的，有相反的調和派則分四個學派，恩比多立，安納撒哥拉斯，盧西巴斯和後畢太哥拉派便是代表。

恩比多立(四九〇至四三〇)是第一位獨利安(Dorian)的哲學家平民黨的黨員(Apartisan of Democracy)屬於亞格利仁達(Agrigeutum)一個富族。初爲一極有能力之政治家，後以失衆望故於是飾爲術士，像醫生和祭司一般遊歷Magna Graecia。按他的黨系說，不許他和畢太哥拉派有直接的關係。但他却是受了畢太哥拉派的影響，他自己便是模倣畢太哥拉的。他很明白希拉克利泰的學說，他又認得巴門尼底。他是第一位修詞學家，或者他與當時的文學界很有關係。他是第一個並且是最不完全的調和派的代表。他跳進愛脫那(Aetna)山裏自殺的事大概是神話。

安納撒哥拉斯的祖上很富亦很有名，生在克拉卓門尼伊阿寧文化最富的環境裏，但於實際生活却是隔離的。他說天是他的故國，研究天體是他畢生的事業。他在紀元前四五〇左右到雅典，便成立了一個學派。他住在雅典是受俾利格的供養，但紀元前四三四，竟被放逐了。在雅典時與Euripides, Thucydides, 和普洛太哥拉斯等都很親密。他代表在雅典的哲學的第一次的表現。

盧西巴斯的一生差不多不知道。他或者是生在買利脫司，到過埃利亞，住在阿勃特拉。

後畢太哥拉派 自畢太哥拉派在克洛禿納(Crotona)失敗後失其威權，徒黨四散。畢太哥拉以五〇四死。他的徒黨便在提勃斯地方建立了一派哲學。這些人既以宗教團體而失敗，乃破除迷信而致力於哲學，天文學，算學，醫學和物理學。他們是古代最著名的算學家與天文家。菲洛奴(Philolaus)或者是他們的數的哲學的創始者。自三五〇後此派即消滅，後來畢太哥拉主義再發現時便叫做新畢太哥拉主義。

恩比多立的哲學。 恩比多立以元素之數爲四，——地，氣，火，水——這種強斷的數目至中代而一般人仍以爲是。他所以選擇這四種元素的緣故，是他要將從前人說過的都包舉在內。這些元素的更換位置與更新排列便足以解釋世界上的一切事物。爲之原動力而使之或分或合的是愛與恨。愛是事物聯合的原因，恨是分散的原因。

這是恩比多立的玄學學說用來解釋物質的世界，更注重生理的現象的。他是最有名的主張『相似者相吸引』的格言的。譬如他以物質世界爲經過四層宇宙的階段之不斷的，周而復始的進行。每一階段都要幾百年。宇宙的運動是循環的進化。愛將相似的元素聚集起來跟着恨又將這相似的元素分開了——這是無限的宇宙之歷程。

恩比多立最注意於有機的世界，對於玄學的興趣不過是一部分。他很有些有趣的進化說。以他是最有興趣於人類生理學故他形成了第一次關於知覺的學說。人亦是由這四元素組成的，他能够知道圍繞他的宇宙因他內中的元素有與外界相同者。於是乃互相吸引。我們身上堅硬的部分是土液體是水氣是生命的呼吸而火是靈魂。我們見到什麼便是我們與所見的事物的性質相似內中的元素吸引外面的元素他說每元素的部分壓相似的元素的部分——水壓水氣壓氣這些元素互相緊黏至爲恨所分開始散。感官的元素，數祇及一部分但理性却都有故感官知識若與理性知識相比時前者祇有一部分

安納撒哥拉斯。　恩比多立所發展的多元論到安納撒哥拉斯手中，性質乃愈完全。他不像恩

比多立一樣強斷的假設祇有四個元素，他以爲這萬有變化的世界，祇以四個元素來解釋是不行的。因此我們可以假定元素之數與性質等，有多少種性質就有多少元素。有種種不同的結合與分散故數亦無限。宇宙中有多數性質分明的元素。每一種知覺的事物是由這些異樣的分子或性質或元素組成的。但你怎樣能知道是一元素呢？只要你在分割他的時候，他的分子是相似的，便是一元素。所以元素就是分割之後而分子相似的本質。自然界的知覺的事物是可以分割而其分子不相似的。這些事物安納撒哥拉斯稱之爲「原子」(“Seeds”)，後來亞利士多德費名之爲“Homoiomeriai”。但吾人須謹記此時化學分析法尙未發達而調查考察的方法祇有機械的分析和氣候的變換兩種。分別元素的特點祇有看形式，顏色，和滋味。故安納撒哥拉斯竟以骨，筋，肉，髓，和礦物等等名元素。無數的元素，分得極精細，佈滿了宇宙。每一知覺的事物一切元素都有，相反的也有。卽以其佔優勝的元素名之。譬如火，亦有冷的元素，但火的元素佔優勝。相反者相吸，一種事物的性質的改變是由於已在其中之其他性質得了優勝，故變其性質。

至於爲之分合的原動力，安納撒哥拉斯擇取元素中之一元素。他稱之爲 Nous，卽希臘字之

「心意」與「理性」；因此許多哲學史家以安納撒哥拉斯確是惟心哲學的作家。亞利士多德說他『在他以前許多胡說亂道的人之中他立了起來像個很嚴肅的人一樣』。然柏拉圖與亞利士多德對於其"Nous"的觀念蓋皆不滿足，而事實上安納撒哥拉斯的"Nous"，與恩比多立的「愛」與「恨」差不多，都有萬物有生論的意味。但因此却引起很重要的思想無論如何，算是將蘇格拉底以前的萬物有生論破壞了。安納撒哥拉斯寫下了Nous這一個字之後就與物質對比。他用Nous的意思是因爲他要注重宇宙歷程的統一。Nous也是元素之一；是『思料』("Thought-Staff")；是有體的本質(Corporeal substance)他與別的元素的不同之點就是他是最精細，最流動，而有自動能力的。若照以前的許多學派說，運動卽生命則此處乃復有以自動爲最有生命的新觀念。這是比較完全的萬物有生論。而以Nous爲宇宙的調和與秩序的原動力。

原子論者的哲學——盧西巴斯與在阿勃特拉的學派。在阿勃特拉的原子論者的起原祇有從別方面去搜求了。紀元前四五〇左右雅典興起大勝波斯於西孟(Cimon)，於是小亞細亞沿岸之伊阿寧文明乃得一解放，各市府中科學的研究又重新發達起來。買利西安學派的影響在安納撒哥拉斯的學說裏又表現出來，勢力亦很大。這一部分的哲學家，我們知道的很少，只知道有個盧西巴斯，他是原子論之祖。他或者是買利脫司人，到過埃利亞，後來便住在阿勃特拉。我們知道齊諾那時便是與他同時的原子論者爭辨反對原子論。我們更知道原子論是由盧西巴斯的弟子，普羅太哥拉斯，和德謨克利泰而發展的。或者盧西巴斯以宇宙的本質爲無數量積分明的元素所合組。與恩比多立的四元素說不同與安納撒哥拉斯的無數性質分明的元素說也相反。這種初期的原子論代表調和派的一種思想。原子論的學說當於論德謨克利泰時詳論。

後畢太哥拉派　若畢太哥拉派一成而不變，若其政治慾不以克洛禿納之戰而消滅而徒黨四散則爲今日歷史家所稱道者不過是一派地方的政治與宗教的改革家而已。然克洛禿納之失敗無形中是畢太哥拉派與希臘人之福，因爲自此畢太哥拉派乃棄宗教政治方面而致力於科學及玄學方面。第一層他們成了一種很重要的玄學學說的創作家。這就是數之哲學。這種哲學影響了柏拉圖；成了『希臘的羅馬』時期亞歷山特利亞地方很有力的一個學派的基礎；在中代極盛；與猶太哲學合而成猶太的卡巴拉（Cabala）哲學。至今日而我們迷信中仍有魔數的存在。第二層他們注意科學，尤注意算學與天文學，於古代頗有名。於這兩種科學他們的天文學說有特殊的歷史。柏拉圖和亞利士多德稍爲加一點修正，就保存起來，爲以後托爾米的天文學說(Ptolemy)的基礎。這種學說在牛頓學說未成立前一千五百年的時間人皆承認他爲科學的系統。但丁與彌爾頓的敍事詩亦是以他爲根本的。

我們須要知道畢太哥拉派亦是『調和派，』但他們不僅是『調和派。』他們雖然是科學家，而畢太哥拉原來的倫理的動機仍舊影響他們。他們雖然不想創造一種倫理學，而在他們的算學與天文學之後，方却永有其倫理的動機。

（一）畢太哥拉派對於『存在』的觀念　畢太哥拉派的本體論是這時期中最進步的宇宙論，他們還是萬物有生論者，但他們却近乎要超過當時的萬物有生論。後畢太哥拉派對於柏拉圖的影響可以知道他們的哲學是各殖民地的宇宙論與後來的複雜的思想系統的連環扣。

畢太哥拉派在希臘思想進化中位置所以重要，是由於他們的一切變化中的「存在」的觀念。其學說常稱之爲「數之哲學。」然此不過略指示其意義。畢太哥拉派之所謂數，非古昔一元論者所說的宇宙的本質，亦非多元論者——如恩比多立，安納撒哥拉斯與原子論者——的元素。亦不僅如我們在科學的計算中的抽象。他們是多元論者和萬物有生論者而他們的多數看起來却出乎萬物有生論之外。

他們以爲實體有二：（一）數，與（二）無限的空間。一切事物的根本性質，和『存在』是基於無限的空間之形成於算數的方式。數或是方式是「存在」的有限方面；而空間是「存在」的無限方面。眞的「存在」卽是兩方面的聯合。「存在」有兩種根本，二者不可缺一。後畢太哥拉派特別的使人注意這一層，就是他們之所謂數不是別的宇宙論者所說的造成宇宙的本質。數不是自然事物的世界的材料是自然事物的方式。數是事物的模範或標本，事物是抄襲與模倣數的。無限的空間預備了材料，數或算數的方式預備了模型，結果就是一件東西。此處卽已略示柏拉圖的觀念說與亞利士多德的法相與物質的相互關係說的端倪。如我們要將他們的數的觀念與古昔的宇宙論比較一下，卽可以知道其相同處是在數與原動力而不在數與元素。譬如將他們與恩比多立比。畢太哥拉派的數的作用很像恩比多立的「愛」與「恨」而不像恩比多立所主張的四元素。然而畢太哥拉派的無限的空間却很像恩比多立的元素呢。

(二)畢太哥拉派的二元世界。　畢太哥拉派將他們的二元的實體的觀念同時引用在算學的研究上和自然的物體上。因此他們纔得着二元論的結論。他們以算學中數系有奇偶。奇數有限，偶數無限。(因偶數可以分析故)元素爲數學的方式所規定：火是四面體；土是立方體；空氣是八面體；水是二十面體；還有第五種元素精氣(Aether)是十二面體。更推衍出去以有限的方式爲與奇數的，完全的，善的相一致；而以無限的方式爲與偶數的，不完全的，惡的相一致。有的人竟將這種二元論推而至於種種經驗，他們立了一個表有十樣相反的情形：就是有限與無限；奇數與偶數；一與多；左與右；雄與雌；動與靜；直與曲；光明與黑暗；善與惡；正方與長方。

還有一種理論是別的調和派所沒有的。就是他們以爲這些數和世界上的一切雖都分成兩種相反的，然而實在是聯合而成一調和的。二元論的調和說不禁引我們想起希拉克利泰的對比的調和說來。一切數系在「奇偶數」的「一」中都有其秩序與調和。他們以爲生活的相反處——善與惡，有限與無限，完全與不完全，奇數與偶數——都是在一調和的全體中存在。

畢太哥拉派一天一天發展，他們的學說應用的地方也因而增加。我們說完玄學，他們却又從天文算學和音樂各方面確定了他們的學說。又將此說應用於幾何組織及其他方面。然應用雖廣而在中代的時候在人心中却是很迷信的權威。

(三)畢太哥拉派的天文學　世界萬有自「一」而生，或說自中心的火而生，便吸引了或限制了無限的最近的部分。火爲世界萬有的中心，形狀如空球。許多天體便圍繞着中心的火運動。他們的運動是向中心的運動。這是水晶球體的天文學說的開端。世界萬有分爲三部分，都是向中心的。外緣是 Olympus，那裏一切完全神之所居。月與 Olympus 之間是 Cosmos，那裏一切都有秩序，一切運動都是圓轉的。月與中心的火之間是叫做 Uranus 的，那裏一切都無秩序，運動亦是上下不一致的。地是在這無秩序的下段在透明的小球形殼中運動像那許多天體圍繞中心的火一樣。天體之數爲整數(十)。他們以世界萬有爲一天空的七絃琴，七行星的規道是響絃。以此而得諸星球的和諧，然此和諧爲人所不能聽見的因其永久如此也。將這種理論修改而後承認的，最要緊的要算亞利士多德。他以地爲世界萬有的中心，日圍繞着地轉動。後來托爾美派天文家便也是這樣的信。

歷史的回顧　宇宙論時期有什麼特殊的結果？有什麼有價值的遺物傳給後來人呢？這些希臘的粗淺的科學學說與當時及後來有什麼關係呢？宇宙論的哲學有兩個極確定的結果。第一層在他本身的一百五十年間救了希臘的知識界免爲一種神祕宗教的奴隸自泰利士以來希臘有兩種危險。一是政治的卽是內爭和強隣的危險。至終在撒拉米（Salamis）之戰後始稍止。希臘的武力消滅了這種政治的危險。但其他的危險是主觀的，所以更危險。理性的哲學若不是給希臘知識界以許多新觀念時神祕派的宗教就要撲滅希臘的天才了。第二層宇宙論時期遺傳給他的次期以一種很清楚的對比。就是知識界的秩序與感覺界的無秩序。以宇宙中爲有一種與則律相合的秩序的思想在這時期表現得很清楚。這種秩序是從研究天文學得來的。從他們所見的一種秩序推論以得一原理，安納撒哥拉斯和畢太哥拉派便差不多給這種原理以一種目的論的意味。這些宇宙論者所尋求的永存不變的原理是在諸星的單純的關係中得來的。星的運行便是秩序與不變的表現。這些宇宙論者參雜了他們的初步的萬物有生論，尙未能在這現實世界的種種運動中尋出一種有秩序的不變的存在。然希臘思想是目光遠矚的。這些宇宙論者已將不完全的現實世界與完全與和平的天界相對照。將這兩界合起來的一步是很短的。所以在這種天文的與具體的方式中已得着一種特殊的價值有倫理的和惟美的意義，不但影響於柏拉圖亞利士多德而已，並且也很有影響於近代思想。

第四章　人事論時期：人的哲學

人事論時期的歷史大要　人事論時期始於波斯戰爭（紀元前四九〇與四八〇）。原來馬拉茸（Marathon）之戰以後希臘全境便發生了一種求知識的衝動。對於算學，天文學，生物學，醫學，歷史學，物理學諸科目都有極詳審的考察。從前沒有組織沒有區別的科目現在都分得很清楚了。然而這起於本土的研究人與人類關係的運動何以與波斯戰爭有這樣重要的關係而以之爲起點呢。馬拉茸之戰不是宇宙論時期的終了而是在雅典的新運動的造端。

人事論時期從政治上的事情着眼便可以分成下列三期：

一、波斯戰爭。（紀元前四九〇——四八〇）

二、俾利格的時代(紀元前四六七——四二八)

三、卑羅柏納蘇之(Peloponnesian)戰爭(紀元前四三一——四〇三)

第一期爲純粹希臘文明的發生末期爲其衰落，而皮利格執政時代之三十九年間爲希臘文明最盛的時候。黑格耳所說一國政治上不衰微則知識上不成熟的話眞是不錯的。這時期以後纔有柏拉圖和亞利士多德那時希臘政治已漸漸衰敗了。

下表所列是本時期的有名人物：——

愛息奴(Aeschylus)	五二五	安納撒哥拉斯	五〇〇
沙福克利(Sophocles)	四九五	恩比多立	四九五
菲狄亞司(Phidias)	四九〇	普羅太哥拉斯	四八〇
優利皮地(Euripides)	四八〇	德謨克利泰	四七〇
希洛杜泰(Herodotus)	四七五	哲人(甚多)	四五〇——三五〇
蘇息逮茲(Thucydides)	四七一	蘇格拉底	四六九

齊諾封 (Xenophon) 四三〇
安梯孫尼 (Antisthenes) 四四〇
亞利士多分 (Aristophanes) 四四四
亞利士狄柏斯 (Aristipus) 四三五
柏拉圖 四二九

波斯戰爭與雅典之興起 波斯戰爭不過是東西文明的一次衝突，沿地中海的小亞細亞一帶常常是不能調和的兩方面的爭持的邊界。先是有脫洛威(Troy)的侵襲的神話；次波斯戰爭；次亞歷山大的征服波斯；次回教的侵入；次十字軍之役；直到現在還是永久有問題。這些衝突於歐州都很重要，尤以波斯戰爭爲最。因爲自此而希臘人始自覺……古典希臘——其思想爲西方文明的基本的希臘——是從波斯戰爭生出來的。

波斯戰爭後希臘重心自買利脫司移到雅典，自殖民地移到本土。這時期希臘的歷史差不多就是雅典的歷史。希臘諸市府中——哥林市 (Corinth)，愛吉納 (Aegina)，斯巴達和提勃斯 (Thebes)——殖民地衰落後當然以雅典爲希臘文明之重心。伊阿寧族原來是混雜的種族，自然是很容易變化的。波斯戰爭以前他們在畢昔司脫拉脫斯霸主(Pisistratus) 之下便開始建設雅典大帝國。兩次戰爭之中，提米士多格（Themistocles）又創設雅典海軍，於是雅典又成了希臘水上的重心。所以雅典興起而爲希臘的新中心是當然的。斯巴達人是寡頭政治的，嚴厲的，拙笨的，仇視外人的；提勃斯人受治於極嚴厲的貴族政治之下；提撒利（Thessaly）是貴族政治的，奢侈的，呆板的。祗有雅典人是平民的，社會的，文明的，自由的，儉約的，活潑的。波斯戰爭以後「德利恩聯合」（Delian Confederacy）的權力漸歸於雅典。雅典以其海軍充國防，以其資財修市政。雅典在俾利格治理之下，招集了全希臘的學者和藝術家，故那時亦祗有雅典可以重新希臘的文化。雅典是希臘的眼目。所以下面敍述希臘的文藝復興時於雅典是特別要注意的。

希臘的啓明時期。　波斯戰爭之後，希臘便發生一全國知識界的運動。這便是希臘的文藝復興——俾利格的時代——希臘的文學上和彫塑術的傑作都是這時候的產物。或者雅典便是最大的希臘產物，他的文化的影響便可以俾利格作代表。

一、研究學術的衝動。　這時候希臘一般人都想受教育。無論誰都想知道那些宇宙論者對於科學說了些什麼。希臘人現在有了錢財所以也有工夫了；他們與東方有接觸，因此便發生了好奇心。從前宇宙論時期學問限於少數學者現在到了市場了。在紀元前五世紀學問便從學派手中移入公衆手中了。興趣因以增加，學者的學問漸漸的濾入一般人的心裏。紀元前六世紀哲學是學者社會中的，第五世紀呢，蘇格拉底和那些哲人講學各地無論什麽人都聽他們。

二、知識的實際需要　但祇是好奇心還不能充分解釋希臘知識界的運動。那時實際上也需要知識。在雅典和其他市府五世紀的平民政治起而代六世紀的霸主政治。市民乃不得不參加公務。在這些平民政治的市府中家族的遺傳不足爲成功之具；而以受了教育的人爲最有用的最成功的。國家間與個人間關係漸趨複雜，執政者非有充分的教育便不足以資應付。所以沒有再比雅典需要教育那樣迫切的；却亦沒有再比雅典那樣容易滿足希望的。波斯戰爭後不久科學便很有勢力；而其內容却從宇宙的研究進而爲倫理的問題與政治的問題的研究。科學家變了教雄辯的人，因爲那時的市民都要成爲演說家和修詞學家。政治家須要會說服別人。法庭是公開的，審問及處理一切都用口述，所以人人必要到。而辯論失敗，尤爲大恥。

於是希臘歷史上發現兩種很重要的人——就是修詞學家和論理家。修詞學卽是演說術，於維持個人的權利與威嚴，滿足個人的希望上是必要的。論理學呢，是用以爲私人辯論之具並解釋疑難，證明眞假的。除此以外還有所謂爭辯術的。（爭辯術亦是教人能辯論的一種藝術。）

希臘的悲劇於論理學的發展和滿足知識的需要上有極重要的位置。科學藉戲劇以變更從前的宗教觀，更將他的新解釋灌輸給平民。自第六世紀的敍事詩以發展而達於五世紀的戲劇不但是文字的組織變了，倫理的和宗教的精神也變了。他的種因固在於以前的倫理，詩歌和格言，然而究竟還是戲劇之功居多。這些悲劇家使劇中人談話，爭辯，控告，悲傷。這便要用着論理了。所以愛息奴（Aeschylus），沙福克利（Sophocles），和優利皮地（Euripides）是紀元前六世紀的抒情詩歌和柏拉圖的會話文學的連環扣。

三、批。評。的。態。度　其實這時期最重要的特點不是好奇心，也不是社會的需要，實在是人心裏頭的「批評的」或「個人主義」的態度。這種態度起於五世紀前半的「自由市府的感想」——就是自由國中自由人的思想——至五世紀之末乃發展而爲個人主義與批評的懷疑論。

若是有人要用一個字來說明波斯戰爭之前與波斯戰爭之後的希臘時，他就可以說以前是傳襲的,後來是批評的。在宇宙論時期之初,希臘的傳襲的習慣因爲受了攻擊已經失勢了。宗教的觀念因宇宙論者的攻擊亦失敗了。神受制於宇宙的本質便是對於敍事詩上建設好了的多神教的一大打擊,在齊諾分尼斯手中攻擊得最利害。神秘派亦是脫離這傳襲的宗教的一部分。但是這新的,比較種學的批評態度,對於宗教不過是於批評法律時偶然提到而已。在寡頭政治時代,政治上有兩條自然明顯的假設:(一)法律因爲是法律所以是妥當確實的;(二)服從法律是自己的好處。後來政治上有了擾亂,希臘人便有了一種自覺的個人主義。格言派的詩人便是最初有影響於各個人的。六世紀中希臘有了很有力的經驗,個人對於遺傳的裁制和當時的法律都懷疑起來。對於現制度不能再盲從,對於權威不能像以前一般毫無問題。對於政治的假設的信仰搖動了,而對於法律亦取一種批評的態度年年有改變。權威從遺傳改到個人的理知,一切機關和組織都爲個人所批評。

波斯戰爭是希臘的遺傳的態度與批評的態度的過渡點。波斯戰爭本身在道德上便增高好多。掃盪盡了悲觀的空氣使當時的文化運動得以自由發展。以後當文化運動極盛時代,個人主義與批評的精神便發達到了最高點。懷疑心變成了積極的懷疑論。

至五世紀後半，批評的懷疑論流行的很普遍。在宗教方面敍事詩上的神人同形說竟成了笑話。克利梯亞(Critias)說這些神是聰明的政客造出來的。在文學方面，敍事詩乃降服於希洛杜泰(Herodotus)和蘇息違茲(Thucydides)的自然主義的文字及當時個人的抒情詩和譏諷的詩歌之下。而最要緊的還是對於法律改了態度。從前以法律爲天命的，現在個人乃在法律之上而任意加以判斷。部落時代對於罪惡的觀念以爲族中一人有罪惡則全族的人皆受神罰，自波斯戰爭以來，這種觀念改了。個人有罪就由個人負責。那時國家的法律有改變，各國的法律也不同，道德的習慣也種種不一。一切法律似乎皆爲人造，於是就發生一個問題，是否有普遍確當的法律呢？法律有什麼眞性質沒有呢？在人事論時期，最要緊的問題是人類的組織與制度的眞性質的問題。像宇宙論時期一樣最要緊的問題是宇宙本質的問題。其實人事論時期的問題還是宇宙論時期的問題的一部分。宇宙論者所謂本質即是本身永久存在的本質，現在就是要問「本質」本身是否具有一種不變的政治的道德的則律。這便是自然律與法律。人類法定的機關不過是臨時的，有時竟常常與天命的則律相反。自然律與人爲律的衝突在沙福克利（Sophocles）的安替剛上表 Autigone 現得很清楚。

同樣的對於道德基礎與道德關係的興趣開發了人類意識的能力去分別這種關係。於是從研究人類相互的關係就進而批評自身。什麽是人？人有什麽官能？有給他眞理和實在的麽？或者還是人都欺騙他因而他從假生活中探不出眞理？爭辯時用什麽心理的官能呢？怎樣訓練他們使他於文化上高出別人呢？於是希臘人就轉而批評他的「知的官能」而社會與道德方面的需要竟使這種批評有影響於他的生活。第五世紀的希臘人對於人很有興趣——對於人的思想生活，人的理想與人的志願。這種批評的與個人主義的態度文學方面以優利皮地（Euripedes）爲特出，政治方面以俾利格爲代表；哲學方面則以蘇格拉底和那些哲人們爲代表。

「哲人」的重要　這些哲人是直接引起希臘文化上的變動的人。他們是希臘啓明時期的中堅。這些哲人與希臘文化的重要關係至黑格耳而始大白，從前的歷史家都不大重視他們。然而他們實在是希臘啓明運動的代表，並不是啓明運動的原因。所以他們要分擔那時期的弱點和優點；對於他們的判斷便是對於那時期的判斷。對於他們的最準確的敍述便是他們是俾利格時代的希臘文化的代表；他們的壞處就是有許多地方不應該那樣刺激希臘的精神。他們的工作是將希臘的個人主義的福音往各處宣傳；他們的謬誤便是常常將個人主義與假善相混，使聽者誤認表面知識與眞知識爲相同的。

「哲人」("Sophist") 這個字來源很久。初意不過是指聰明人而言（宇宙論者自泰利士至安納撒哥拉斯都算是哲人）；後來便指老師而言；最後便指得束修的老師而言。在他們中間又有舊哲人與新哲人的不同。舊哲人是要竭力去傳布文化的。新哲人是雇來的老師，所以便墮落而爲舌辯家。其實當時反對他們的不過是守舊派，如諷刺詩人亞利士多分 (Aristophanes)，悲劇始祖愛息奴 (Aeschylus) 和主張服從遺傳的道德的齊諾封 (Xenophon) 等。這一派人反對新派甚烈。一切有新思想和新學問的哲學家——蘇格拉底亦在內——都吃了這一班舊派人的虧，這派人是要維持舊習慣的。這些哲人還受了好些別的責罵：說他們是巧辯飾非的；他們教人要束修的；他們主張普及教育而反對貴族政體的；他們是危及組織和制度的。

總之，這些哲人是將那時的文化傳布給一般平民的宣傳者。他們是人類對那時代的教師。他們不是專門的哲學家不過是對於哲學問題很有興趣而已。祇有普羅太哥拉斯（Protogoras）是哲人中創立新說的哲學家。高吉士（Gorgias）也偶爾亦有關於哲學的文字除此二人外沒有別人可以算哲學家。（希比亞司（Hippias）和普洛狄谷（Prodicus）或可列入）。

這些哲人在平民中間廣傳學問他們對於語言，論理和知識論都有研究。他們教授文學，歷史，文法，論理要義，爭辯術，和修詞學——一切關於人類表現的藝術。他們也特別研究，並教授關於人類相互關係的學科，如倫理，知識論，心理學和政治學等科。凡在希臘文化中有一地位的，這些哲人如普羅太哥拉斯，高吉士，希比亞司，和普洛狄谷等都系統的將他們表現出來。希臘的孩童受了初等教育之後到了十六歲便去受哲人的教育。希臘人的教育原來分成兩部分：分為身體則有體操，為精神則有音樂。所謂音樂便包括幾何學，彈七絃琴，發音，合唱與詩歌，天文，地理，和物理等科。到十六歲便出來在街上或其他公共地點受教於社會上的有名人物（如哲人）。到這時期哲人們纔教他高深的學科使他以後在政治上，社會上，和法律上可以成功。以此而哲人的教育大半有特殊的目的，於是修詞學論理學及其他精神科學的需要乃很迫切。

有名的哲人。 要開這些哲人的名單是很長的。據柏拉圖說，第一位自稱為哲人和公共的教師的是阿勃特拉的普羅太哥拉斯。他恐怕亦是最特出的。大概生於紀元前四八〇左右。Polos 和 Thrasymachus 大概是最後的；即亞利士多德亦稱他們為過去的人物。由此可知哲人不過占了一百年的光景。在紀元前第四世紀之初勢力已大大的薄弱了。不似從先的重要了。於此一百年間可得有名的哲人十四人或十五人。第一是普羅太哥拉斯，他的知識論不但是思想上一大貢獻，也是造成阿勃特拉學派的惟物原子論的最重要的元素。李昂狄尼(Leontini)的高吉士是駐雅典的大使，是一位演說家。蘇息逮茲便摹倣他的格式。蘇息逮茲在我們研究埃利亞學派時或者已經提到，因為他又竭力的擴張齊諾的學說。普洛狄谷是普羅太哥拉斯和高吉士的徒弟。是很有能力的人，亦是一位遊歷家。他的教授的方法便為蘇格拉底所採用。希比亞司與普洛狄谷同時，於算學物理歷史諸科所知極博，是一位很自負的人。優西狄姆斯 (Euthydemus) 和條宜西獨奴 (Dionysiodorus) 兄弟是爭辯術的大師。還有修詞學家斯拉西馬舉 (Thrasymachus）和高吉士學派的修詞學家如博路斯（Polos），李谷弗龍（Lycophron），和阿西達姆斯（Alcidamus）。伊文奴司（Evenus）是修詞學家，道德學家，亦是詩人。其餘還有克利梯亞卡利格利（Callicles）和希拍達姆斯（Hippodamus）。

其中好些人都是社會改良家。有的反對希臘的奴隸制度如（阿西達姆斯）。有的反對婚姻制度。有的反對貴族如（李谷弗龍）。有的反對財產的不平均。而希拍達姆斯是第一個提議一個理想國的。

他們辯論的方法是先引人迷惑從前以爲妥當的是什麽，再從對手的話中找出話來駁他。他們的結論是口述的，他們的所謂佳句亦平常。（註一）

哲人的哲學 哲人的哲學不過是當時對於遺傳的一般態度的論理的結論。從前的宇宙學說愈失敗，政治上愈見其不安寧，意見也愈紛歧。所以宇宙論時期的獨斷主義自然而然的入於

（註一）大英百科全書 H. Jackson 著「哲人」條（"Sophists"）

人類學時期的懷疑論始於普羅太哥拉斯的精細的相對論(Relativism)。當時批評的精神便極盛，直到後來這些哲人竟無處不應用他們的破壞的學說「哲人運動」在哲學方面最好的代表便是普羅太哥拉斯和高吉士。

一、普羅太哥拉斯的相對論。　按理論上說，懷疑論是「哲人運動」的中心，亦是他的論理的結果，然而最大的哲人普羅太哥拉斯的相對論竟不能說是懷疑論。從哲學上講，懷疑論並不是否認某種信仰的眞實，實在是不承認有任何眞理。普羅太哥拉斯不願意說什麼關於絕對眞理的積極的論斷——不論是否認或是確認——他說這是因爲我們不能洞見絕對眞理的性質。我們的知識爲運動及運動的現象所禁閉。他這種主張，若用近代的話說來，便是相對論或現象論。在這種學說之下的基本原理就是知識是屬人的——常常是相對的，決非絕對的。

普羅太哥拉斯的相對論有兩種基本原理作根底：一便是從希拉克利泰借來的普遍變化說；其次就我們所知道的是普羅太哥拉斯自己想出來的——就是說感官知覺是知識的獨一的來源和種類。希拉克利泰以變化爲普遍的，從這個變化到別的變化連續不斷。感官也是這大流中的一部份普羅太哥拉斯因為感官是這大流中的一部份，而為知識的惟一的來源，所以知識是霎時的，不是眞的，理知是推廣的，繼續的感覺。身體外部的一種運動刺激身體的一種器官，便有一種反應運動。結果便是知覺。知覺（Perception）本身也是一種歷程，只有知覺的現在的一瞬間是知識。我們不能知道事物的本質在知覺之上或知覺之外；我們不能洞見事物的「存在」。換句話說實體不但是表現於各個人的知覺，亦是表現於各個人的一、、瞬間的知覺。

但是這種知識論有什麽結果呢？普羅太哥拉斯自己說得很好，這句話也很有名，他說道，『人是一切事物的計量。這是絕對的惟覺主義（Absolute sensationalism）。除現在一瞬間外沒有眞理。每人在他的知覺的一瞬間看見他自己所見的眞理。別人有別的知覺也沒有關係在其次一瞬間知覺不同也沒有關係。祇有一瞬間的知覺是眞，在那一瞬間亦祇有此知覺。有多少個人便有多少眞理，個人一生有多少瞬間便有多少眞理。每一個人都是眞善美的計量因為一件東西此人以為眞的好的或者別人便以為假的有害的。玄學的討論是沒有益處的因為祇有現在的一瞬間是眞實的。萬事之原與究竟的標準是不可知不能知的。

高吉士的虛無主義　普羅太哥拉斯的哲學謂一切都是相等的眞的，高吉士却說一切都是相等的假高吉士以爲「存在，」知識與知識的交通是不可能的。他以埃利亞派和齊諾的辯證法爲起點以爲：(一)沒有事物存在，(二)若使有亦不能思想，(三)即使能思想亦不能交通。一件事的知識與那一件事的本身不同，用語言文字表現出來的思想與思想本身又不同。

哲人的倫理學——他們的批評的學說應用於政治生活的　倫理的政治生活希臘人認爲是最要緊的。後來那些哲人們以個人的觀察點去考查一切，他們的懷疑論乃爲希臘政治機制的直接的危險。個人卽爲他自身的法律，皆以個人爲超越社會。自格言派詩人以來，無論道德律與政治律漸爲人所思考判斷；至哲人的時候，法律的基礎亦成了問題。個人既爲萬事萬物之度量則一切法律與道德的機制亦要挂在天平上去。一切行爲的規則和一切法律不過是人爲的，是習慣的產物；正如眞理沒有標準知識沒有錯誤一樣，所以好百姓與道德是沒有標準的。智慧的人是好人；好市民是成功的有能力的人。強權卽是公理。

所以哲人的學說，歸總起來是：法律是強有力的人造的，代表他們的意志，若不能不服從時便必須服從。造法律須要强有力的人，必須比他還强有力的人纔能破壞這法律；法律不過是一種契約，不是多數人造出來限制强有力的少數人，便是少數人造出來奴役多數人。卽宗教亦是奸巧詭譎的人束縛人民的方法。所以服從法律是個人的事。個人的要務是快樂但有時個人的興趣與法律衝突，法律不能給人以快樂，因爲犯罪的人有時是最快樂的。快樂不是從服從法律得來的，是不管法律和公理祇計算結果的。那些哲人並沒有實行他們的學說。他們祇表現了希臘人的意見，那時希臘的輿論亦是偏向個人主義的。所以柏拉圖說希臘的民衆是最大的哲人。

因此自然律和正式的法律的不同點就發生起來。他們研究思考希臘諸國的憲法的不同點與這些憲法的常常變換就斷定說他們的大部份是人造的。是與自然律相對的。自然律對於人類是一樣待遇的。因此自然律比法律價值大些。亨利，梅思（Henry Maine）在他的古代法律上說希臘並沒有創造什麼法律學，因爲他們辯論的時候常常引到自然律。而尋查考究自然律的方法便是從習慣的法律中抽出來。原來「自然」這個字（Nature）意義很含糊。普羅太哥拉斯以「自然」爲基於原始的倫理的感情的界說是不很完全的。哲人愈以人性釋「自然」，愈以個人方面的「人性」釋「自然」則國家法律乃愈與自然律相反，還似乎有害於自然律。

節要。（一）哲人之學雖然是懷疑論與批評然較之宇宙論者的遺傳論及獨斷論，已有相對之進步。（二）哲人注意於人及人類利益之研究。（三）哲人主張思想自由，指明個人意識爲最後的判斷。（四）哲人們的意見雖不盡同，但他們却相互依靠，一般的假設是相同的。（五）哲人不注意於人類的相同處，而注意其相異處。（六）這些哲人們以惟覺主義的心理學，作他們學說的基礎。

第五章　蘇格拉底（Socrates 469—399 B.C.）

蘇克拉底與亞利士多分。除哲人以外希臘社會還有兩種元素。一派是以亞利士多分爲代表，一派便是蘇格拉底。亞利士多分是一個有錢的貴族，以舊時代爲比現在好。他主張政府要是好人的，不要是多數人的。他願意要破壞哲人的新運動，他做了許多刺諷希臘生活的詩文，便是這個目的。他有一種劇本名雲的，便是特別做來譏諷哲人的。蘇格拉底却是承認哲人運動的，但他比那些哲人研究深的多，他要尋求眞理。

蘇格拉底的特殊的人格是這時代的中心人物●這是我們第一次看見哲學集中於一人。歷史上很少的。他的學說的解釋完全是一種傳記。他自己毫無著作。他一生的史料與學說都是從齊諾封的備忘錄(Memorabilia)和論說集(Symposium)，及柏拉圖與亞利士多德的著作中搜討而得的。他們這幾個人的著作，分別將蘇格拉底表現的很完全。齊諾封所記的是從談話中得來的蘇格拉底的節制和實行方面的情形。柏拉圖將蘇格拉底理想化了——尤以後來幾種著作爲甚——他在想像與精神方面表現蘇格拉底的性格。亞利士多德則辨別較淸楚而無統系，但却是最可靠的，因爲又過了一代了。

蘇格拉底的人格及其一生。 亞息別玆(Alcibiades)說蘇格拉底像雅典街上賣的小匣子，這些小匣子做得像酒神的師保一般裏面裝着一個彫刻的小像。這話是合式的，因爲蘇格拉底實在是內秀，外面却是很難看的。他又矮，又胖，頸項又短。眼睛腫起，鼻子是平的，鼻孔是向上的。口又大又露牙。髮鬚是亂的。肚腹凸出來，腿却是很細弱的。衣裳更是隨便了。然而他的好脾氣和他對朋友的不自私，使凡當時有名的人都很願意與他交接。他於雅典的青年的身上影響很大，讚揚崇拜他的人也很多，但他却不管家事和他的妻子任太伯(Xantippe)那時那些哲人都習慣在私下講學並且要人束修。蘇格拉底却與他們不同，他在公共地方講學，不論貧富都不要錢。蘇格拉底非常節儉。冬夏都赤着脚走路，衣裳也非常的藍褸。飲食亦有節制。宴會的時候，喝酒很多，却不及於醉。他亦不運動，因爲運動要多吃飯。他想法子要限制他的欲望。他是堅苦耐勞克己自治的模範，有許多逸事可以表明的。齊諾封說道：『沒有人看見或是聽見蘇格拉底有什麼壞處，他非常的敬神，沒有一件事不與神請示的。克己甚嚴，永置快樂於爲善之下。善惡辨的非常清楚。總之，他是人中最好最快樂的。』

有時蘇格拉底似乎太質直太無趣。這或者是他的肅括主義中偶然發見的，或者竟是肅括主義的結果。他對於感官方面很淸淡，他用效用來解釋美。他不願意走出去，因爲樹木花草不能教他什麼。藝術於他沒有什麼影響，因爲卽使受感亦無用處。他不是注重知覺的是注重思考的。他說天文學是一種神祕。幾何學是量地的，誰都能做。算學不過是可許的。物理學可以不硏究。『你祇要看人的不同就可以斷定這些學問毫無利益。』有一次他一人在他家中跳舞，原來他要和別人跳舞纔獨自跳舞，到了宴會的地方，他又想起跳舞的效用來了。他是無處不表現其注重實用的精神的。

蘇格拉底的神力的影響是很有趣的。他覺着他自己受命於他的神力，不斷的用自省並考察別人的工夫去謀社會之道德的完成。蘇格拉底的一切工作是被動於一極深摯的宗教情感。此神之領導他說是他的神力。神力永久和他同在。但對於特殊的行爲，不過加以警告毋使有不正之行爲而已。他將要事前預備一篇和審判官講理的答辨的時候，神力來干預他。於是他就依靠那一時的神感不做了。有一次出征的時候他有一次一整天站着與神力相合，也不管天氣。

至於蘇格拉底的教育，則於他一身並沒有什麽重要的關係。他的獨一無二的性格受他的環境的影響不大。他父親是個彫刻師，他母親是個產婆，他受他父母的影響很小。雖然他受了雅典青年應受的初期教育，却不能說是受過完全教育的人，自然是在俾利格的時代若不吸收了他的文化，便不能做雅典市民。他的形式的教育大概有音樂有體操，他對於以前的各哲學學派自然是很有研究。蘇格拉底壽很長，貧而知足，一生都貢獻給公衆。他有兩個極強的本能：（一）他的強烈的宗教情感使他覺着他的行爲是神之使命；(二)他的知識的創造能，這是從他的學說與他勝過別人的方面表現出來的。即此兩端，已爲人所不及。

他的一生除掉他的死以外沒有什麽特別的事情。他是紀元前四六九生於雅典的。他在卑羅柏納蘇戰事初起時便開始作他的神工，拯救雅典人出於哲人的危機。三次出征爲兵士。有時——若是叫他做——他亦做過立法官，雖然他是遠離政治的人，然在七十歲的時候有人告他，說他毀壞青年否認神道。他以前的生活已經是道德上無可訾議，知識上非常燦爛的了。然而這一死更叫他一生有光采，使他虎虎有生氣，因爲他這一死表示他一生的眞意義——是雅典社會組織的悲慘的事情。他死不怪他自己，亦不怪那些審判官。雖然他自己原可以脫逃，審判官定了他的罪。這原來是不可避的希臘的普遍主義與個人主義的衝突，所以他的價值是歷史的。控告他的人是因私仇謀報復的。但他們以後有許多別人是他得罪了的。最後還是雅典的守舊主義與雅典文化運動的衝突。蘇格拉底的罪案，一半是眞的。他又是道德改良家，又是公衆所討厭的。然而他的死是法律的殺害。審判他的審判官說他有罪。米勒脫（Meletus）提議判他死刑的時候——米勒脫亦是控告人之一——蘇格拉底可以提出其他判決來，審判官必須從這兩個判決中選出一種。如果蘇格拉底提議罰鍰，或者便可得審判官的承認。他却說道雅典人要他怎樣他便怎樣。於是審判官無法可想祇好判決他死刑。然因爲在德洛司地方有祭祀，復延長三十天纔執行。那時蘇格拉底如要逃走，也很容易。但他不願意反對法律，所以在紀元前三九九年五月飲酖死。

巴馬(G. H. Palmer)教授說他的一生和他的死都是相反的事實。兩兩相對的。他爲雅典人服務，雅典人却弄死他。他他爲服務那永久的而犧牲。他的人格亦是如此。外表非常醜陋而精神却十分美好。他是人中最嚴肅的，亦是最多情的。他永久是一位莊嚴的道德家，却亦永久是一位詼諧客。他足不出雅典，而却是世界的人物。他是一位世界的哲學家，然而他却並不曾有什麼思想系統也沒有什麼著作。

。。。。。蘇格拉底與哲人。。。。。　蘇格拉底的出發點與哲人完全是相同的。他是批評的哲學家。他的哲學全部皆以批評做起點，對於特殊問題亦以批評爲根據。這可以表明他亦和哲人一樣以個人的理知爲最後的判斷。不承認未經考察的遺傳的武斷，起始爲各種概念之批評的研究。蘇格拉底與哲人對於知識上的問題的批評和攻擊，其精神是和哲人一致的。蘇格拉底的名言，「道德即是知識」——亦很可以從普羅太哥拉斯口裏說出來。普羅太哥拉斯所謂「人爲萬物之量」的學說亦可以歸於蘇格拉底而毫無矛盾。

至於蘇格拉底的結論則一方面與哲人相同。——但只是一方面。他和哲人一樣以自然科學的結果爲無價值。因爲自然科學不能導人入於道德的最高境地。宇宙論者小小的結果就可以表現自然科學於人沒有好處。在這一方面蘇格拉底是和哲人一樣的懷疑論，——對於自然科學的懷疑論。

但是對於人性的價值的一方面蘇格拉底却正與哲人的思想相反——實在就是與當時相反。在那研究人的問題的時候，他爲建設的哲學立一基礎而反對哲人的懷疑論的結論。他以爲人事中有確實的眞理與絕對知識之可能。他與哲人一樣承認人類思想中確有曖昧不明白之處，而眞理標準亦的確不是一個人可以有的。然而蘇格拉底並不和哲人一樣以爲旣有矛盾即無眞理；他却打破這矛盾處與不明之點，而爲進一步的研究，主張眞理是在人類全體中的。眞理存在那裏好像人類全體所追求的一個理想一樣。普羅太哥拉斯謂『人爲萬物之量』；他所謂人是個人，而蘇格拉底，如果也用這句話時，他所謂人便是「人類」了。蘇格拉底謂『道德即是知識』，他的意思是說同一人類的知識（就是見解理知）是道德；而普羅太哥拉斯則必以「知識」爲個人的感覺。普羅太哥拉斯說『個人爲萬物之量』，則蘇格拉底必以『人類全體爲萬物之量』相答。普羅太哥拉斯如說『道德是感覺得來的知識』，蘇格拉底必以『道德是從理知得來的知識』一語回答。蘇格拉底以爲人類各種變遷，各種人物之後，尙有一普通的人類，有一不變之人，他包含究竟的眞理，意見觀念和感覺很多而知識則一。這知識是合理的。

這就是蘇格拉底與希臘啓明時期的別的領袖的不同點。他雖深染了他當時的希臘文化的動機——以其結果爲奇，覺到他的用處，並批評一切遺傳——但他自己却逃出了懷疑論的結論。原來無論那種文化的發達，都有自己失敗，和懷疑自己勢力的危險。哲人哲學便是如此。然蘇格拉底因反對當時的自毀的結果，在他的建設的哲學中便變成那時期最明白最完全的表現。

因爲他深深的得着希臘啓明時期的要義又好好的加以統系的工夫，所以他的位置在歷史上就確定了。這樣，蘇格拉底哲學的根本要義便是古希臘文明的根本要義，保存了這根本要義便是爲近代歐洲保存了希臘文明。

無系統的蘇格拉底的哲學。　蘇格拉底的哲學沒有統系，這也是使人不容易明白他的一個原因。他實在沒有一種思想系統的基礎。他的心理學或是關於人心的學說是沒有界限的。他常常的提起感覺與知覺，但和感觸與意志一樣，他以爲在心理方面是不甚重要的。他以爲心意是概念或觀念的集合體。感觸將這些概念的行爲朦蔽了，感覺中他以爲最要緊的是他所謂的神力。他決不會有科學的心理的分析。他以三條假設作起點。這三條假設是（一）眞知識祇能從概念得來；（二）照着概念行的是道德；（三）世界是照着概念計畫的。概念是蘇格拉底所最注意的。概念是他的假設，他的工具，他的目的。其餘的心的元素他却認爲不甚重要。

蘇格拉底的理想。　蘇格拉底所尋求的目的是一種理想。一切事物的本質中都隱隱約約的有一種理想。此理想的內容須自經驗得來的始可解釋，然其實此已不是理想了。凡理想都可以明明白白的用形式說出來，而知識的形式與演繹的方面在實際行為與科學歷史上已有了很重要的地位。蘇格拉底未嘗不可以清清楚楚的將他的理想說出來或者略為表示其內容，但他却總以為是要去尋求的目的。他信理想在概念之中，如他能得著一種概念的眞理，他便可以達到理想。所以他就去解釋許多概念如「友誼，」「勇敢，」「謙卑，」之類，但他總不曾達到目的。

蘇格拉底的理想是知識或智慧，他的理想便是『知識卽是道德』。所要求的便是從概念得來的概念中的智慧。但這些概念從那裏去尋求呢？是從自己的心意中去求麼？蘇格拉底說是的，所以他的格言是『知道你自己』。然而與知識及智慧相同的道德是什麼？蘇格拉底所謂「道德」(Virtue)不是近代的狹義的解釋，更不是原義所謂勇敢或壯健的意思。蘇格拉底用的希臘字是 ἀρετή，原義最好譯作「無上妙」或「能力」。照文字源流講，此字意義極複雜，像拉丁文字的 Virtus 一般。此字原來字根是從戰神來的。原來意義是武力的勇敢，久而久之，其意義乃變為一切事情的「無上妙」了。近代有一本書叫做「世上最大的事，」他是要表明基督的愛是世上最大的事。蘇格拉底則以「智慧」為世上最大的事，而不以愛為世上最大的事。這也是希臘文明與基督教的對照。

然蘇格拉底所謂無上妙者是那種知識或是智慧呢？那些哲人以感覺與衝動爲智慧之源，蘇格拉底却以爲是內識。（譯者按此字原文爲 Insight，日人有譯作見解，見識者，都不甚確當，查該字字義爲 A sight or view of the Interior 故本其原來字義，爲譯今名。）內識即是無上妙的。凡照他的感情用事的未必確知其知識，但凡照他的內識行事的便是世界上最好的。但是蘇格拉底更將知識的意義加以限制。不獨以知識爲內識，更以之爲道德的內識。因爲他最感興趣的問題是人生問題，大部分是自省的問題。由此我們可以將他的知識即是道德的結論擴而爲一較長的結論，就是道德的內識是世界上最好的。這在思想史上是第一次以道德的假設爲哲學的基礎。

蘇格拉底的理想的意義。 蘇格拉底的理想的形式方面的意義我們已經知道了。第二個問題便是他的理想所包含的是什麼意義。

一、第一層，有知識就是正當的行爲。知識＝正當的行爲。然而蘇格拉底的意思，知識並不只是正當的行爲的條件;他以爲知識確實搆成道德的行爲。理知的發展與意志的發展是一樣的。知識即是道德,道德即是知識。過惡即是無知,無知即是過惡。於眞理有一種內識是生活的原理。不完全的內識不但是罪惡的原因,即其自身亦是最大的罪惡。人不但因爲不知道善而做惡事,不知道什麼是善,便是最大的錯處。

二、 道德的內識不獨是與道德的行爲相同,並且這種內識永久與快樂相伴。意志承認了善,適當的行爲便使人快樂。快樂是必然的結果。君子知道什麼是於他有好處的,就做了;他做的時候,他就很快樂。『做善事就快樂』,可以算蘇格拉底的格言。這樣,我們就可以知道他相信兩件事。(一)人如果竭力用自省並且省察別人的工夫就可以得到完全的快樂;而(二)世界是在神的指導之下。蘇格拉底並不曾明明白白的否認荷馬的多神的存在,亦並不曾明明白白的承認他自己爲一神論者。但他却常常提到一管理一切的智慧。他個人確信「不朽」之說,却並不曾給什麼證據。雖然蘇格拉底對於人類對於物質世界的知識不甚確信,他信宇宙是神的佈置。在這樣神的,有秩序的世界中,善人必定要快樂的。祇有完全智慧確實能知道他的行爲的結果,可以在他所居的環境中得快樂。但人亦可以確實知道快樂之增加是與知識相爲比例的。希臘哲學在倫理學方面便發達到這樣地步，用專門名詞說便是幸福論（Eudæmonism）。幸福論與快樂主義（Hedonism）是相同的快樂學說。幸福論以活動的幸福爲人生之最高善，而善是永久與快樂相伴的。快樂主義是以快樂爲善，而善是目的。在歷史上，幸福論常退化而爲快樂主義的。

三、蘇格拉底以道德的內識爲與道德的行爲相同，而其不可避免的結果便是快樂。但道德的內識是否能與效用相同呢？依齊諾封的話，蘇格拉底以最高的道德爲最有用的。在柏拉圖的對話集中也有幾處提到蘇格拉底似乎定「內識」的意義爲計算或謹愼行事的法術。而蘇格拉底之克己工夫，尤可爲此語之表徵。蘇格拉底於辯論中常以有用的去解釋善的。譬如「什麼是善」的問題，常常轉而入於別的問題，就是「善有什麼用處？」實在這種車輪轉的問題：如爲什麼行爲正當？答以因爲有用。問爲什麼有用？答以因爲正當。爲辯論的緣故——蘇格拉底對於爭辯原來是很聰慧的——他常常以合宜於人的快樂與利益爲善。如此說來他的哲學不是並不見得比哲人們的相對論高麼？然而蘇格拉底實在是想超過這種相對論的。雖然沒有完全成功，他的學說亦並不能常常超過哲人們的相對論，然而他的意向確是如此的。他在許多方面似乎是信一種絕對的善而不信相對的善：他以爲忍受過惡比作惡好些；與其破壞法律以自救其死，不如嚴守法律；他又常常以正當的行爲，倫理的改良與參加善事爲人生之解釋。爲他思想的背景的效用便是爲靈魂之用。這樣，我們可以得一結論，就是不過是爲淺顯的辯論起見，蘇格拉底以「有用的」爲與道德的內識相同的。

總之，蘇格拉底並不是叫人有正當準確的思想，亦並不是成爲文雅的人，是要成爲有用的，快樂的雅典人。最高的道德，是蘇格拉底的理想；知識，快樂與效用不過是理想的各方面。知識是必然的方法。快樂是必然的結果。效用是必然的記號。推而廣之。(一)道德是可教的，(二)道德是統一的。道德如果是知識，一定是可以教的。亦可以說——雖然不十分確當——一初道德根本上是相同的。人不能在一方面有道德而在他方面無道德。眞正謙卑的人，亦是勇敢的，聰明的，正當的。

蘇格拉底的方法的兩步。 蘇格拉底的方法的外表是會話。他以思想爲內面的談話。會話的結果，不論是外表的是內部的，都是開展（Evolvement）。這就與哲人們的方法很不相同了。並且相反了。哲人們以知識之供給爲方法。然而蘇格拉底除掉要求達到的理想外，並不以任何知識爲起點。以人類有知識之假設爲起點，蘇格拉底所要用他的方法去得到的結果是一種實際的結果。這不過是其方法的大略，今且進而硏究其方法之兩步。

第一步是消極的。不但是消極的，實在是求眞理的人的一方面的自制工夫。人必要承認他自己絲毫不懂得什麼覺得他個人的沒有經過考驗的意見不是眞理。要以求者的地位而不以師長的地位去硏究一切。這種心理的態度是智慧的開端。……蘇格拉底在沒有考察任何概念之前，他先假定對於他，絕對的毫無所知。他是很謙卑的求道者。

他應用於自身的方法亦叫別人去應用他。他那種對話法如果求教於他的人不承認自己沒有知識，便不能十分成功。那些哲人們自詡以爲在希臘太陽之下，他們什麼都知道並且預備去教希臘的青年。蘇格拉底以爲只有智慧之愛可以阻滯他的舉動。哲人卻以此種自饑爲討厭。他自己雖然自認爲不過是一個求知識的人，他卻起首就以他的問題用他的論理去查察並且破壞那些自以爲是的人的不成熟的概念。這種純爲破壞的很淸楚的分析，爲他以後的建設的談話的預備的，人稱之爲「蘇格拉底的諷刺」(Socratic Irony)因爲他在論證上高出別人之上，所以他可以用極破壞的形式去開始談話。他的方法，對於一切偏見與先見爲自由尋求眞理之障礙者，必破壞之。他希望每人都從新說起，因此一切遺傳的信仰都要拋棄，而考察的人承認他的無知，纔可以開始建設的研究。

蘇格拉底論證的方法的第二步是根據他開端的破壞的批判來的。在這一部分，我們纔找得着他的建設的學說。對話自然自必要的條件；因爲既不在你，亦不在我，是在我們全體之中。是隱伏在心中，不是在任何意見的外表。使我們的心互相摩擦。使我們節我們的概念，發展我們的眞自我，使未曾發現的眞理入於光明之境地。我們的觀念，互相補助而有一共同的根據。知識的交接是一種精神的，個人的需要，因爲他能表示普遍的同情與生活的一種統一。知識的共同的愛可以使人相友。知識的互助他稱之爲「愛」(Eros)——這是很神祕的名詞。研究在時間的綿延中是不定的；尋求眞理是無盡的；蘇格拉底卻每次失敗，每次重新起頭要想達到他的理想。所以蘇格拉底的理論上的自制工夫在他的建設的哲學中有兩種意義。一方面是請求他的國人幫他去尋求普遍的眞理；一方面是承認他不曾得到這普遍的眞理。

蘇格拉底與雅典。 蘇格拉底對於他在雅典的社會中的使命有一種宗教的崇拜。他是『雅典公衆的閒遊人』；他是此時代的教育家；他是神命與雅典人的。他自覺其與雅典國家有關係，所以他在審判他的時候，他公然很驕傲建議與其罰他不如將他放在賢良院裏(Prytaneum)。然而這教育家並不曾創造什麼；他不過將潛伏的智識的種子發展起來。雅典人原來富於眞理；蘇格拉底是受了神命來表現他們出來的。他稱他的方法爲「收生法」(Maieutic Method)——他的母親是收生婆。他是知識方面的收生婆，他的方法是知識方面的收生術。他雖然沒有找出什麼具體的究竟的眞理，然而他對於他的方法的準確毫不懷疑，對於每一個問題，亦是重新研究起。他信他的失敗是由於人類的明察力太弱；人的明察力或內識有多遠，他對於事物的眞意義便也知道多遠。

蘇格拉底相信人。他相信人類之中具有一應組成一堅定的，理性的，與道德的社會的原子。因爲他在理論上不能表明其信仰之正當因此便成了信仰（Faith）的事情人道是要得勝來的，是發展來的一件東西他個人便是他信仰的具體他影響之所以大是由於他確信他自己的倫理理想而毫不欺詐。

蘇格拉底對於論理學的研究

蘇格拉底考察概念就是要去尋求論理的「本質」正如宇宙論者考察物質的現象要尋求物質的「本質」一樣。以此而蘇格拉底爲最初用歸納法之人亦是最初用適當的定義的人。哲人們對於各樣事物都規定特殊的意義，蘇格拉底却一字有一字的極精確的意義。因爲要尋求極精確的意義的緣故，蘇格拉底便更進一層研究事實的「本質」及其普遍的定理。因此聽他講學的人，便覺着個體與全體的論理的關係。所謂全稱是特殊的概念與意見的一般的共同點。在他們之下而將他們聯合起來。暫時的定義在他的談話中也有；這種定義必爲許多事實所試驗；由此便可得着一眞正的定義及普遍的定理。這便是歸納法。將特殊的見解與個人的意見，加以比較，將相似的事情與相互的關係收聚起來，便可得一概括的概念。個體之受制於全體之下成爲科學上一大要理。不管蘇格拉底的進行的方法怎樣不完全怎樣孩子氣，亦不論他總結論時如何不小心，收集資料如何潦草，更不論他判斷如何不曾成熟，他總將個體受制於全體之法成爲論理上的成法。據齊諾封說，蘇格拉底努力於考察並規定善與惡，正與不正，智慧與拙笨，勇敢與膽怯，國家與國民等字的意義，毫不疲倦云。

蘇格拉底與小蘇格拉底派　蘇格拉底之死不過是變形。他的影響，遠大而深摯，受感化於其人格者多，受影響於其學說者較少。他是沒有默示的默示者。他絕對確信善——人生之眞目的——之存在。不過這是各人與全體都要設法達到的理想。因此他以後，他的學說便有許多解釋，便成了許多學派。最特出的高足弟子是柏拉圖，他自己個人便將蘇格拉底的哲學很有統系的，完完全全的發展成一個系統。柏拉圖的哲學與德謨克利泰及亞利士多德同爲希臘三大哲學家。除柏拉圖之外，有小蘇格拉底學派：如優克立特 (Euclid) (非數學家之優克立特)，費獨(Phaedo)，亞利士狄拍斯 (Aristippus)，安梯孫尼 (Autisthenes)，此數人皆爲各學派的創始者。優克立特創始的在米加拉 (Megara)，費獨創始的是愛林愛利屈恩 (Flean-Eretrian) 學派，犬儒學派是安梯孫尼創始的，西任列學派是亞利士狄拍斯創始的。前兩派的影響很不重要。

可以略而不論。所可說的就是費獨是蘇格拉底最歡喜的弟子，蘇格拉底死後，柏拉圖曾一爲該派分子。後兩派則於當時及後來的文明都很有影響不容不提及。在這兩派中，各自成立了一種倫理學說。……原來這四派都自以爲眞能傳蘇格拉底之學，自然其注重點不同，故結果亦因之而異。

蘇格拉底自己對於最高的道德不曾解釋完全。犬儒學派和西任列學派便想竟其全功。加以定義並示人以達到此種理想之途徑。他們想做的是：（一）積極的確認有普遍的確實；（二）表示其來由基礎；（三）示人以如何必須預備自身以求達此理想。

這兩派——犬儒學派與西任列派——都是個人主義的，幸福主義的。他們以爲如爲「善」而善則「善」無所主。如確認「善」爲善之內識則毫無結果。最明顯的答案便是「善卽是快樂」他們這兩派的不同點不過是在得到快樂的倫理的路上。

這樣看來，小蘇格拉底學派中人比蘇格拉底還要像哲人些。他們的主張與蘇格拉底的直理的普遍性說背道而馳。最高的道德，可以各人用各人自己的方法，或道路去尋求。這是個人之德，而非人道之德。文明的價值不過是滿足了個人的需要。

求快樂有兩種方法：一是滿足欲望，其他是限制欲望。因爲快樂不過是欲望之充分滿足。如果欲望滿足了便快樂了，不論欲望的多寡的。西任列派以爲增加欲望的滿足可以得快樂；而犬儒學派以爲欲得快樂必須減少欲望。

犬儒學派創始於安梯孫尼。從之者有台屋琴尼（Diogenes），提勃士的克雷玆（Crates），他的妻子希伯卡（Hipparchia）和她的兄弟米托克利（Metrocles）。以幸福論的見解看道德是絕對的目的。犬儒學派與蘇格拉底相同以知識爲達到這種目的的途徑。換言之，即道德或知識無非是得到快樂的方法，其他用處犬儒學派並不注意。故必須尋求知識之道德而不可使無知；其他皆可不問不聞。資產，奢侈，名譽，尊榮，感官快樂與苦痛，一切羞恥，習慣，家庭，國家皆非要事。人必須要除去他那不能滿足的欲望或無益之欲望以求自身之獨立。祇須保存幾種最要緊的生存的欲望。其不爲一切外物所支配者犬儒學派稱之謂賢人。反是者卽爲愚夫。他們有獨立的主權無求於人造的文明。自然律乃與國家的法律相反者。人宜返於自然之境地云。

西任列派創始於亞利士狄拍斯，他住在西任地方(Cyrene)西任地方是非州北部很富饒的一個去處。亞利士狄拍斯初爲哲人，後來又做了蘇格拉底的弟子。蘇格拉底死了，他又回到西任去。在此處創設了西任列學派，子孫三世傳其學。最特出的人物是他的女兒阿尼德（Arete），他的孫子亞利士狄拍斯，還有西屋獨奴(Theodorus)，黑基希亞（Hegesias），安列西尼(Anniceris)和所謂由希密奴主義（Euhemerism）的由希密奴（Euhemirus）——這種主義是以神爲原來不過是偉大人物之說。西任列派以人生之眞究竟乃在感官的快樂。亞利士狄拍斯採取普羅太哥拉斯之說以感覺爲永久是眞的可以「運動」去解釋。這個學派發展了一種精細的惟覺主義的心理學，爲其學說之要義。其大意謂：（一）感覺之價值爲強度所規定而不爲其時間之綿延所規定；（二）故身體快樂之價值大於精神之快樂，因爲身體的快樂比較強烈些；（三）我只能知道我自己的感覺，所以比別人的感覺價值大；（四）人有一種理性的內識使人選擇他的感覺。

這一學派的人生實際問題，與犬儒學派一樣，就是如何使個人在世界上獨立。然西任列學派以爲享樂可以得獨立（與犬儒學派正相反），犬儒學派則以解脫爲獨立之法。西任列學派的賢人，深明人生的一切快樂，從動物的滿足直到精神的快樂。他將他們都取來享用，但決不忘記自己。他爲他的嗜欲之主，不希望那不可能的，而有完全與安靜的和平。

很奇怪的他這一派愛快樂的學說的結論却是悲觀主義。若人生不能得快樂，便是失敗。然而可恨的是人生苦多於樂。以此而人以爲與其犧牲其快樂不如服從法律與習慣。還有幾位西任列派的分子，以爲人是注定苦痛的。雖有快樂不能得到。人的身體便是不可避的受罪者。我們所能希望的最高點是「不苦」。

犬儒學派與西任列學派在哲學史上是很重要的。西任列派是伊壁鳩魯派的前驅。犬儒學派是斯多亞派學說的基礎。這些大學派皆於七十五年後創始於雅典。當於後面詳論之。

第六章　系統哲學時期 (399 B.C. – 322 B.C.)

希臘國家精神之衰落　系統哲學時期始於蘇格拉底之死，終於亞利士多德之死。只有七十七年的工夫——與人事論時期的時限差不多長，纔有宇宙論時期的一半長。始於卑洛拍納蘇戰後的憂傷困苦之際，終於馬其頓之得勢。在這時期中，希臘的各市府間，戰爭迭起。斯巴達最早取得極優越之地位，次提勃斯，(371—362 B.C.) 次馬其頓腓力 (Philip) 之侵入及開羅尼亞 (Chaeronea) 之戰。(338 B.C.) 在紀元前三三四年，亞歷山大征取東方，兩年而成功。他以為即此可以統一希臘然而因為兩個原因他却失敗了。第一層，希臘人不願以馬其頓為國家的代表。第二層，希臘的精神已漸衰落人民已失其高尚之理想。於是乃開始腐爛。希臘生活的根基上已有了蛀蟲。希臘的政治，藝術，與文學已經過去了。

三大系統哲學家在希臘歷史上的地位。 希臘的國家生活雖然漸漸的死去，科學乃大成熟，結了很多的好果子，創造了他的最完備的哲學系統。德謨克利泰，柏拉圖，亞利士多德三人的名字都與此有關的。這些偉大的哲學系統的確不能說與他們當時的社會情況有什麼多大關係。這些年來的四分五裂的希臘不論在需要方面或要求方面都不能產生一位柏拉圖，或是亞利士多德。希臘哲學家的興趣愈遠大，希臘人的興趣却漸狹小。在這短時間中知識的趨勢是功利主義的，注重實際的。雅典人現在所視為有興趣的問題是關於機械學，生理學，修詞學，和政治學的詳細節目。科學的範圍內，乃始有論理學，倫理學，和物理學的區分法。——這種區分法歷時彌久。這時代表時代精神的是斯巴達和馬其頓而不是雅典與阿勃特拉。

如果德謨克利泰，柏拉圖，和亞利士多德並不能代表他們當時的社會，他們與希臘文化有什麼關係呢？他們並不是與希臘人的生活隔離或是在希臘人生活以外的。亦可以說他們是希臘文化的最完全的代表。他們是希臘思想的最親切的表現。——即使不是他們當時的思想。他們是前兩個時期的最終斷定，接入下一個時期。德謨克利泰將宇宙論的運動告一結束而加以統系。柏拉圖對於人事論時期亦是如此。到了亞利士多德，他將德謨克利泰的系統的宇宙論與柏拉圖的系統的倫理學，加了一種新解釋，在一個原理之下聯合起來。亞利士多德有功於希臘哲學者綦大，因爲他將希臘各種學問都下了一番系統工夫。他不但爲全體創立一種理想的學說，更將各種特殊科學都加以組織。更有進者，如果這三位希臘哲學家不是一個學派的領袖，其結果必不能如此之好。各學派中必有許多人按其個人的意向以努力從事於分析研究的，所以每一學派都搜集了許多材料，按照他們的領袖的方法與目的去研究。

系統哲學時期之要點　前面已經提過希臘思想與中代思想，與近代思想的不同點。我們說希臘思想是客觀的。當我們現在要討論德謨克利泰，柏拉圖，和亞利士多德的時候，最好是將希臘思想的客觀性的意義再申說一下。柏拉圖的學說我們常稱之爲惟心論，然與近代的惟心論不同；德謨克利泰的學說常稱之爲惟物論，然與近代的惟物論亦不同。這種哲學名詞的意義，最易變化，卽如柏拉圖的學說，中代逕稱之爲實在論。希臘人之惟心論家，與勃克萊、黑格爾所謂之惟心論家不同。總而言之，當吾儕討論希臘之藝術，政治，與哲學時，所謂惟心論者，不是近代的惟心論。

眼光遠大的希臘人極願意做刻畫，證實，與表現的工夫。他們不注意於事情的應當怎樣。他們要知道並且了解，了解之後始加以解釋，要去尋求事物之根本要義而不顧及他個人的欲望，——這便是希臘客觀的態度。希臘人看見了之後纔去思考。希臘人以宇宙是一種調和與一種藝術，他站在那裏默想，並不去批評。宇宙中各處都是人的元子，然不過是宇宙的分子。……

所以不論我們加這三位哲學家的哲學以什麽名稱，須要記住他們都跑不出希臘人的客觀的見解的。有時我們以爲希臘思想的停泊處似乎常常改變，好像柏拉圖越乎古代希臘的態度而預料基督教的道德，因為他似乎要飛出感官世界；又如亞利士多德他要竭力發揮他的超越的神靈的學說。然而他們的結是不會斷的。系統哲學時期的哲學家究竟是希臘的哲學家，不是近代的哲學家。他們依然是希臘的客觀的態度。這些最大的哲學家決不想到他自己，祇想是圍繞他的世界的『骨之骨與肉之肉』。在藝術方面，古希臘人可以服從自然而不能超過自然。在宗教方面，他們所崇拜敬奉的神，不過是超過人類的。政治方面，他們是社會全體中的一個分子。愛息奴，俾利格，蘇格拉底，普羅太哥拉斯，亞利士多分尼，德謨克利泰，柏拉圖，和亞利士多德都是一樣，以人性為宇宙的一部分。希臘的思想是解釋自然而不是再造自然的。

然則希臘思想的發展是什麼性質呢？希臘的系統哲學時期的哲學與希臘的宇宙論時期的哲學的分別在那一方面呢？宇宙論時期的希臘哲學以萬物有生論作起點——以宇宙與精神為客觀的調和之說。久而久之在人事論時期與系統哲學時期這調和漸變而為心與物之二元論。然系統哲學時期的哲學是一個客觀世界的各部分的二元論，而非主觀客觀的對照。精神方面與宇宙並存，其分離與失愛決不致達於中代的樣子。這些系統哲學家一半代表這二元的趨勢，一半想用科學去戰勝他。『雖然有這種（二元的）趨勢，原來的假設（宇宙與精神之調和）乃更確定。其所以不能滿意調和其矛盾者，就因爲他們不肯放棄以前的假設。如果把那穩（統一）取消了，就沒有法子填滿這空虛，照他們的觀點看去，是不能存在的』（註一）

希臘哲學撮要　此處如果能有一段希臘的客觀哲學的撮要是很有用處的。從泰利士以來的哲學問題是：我們如何可以知道一切現象變化中的不變的「存在」。宇宙論者查考了物質的宇宙也不分別宇宙和精神，卽以不變的「存在」爲有生機的物質。人事論者竟不信有眞「存在」——除掉蘇格拉底。至系統哲學時期而二元論始表現。宇宙與精神分開了，然而還是純粹客觀的。德謨克利泰以物質的宇宙爲「存在」，然範圍極寬泛竟可以做一種心理學與倫理學的基礎。柏拉圖以「存在」爲在精神的世界，在一團道德的與美的實體之中。亞利士多德要想設法消除惟物論與柏拉圖主義的衝突。他以爲「存在」既非物質，亦非脫離物質之精神，實在是「在宇宙

（註一）Zeller, Pre-socratic Phil., Vol, P. 162.

中的精神」

希臘哲學（客觀的）。

一、宇宙論者——萬物有生論。　不變的「存在」是某種有生機的物質。

二、人事論者——相對論（除掉蘇格拉底）。　「存在」不是不變的但是基於過渡的心理狀態。這一派哲學經驗哲學者稱之為惟名主義(Nominalism)

三、系統哲學家　德謨克利泰——惟物論。

柏拉圖——客觀的惟心論。

亞利士多德——概念論。　亞利士多德的學說雖難於了解，卻很要緊。並不能絕對說是概念論，有時說是「客觀的實在論」。

德謨克利泰與柏拉圖——他們的相同點與相異點。　德謨克利泰的惟物論與柏拉圖的惟心論在希臘思想中，是極端相反的。然而他們至少有四個相同點。他們的相同點是：

（一）　兩家都發揮一種質直的理性論，這實在起初是對於普羅太哥拉斯的知覺說的反響。

他們贊同普羅太哥拉斯之說以爲知覺不能得眞理，所以他們乃棄知覺而之理知以求眞知識。

（二）兩家都發展一種兩重實體的世界。知覺雖然是過渡的，並不是幻象。兩家都加知覺以一種新價值，使知覺的世界有一種相對的價值。所以就有兩種實體。就是知覺世界的相對的價值，和理知世界的絕對的實體。結果都是一種寬泛的知識論。

（三）兩家都以實體爲多數的客觀的格式。對於這種格式的概念兩家都是一樣的。兩家都以觀念(Idea)這個字代表這眞實的法相。這些法相都是客觀的實體。

（四）兩家都想以科學方面來戰勝以前夾雜在萬物有生論中的二元論。

他們的不同點——「觀念」的意義的發展。（一）然而兩家學說中對於所謂「法相」或「觀念」的意義却完全不同。在德謨克利泰的方面，他所謂的觀念意義很平常，是可以看見的一種形式，是物質的幾何的形式。他所得的並不是什麼新東西，不過是物質的原子。然而在柏拉圖方面這個字的意義却大大不同了。他將這個字的意義加了一種倫理的色彩。不是度量方面的，是性質方面的。柏拉圖所謂的觀念是論理的種類，與結局論的目的，而德謨克利泰所謂的觀念、不過是原子。德謨克利泰仍舊以他的「觀念」爲物質的實體，柏拉圖則以他的「觀念」爲客觀人性的實體。

(二)第二層的不同點就是他們兩家所受的影響不同。他們雖然都是在系統哲學時期，亦都是在人事論時期生的。兩家對於從前的哲學都很有研究。然而柏拉圖的思想受影響於蘇格拉底的倫理學說者甚大，因此他就完成了希臘的啓明時期與人事論的運動。蘇格拉底呢，差不多和德謨克利泰沒有影響。德謨克利泰住在阿勃特拉，與雅典的倫理的運動是隔離的。絕無僅有的影響就是從普羅太哥拉斯來的，他是在阿勃特拉的學派的一分子。總之，柏拉圖完成了人事論的運動；德謨克利泰完成了宇宙論的運動。

德謨克利泰的一生(460－370 B.C.)　德謨克利泰比普羅太哥拉斯小二十歲，比蘇格拉底小十歲左右，比柏拉圖老的多。他死的時候，亞利士多德已長成了。所以他與以雅典爲中心的希臘的文化運動是同時的。雖然沒有受什麼蘇格拉底的影響，然而對於哲人的破壞的知識論卻是很知道的。他住的地方是阿勃特拉，(阿勃特拉是在脫雷司(Thrace)的一個地方)差不多是與雅典的人事論的運動無關的。盧西巴斯的學派便是在此地的。德謨克利泰直接從普羅太哥拉斯得到哲人的學說，普羅太哥拉斯在沒有到雅典以前也是原子論學派的一分子。這時期的三個哲學家，都是旅行家；德謨克利泰也和柏拉圖和亞利士多德一樣，遊歷的地方很多。他遍遊了希臘，埃及，與東方各地。再回到阿勃特拉研究科學。他在埃及住了五年，西亞細亞的大部分的事情，他都知道。他回到阿勃特拉的時候，大約已在紀元前四二〇左右；所以他開始講學的時候已經四十歲了。德謨克利泰是古代最出力研究並考察宇宙的一個人，亞利士多德的科學的著作取材於他的很多。古代的人很讚揚德謨克利泰的著作，可惜在耶穌紀元後四世紀時失掉了。這是很可痛心的。他的著作很多，門類亦不少。

德謨克利泰實在是原子論者的代表。創始者盧西巴斯是宇宙論時期的；哲人普羅太哥拉斯是人事論時期的，他於在阿勃特拉地方的學派的發展是很有影響的；但是德謨克利泰呢，除將盧西巴斯的學說加以系統外，並容認了普羅太哥拉斯的知覺說，因此便成了這一派的最特出的代表。

德謨克利泰的目的的廣大　哲學史家對於重新組織德謨克利泰的哲學的事，都覺得很難，因爲他原來的許多著作中，現在所存者祇是些斷片的文字。雖然如此，卽此區區存留下的斷片中就發現許多有趣的事情：在他的調查中，各種經驗都有，對於心理和物質的問題都有興趣；他對於知識論的貢獻，或者比物理學的貢獻還要大；他相信一種原子說，因爲這種假設可以解釋種種經驗。卽此一端，可見他的工作是有系統的，當然可以與柏拉圖亞利士多德鼎足而三了。德謨克利泰實在知道科學的工作是用一種實體的概念去解釋經驗的。所以他便建立了他的原子說去解釋種種現象。他以爲出乎經驗之外和反乎經驗的概念，如埃利亞派所謂「存在」是不能應科學的需要的。要經得起經驗的試驗而又能解釋經驗的纔算有價值的。德謨克利泰很看重他的原子說，因爲似乎可以解釋種種現象。這種要尋求一基本原則以解釋一切現象的精神，便是勝於宇宙論時期的地方。便是學術上一大進步。

德謨克利泰的物理學——萬物有生論變成了惟物論　德謨克利泰的物理學說比盧西巴斯材料豐富的多。盧西巴斯或者和別的宇宙論家一樣，是個萬物有生論者，並不分別物質與生命的。所以他與其和德謨克利泰合爲一派不如放在調和派中或者竟放在埃利亞學派中。德謨克利泰是個惟物論者在他自己和盧西巴斯的中間的四十年工夫心理學的研究很盛，心理歷程和物理歷程亦漸漸的區分起來。如果不經過這一段哲人的啓明時期，人類思想的發展的歷史上還不會有惟物論和惟心論的分別呢。在哲人運動以前的是萬有靈活論和萬物有生論，過了這一個時期便是各種各樣的惟物論和惟心論。物質和精神一定是要分開的。所以盧西巴斯的萬物有生的多元論到德謨克利泰手中便成了實在論的惟物論。(Realistic Materialism)亦是多元論。

德謨克利泰將一切現象都釋爲原子的機械運動，在理論上是物理學的進步，因爲他已預先見到近代物理學的基本原理。事物的表面的性質和事物的性質的變化，在德謨克利泰看來，實在不過是原子的分量的關係(Quantitive Relation of atoms)。他自己決定要詳細解釋某種性質與某種性質是由於原子的機械的運動。人類的心理生活也必定要以同樣的方法去解釋。所以無論那裏他比他以前的哲學家都特別注重原子的機械運動。原子接觸而衝突是一切事故和變化的原因沒有一件事是可以釋爲任何精神的表現，或者是有精神的關係的。無論什麽事故後面都是機械的原動力機械的原動力是德謨克利泰的學說的要義。機械的原動力是德謨克利泰與柏拉圖與亞利士多德的不同之點。亦是德謨克利泰的學說到近代纔明白的原因。一切結局論的和萬物有生論及萬有靈活論的觀念德謨克利泰學說中是沒有的，因爲他假定空間的方式與運動是比較單簡而可以捉摸的解釋。這是最初的澈底的惟物論。亦是最初以世界爲在機械則律之下的觀念。

德謨克利泰的物理學說亦得到一種宇宙進化史的科學的解釋。他以爲——從盧西巴斯之說——宇宙有兩部份：一是 Plenum 或自動，即性質相同之原子，一是 Void 即虛空的空間，原子即在其中運動。Plenum 或原子是「有」；Void 或虛空是「無」。原子不過在形式與大小上有分別；其數無限故形式與大小亦無限；並且亦微細至於不可見。可見的性質不是原子，是原子的運動。運動是原子的必要的作用，每一原子，自身並無則律，在空間中互戰。原子羣飛相遇則有原子之聚合體發生。原子激動而成旋渦，又可吸引許多原子。相似之原子相吸，重的原子壓迫極微細的原子至於圈圍。就成了無數的世界，因爲無論任何地方如有原子相遇卽可爲一新世界的起原。有時小世界卽被吸入大世界的旋渦，有時大世界以衝突而分散。故世界爲無盡亦爲無盡之連續。全體在空間中舞動像球一樣，全體的邊緣上是堅密的原子，中間是空氣。我們本可以更進而敍述德謨克利泰的根據於機械的必然律的宇宙的進化觀，這種主張亦是很新穎的，可惜篇幅不够。

德謨克利泰的惟物的心理學　德謨克利泰的以原子運動解釋物質的宇宙的學說並不難明白，因爲我們近代的科學的宇宙論亦是在這種條件之下的。……若果進而硏求其對於心理生活的惟物的解釋，必定是更有趣的。

第一層，德謨克利泰以人爲原子世界的分子。人是各種原子組成的。他的身體中有土，水和空氣的原子。他的心意是由火的原子造成的。火的原子與別的原子不同，因爲是最精細，最光滑，又是最能動的。故此火的原子是原子中最完全的。心理的活動便是火的原子的活動。火的原子分散在宇宙中，那裏有火的原子，那裏卽有生命。動物中有，植物中有，人亦有。人的較多，所以人超出萬物之上。在人身上，每兩個別的原子，中夾一火的原子，因呼吸而集合成全體。各種不同的心理的活動，不過是不同的原子的運動。

第二層，如果我們有什麼心理的活動，我們的原子的組織便包含着別的原子的集合。外物一定激刺我們。但是這些外物也是活動的原子。他們祇可以直接與我們的身體接觸以便影響我們。只要與我們的身體一衝突，就能使分散在我們身體中火的原子運動。各種知識或是心理的生活都參加有我們的火的原子。總之心理活動包含兩個元素：我們身中的火的原子，與在我們以外的一羣原子。

德謨克利泰怎樣以這兩個元素的結合來解釋種種的心理的生活呢？他採用他當時流行的「流出說」(Theory of effluxes)。這完全是一種生理學的假設，導源於宇宙論者如恩比多立等輩，以爲客體從他們自身發出東西來打擊我們的身體。世界上一大半的東西是遠遠地便只以這些流出來的東西來影響我們。德謨克利泰以這些流出物爲送他們出來的東西的小樣本或是"Eidola"這幾句話很不明白，祇得加以解釋。我看見一顆樹因爲好些小樹從這顆樹上擲下來的，予我眼以一擊，纔看見樹。這種學說直到洛克纔失其地位。然這不過在研究哲學的社會裏，若是普通一般人，恐怕還保存着這種思想。一般人都信一種思想是一件事物的樣本，照片，或是印象。德謨克利泰以爲這種樣本使感官運動，以感官之運動，火的原子亦運動起來。然這種流出物衹能影響於身體上有同樣組織與同樣原子的運動的感官。

然而這些「流出」的原子之組織，其精細的程度却大大不同。各種都有，從極精細的到極粗的。因爲如果感官被他影響，則他必須與某感官相合，凡能影響感官的「流出」的其精細的程度亦因感官而改變。德謨克利泰尤以對於視覺與聽覺爲最有興趣，以其可以爲例證也。各種影響感官的「流出」，都不如那刺激理知的精細。如果不是最精細的，便不能刺激理知的火的原子的極精細的運動。這些最精細的「流出」，或是“Eidola” 是事物的眞樣本，因此衹有理知可以眞明白一切事物。思想是最精細的「流出」與靈魂的精細的火的原子直接衝突，因而發生的原子運動。感覺是從粗些的「流出」對於火的原子的間接的衝突，因而發生的原子運動。理知可以直接知道實體。感覺是因粗的「流出」使和他相合的感官運動，因而使火的原子亦運動，纔間接發生的。因此，德謨克利泰纔可以用分量的條件將思想與感覺分別起來。使他的心理學與他的玄學上的惟物論沒有什麼不一致的地方。

德謨克利泰的知識論——二元的實體的世界。如果德謨克利泰祇在物理上用工夫，他的惟物論不能放光明於別的方面，則他不過是一位偉大的宇宙論者，恐怕够不上與柏拉圖與亞利士多德並立。如果他的物理學說，不得力於他的二元智識說，就恐怕不能這樣完全，這樣廣大了。他或者祇推廣了他的惟物論而加以系統，足以在當時充分滿意同時解釋物質的與生理的現象，然而仍是一位萬物有生論者，像創始原子論學派的盧西巴斯一樣。知識的問題，——估量我們的心理情態的問題——盧西巴斯和埃利亞學派一般都是不解的。但德謨克利泰是和柏拉圖，亞利士多德一樣的，是一位理性派和實在論者。他和他們一樣，承認知識的價值有分別。他的普遍的惟物論仍舊可以像柏拉圖和亞利士多德一樣從同一個觀點去估定我們的經驗的價值。他以為一種二元的實體亦可以和惟心論一樣與惟物論相合而無矛盾之處。所以他將一切性質都變化為分量，化為分量之後再區分起來重新估定他們。他的最重要的貢獻實在是對於知識論的而不是對於物理學的因此他纔成爲希臘的一位系統哲學家而不復在宇宙論者之列。

普羅太哥拉斯的知覺說是柏拉圖的起點，亦是德謨克利泰的起點。兩家都採用他要想超勝原說，使有一種眞價值。德謨克利泰，以其惟物的心理學爲根據，承認感官知覺不過是一種過渡的歷程，故其知識亦必是過渡的。但普羅太哥拉斯以爲一切知識都是知覺的，這一層他不同意。感官知覺所得的祇是相對的知識，然而另外還有一種知識不是相對的是絕對的。這就是理知的知識。人有感官知覺，亦有理知。所以德謨克利泰雖然是惟物論者，亦是理性論者。

德謨克利泰對於知識論的貢獻即在於他對於普羅太哥拉斯的知覺論的批評。知覺的相對性在德謨克利泰的學說中與普羅太哥拉斯的主張便不同了。普羅太哥拉斯以爲知覺的知識是相對的，所以於決定何者爲眞實的問題中沒有價值。德謨克利泰亦以知覺的知識爲相對的，但仍有其價值——相對的價值。理知可以決定絕對的實體，故知覺的知識亦有其相對之價值。知覺是分助理知的，亦是理知所培養的。我們亦可以說普羅太哥拉斯有貢獻於德謨克利泰，而他的相對論亦因德謨克利泰的理性論而增光。結果是二重的知識——用德謨克利泰的話，『眞知識』與『曖昧的見解』("Genuine knowledge and obscure insight")。

這兩種知識的對象亦是兩種。一方面是理知或說是『眞知識』的對象是原子的眞實的，原始的性質——因爲德謨克利泰以原子爲實體。這些便是形式大小，慣性，密度與粗細。研究事物的這些性質便是研究眞的對象。至於知覺的或『曖昧的見解』對象是感官曖昧中所見的原子的性質。如顏色，聲音，嘗味，和臭味都是。這些都是事物的相對的性質。研究這些不過是研究那相對的眞實的事物。到了文藝復興時代，惟物論復活的時候，前者稱爲「原性質」，後者稱爲「從性質」。這些名詞，成了古典。德謨克利泰的對於兩種知識的對象的估價亦永久勿替。德謨克利泰從宇宙論者的學說的斷片及哲人的片面的知識論中，與柏拉圖同時，或者還早些，創造了一個二元的知識說。

德謨克利泰的倫理學說。德謨克利泰的倫理學說亦以他的原子說作根據。他企圖將一切性質的關係都變成分量的關係，這種理論在希臘思想中是特出的；而在他的倫理學說上，尤其特別。他的倫理學說於伊壁鳩魯派的影響，（或者與西任列派也有些影響）就可以知道他這種學說在歷史上的重要。更有進者，他這種學說的高尙的性質，證明惟物主義亦可以供給一種很好的倫理學說。有人將德謨克利泰的倫理學說與蘇格拉底的倫理學說放在一起，因爲德謨克利泰的學說亦是有理知的根據的。他的倫理學說簡言之，就是：眞知識既是理知的理想的對象，所以眞快樂是我們行爲的理想的目的。這樣，德謨克利泰的倫理學說也和蘇格拉底一樣是幸福主義的。

快樂有根本的不同處。都是原子運動的結果，然而理知方面的原子運動與感官的不同，感官的原子運動又各自爲別。理知的火的原子小，運動是溫和的，和平的；感官的原子運動是粗糙的，狂暴的，從激刺他們的東西的粗的「流出」而生的。感官快樂像知覺一樣，是相對的。知覺既是曖昧的見解，所得的不過是外表而不是眞的實體，所以感官快樂亦不過是過渡的，不定的，不自然的，欺詐的。理知的快樂，係理知一樣，是眞實的，永久的，溫和的，和平的。眞的快樂——人類活動的目的——全靠着那正當的見解——靠着那理知生活的和平的原子運動。在別一方面呢，感官的粗糙的原子運動擾亂理知的和平，常常因而爆裂。德謨克利泰相信原子的知識足以給靈魂以一種調和，足以爲激刺的保障而使之保有和平，像海洋的平靜一般。德謨克利泰心目中似乎有兩個理想，他並不想去調和他們。有時他心中以爲理想的快樂純粹是知識的，這很有肅括主義(Asceticism)的趨勢。有時他又說快樂是完全自制克己的生活。他從不曾積極的否認感官快樂的價值，然他祇給感官快樂以相對的價值。總之，快樂的根據是最高的理知，沒有便不快樂。大多數人都是祇圖感官的快樂的，這就與賢人不同了。賢人是在他的個人生活中或者與別的賢人的友誼中尋求快樂的。

第七章　柏拉圖(427－347 B.C.)(Plato)

阿勃特拉與雅典　德謨克利泰的惟物論是宇宙論時期的思想的自然的結果。哲人的心理學的影響不過是推廣他，成功一種系統的惟物論。與別的文化中心隔離的阿勃特拉的德謨克利泰的學說不過是結束過去的思想。德謨克利泰一死，這一個學派便立刻消滅了。他的惟物論隨時以各種形式表現——如懷疑派，伊壁鳩魯派和斯多亞派。到了文藝復興時代又有了一種系統。至於希臘方面，則阿勃特拉的學派是一個成熟早而衰落亦早的一個支派。

雅典的惟心派——希臘哲學之重要趨勢——發生於雅典文明之中心而遠矚未來。他的材料的來源亦差不多與阿勃特拉的哲學一樣。但這些材料已集中於蘇格拉底的倫理學說。柏拉圖的一生與俾利格死後的雅典的不幸的歷史相終始。卑羅柏納蘇的戰事始於紀元前四三一，(俾利格死前二年，柏拉圖生前四年)直到紀元前四〇三還不曾終止。此次戰爭中雅典人視為最慘痛的事情是紀元前四一三的西西利的遠征。雅典於紀元前四〇三為斯巴達人所佔領，那座城的大城竟被毀壞了。以後柏拉圖的一生便是希臘各市府交相爭戰的時候，因為那時候沒有能力的重心了。紀元前三五九的時候馬其頓始露頭角為北方的強國。柏拉圖——雅典的惟心論的系統者——的一生就在斯巴達的興起與馬其頓的興起之中的期間，這是很容易記住的。

柏拉圖學說之難於了解。柏拉圖的學說是哲學史上含義最多而最難了解的學說。要解釋他的哲學異常之難。這也有許多原因。一由於表現他的哲學的對話集是藝術的與文學的作品；

一由於他自身思想的衝突的趨勢；一由於他的對話集經過差不多半世紀始做成；一由於他常常改換他的思想的內容與形式；更由於他的作品的先後不確知道。柏拉圖的對話集中的對話的年代的先後是研究他的學說很重要的元素。十九世紀之初，關於這個題目發表了許多著作，關於對話集的年代的先後也提出了許多別的意見。主要的意見可分為三種：（一）完全以先天的假設為根據（如黑爾曼（Hermann））以一對話為柏拉圖的思想歷程中的一階段；又如西利馬希（Schleiermacher）以為柏拉圖自始卽有一種計劃。（二）根據對話本身的歷史關係的實際研究，如齊勒及文得而班等。（三）近代的學說以研究柏拉圖的體裁的特點而決定的；用這種方法的最主要的代表是路禿斯洛斯基（Lutoslawski）。

然而持論紛歧，學者更茫無所措。無已，祇得採用文得而班的次序，因為是比較正派而守舊的。為記憶上便利起見，他的著作卽按照他的一生的段落分配。而我們對於柏拉圖哲學的解釋就依着文得而班研究去。

柏拉圖的一生及其著作。　兩件極重要的事實將柏拉圖的八十年的生活分為三個時期。所謂極重要的事實，一件是他的先生蘇格拉底的死，一件是紀元前三八七年他從西西利回來受了畢太哥拉派的影響。他的第一個時期，可以稱爲他的學生時代，有二十八年的工夫；第二個時期是遊歷時代，有十二年的工夫；第三個時期是學園（Academy）掌教時期，有四十年工夫。恐怕他一直在做他的對話集，據西西諾說他死時還拿着筆呢？

一、柏拉圖的學生生活（427—399 B.C.）　這個時期以蘇格拉底之死爲終結。他至二十歲始與蘇格拉底相識，所以他與蘇格拉底相處了八年工夫。這時期的對話集都是陳述蘇格拉底的學說，而不及他自己的學說。所載的是關於蘇格拉底本人或是蘇格拉底的題目的，一半是蘇格拉底生前做的，一半是死後不久做的。

（甲）受蘇格拉底的影響而作的：

Lysis，論友誼；

Laches，論勇敢；

Charmides，論節制。

(乙)爲蘇格拉底辯護的：

Crito，論蘇格拉底之信任法律；

Apology，爲蘇格拉底辯護；

Euthryphro，論蘇格拉底之眞誠。

二、遊歷家之柏拉圖。在這時期柏拉圖遠行兩次，近遊一次，每次都回到雅典。蘇格拉底死，他就到米加拉(Megara)地方去，那裏有蘇格拉底的一位弟子的學派。此行還和好些別的蘇格拉底的弟子同行。他在那裏住了不久就回到雅典。回來不久他又到西林和埃及去，離開雅典有四年工夫。埃及之遊，於他的思想沒有多大的影響，然一定激刺了他的想像。以後回到雅典，住了四年工夫，這時他教了一部分人，做了許多反對哲人的文章。

紀元前三九一柏拉圖始作義大利之遊——到西西利和南義大利去。這是他的知識發展的歷程中第二重要之點。因爲此行(一)他受了義大利的畢太哥拉派的影響，(二)他想在寨爾嬀斯(Syracuse)建立他的理想國，但是失敗了。狄業修(Dionysius)將他當奴隸般賣出去，由他的一個朋友，將他贖回，紀元前三八七回到雅典，此行離開雅典又有四年工夫。

這一個時期的對話集分爲兩部份：一部份是反對哲人的，一部分是Meno。

甲、反對哲人的。這些對話中是要正式攻擊哲人，而暴露其弱點的。其中有 一、Protagoras，這是批評哲人的「道德是可以教導的」假設，因爲這種假設是與哲人的根本要理不能調和的；

二、Gorgias，指明哲人的修詞學爲與眞正的文化比較起來是很淺陋的，而這種文化是治國的根本；

三、Euthydemus，指明哲人的辯論的謬誤；

四、Crotylus，批評哲人言語學的謬誤；

五、Theaetetus，批評哲人的知識論；

六、共和國的第一冊，（論「正義」之對話）批評哲人的政治上的自然主義。

乙、Meno 柏拉圖第一次積極的發表他自己的建設的學說，這是蘇格拉底的單純的知識論第一次的發展。但這卷書上他很膽小，不過以算學家的態度略爲指示一點。

三、「學園」掌教的柏拉圖(387—347 B.C.)　柏拉圖於此四十年中除掉到過兩次義大利外都在雅典地方的他的「學園」(Academy)裏做師長。他這兩次旅行都是想到義大利去實現他的政治理想的。第二次到義大利是 Dion 請去，想要影響那些青年的 Dionysius 的。第三次到義大利去，是想調和 Dion 和 Dionysius 的。這一次旅行，於他個人也很有危險的。

所謂「學園」是什麼？「學園」是雅典近郊的一座花園，是一位急公好義的人名叫亞卡特莫的(Academus)捐給公家做體育場的。周圍有圍牆，有橄欖樹，雕刻，及寺廟以資點綴。離這個圈兒很近的地方，柏拉圖有祖上傳下的一小塊地。他就在這裏開學校，研究哲學。要比這種地方還好的很少。柏拉圖將土地遺傳給學校，有一部份人，公共管理此產，有幾百年的工夫。學校的領袖名爲學長，他可以任命承繼他的。這個學校是以崇拜文藝之神(Muses)爲根據的宗教的結合。德謨克利泰，柏拉圖，亞利士多德開始做事的時候，年紀都不小了。柏拉圖到三十二歲纔在雅典講學，到四十歲纔開辦「學園」。德謨克利泰到四十歲纔從小亞細亞回到阿勃特拉。亞利士多德四十一歲纔做亞歷山大的導師，到四十九歲纔掌教來西亞。

柏拉圖的傑作都是在這一時期做的，其中都是他自己的學說。在這時期的著作中，可以見到比第一期的對話上的思想進步的多。純粹的蘇格拉底的對話是討論倫理的，這些卻除倫理外兼討論及玄學與科學。

Phaedrus，柏拉圖敍述他如何在紀元前三八六開始在學園講學。

Symposium，解釋他的『愛之語』的主張的。這是他的作品中最富於藝術性的，可以代表他的精神能力的最高點。(紀元前三八五或三八四)

Republic (即共和國)的大部份。這種著作歷時許久始作成。是討論：(一)正義；(是上一時期做的，前已提及，請參閱)(二)實現正義之理想國；(三)「善」之觀念及對於各國的組織的批評。這是他的代表著作。

Parmenides 與哲人，這是發表許多反對觀念說的論點，並討論此種反對的論調。(文得而班以此種對話非柏拉圖自作，或爲其門弟子所撰錄者，然此種意見同意者尙不多。)

Politicus，此係討論政治家之知識與行動之範圍者。

Phaedo，柏拉圖的最後的對於他的門弟子的志願與約章，在第三次向西西利去遊歷以前做的，時紀元前三六一。此中將他對於「善」的觀念及別的觀念與「善」的觀念的關係完全說了出來。其中有安納撒哥拉斯與畢太哥拉的元素。

Philebus，論「善」的觀念的成分。

Timaeus，柏拉圖對於物質的宇宙的概念，用比喻法達出來的。

Laws，柏拉圖老年所作。將他的理想國的制度，修改一下。

論柏拉圖的對話集。　從前的哲學家恆以韻文如詩者發揮其哲學，如宇宙研究是；蘇格拉底則保存其與人的對話，使其學說得以流傳久遠，柏拉圖則著對話集以發揮其學說，俾其影響得以歷久不衰；至於亞利士多德的哲學，現在所保存的都是論說體。因此柏拉圖的對話集有兩種地位：一方面在文學史上是希臘文學的發展中，希臘戲劇後的一個段落；一方面在哲學著作中，是在蘇格拉底的談話與亞利士多德的科學的論說文之間。

柏拉圖是「運命女神」(Fortune)的初生之子；他的著作得以全部保存，豈非幸事。愛息奴至少有七十種戲劇，而存者祇居其七；優利皮地亦作劇本九十五種，存者不過十八；沙福克利除抒情詩外有作品一百二十三種，亦祇餘其七。莎士比亞作劇本三十六種，柏拉圖則有樸實華茂之對話集三十五卷，全部遺傳給我們。然而變故頻仍中，何以尚能保存柏拉圖的著作。此中蓋有三個原因：(一)他的作品有內在的美；(二)當時的人對於這些著作都很有興趣，而(三)最大的原因是柏拉圖的「學園」中人很小心的保存他們。

對話集中，柏拉圖可以應用蘇格拉底的方法，有戲劇的影響，將蘇格拉底理想化了。共和國一書是他的作品中最有文學價值的，亦是發揮他的成熟的政治哲學的。Philebus 一書或者是發表他的善的觀念的最清楚的一卷書，亦是表現他對於各種學科的最完全的組織。所有柏拉圖的對話集都有一種極澄澈的美，而用句選辭亦很潔淨，可以算他自身的表現。除 Apology (譯意爲辨護書)外都是對話，但後來的著作上，對話的元素漸漸的少了。這些著作中，蘇格拉底大概是說話的人，結論亦大概是由他說。有限幾種是有一定的辯論的計劃的。一層一層的說下去，有時什麼結論也沒有。因爲對話集常常當做藝術的作品看待，其中是理想化的哲學的經驗。

他亦有時用比喻，使他文中的意義格外清楚些。

共和國一書是柏拉圖做來系統的表現他的理想國的政治理想的。此書影響於後來的政治理想者殊大，如西西諾之共和國(De Republica)，奧古斯丁的上帝城，摩爾的烏托邦，康八拉(Campanella)的日之國，(State of the Sun)等書。

建設柏拉圖學說之兩大元素　一、他的遺傳的趨勢。(甲)第一層他本性是貴族的。他的家庭爲雅典望族。研究他的哲學時，必定要知道他生在社會上那一階級。他的觀念論的玄學便是貴族的。他所說的四種基本道德，是只爲少數人的。他的政治的態度是很特別的。他是反對平民政治的，然而他的理想政治的趨勢却與當時雅典實際上的貴族政治使他絕對與公衆生活無關的，大不相同。至於在哲學方面，則自柏拉圖而復入於學派。這裏有一件很奇怪的事，就是實地去謀改良，父親是工匠而母親是產婆的蘇格拉底，他會有柏拉圖做他的最崇拜他的弟子，很忠實的傳布解釋他的學說。——惟心論者柏拉圖，『他的玄想不似沒有受過教育的人；他的一生是消磨於市場或工場之中；他的世界是爲他的小小的家鄉的界限所限制。是貴族的田園之主，退隱於他的邸宅，看見了大千世界，遠遠地直向前邊望去；不管街市的聲音，祇與最好的社會相結合，這裏便聽得見這最文雅，最高尚的語言，從來不曾在文藝之神家中說過歌德語的。」

（乙）第二層，柏拉圖天性愛美，即在當時，人亦說他高貴的，俾利格時代的希臘人差不多都富於藝術性，而柏拉圖尤甚。他可以與當時藝術上的大創作家，如沙福克利，非狄亞司輩並立。他個人可以代表一切希臘的理想。他儀容秀美，是亞坡羅（Apollo）人，物質精神兩方面稟賦都很高，而他的行為尤足為理想之實現。他的原名字是亞利士托克利（Aristocles）。柏拉圖是人家傳說的名字。他年輕的時候，當時藝術的發展就影響了他，他就很歡喜做敘事的詩或戲劇。這種藝術的天性不但定規他的表現他的思想的方式，更涉及思想之內容。支配他的觀念說，他的國家的組織，他的快樂說，和他的最高之善的觀念。而他的作品的藝術，亦有同樣的價值。

二、他的哲學的來源。 柏拉圖受過很完備的教育，因此他對於當時雅典人所喜歡的科學都很有研究。為德謨克利泰的機械的原子論的基礎的從前的許多哲學，柏拉圖以受了蘇格拉底的倫理學說的影響，便從別一方面去與他們聯合。即柏拉圖的政治的與藝術的理想亦受制於蘇格拉底之人格。哲學家如希拉克利泰，普羅太哥拉斯巴門尼底，和安納撒哥拉斯及畢太哥拉等不過供給他哲學的材料。而最有影響於他的哲學的哲學家是（一）蘇格拉底；（二）巴門尼底；和畢太哥拉派。蘇格拉底供給柏拉圖以概念的原理，使柏拉圖將他的一切的材料都安置於此原理之下而成功他的哲學系統。巴門尼底對於他的影響也很大。他提到埃利亞學派時，他說『巴門尼底，我的父親。』蘇格拉底死，柏拉圖即皈依於米加拉地方的埃利亞學派，可知他從前即與此種哲學有舊交；而此種哲學即主張人類理知所知之絕對的與不變的本質之概念者。畢太哥拉派的影響則到他第一次到義大利的時候，他纔覺出來。這種影響，日漸擴大，似乎可以控制他晚年的著作(The Laws)。埃利亞派的「單一」是單純不變的一片。他從畢太哥拉派的學說中取得此「單一」之概念的區分，而此種概念即足以供給蘇格拉底的善的概念的性質。其實「數目」即很像蘇格拉底所要尋求的概念的模範。算數的眞理是可以不管知覺的。是天賦的觀念。是永久的，不變的「法相」(Form)。這是反對普羅太哥拉斯的知覺說的武器。柏拉圖贊成希拉克利泰的思想以爲我們能見的世界是變的世界，更贊成普羅太哥拉斯的思想以爲我們對於那個世界的感官知覺祇能得相對的眞理他差不多完全在概念方面發展他的哲學;這都是由於他所受的蘇格拉底的,巴門尼底的,和畢太哥拉派的影響。柏拉圖的完全的哲學便是他的觀念說,觀念說在他心中盤旋了半世紀或者還多的工夫,即其自身亦是純粹概念的發展史。

。。。。。。柏拉圖哲學的區分。

柏拉圖對於各種科學,沒有精細的區分,他的對話集中,亦不是限於某種學科的。後來他的弟子亞利士多德將他的哲學分成三部份。這三部份就是:(一)辯證學說(Dialectic),(二)倫理學說,(三)物理學說。這種分法,相傳下來,都沒有什麼異議。所謂辯證學說者是當時普通常用的,意思是『爲考查研究科學的方法的談話』。而柏拉圖却將他意思換了他不爲論理之討論却爲玄學之討論他所注意者是「存在」的則律而少注意於論理的則律他所謂「存在」是以觀念爲始基他的辯證學說就是要用分割或是歸納的方法將經驗縮入某種「統一」。柏拉圖的辯證學說不是論理的,是方法論的,再用這種方法去尋求觀念及觀念間之關係。柏拉圖的物理學說沒有什麼價值。是後來爲應他的門弟子的需要而有的宇宙各種現象的世界柏拉圖決不能認爲眞知識之對象。很不幸的,到了「希臘的羅馬」時期及中代却以柏拉圖的結局論的物理學說爲他最大的成功。柏拉圖的著作，完全是啓明時期的精神對於人事極有興趣，而對於物質的宇宙的興趣則少衰矣。

柏拉圖學說大要。　以下對於柏拉圖學說的解釋，簡而言之就是柏拉圖以蘇格拉底的論理的方法爲助以概念方式的惟心論作起點要設法解決論理的倫理的問題以後便加了安納撒哥拉斯與畢太哥拉派的影響進而爲結局論的惟心論亦要想將這種學說應用到物理的問題上去。（譯者案柏拉圖的學說，譯觀念論似佳，然此重要名最好能一致，故仍用惟心論，仍不失原意也。）

柏拉圖的玄學。　柏拉圖最初說的話很清楚。就是說：（一）道德卽是知識；（二）所謂知識不是指感官知覺而言。他的哲學的最終結論，不過是將上面兩句話給一種新價值而已。『道德卽是知識』這句話是與蘇格拉底及哲人的相同之點；而『所謂知識並非指感官知覺而言』這句話是他們相反之點的基礎。柏拉圖是蘇格拉底的最忠實的宣傳者。他十分出力的表現蘇格拉底的學說，就是此處所提到第一句話：道德卽是知識，是可以教導的，是一致的。到柏拉圖的第二時期，就爲第二句話的緣故而反對哲人。柏拉圖自己的哲學也就以此爲起點。——擁護其師最烈的時候。自此以後，足足的有五十年工夫，柏拉圖便本着蘇格拉底的基本要義發展了一種比他高遠的多的學說。但永久是服從師說的。

簡言之，柏拉圖採納了普羅太哥拉斯的相對知識之知覺的世界之說；放在蘇格拉底的槪念說之旁；結果就認爲有兩個世界。「存在」與轉化都是實體的部分。一方面有組成眞正實體的不變的槪念；一方面有來來去去的變易的知覺，眞正實體的世界是存在不變的，決不是轉化的，相對實體的世界是轉化的，決不是存在不變的。這兩個世界性質上是分開的；一是理知的對象，一是感官的對象；一是無體的，一是有體的。第一個世界是埃利亞派的不變的「單一」柏拉圖表現之爲多數的蘇格拉底的槪念；別一個世界是希拉克利泰所說的流，表現爲可以知覺的事物。眞知識是有的。普羅太哥拉斯說的話是對的，他說在物質世界的知覺中是找不出眞知識的。眞知識是無體世界的。這的的確確是蘇格拉底的槪念的世界，到柏拉圖手中成了觀念。

然而却千萬不要誤會以柏拉圖的世界觀爲一種人爲的折衷派，祇將兩個世界並立起來。他亦確實沒有能將這兩個世界講成有機的一體二元的色彩是很重的。然而這兩個世界並不是像桌上的兩個抽屜，毫無相互關係。兩個世界相接，便各有其新意義，價值亦較大。

第一層，知覺得一新價值。原來哲人的知覺說的論理，是以知覺爲知識的僅有的方式。卽知覺亦非眞理的分子。普羅太哥拉斯並不曾到這種絕對的懷疑論，然其論理却是這樣的。這樣，知覺毫無價值，因爲都是以自身爲標準。柏拉圖採取這種知覺說，立刻給一種新價值。知覺的確不能得眞知識，然亦有其相對之價值。在實際世界中自有其價值，雖然他們所能給的最高的價值不過是「正當的意見」。我們知道那時思想趨於虛無主義，而柏拉圖並不完全脫離哲人的學說，這是很可貴的。他取了哲人的學說來，更給了他一種他本身原來沒有的價值。

第二層，概念亦得了一種新價值。原來蘇格拉底所謂概念是什麼？不過是意見與知覺的普通的內容；是從許多特殊事情歸納而成的。蘇格拉底將許多事情收集起來，以便考究他們的共同的性質。蘇格拉底的概念是知覺的論理的『性質。』然自柏拉圖容納了知覺的相對價值以後，他不得不向別處爲概念尋根據。如果概念是眞正的實體，則當然不能是意見中的普通性質，亦不能是變易的知覺的論理的「性質」。眞概念不能在知覺之中。同時概念必定要存在無體的世界中具有獨立的實在。這就是柏拉圖的觀念。蘇格拉底的概念就變成了柏拉圖的觀念。這是在歐州思想中最初以實體爲精神的而非物質的概念的世界在柏拉圖手下不是知覺的世界這是比蘇格拉底高的第一步。概念的世界是完全的實體，不能爲任何物質所容，亦不能爲一切物質的全部所容。精神的觀念是思想的對象，正如自然現象是知覺的對象。觀念並非知覺的抽象，因爲思想歷程不是分析亦非抽象，是表現在一件小事中的實體的直覺。觀念是實體，知覺是摹倣觀念的，或者是觀念的影子。知覺不包含眞理。不過是指示精神回想觀念。物質不過是指示精神以觀念之存在。

然柏拉圖之所謂「非物質性」並非現代所謂精神的或是心理的，因爲，照柏拉圖的意見，我們心理的作用仍隸屬於轉化世界，與我們身體的作用及別的知覺的事物一樣。進而言之，卽各感官的性質的概念亦有實體。柏拉圖並不將人心與觀念的精神世界相視爲一，亦不如現代一般分成心與物之二元。非物質的世界『異於』知覺世界，其關係爲變與不變，單純與複雜，存在與轉化的關係。

柏拉圖的玄學的發展——兩次的草稿　柏拉圖的兩個世界的概念是柏拉圖哲學的根據。即是他的觀念說的根據。最初在 Meno 那卷對話上的回想說與不朽說上發現這卷對話是在他一生的第二期中正發表了許多反對哲人的文字以後作的。此後有五十年的工夫柏拉圖便將他的兩個世界的概念漸發展為他的觀念說。他所要解決的是三個問題：（一）有多少觀念？（二）觀念與物質的事物的關係是什麼？（三）觀念與別的觀念的關係是怎樣？柏拉圖對於這三個問題的答案便是他的觀念說。但他對於這些問題的答案前後不同。亦可以說是兩個段落，這兩個段落，便稱之為兩次的草稿。請先略陳其綱要後再詳論，以示其達到結論之歷程。

觀念的兩次的草稿的比較　（第一次稿）（甲）觀念之數無限。（乙）觀念與物質的關係是類似，在觀念方面說是在物質中有觀念的「表相，」但決不完全表現在物質現象方面就說是「參加」於觀念。（丙）觀念的相互關係是論理的，但柏拉圖却沒有用心去區分他們。第二次稿——最終的決定。（甲）觀念之數以道德價值與算數關係，及宇宙中產物為限，然柏拉圖始終不會有固定的選擇。(乙)觀念與物質的關係是結局論的。觀念是物質的事物的理想或有意的目的。(丙)觀念的相互關係亦是結局論的。「善」之觀念是一切其他觀念的目的。

更詳細的比較 (一)觀念的數目。 柏拉圖最初發見觀念說時，以數爲無限。凡能想到的都有觀念。有多少概念宇宙中事物有多少性質，語言文字中有多少普通名詞便有多少觀念。後來柏拉圖以爲此不過是說物質世界上有的，精神世界便也有這種說法，不特不能解決問題，並且增加困難。還有對於一切事物，性質，關係的觀念，是善是惡，是無善無惡，亦都有困難。然而最有力的恐怕是他以爲若是這樣便什麼都是眞實的了。所以在第二次稿中，夠得上稱爲觀念的性質的數目少得多了。柏拉圖所以減少觀念的數目，沒有別的什麼原理，除非是道德的價值。因爲希臘人心目中以爲除了道德的價值沒有什麼別的是眞的。所以在後來的對話集中他提到(一)觀念有一種固有價值，如「善」與「美」；(二)觀念與宇宙中的產物相同；(三)算數關係的觀念。價値的格律便代替了概念，而他對於選擇觀念上就漸漸以道德的價值爲根據。

(二)自然世界與觀念之關係 柏拉圖並不是爲解釋自然世界纔建設他的觀念世界。他原來的目的是爲知識求一對象；他的觀念是要給蘇格拉底的概念以一種實體。他估量他先生的學說的時候，他就分成兩個世界，但他却沒有想到用這一個世界去解釋別一個世界。這兩個世界是互有關係的，是分開的。但不能互相解釋。柏拉圖第一次草稿謂此二者之關係爲摹倣。現象是模倣實體的。觀念是原本物質的事物是摹本。若用近代的話來解說，可以說樹的生長的則律是不變的，樹是變的。低下的轉化世界有一種與較高的存在世界相似之點。從前畢太哥拉派以事物爲摹倣數目的，柏拉圖受了極深的影響，以爲具體的事物與其概念，不過是程度上的差別。一方面個體對於觀念之全體有一分，此之爲「參加」於觀念。他方面，「表相」這個字敍明觀念怎樣在事物中存在，其意卽謂只要該事該物具有此觀念之性質觀念卽在其中。觀念來而復去卽此而知覺改變。

在第二次稿中，柏拉圖也想到必要用觀念去解釋物質的宇宙。他起先並不曾想到用他玄學的實體去解說。是後來逼得要創造一個系統纔用的。他以觀念世界爲眞實的「存在，」物質的宇宙不但不是觀念世界，還要靠着觀念。觀念是不變的；現象是變遷的。如果觀念是變易的世界的實體，怎樣又能做他們的原因呢？Meno, Theaetelus, Symposium, Phaedrus, 這幾卷對話上都沒有討論這個問題。哲人提議後，在Phaedo這卷對話上始謂觀念爲所表現的物質現象之因。然如以觀念爲純粹的非物質的實體，否認其有運動與改變之性質，則觀念怎樣能做因呢？柏拉圖對於這個問題的解決，便是他的學說的最高點。觀念必須視爲自然現象之原因，又要不運動不改變。他們（指觀念）是結局論的原因。他們是現象世界的實現的目的。觀念世界是物質宇宙的完成的目的。觀念世界不但是一切知識之眞理，亦是各種實地變化的完全的結局論的原因。這種思想在Philebus和共和國上發揮得很清楚。以觀念爲一全體，爲各種現象之最終目的。以善的觀念爲最終的目的，別的觀念是手段。所以物質現象與善的觀念是結局論的關係。萬有皆從善的觀念得其意義，穿透一切而解釋一切。

觀念的相互關係。　觀念在觀念世界中，不能各自獨立存在。然則觀念間的關係是什麼？柏拉圖第一次稿大注意於觀念間同位與從屬之關係。他所尋求的關係是論理的關係。用這種論理的區分法，柏拉圖要達到那種結果，確是很難說。他並沒有成功。他想建立的一種論理的概念的稜錐體以最抽象的放在絕頂的企圖，並不曾成功。

在他第二次稿上，柏拉圖覺得從前那種意見似乎理由不充足，他就進而說這些觀念的關係是結局論的。他既將觀念之數目減少，則對於他們的關係，當然另有一種新意見。爲什麼有的除去，有的留下呢？必然有個原理。這原理便是倫理價值的原理。那就是善的觀念。善的觀念便是去此留彼的一種標準。現在便成了觀念的相互關係的根本原理。柏拉圖始以觀念間之關係爲論理關係，終乃以之爲結局論的關係。善的觀念包羅並實現一切其他觀念。善的觀念是其他一切觀念的絕對目的，都與他有關係，這種關係不是個體與全體的關係，是手段與目的的關係。

柏拉圖對於神的觀念。。。。。。　看上面所述的柏拉圖的觀念說的發展就可以知道如果要用一個極短的定義而同時又要能使人充分了解這件事實在不易。至終他自己定了一個界說解釋這些觀念，謂觀念爲非物質的主型或理想受道德的目的的支配。這支配一切觀念的道德的目的是最高的觀念；——善的觀念——這最高的觀念在萬有之上，與萬有以價值而使之眞實。善的觀念與神是一樣的麼？柏拉圖稱「善」爲"Deity"，（譯者案譯意卽神爲「世界理性」）

又加以"Nous"之名（譯者案譯意即「心意」與「理性」）然柏拉圖之善的觀念終非基督教之所謂神。（一作上帝）不過表示柏拉圖受了安納撒哥拉斯的很大的影響而已，柏拉圖的善的觀念不是一個有人格的人亦不是精神的人。不過是絕對的倫理目的與世界之究竟而已。柏拉圖並不要過於其師蘇格拉底之主張，而設法解釋其內容。柏拉圖祇假定他，因爲他以爲這善的觀念是世界上最單純而又最複雜的東西。

柏拉圖對於物質的宇宙的觀念 柏拉圖後來因爲弟子們的要求（或者是亞利士多德要求最切）纔有一極單簡的自然哲學出現。起初他毫無關於物理的學說，這是與蘇格拉底相同的。晚年他以爲物質世界決無眞知識；因爲物質世界是變易的世界；一切科學研究的結論都不過是大部分如此的，多分會有的。在 Timaeus 上有一段對話是很像神話的。那上面他擬了一個世界的組織的圖畫。他以爲有一位造物主（Dimiurge）或製造世界的神存在。他以這位神從「無」或「虛空」中參照着觀念造就世界。這樣的一個世界，柏拉圖以爲是一件大的生物，由看得見的體與看不見的精神組織的。這世界的精神使這世界的體像圓圈般運動，這種運動古時人認爲一切運動中最完全的。柏拉圖以世界爲賦有知識，世界週而復始的運轉，便是他的表象，這就與機械的世界觀大大不同了。世界是一元的，統一的；是最完全最美的。他的起原若追究起來便是理知的向目的的運動。上面的柏拉圖的物理學說實在不甚重要，然而很不幸的他的物理學說，在中代竟爲人所注意。

上面的神話的敍述足徵柏拉圖學說中之固有的二元論。觀念絕對沒有在有體的事物中充分表現，於是柏拉圖乃不得不進而解釋何以物質世界有罪惡及不完全之故。從前畢太哥拉派即以完全的世界與不完全的世界相對峙，柏拉圖於此又很受影響。何以觀念不能充分在現象中表現呢？柏拉圖愈以觀念世界爲倫理的理想及純粹道德價值的境域，觀念便愈加像目的，更不能以之爲宇宙中的不完全的原因。觀念是存在，是完全的本質。因此不完全的原因一定是毫無存在的。轉化的物質世界不但參加觀念亦參加空虛。（沒有「存在」的）因此物質的世界的性質是混合的。是從觀念的聯合與一絕對反面的元素，柏拉圖稱之爲虛空的，中間發生出來。虛空是沒有形式的，然而可以爲種種形式。所以物質的宇宙，既不單是觀念，亦不單是物質而是兩者合成的。此所謂「無」並不是亞利士多德的『不成形質』("Unformed Stuff")實在是觀念所藉以表現的。觀念浸入此虛空，像帷被一般罩上。這便是不完全的起原；虛空不讓觀念完全表現。「無」或虛空是觀念的一種必須的輔助，沒有他便不能有宇宙。然同時亦是觀念的障礙與永久的仇敵。與觀念協作，同時亦是觀念的阻力。是「存在」的永久的反面，爲不完全，改變，與無定的基本原因。因此，宇宙絕對不能像觀念，但可以幾似。卽如世界的精神卽是善的觀念的最完全的表現。

柏拉圖對於人的觀念 柏拉圖所需要的一種心理學是與從前宇宙論者的心理學不同的。他的心理學說與他的玄學的觀念說是相符合的。然而他有一個很重要之點就是他是最初企圖從內面去了解心理生活的。人生中二元的世界的分別很淸楚。人的靈魂，屬於兩個世界。一方面屬於轉化的世界，從感官知覺，欲望與其快樂的方面去參加。於此低下的世界中靈魂是生命與運動的要理使自身與其他事物運動。又一方面，則以直覺的理知去參加「存在」的世界。他參加心理現象之變化，亦具有實體之不變性。以知覺而建設其對於變易的現象的「意見」("Opinions") 或推想更以理知而得永久不變的觀念的眞知識。既是這樣，靈魂必具有與二世界相同之性質。柏拉圖以爲人有理性的與非理性的兩種性質；他又將非理性的分成兩部分，就是高貴的與鄙賤的兩部分。理性的一部分是理知，高貴的非理性的一部分是意志，其鄙賤的非理性的一部分則爲感官的嗜好。

- 人
  - 理性的性質——理知。
  - 非理性的性質
    - 高貴的——意志。
    - 鄙賤的——感官的嗜好。

此之爲靈魂之「三部分」然這是三部分還是三種作用呢？柏拉圖於此點並不曾解釋清楚，有時候以之爲可以分割的三部分，祇有理知可以不朽，其他兩部分却是不然的。有時又說靈魂是統一的，可以將這三種作用帶到來生(The Next Life)。這種解釋，是以這三部分爲三種性質或是統一的靈魂的以價值而分的度限。

柏拉圖的不朽說　柏拉圖以其人類靈魂的二元的性質爲起點，前後思考，追溯以前是靈魂的先在，（生前的）望後推測的，是靈魂的後在，（卽死後之存在）在 Phaedo 那一册書上，柏拉圖用柏拉圖化的蘇格拉底的口中說出來他對於人的今生與前生及死後的關係的結論。其實這不過是從畢太哥拉派得來的靈魂輪迴說。靈魂有不滅之實體。靈魂以其行爲定此生之賞罰，執行此賞罰者爲來生。蘇格拉底在獄中飲酖之日，告人以他所以欣欣然不怕死的緣故。謂我們現在的生存不是死麽？今生的靈魂不是以身體的欲望的羈絆而不得眞知識麽？眞正的哲學家斷絕肉欲而企圖過觀念世界的眞生活。如果我們忠誠奮鬪，則我們越坟墓後卽可有充分的知識而可以得福。但現在我們的身體其圍繞我們的變易的知覺，及其臨時的欲望皆爲我們上進的障礙。卽此生亦前生行爲之賞罰也。

（一）「先在」的不朽。 柏拉圖用什麽來證明我們生前的生存呢？爲實體的證據的觀念，爲人的靈魂的一部分。他們是永生不滅的，不是靈魂所創的。知識不是一種新眞理的起原，是觀念的承認。人心不過記載其表現。希臘的心理學至此爲止，不曾有多大進步。近代心理學之靈魂觀則以靈魂爲有動力的一件東西，創造了自身的內容，這種說法是與希臘的心理學很不相同的。柏拉圖以靈魂爲消極的，像刻圖章的蠟一般。——這種意見，便是希臘人亦是如此。希臘一切的心理學者以此爲限制。以爲一切觀念必要給予("Given")靈魂。如觀念以知覺爲變易之物，則觀念非從知覺得來；如靈魂不會創造觀念而自以爲爲觀念所有——因爲靈魂原來是被動的，——則惟一的論理的結論就是在一先在的地方，靈魂已經爲觀念所有了。先在說是靈魂的惟一的解釋。

柏拉圖更進而討論其回想說(Anamnesis)以證明我們的先在。知識卽是回憶。知識永在心頭，只要我們覺認他們就是知識。觀念無過去亦無未來，永久存在。我們的心意常常自覺——自覺觀念在自身中之存在。一看見物質宇宙的事物，便驚覺感官世界與觀念的不同。在Phaedrus上，柏拉圖說在今生以前，我們的靈魂可以充分的看見觀念的實體，一入現世便忘却了，但相同的有體的事物可以使我們的靈魂回憶這些觀念的本身。然後「愛」(Eros)便警覺了。(「愛」是自然的哲學的衝動，或天生的觀念之愛使靈魂復返諸觀念者。)只有純粹的觀念可以滿足這種渴望；藝術上或人格上所賦予的觀念是不够的。「愛」將我們繫在觀念上。然而神並沒有這種渴望，因爲神充分明白什麼是善。愚蠢無知的人也沒這種渴望，因爲他並不懷疑觀念在他身上的存在。所謂「愛」者是愛眞理的人所感覺的歸思。

在 Meno 上，向蘇格拉底提出了哲人的問題，就是『一樣研究，何以有的能知道，有的不能知道？』蘇格拉底以爲這種困難祇可以回憶的歷程來解釋。所謂知識就是回想之所得。蘇格拉底叫了一個奴隸來，很精細的問他，至終他知道勾股形的弦方與其餘兩邊之方之和之數學的關係。蘇格拉底於是說道，『這無知的奴隸不過是在回想』算數的關係便從他的感官知覺中抽出來。僅因爲這奴隸從他的感官知覺得着機會去回想在他身上原來就有而他以前不覺的觀念。

在柏拉圖學說中，算數的形式極其重要。他們是觀念與感官世界之鎖鏈。

「後在」的不朽。

柏拉圖相信靈魂在死後之存在的理由，與主張「先在」的理由差不多。其未來之運命就看他在塵世上能制欲至於若何程度。柏拉圖所給的靈魂未來存在的證據就是靈魂保有觀念，靈魂之單純與統一，靈魂爲生命之本與神之善良等等。不論其證辯之理由如何薄弱，然其絕對的信仰實在是他學說中很重要之點。近代對於生前不甚注意，以基督教之影響對於未來之生命乃大注意。東方的宗教中有主張靈魂先在及靈魂輪迴諸說者，然與柏拉圖之所主張者不同。柏拉圖以靈魂爲有一種不變的同一的性質。有觀念之一切性質，然亦是一個有這些性質的本體。不生不滅統一而不變。「後在」不朽說希臘宗教中有之，化爲哲學學說則以柏拉圖爲始。近人或以此爲難覺，以靈魂之一部分屬於一暫時的世界，又何能保其一致的個性耶？

柏拉圖學說中之兩種趨勢。 柏拉圖的全部學說中，有極明顯的兩種趨勢。其（一）則爲歸榮耀於自然，其（二）則爲放棄自然而入於肅括主義（Asceticism）。一方面，柏拉圖覺着他自己身內藝術家的心輕輕的擊着，希臘人的愛生命的愛極強烈的存在於他的心裏。善的觀念即在感官世界中亦可以實現。感官模倣觀念亦有快樂，或者在實際的藝術技能中，或者對於算數的秩序有一種明確的了解。這也至少是達於最高之善的預備。而在別一方面，却有一種棄世絕欲的趨勢。這一種消極的人生哲學是要放棄了感官世界而將人生精神化了。在 Theaetetus 對話集上爲哲學家建立一種退隱的理想。以爲哲學家必須趕緊脫離世界的罪惡，尋一個退隱的地方以與神共處。在 Phaedo 對話集上刻畫一位哲學家的一生，完全是一種死亡，使靈魂潔淨，住在監獄裏的生活，祇可以靠知識與道德來求取自由。這種趨勢似乎是一種反乎希臘生活的；然而這句話究竟對不對呢？在希臘歷史上，我們難道不曾見敍事詩之歸榮耀於自然，而神秘派之主張個人脫離世界麼？在柏拉圖身上，這兩種趨勢都表現了出來，而棄世絕欲的趨勢或者還要強烈些。

柏拉圖的愛　用專門的話來解釋，蘇格拉底與柏拉圖二人之所謂「愛」(Eros)是哲學的衝動而不是純粹理知的衝動。蘇格拉底以爲愛可以使他人發生道德與知識。至柏拉圖則範圍擴大，以之爲眞理之個人的與實際的表現。簡而言之，「柏拉圖的愛」是人類於不完全中求完全的渴望。是天賦的求不朽的欲望。

柏拉圖以爲眞正的愛起原於因觀念的表現而發生之痛苦與驚奇。而個人的愛的起點卽爲「先在」之根本對於觀念的哲學的衝動取其形式於「愛」，因爲看得見的美有一種特別的光彩而使心感受一種極強烈的印象。只有凡人有愛，因爲他們沒有神靈不生不滅不改變的性質，不得繼續的傳殖。所以愛也可以說是傳殖的衝動。一方面可以說是從上面發生的一種神感，從人與神相關之處發生的。而在別一方面可以說是從下面來的一種熱忱，「從人」來的。在這一方面，愛是一種渴慕而不是一種占有並假定有一種要求。用這種方法解析起來，愛是「有」與「無有」的中項。(Middle term)是人性中的高尙的部分與低下的部分的聯合，在這宇宙中鼓舞着向永久的與不朽的去。

這種愛的目的是什麼？就是占有最高之善，所謂善者就是快樂。善的占有卽是不朽。但愛的存在的表面的條件是什麼？就是美，因爲祇有調和的美與我們的欲望相合，而能鼓舞我們的欲望起來。但這種愛是否自始卽完全表現呢？不是的。美有許多種。愛與美的東西一樣，有種類度數之不同。愛，一步一步的升上去。用種種不同的方式表現出來。有愛美之愛；有性愛有愛美麗的靈魂之愛，此卽借藝術之愛，敎育之愛，政治之愛以表現者；愛美麗的科學之愛，此卽各處尋求眞美之愛；愛至終乃愛此純潔無疵，無形無象，不生不滅，永久不變的觀念，卽是不朽。其餘一切都是爲觀念的最高知識的預備。總之，人是從他的感官欲望的期待滿足，從他的貧乏境況下，伸張出去直到生命的完全富足的境遇。愛使人一步一步高升直到愛「最高之善」之「愛」的境遇，就得着不朽。

在「柏拉圖的愛」中，各種的愛都可以使靈魂向上達於神的完全。然此愛「神的完全」的愛，是靈魂元始卽有的熱望，其餘的步驟祇是得着觀念的種種企圖。所以愛就是有限要得着觀念的普遍的努力；而對於某事感覺快樂時，就是這種衝動的發展中的一個階級。

柏拉圖的倫理學說　其實柏拉圖的觀念說祇是一種直說的倫理學說，他於倫理學是很有貢獻的。若是能了解他的倫理學說，就是了解他的學說的全部。如他的思想的發展，他的物理學說，他的學說的兩種趨勢，和他的「愛」的思想。現在不過是特別提出來說一說而已。我們現在所要說的，祇有三樣：(一)他的關於「善」的學說的發展。(二)四種基本道德和(三)他的政治學說。

(一)柏拉圖的關於「善」的學說　柏拉圖以爲兩個世界之中祇有一個是眞實的，可以影響於「慧者」(Wise Man)的靈魂屬於超感覺的世界，而包含道德的知識可使人脫離感官的世界。因爲塵凡生活充滿了罪惡業障，靈魂應當趕速避脫以臨神明。這一種棄世絕欲的道德觀在 Phaedo 和 Theaetetus 上說得很清楚。

在他的觀念說的第二次草稿上，他的倫理學說亦隨之俱進，他的生時不但出乎蘇格拉底的抽象的說法以外，並且亦出乎他自己原來的肅括主義以外。他將他的兩個世界的關係，說明結局論的關係時，他就不得不放棄他的棄世絕欲的道德觀了。物質世界現在也有了一種相對的實體。所以感官生活在道德上也有了相對的價值了。柏拉圖絕對相信道德的行爲，可以使人得着幸福，（無論在這個或是那個世界裏。）他更相信這種幸福——靈魂的完成和參加於觀念世界——是「最高之善」（Highest Good）然而他現在亦承認別種快樂，以之爲達於理想之善之階段與步驟。在他的愛的理論中，善的種類極多。除知識的直覺與其快樂外，亦有物質的善與其快樂。精神的快樂可以毫不滲雜痛苦；但是感官的快樂亦有不滲雜痛苦的。這實在足以代表希臘精神。對於宇宙中事物的快樂，對於教育的發展的快樂，對於藝術的快樂，對於算數的科學的快樂，對於生活的秩序的快樂等等一切都是充分達到這倫理的善的步驟。各有其相對的價值。這種思想在 Philebus, Republic, 和 Symposium 上表現得很清楚。

四。種。基。本。道。德。　柏拉圖更進一步，不以僅僅乎指出人類行爲在二元的世界裏的地位爲止。他更系統的發展他的倫理學說。他按照他的「靈魂三分法」（Threefold division of the Soul）

又將道德加以區分。這是很自然的，在他的第一次的草稿上，他依照蘇格拉底的主張將各類單純的道德歸於一卽所謂知識的道德也。然而在第一次草稿上，和他的後來的對話集上，假定道德的獨立，而研究其關係。一種道德與靈魂的一部分相同，每部分各自有其完成，卽爲其道德。但靈魂的各部分在人身上占的優勢有不相同的，故其道德之發展亦因之而異。

- **靈魂**（正義）
  - 腦中的理性的性質——（智慧）
  - 非理性的性質
    - 高貴的——心中的——（勇敢）
    - 鄙賤的——在肝上的——（節制）

從上面的圖解看來，理性的性質以腦爲機具，而其道德之完成則爲智慧。鄙賤的非理性的性質則以肝爲機具，而其道德之完成則爲節制。而最高的道德則爲正義，爲靈魂最高之完成。故所謂四種基本道德，就是節制，勇敢，智慧與正義。

柏拉圖的政治學說　四種基本道德中的正義，在個人的倫理上沒有什麼大意義。實在是社會之道德的完成。英文的 Justice 這個字與原來的希臘字的意義不甚恰合，然却是普通的譯法。Justice 這個字不能包含希臘字原來所含的道德的精神的意義。柏拉圖的理想的道德的完成，不在個人而在族類與他的形而上的觀念相符。柏拉圖與其謂爲刻繪一完全人，不如謂爲刻繪一完全的社會。完全的快樂與其謂爲個人的，無寧謂爲社會的。而此種理想的快樂祇能於理想的國家中達到。因此「共和國」一書在他的著作中占了極重要的位置。這一種著作裏所說的是如何達到正義的方法。第一卷是柏拉圖早年做的，定名或者就是「關於正義的對話」("Diobogue Concerning Justice") 正義是完全社會的社會道德。可以使智慧，勇敢，與節制三種道德得以實現。個人是含有生氣的，他的心是中心的機具，其特殊的道德即是勇敢。他的勇敢實在是智慧與節制的聯合。所刻繪的是「戰爭情勢」下的個人與社會。

如果善的觀念在人生中實現，則政治的國家爲必須的。國家是正義的眞正教育者。同時理想的國家便是正義的實現。國家的工作各方面都相同。指導人的普通生活，使人人都藉着道德得着快樂。這種結果祇有使社會關係有秩序，然後正義纔可以實現。柏拉圖的「共和國」便是建設這種理想社會的計劃。他屢次想實施他的理想，但是終於失敗了。失望之餘，在老年時候又做了一本Laws。這本書是以畢太哥拉派的算數說做根據而修改「共和國」的。

斯巴達的政治組織是他的模型。柏拉圖的共和國是貴族的。當希臘政治分裂的時候，柏拉圖乃大鼓吹其政治的統一爲個人快樂的必要條件之說，以與主張分化的無治主義者相抗。然而他仍然表示當時對於政治機關的不信任。取當時的政治情勢與他的政治理想相比較，乃益助長貴族政治的傾向。更不信任平民政治。他以爲一種合理的政治組織的計劃，是可以實施的。於必要時，是要强迫施行的。否則政治決無改善之望。

國家不過是個人的擴大。故亦有三部分，與人的靈魂的三部分相同。有(一)勞動者，或農民階級，與人的脾胃一樣；這一階級的人的任務是爲國家預備飲食，他們的最高的道德是節制。農民祇能勞動，吃，喝，所以他們如果能够節制他們的食欲，是很可讚美的。(二)對內對外保護國家的武士階級；他們的特殊道德是勇敢。意志的最高能率須要能領導感情。(三)最高階級是哲學家受過教育的或者是君主的階級。以他們的見解規定法律統治全國。這一階級的道德是智慧。因爲是全國的頭腦。這三個階級，如權力分配適當，則理想國家可以實現。正義於是乎存在。統治者的本分是有充分的最高的智慧。武士須要勇於任事。農民須要有節制。所以柏拉圖的理想國是一種貴族政體大權操之受過教育的人的手裏，就是在上的兩個階級。採用公妻，對於殘廢的嬰孩不加保護，在上的兩個階級的小孩由國家教育的方法，則可以繼續的選擇，使在上的兩個階級得以永存。一切私人的目的都可以爲國家犧牲。社會的絕對的目的是道德教育。柏拉圖的理想社會的制度也顧慮到這裏。上兩個階級是一個大家族，一切都信賴他們，他們貢獻他們的一生去精研科學，統治國家。

譯者案，本章之末，原有一附錄。係朱維德教授爲通曉英語者所預備的柏拉圖原著的選集，今略去。

第八章　亞利士多德 Aristotle (384－322 B.C.)

學園中的亞利士多德與來西亞中的亞利士多德　柏拉圖在學園中掌教四十年很有許多出類拔萃的門弟子。柏拉圖死後，他的姪子，斯巴西蒲斯(Spensippus)繼續他在學園掌教。以後三百五十餘年，這學園換了好幾次名字。斯巴西蒲斯 (Spensippus) 時候和以後幾十年叫做

「舊學園，」以後又叫做「中學園，」後來在耶穌紀元前一二〇的時候叫做「新學園。」學園的歷史就是「希臘的羅馬」時期的一部分。但是自從柏拉圖死後，學園對於哲學的並無多大的貢獻，對於實驗的學問却貢獻了不少。其重要原因即爲柏拉圖死後，亞利士多德離開了學園，哲學的中心改了。正如柏拉圖是蘇格拉底的最出色的弟子，而柏拉圖的弟子亞利士多德尤爲青出於藍而勝於藍的弟子。柏拉圖一死他便離開了學園。過了十四年的工夫，回到雅典創設來西亞。來西亞因爲是在他的教導之下，所以在雅典地方算是最有勢力的學派。來西亞和學園一樣，也是劃出來的一塊空地。正在雅典城牆外面。是供奉亞坡羅的（Opollo）。有花木，園林，水泉，的點綴。中有雅典最大的運動場一。亞利士多德的高足弟子，名叫提亞法瑞斯脫斯（Theophrastus）的，在近處置了一份產業，捐給來西亞。也和學園一樣，是一處宗教的建築。所以叫做來西亞是因爲這個園子是供奉來西亞的亞坡羅的。

在來西亞中，希臘哲學始有完全的表現。一切宇宙論時期和人事論時期的思想的線索，現在都連結起來。柏拉圖的惟心的實在論與德謨克利泰的惟物論結晶而成一種「發展說」（A Theory of Development)。亞利士多德於希臘的政權從雅典而入於斯巴達，而入於提勃士，而入於馬其頓之手之時，起而為純希臘文明下一句斷語。他是歷史上最有勢力而影響最大的思想家檀德稱他為『一切有知識的人的先生』西西洛說道：『依我看來，亞利士多德，在哲學上差不多可以獨立。』尤西卑(Eusebius)說『亞利士多德——宇宙的祕書——他的筆深深的掘進思想去。』歌德道：『如果我現在安靜的時候，還有我年輕時的能力，雖然我知道有許多困難，但我一定以全力讀希臘文。專研究自然與亞利士多德。那人的所見，所窺，所觀察，與所注意者都是出於一切觀念之外的。』

我們所刻繪的亞利士多德與柏拉圖絕對不同。在我們理想中的不是個有詩人脾氣的，以一切事物為一理想的無限與廣大的統一的人。却是個研究事實的科學家，是個很準確的人，他的想像並不高入雲端；但同時却有理由特別充足的歷史的與科學的理論。他的生活中充滿了眞理的愛。他對於一切科學都包羅並舉，有同樣的興趣。使與柏拉圖相比則亞利士多德為一科學家。他是純希臘文明的化身與完全的表現。

亞利士多德的一生(384—322 B.C.)

第一期——學生時代——三十五年。(384—349 B.C.)

三八四　生於馬其頓的斯打奇拉(Stagira)。

三六七　入學園。居學園者十七年。

三四九　柏拉圖死，離學園。

第二期——遊歷時代——十四年。(349—335 B.C.)

三四九　入小亞細亞(Pella)。

三四三　返馬其頓，到彼拉地方，從腓力王之請，教其幼子亞歷山大。居此者又四年。

三四〇　自彼拉赴斯打奇拉研究科學五年。

第三期——掌教來西亞時代——十三年。(335—322 B.C.)

三三五　創設來西亞於雅典管理講學逵十二年之久。

三二三　遁入卡西(Chalcis)。

三二二　死於卡西。

詳述亞利士多德的一生。

(一)第一期。　亞利士多德生於馬其頓的斯打奇拉。他的父親是阿敏達王(King Amyntas)的御醫。阿敏達王是馬其頓的英主，他的兒子便是腓力王。亞利士多德世習醫，追溯上去便是以亞斯克利卑(Asclepius)爲始祖。亞利士多德小時候的事情不大知道，只知道他父母死後，將他托給亞打奴(Atarnews)的勃洛克生奴 Proxenis)照管。幼年一定習醫，德謨克利泰與希百克利泰(Hippocratus) 的實驗的工作必定是他幼年的教育。亞利士多德在這種注重實際的空氣中生活，無怪他注重經驗而對於一事一物都極其準確；凡此種種皆與雅典哲學家不同。

在紀元前三六七勃洛克生奴便將他送入學園，那時他正十八歲，在學園十七年，直到他三十五歲。他不僅是一個學生，他在學園中有極高的地位。他是一位教師，一位著作家，可以代表學園的精神。他在學園的時候，已經是很有名的人了。至於學園對於他的思想究竟影響了多少，却也難說。他的注重科學的精神，在未進學園時已經有了；而他的廣大精深的科學知識是後來在小亞細亞和斯打奇拉得來的。這時他已離開學園了。或者柏拉圖的學園的精神使他轉而注意於倫理的與玄學的學說，也或者因爲他居學園久，所以對於修辭學和關於文藝的學問有興趣。同時他於學園之影響亦必甚大，後來學園中人，肆力科學，或者便是他的影響。

這樣看來，他的哲學的來源不外下述兩層：（一）遺傳的興趣，願意研究醫學和實驗的科學。（二）在學園內所得的倫理學的，玄學的，與關於文藝的知識。這兩種元素在亞利士多德的哲學的發展歷程中處處發現出來。但千萬不要忘記，他受學園的影響固不小，然同時學園受他的影響也很大。他自己對於科學的研究，其工夫之細密可於他住在亞打奴和米狄林地方（Mitylene）的時候，和他回到斯打奇拉的時候看出來。有些人說亞利士多德與其師頗疏遠，然這種話毫不可靠。他極尊崇他的先生，這是他自己在他的「倫理學」上表示過的。亞利士多德的思想是獨立而有創造的精神的。他在學園的時候或者竟要指點柏拉圖的學說的缺點。柏拉圖說他的學生齊諾克瑞玆（Xenocrates）需要馬刺，亞利士多德却需要韁繩。那時都叫亞利士多德做學園的頭腦。

（二）第二期。柏拉圖一死，亞利士多德便和齊諾克瑞玆一同到黑米亞那裏去，黑米亞（Hermeia）那時是亞打奴和米狄林地方的王。黑米亞也是柏拉圖的學園中的弟子。亞利士多德在此處結婚兩次，住了六年工夫。紀元前三四三年應腓力王之召赴彼拉教其子亞歷山大。一共教了四年工夫，似乎是比柏拉圖較勝了，因爲他曾做過君王的教師。他影響於亞歷山大者極大。亞歷山大是不做那實際上不能做的事的，這便似乎是亞利士多德的哲學理想之影響於亞歷山大者。亞歷山大說道：『生我者吾父，而使我知如何爲有價值之生活者則亞利士多德也。』亞利士多德的「倫理學」他常常放在身邊。他的政治家的理想，政治上遠大的眼光，目的之偉大，他的克己工夫，與其嫉惡如仇之心理，及其謙恭之態度，皆大半受教於其師。這兩位偉大人物之結合；蓋有非偶然者。

紀元前三四〇的時候，亞歷山大主政，亞利士多德纔離開了馬其頓的朝廷。以後四年工夫在斯打奇拉研究科學，與他的一位比他年輕的朋友，名叫提亞法瑞斯脫斯的相處；這個人後來便繼續他掌教來西亞。『米薩（Mieza）與斯打奇拉的學校，所研究的科目中生物史也是一種很重要的科目，……亞歷山大有一次送了八百「泰倫」(Talent)（譯者案泰倫希臘貨幣名）給他的先生去調查動物學有一千個人分布於亞細亞和希臘一帶，聽亞利士多德的調度去考查搜集一切動物的生活狀況，與其習慣他所征服的地方則軍威所至，恆可供科學之研究與調查。』（請參閱 B. I. Wheeles, 的 Life of Alexander the Great）這些話雖也有些張大其辭。但在這個時期，他收集了許多的材料是一定的。一則因爲他有錢，一則因爲他與馬其頓和亞打奴的朝廷都有關係。

（三）第三期。亞歷山大遠征亞細亞，亞利士多德以爲可以暫時離開他，於是就到雅典來，創設了來西亞。創設未久，就後來居上名譽高出學園。其聲譽亦由於亞利士多德，其學問之淵博，其管理之有秩序，及其協作工夫皆足使之成爲學術之中心。他在來西亞十二年的工夫，管理，講學。——發展他的哲學，搜集材料，指導他的弟子。後來雅典人抗馬其頓，以亞利士多德爲亞歷山大之師故，亞利士多德不自安。遁卡西，越年卽死。

亞利士多德一生的三個時期的比較表示他一生的生活是很有規則的。自入學園爲學生至創設來西亞爲教師。雖爲柏拉圖之學生，而其獨立創造的思想且使柏拉圖的學說入於一新區域。第二期爲一旅行家，然同時爲君王之教授並於各處搜集材料。他的一生不能像柏拉圖一般很清楚的劃分成幾個時期。他的一生是很有規則的。

亞利士多德的著作。　柏拉圖的對話集上每頁上都可以見柏拉圖。但在亞利士多德的著作上，著作家的人格皆隱伏於其科學之下。現在所保存的有論文四十篇。紀元前二二〇亞歷山特利亞的圖書的目錄，還有其他的一百四十六種，但那時就已經失傳了。亞利士多德實在是一位著作家，教師，和來西亞的管理員。他對於來西亞的影響很大。很謹慎地指導和他協作的人去考查研究。不但是一種訓導，實在是鼓動了後來獨立研究科學的精神。他搜集了很多的科學的材料，此非一人之力，然即此可見他的指導教育的能力。他是第一位博通今古的哲學家。

一、亞利士多德自己發表的通俗的著作。　這是爲他的學堂以外的人預備的。此種著作，完全存在的一種也沒有了。這是他在學園的時候做的。內容是討論正義，貲財，智慧，修詞，政治，戀愛，行爲，祈禱，謙恭，教育，政府等等的。也是用的對話體。這些著作不像柏拉圖的著作那樣有藝術性，然却是自出心裁的。故頗多新意，措辭亦極美，古人稱之爲亞利士多德的『思想之金流』，然而要是眞說起來，此實不能應用於現存之著作，其失傳者則不可知矣。

二、亞。利。士。多。德。所。編。纂。之。書。籍。　這些都是亞利士多德和他的弟子們所搜集的關於動物學的，文學的，歷史學的，和古代的材料的筆記。這種作品存留下的很少。其中有評判畢太哥拉派的學說的，有柏拉圖的對話的摘要，有關於動物學的記錄及所舉的例證，有關於修詞學的理論與證例，有悲劇與喜劇的歷史，關於荷馬，黑息阿特，阿奇洛珠（Archilochus），與優利皮地及其他詩人的討論，還有許多關於歷史的討論涉及五十八種希臘各國的憲法的。

三、教本。　這種著作有一部分存留下來了，這就是現在我們所有的亞利士多德的著作。書中所用名詞前後均甚一致。然其表現的方法却不甚美。各書的計劃差不多一樣：先舉問題，然後批評各種答案；然後再舉出問題中最顯著的幾點來；列舉各種事實，至終乃有一結論。這是科學的方法使與柏拉圖的著作相比，則愈足顯明其方法。但是決不要想他的書是很有系統與秩序的。有重復的地方，有匆忙的地方，各部分並不平均而許多話說到而沒有做到。這些書不過是筆記，作爲他的講演的基礎，將來製成教科書的。論理學的一部分已經作成教科書的樣子了。

教本排列之次序如下：(華勒斯 Wallace)

一、論「論理」者名機關。(Organon)

二、理想哲學。(Speculative Philosophy)

基本哲學或神學或玄學。(First philosophy or Theology or Metaphysic)

算學(已失傳。)(Mathematics)

物理學(包括動物歷史及心理學。)(Physics)

三、實際哲學。(Practical Philosophy)

倫理學。(Ethics)

經濟學。(Economics)

政治學。(Politics)

四、文藝哲學。(譯者按英文原文爲"Poetic"原義爲詩的，然以其所包者廣，且"Poetic"

亦有文藝之意故譯今名)。

藝術(Art)。

詩(Poetry)。

修詞(Rhetoric)。

亞利士多德之出發點。。。。。。亞利士多德初年的兩種影響於他的哲學的見解很有關係。這兩種影響之中，一種是他對於醫學的經驗上的訓練。一種是他在學園中所受的關於道德理想的概念上的訓練。(Conceptual training)柏拉圖說服了他，說如果有眞科學則必須於不變之概念中尋得。但以他自己的科學的訓練，又加以德謨克利泰的影響，故他極尊崇經驗所得的事實。他的哲學的問題與柏拉圖的問題是一樣的。其不同之點大體上卽在他們的出發點不同，所注重的不同。柏拉圖以反對普羅太哥拉斯的知覺說爲出發點。結果乃著重概念世界的價值。亞利士多德則以爲柏拉圖未免過於著重概念世界了，所以他很著重經驗的事實。在學園中和以後，他始終不贊成柏拉圖的偏重觀念世界，因爲觀念世界超越感官世界太遠，旣不能加以解釋，復不能明白剖示。因亞利士多德之反對柏拉圖的學說，吾人對於柏拉圖的學說乃更得一明確之了解。如果概念要進入知識則決不能存在抽象的雲端裏。他以爲柏拉圖不但不曾解決了問題，更添了煩難，因爲又加上一個世界與自然世界絕對不同的。如果觀念與事實離開，我們便不能知道觀念的存在，對於他們一定毫無所知，當然更不能靠他們——觀念——來解釋世界了。柏拉圖在他的第二次草稿上所說的是對的，他以爲物質的事物與觀念的關係是結局論的。但是如果這些觀念是離開事物的，則這種關係怎能實現呢？因此亞利士多德爲改正柏拉圖的觀念說之故，又重新建設此知覺的事實的世界。這便是亞利士多德的出發點。

亞利士多德的哲學的基本要義。 第一個問題就是亞利士多德如何重新建設此知覺的事實。用什麼方法使知覺的事實亦爲實在。這個問題的答案便是亞利士多德的哲學的基本要義。他重新估定知覺世界的價值，便是他較柏拉圖爲進步之一點。柏拉圖容納普羅太哥拉斯的知覺說，但在實在的世界中將知覺放在概念的旁邊，以是而給知覺說以一種新價值；亞利士多德却進而將概念和知覺不可分離的連合起來。亞利士多德以爲柏拉圖的困難，就是沒有將概念與知覺緊緊的連合起來。這種連鎖是什麼？將不變的實體與變易的現象緊緊的連結起來呢？這種連鎖就是「發展」(Development)。「發展」便是概念與知覺的關係。這便是亞利士多德的哲學的根本，與知覺以一種新價值。知覺的事實若離開了概念便沒有實體；概念若離開了知覺便不過是抽象。實體的世界中概念的「存在」居留於知覺的事實之中，而知覺的事實則表現概念。概念與知覺並存於一種關係或連鎖之中，而這種關係或連鎖是有目的的。——就是「發展」。若抽象說來，就是：亞利士多德覺經驗的事實有概念的必要。若用進化論的說法說起來，就是：眞的實體便是在現象中發展的本質。這句話有兩層意思都是很特別的：就是實體是一種發展的本質；實體是在現象之中。全體藉其在個體中之發展而實現其自身，眞概念藉其在知覺中之發展而實現其自身；眞正不變的「存在」藉其在變易中之發展而實現其自身。一方面實事物的本質；一方面實體亦祇在事物中存在。

眞的實體便是個體。

個體有兩方面：(一)概念的存在，與(二)知覺的變易。

這兩方面永久有關係。

這種關係便是發展的目的。

這便是研究亞利士多德的哲學的門徑。在他的玄學上，實體是個體從可能之境達於實在之境的發展。在物理學上，單個的現象因他們從低下的形式達於高上的形式的發展而得其實體。在心理學上，個人的各部分於身心兩方向靈魂發展時，就是實在的；靈魂便是他們的眞理。他的論理學也是如此，他祇要表示單純的論斷與普遍的論斷的關係與連鎖而使單純的論斷得着一種意義。無論在那裏，亞利士多德的起點都是知覺的事實。他的目的是要重新建設知覺的事實的地位。因爲知覺的事實與個體的不變的概念有關係。

須要知道，亞利士多德的學說並不整飭。雖然他反對柏拉圖的超越的觀念，但是好些地方却不能勝過他的二元論。他與柏拉圖的分別常常是在用字上。

亞利士多德的發展說，乍一看好像是現代的進化說。然實在是大不相同的。希臘的哲學自蘇格拉底以來，卽以道德爲根本問題。蘇格拉底，德謨克利泰，柏拉圖，亞利士多德，和以後的各種學派的理想，都是道德的理想。因爲是道德的所以是固定的。將生活的種種改變都集中於這一點。這並不是含有進步的意義的進化。不過是個體內自發展——由孩提發展而至成人，種子發展而開花的發展。並不是從這個種類，進化到那個種類。個體自己形象的改變，實在還算是一個缺點呢。

亞利士多德的論理

亞利士多德覺着一定要有一種研究科學的方法的科學。至終他成功了，他的工作至今還沒有什麼更改。我們很驚奇並且佩服他的科學的分類法，每科的領域的界限都很清楚。當然他用他的抽象的思考的大能力，一定亦可以討論許多正當思想的規律來。科學一定要一種調查考究的藝術。正如演說術一樣。這些關於論理的著作，起初定名爲「機關」(Organon)，因爲來西亞中人認此爲一切知識的機具。這種著作中有些地方並不十分純粹。最要緊的部分是「分析法」(Analytics)是討論結論與證驗的。還有「辨義法」(Topics)是討論歸納法的或然法的。於是亞利士多德以論理爲一種預備的學科是獨立的——原應該如此。他的論理便是他的科學工作的緒言。

亞利士多德的論理是他的哲學的導言，所以我們要略略的研究一下。亞利士多德實在是論理學的鼻祖。他研究得十分詳備，差不多到如今也不會改動。他的論理學有很可注意的歷史。「範疇」(Categories)和「解釋法」(De Interpretatione)的一部分在中代歷史上很有影響。他的論理到他弟子手中已經被誤解了，亦被誤用了，所以到了經院學者的手裏，就成爲一種抽象的形式論理了。經院學者如此的用去，遂大爲文藝復興時期的哲學家所攻擊。但這種見解，是對不起亞利士多德的。他從全體方面看論理學，以爲是實際研究並考察科學問題的眞方法。

從前那些哲人曾至專於研究某某一件事時，提出幾條有實際價值的規律來；蘇格拉底亦曾經想規定幾條普通的原則來做知識的基礎；亞利士多德則詳詳細細的研究思想的不變的形式，與支配正當思想的規律。他以爲自然界中物質的事情是由於幾種普通的原因，這確是柏拉圖的態度。如果倫理的進行是科學的，必然服從自然的則律。論理學一定要將特殊的知覺從普通的觀念內演繹出來。然後這特殊事情的必然的思想關係就可以發現了。演繹法是眞正的科學方法用來解釋自然現象的；所以要證驗時也一定要用演繹的思考法。在科學研究中，我們是要表示出經驗事實之必須有賴乎概念，在證驗時，我們是要表示出特殊名辭之必須有賴乎概念。無論是解釋一件事情或是證明一種結論，都用這一樣論理的方法。所以亞利士多德以爲他的論理學是於實際上有用處的眞正的科學方法。不僅是一種抽象的吹毛求疵的玩意。

蘇格拉底與柏拉圖二人傾全力以研究概念或單純名辭。亞利士多德也研究概念。他想尋求出我們思想中最根本的概念。他尋出了十個根本的概念名之曰「範疇」。但亞利士多德較蘇格拉底與柏拉圖更深進一層而以斷定(Judgement)爲出發點。僅一單純名辭不能表現眞理。眞理一定是兩個名辭，當中夾一個動辭的「是」字。其中的關係一定要表現出來。這纔是一個斷定。推理(Reasoning)則更複雜了。推理是要將兩個斷定放在一起而表示其關係。這就要用着推論式了(Syllogism)。演繹法的第一步工作就是要表示出推論式來。這些就是那時的科學的研究的則律，依照這種則律「特稱」(Particulars)就可以從普通的命題(論理學作全稱命題)中推論出來，毫無錯誤。但是這些全稱命題都是原來固定的。推論式就是兩個前提，一個推論出來的結論。有三個名辭。所用的原則就是從屬的原則(Subordination)。而推論式的分化却很多，全看前提的性質與度量與中間名辭的分配而定。亞利士多德確信推論式的結果而名之曰「結論」(Apodictic)。

但除掉演繹例證解釋經驗的事實以外，推論式還有一方面不曾提到。這就是前提(Premise)。所有的演繹論理都假設許多絕對的前提。一切演繹論理都以一種未經推論的假設爲根據；一切例證都以一種沒有證驗過的事物爲根據；一切解釋都以一種未經解釋的事物爲根據。這些預定的假設是許多全稱命題(Universal Proposition)，祇能以直覺知之。而這種直覺究竟是什麽，亞利士多德却始終也沒有說清楚。他名之爲矛盾律(Law of Contradiction)，與拒中律(Law of the excluded Middle)，還有許多別的祇能應用於特殊科學的命題。然而我們實在用的前提却不曾推論過，但應用起來沒有錯誤，故其妥確性因以增加。若要搜求這些前提時則必定要用歸納法(Induction)。我們搜集許多資料，歸納而得一概括的結論，就取而爲前提。所以歸納法的結果其自身未免確實。不過是大概如此多分如此的。祇能於解釋現象時謂之知識。亞利士多德之所謂歸納法與現在的用法不同。近代的歸納法的意義是一種例證；而亞利士多德以爲是於不能得絕對全稱時發見相對的全稱名辭的方法。

這種論理包含一種概念，是很有趣的。在一個完全的知識的社會裏，必有一種完全的科學，其種種特殊的事實都可以從絕對知道的前提很確當的推論出來。生活與論理可以是相同的。那時不但確實知道我們的例證或推論，更知道前提。論理的這個用法，有一個時代很有勢力。中代的教會以其獨斷之教義爲眞理的根本的前提，便可推衍出生活的規律來。中代的人以爲完全的科學必定是從教會的獨斷教義推衍出來的。教會的獨斷教義是絕對的前提。到了文藝復興時期的人懷疑獨斷教義者多於懷疑論理方法者。而注意於亞利士多德者且較少矣。

亞利士多德對於現在所謂思想與實體的問題有一種極深的見解。我經驗中的結果與實體中的正相反。實體中最先的是經驗中最後的；經驗中最先的是實體中最後的，譬如雅典國家的使命，除非他歷史上的事實一件一件的出現了，纔能發見出來。完全的「存在」則於歷史上一件一件的特殊事件尙未發見時，已見其全部，而吾人則祇能於特殊的事件上觀察其普遍之原因。論理學與玄學是一致的。但他們對於歷史與心理的歷程的立足點是相反而並行的。知識是從感覺到觀念的一種發展，而同時亞利士多德亦常常的告訴我們說這種發展是一個觀念的表現，而這個觀念是太初就有的。

亞利士多德的玄學。

(一)發展是有目的的。

關係的概念在亞利士多德的玄學上與在論理學上一樣的重要。在論理學上特稱的知識是因爲他與全稱的關係而成立。在玄學上，這種關係是一種發展的關係。使亞利士多德以其富於想像之天才而成「論理之祖」者則對於玄學上的發展的概念亦必顯示其同樣之天才。他相信凡論理學在思想上所發見者，玄學亦可應用之於事物。但這種關係，並不是亞利士多德所見於柏拉圖之抽象的關係，是在生命與宇宙的改變中的發展的有生機的關係。

我們已經說過亞利士多德的哲學的根本要義就是「在現象中的一種發展的本質」。實體不在宇宙的特殊事物中，亦不在宇宙外，是在宇宙中的概念與知覺的連鎖中。我們眼前的世界，萬物都是動的。物質都在構造的歷程中。世界是一種構造，不是已經造好了的，也不是不造的。所以如果要描述一件世界上的物件，須認其爲一正在搆造正在發展的物件。譬如一株樹如於某一時間數其各分枝而描述解釋之則必不淸楚。須要認此樹爲一從種子發生長大的統一的機體纔行。世界的實在是他的歷史中他的意義的發展；世界任何個體之實在，亦是如此。世界與事物於此乃有一發展之本質。

其次要注意的一點就是亞利士多德之所謂「發展的關係」是在兩端之中的。個體必有兩方面：一爲其發展之所自，一爲其發展之所至。亞利士多德叫這兩方面一爲物質一爲法相(Form)。亞利士多德以爲無論什麼都是物質成爲法相，換言之，即法相在物質中實現其自身。而聯合此兩端者，就是發展。——即個體的原則。物質是個個體的可能性或將成態(Potentiality)，法相是現實(Actuality)或實體。如果祇注重發展的階段，則祇見其片段的事情。但如果以發展的階段爲一種「統一」的各方面，則可見其本質。

這兩端之中的「發展的關係」在亞利士多德手中即成爲「目的的關係」(The relation of purpose)。亞利士多德以此種在現象中的本質的自體實現爲「實在」(Entelechy)。——這是亞利士多德所命的專名。亞利士多德視宇宙爲結局論的（Teleological）。「結局」這個字，我們在柏拉圖的觀念說的第二次的草稿中曾見過，但不過以之爲假設，未以爲有力的解釋。而亞利士多德却用結局論做他的宇宙論的根本原理。

（二）亞利士多德所謂「目的」的兩種不同的概念。亞利士多德以兩種絕對不同的概念來解釋其所謂「目的」的關係。（一）機體的發展；（二）藝術家創造藝術作品時的發展。這是兩種很不同的結局論的行爲。在有機體的成長中，在物質中實現的法相是在有機體之內的。藝術家則不過將法相刻畫於原來的物質之上而已。在有機體的一方面，物質與法相是不能分開的，不過是一種發展的兩方面，始終一致的。在藝術作品的一方面，物質起初不過是自身有一種可能性，而藝術家的目的是後來加上的。在有機體的一方面，亞利士多德說是有兩種原動力，這兩種原動力一是物質的一是形式的。在藝術作品方面他以爲有四種原動力，一是物質的，一是精巧的，一是形式的，一是終結的。亞利士多德雖不曾明明白白的說這兩種不同的觀念，但事實上却完全如此施行。一方面以個體爲自體實現，一方面却又視之爲表現於其他事物中者。這種似無大礙的不同點實在是很重要的，因爲這是亞利士多德之所以爲亞利士多德——批評柏拉圖的二元論的亞利士多德——與復返諸柏拉圖學說的亞利士多德的根本不同處。這裏便有了兩個亞利士多德了一爲主張動力說的一元論者，一爲超越的二元論者。我們不能說所以爲亞利士多德之亞利士多德爲眞亞利士多德，因爲他在許多重要的主張上，他是一位二元論者。

亞利士多德的以有機體爲例證的目的觀是他原來的主張，想取來做他的哲學的根據的。其意謂爲自體的法相所決定的個體是眞實的。此爲動力的生活觀而非藝術的生活觀。種種活動是向着自體而在自體之內。個體是本身完全的統一的有機體個體卽爲本質。按他所舉的十種範疇，以這種觀點看去是他所以爲最要緊的。其他九種範疇僅爲此本質的情狀或關係。亞利士多德以此本質爲事物中的普遍者。有人還說卽在此處，亞利士多德仍不能脫二元論的窠臼。因本質（Substance）一字仍有二義。然而此處亞利士多德的觀念，實在是一種內在的動的實體。他心中有一種自己包含自己的統一的個體。不論其爲人爲樹爲宇宙。

然亞利士多德的以藝術作品爲例證的目的觀其勢力卻勝於原來的主張。當其以世界上的個體爲相對的而非自己包含自己的時候，他的世界觀便不同了。個體並非實體，惟與一超越的實體相關耳。世界仍爲一發展之世界也，惟發展自身之本質不在現象中耳。此實爲現象界所追求的目的。此目的之實踐乃極遙遠，單個的事物祇爲許多價值與某種超越的標準有關之一衡量度數。試詳釋之：如花，如蕊，如葉，自體中並無其實現，惟在用爲食料時有之；又如成長之樹，橫於地上之木，房中之木，於完全的建築中有其實現。又如世界上一切事物，宇宙原來的星氣，初成的許多世界，地球的初期，過去的數十世紀，現在的二十世紀皆爲未來的事情的價值的衡量度數而已。

於是亞利士多德乃不得棄其原來之概念說的標準，即以世界爲統一的有機體而以單個的事物爲自身發展者。今則不然，現在之亞利士多德乃眞是柏拉圖的弟子了。無論什麼事物現在不能以爲其自身即具有物質與法相的兩方面，僅爲其他事物的可能性與其他事物的現實。但按照亞利士多德發展上下都有限制。在下者則有物質而無法相；在上者則有法相而無物質。純粹法相即爲神，神毫無物質因爲他是完全的。純粹物質即爲最低下的限制，什麼事物都可以形成。此種二元論與柏拉圖一樣，是很淸楚的。亞利士多德不僅未能駁倒他，並且更爲之發揚光大了。柏拉圖以觀念與虛空對比，而亞利士多德則以純粹法相之神與完全可能之物質對比，差不多是一樣的。

有三件事我們要注意的就是亞利士多德的（一）關於神的概念；（二）他的物質觀；與（三）他的宇宙觀。

（三）**亞利士多德的關於神的概念**　在亞利士多德的哲學系統中，必須要一種假設的純粹法相，因爲物質並未賦有運動與生長的能力。亞利士多德並不以發展爲時起時止的過程，他以爲是連綿不絕的。實體的本身亦爲一發展的本質，則運動亦必與實體同其久遠。所以我們不應當問世界之起原與終局。但可以問實體何以能運動。我們於考察單個事物時，若依亞利士多德的解釋則運動爲法相加諸物質的影響的結果。物質內在有可成的動機，法相內在有一種活動的形成動力。但像這樣的考察個體是不中用的。因爲今之法相卽爲較高之法相之物質。然則若無一不動的純粹法相則殊不足以解釋一切。故卽以神爲不動之動，爲世界運動之因。（但非物質之因）。而爲最終之動力。神激動物質中的動機而使之現實，如神。

此元始之動者，實與柏拉圖之所謂善，初無二致。論其形式則不生不滅，不動不變，獨立的而非物質的，而爲一切變化與生長之動力。神是完全的存在，在神的身上一切可能的都現實了。論其內容則神爲純粹思想，然此所謂思想非若人類思想之祇注意於外界現象及改變之事物也。神爲『思想之思想』。神對於自己的思想便是他自己的幸福生活。此爲亞利士多德在思想史上最重要的貢獻，因爲這是一神論第一次有明確的概念與科學的根據。亞利士多德以前的思想家的一元論變而爲有神論。神不但爲非物質的如柏拉圖之觀念，且爲精神的。於亞利士多德的超越的神的觀念中，乃見希臘哲學的成熟的果子，蓋以神爲自覺的也。

（四）亞利士多德的物質觀。　亞利士多德的二元論的其他低下的界限就是物質，卽亞利士多德稱之爲「最初物質」者。物質的本身毫不成形不過有種種可能性而已。然與純粹法相卻不同，因爲物質自身決不能存在的。神脫離物質而存在，然而物質不過是可能性，決不能離法相而自存。物質有兩重性質。一爲現象世界的輔因。一爲宇宙中無則律無目的的來源。因爲物質尋求法相故觀念得以實現。然亦足爲法相的完全表現的阻礙。一方面爲物質宇宙的必要條件，爲一切機械的因果，運動，與衝突的基礎。一方面却又阻住法相充分實現的路，而阻礙宇宙完全達於神的完全的路。物質是有體的事物的必要的本質，亦爲宇宙中的無定的與偶然的事的基礎。物質是無限的，無限制的，爲種種特殊現象的來源。注定之事與偶然之事皆由物質的阻力，因爲物質阻礙法相的完全實現。亞利士多德眞與希臘思想一致以「必然」與「機會」爲根本上相同的。希臘人抽籤的習慣便可以表示這種觀念的普遍。

亞利士多德的宇宙觀。 亞利士多德心目中的宇宙比柏拉圖心目中的複雜的多。亞利士多德以爲宇宙有兩重性質，因爲他以爲有兩種發動的原因。宇宙是兩種原因合成的：一是機械的，一是結局論的。「目的」與「必然」是世界上運動的兩種原則。即以此種兩重的概念，亞利士多德便調和了柏拉圖和德謨克利泰。自然他要偏重些目的論。他以爲神是最高的現實，神是究竟的或結局的原因。宇宙之所以有價值卽由於此究竟的原因。究竟的原因爲主因；機械的原因爲副因。若不是爲這最高的究竟的原因——神——則宇宙將無任何運動。然神實爲不動之動者，而物質却是不能自動的。物質覺着衝動要形成神的樣子於是就有運動。這種宇宙觀與近代的科學的宇宙觀是不同的。結局論的宇宙觀在中代很有勢力，不易動搖，近代宇宙觀之侵入實在是很不容易。亞利士多德以為宇宙是活的(Living)東西。原來是自決的，自發的，不變的。他的自發不是反覆不定的機會，他的不變是有目的有結果的。然而有一層要特別注意的，就是亞利士多德的宇宙觀與基督教的創造的宇宙或達爾文的進化論都不同的。亞利士多德的世界是永久存在的：在空間上是有限制的，在時間上是無限制的。神的理知亦是永久存在的。然却與達爾文所謂新的族類的進化不同。宇宙中各種東西，在行列與價值上有關係。宇宙是統一的。其中的變遷是趨向結局的。

所以宇宙是許多活動的東西的一種有連屬的系統，正在發展的過程中，自此一法相入於彼一法相，與神相接近而有神之將成態。其價值是相對的，有逐漸增加的度量。然因為估計自然事物有兩種標準故亦有兩種不同的統系；一是機械的，一是結局論的。這兩種不同的系統祇能在神中聯合。按照我們上面所研究的，神亦有兩重極重要的性質：神是不變的「存在；」是純粹理性。

所以他在他自身上將這兩種系統結連起來。機械的系統中的自然事物的理想的特點卽是神的不變，統一，與秩序。愈統一則愈像神。在結局論的系統中，自然事物的理想的特點便是神的理性。愈有理性則愈像神。亞利士多德以物理爲包括機械的系統的科學，而以心理學，倫理學與政治學爲包括結局論的系統的科學。今爲詳論於下。

機。械。的。系。統。——亞。利。士。多。德。的。物。理。學。 當時流行的天文學的假設影響於亞利士多德的物理學者頗不小。他採用了畢太哥拉派的有限制的世界全體說。就是以世界爲許多同中心的晶體球做成的一個空球。他與畢太哥拉派不同，主張以地球爲在中心。球形而不動。圍繞着的許多晶體球却運轉不已，月，日，五行星，與固定的星都在其中。固定的星在大球的邊緣，在一切之外，故離神較近。神卽使萬有有生氣者。神將世界全體握在手的空處。使全體運動。於是其中的五十五個同中心的晶體球亦轉動起來。固定的星的運動的原動力是神，而其他球體的原動力是本身原有的精靈。五行星的運動卽有影響於現世的生活。亞利士多德亦按着畢太哥拉派分世界全體爲現世的與天上的兩部分。世界全體的運動是最完全的。所以是圓形的。其形式亦是最完全的爲一球體。世界全體的天上的一部分，距離外環最近的，最像神。這天上的運動亦是圓形的，是統一的，完全的，能變的地方。星不能變亦不消滅。他們是超乎人類的，在他們的秩序中，像有福的神。世界全體在現世的一部分在月的下面他的運動是直線的。這是不完全與無秩序的劇場，亦是可增可減的。

亞利士多德的關於空間，時間，與元素的意見都是很有趣的。他的關於運動的見解足以表示這不變的宇宙運動的系統何以入於結局論的系統的道理。宇宙中有三種運動：地點的改變（機械的）；性質的改變（化學的）；本質的改變（有機的）。地點的改變是運動中最低下的，然於化學的及有機的改變皆爲必要。亞利士多德不認性質的改變可化而爲度量的改變，而以性質爲自存的。有機的變化，或本質的改變比之低下的變易有一較高的實體的法相。即以此一端而論亞利士多德的不認性質之可變爲度量即可知其思想之無所不至而實爲一科學家也。今試一研究其心理學，倫理學與政治學。

結局論的系統現象的性質的改變。

一、亞利士多德的心理學。

亞利士多德是第一個實驗心理學家，因爲他將生物學和醫學與心理學連成一氣。人是自然世界的一部分，心理學亦是一種比較的研究。我們從機械的改變上進，便遇着性質的化變，更進而爲有機體的改變。我們研究有機界，便知道有機體有生長的精靈(Vegetative Souls)，有感覺的精靈(Sensitive Souls)和理性的精靈(Rational Souls)。植物有生長的精靈，有同化(Assimlation)與播種(Propagation)的能力。動物則除生長的精靈外還有感覺的精靈，有欲望與行動的能力。人則除生長的精靈與感覺的精靈外還有理性的精靈。這便是結局論的關係，有機體的結局便以其精靈的活動爲解釋宇宙在不斷的創造的系統中永久上達於人的最高法相，即在無機的歷程中，亦復如是。上進的每一階段即爲一目的的實現，復進而達於其他的目的。世界全體都要求此完全法相之實現。然低下的機械的與生長的，與欲望的法相並未失落，蓋已溶化於歷程之中了。因爲他們只是較高的法相的物質，在全系統中，無論什麽都是法相，亦都是物質。

所以心理學就有兩部分：(一)關於富於暗示的動物精靈的普通理論；(二)關於理性(Nous)

的理論。這就是亞利士多德的心理學的實驗的與想像的兩方面。

人是宇宙中各種變化的縮影。人有生長的精靈，欲望的精靈與理性的精靈。然而人亦自有其統一，因爲低下的精靈皆爲理性之輔，爲理性而存在的。欲望的精靈爲生長的精靈的法相亦卽爲理性的物質。於是亞利士多德卽以精靈爲身體的現實因爲人類身體的活動實受制於理性。人的實體亦是一種發展的目的，像宇宙的實體一樣。眞的自我就是這發展的理性的自我，身體爲其可能而純粹理性爲其現實。心爲現實的體，體爲將成的心。

亞利士多德對於心理學有許多貢獻。如感覺的來源與價值卽是他研究快樂苦痛的情緒和欲念，有許多新意。他以爲必有一統一的意識，他名之謂「普遍的感覺」。他對於「理性」的討論亦是很重要的。何以見得重要呢？有兩個原因：一、因爲這便是他的倫理學說的根據。二、因爲這便是他離開原來概念論的地位的一個例證。按他最初的意見以爲理性是身體的發展的目的。──爲身體的內在的本質。到後來說得太超絕了。理性不是身體的法相而是精靈的法相。純粹是非物質的單純的，不變的。並不是身體內在的一種作用。乃是外面來的，像神的活動一樣，至身體消滅而後去。其根本的活動爲思想，其目的卽爲「存在」的究竟原理，此種原理卽論理的思想的前提。

亞利士多德分理性爲兩部分：(一)自動的理性，與(二)被動的理性。理性自身之內亦分爲法相與物質兩部分。自動的理性爲被動的理性的法相；被動的理性爲自動的理性的物質。所謂被動的理性，亞利士多德實在是指個人說的。自動的理性祇能於死後存在，然是否吸入神體，他却沒有說明。亞利士多德所謂不朽無論如何不是個性永久連續下去的。

二、亞利士多德的倫理學 我們知道自然現象有兩種：(一)機械關係的，與(二)結局關係的。物理學研究機械關係的自然現象；心理學研究結局關係的自然現象。但是用一種特殊的途徑，便使倫理學與政治學也成了第二種自然現象的科學。道德的生活亦是一種發展的本質，有其可能與現實。——卽亦有其物質與法相。倫理生活的物質便是我們的情感，秉賦，癖性，衝動與知覺——就是那些造成「人」的人格的許多心理的要素。倫理生活的現實或究竟的法相便是理性。理性是「人」的究竟規定「人」的品性。人的確是有理性的。道德(Virtue)是倫理生活自其可能達於現實的過程，是倫理生活的本質。總之，人人心理的要素算做物質，理性為其目的，而使此自然的秉賦——即心理的要素——發展而達於理性的活動的便是道德。

如果我們能祇關心於我們自己的發展，則這件事是很簡單的了。但人是在人世界中，其最高之善恆受支配於其環境——如資產，身體的享用和事業的成功等等。這些都不是必須的，不過是輔助的沒有他們不過算是有了些限制便了。必要的元素還是理性的活動。亞利士多德在他的倫理學的論文上所提出的問題是何為人類行為的目的或最高之善？人在人羣中，最高之善即是快樂，或稱幸福。此不僅指理性的活動，亦及於加入此種活動的快樂。但什麼是快樂？快樂本身即為目的，而不是任何其他目的的手段；是作用的結果，是自覺的活動；與此種作用的無上妙法相合。所以完全的快樂一半是個人自己努力的結果；一半還要靠着環境。道德是度量種種不同的快樂的價值的，然而快樂却不能件件事都有。快樂是最大的善，但因為有一半要靠着外界，所以我們要直接達到的目的——我們自己所能支配的就是理性的活動。

有兩種道德以兩種理性生活為根據，——即實際道德與辨證道德（The Practical Vertues

and Diavoetic Virtues)。實際道德是理性統制衝動的行爲；辨證道德是知識的活動以知覺的發展爲根據的。人的道德的完全發展由於（一）無上道德中感情與欲念的完全發展；（二）知識官能的完全發展以爲達於理性之準備。

（甲）實際道德　個人所最要注意的是以理性的見解訓練其意志，俾以理性指導其衝動，使成爲理性的習慣。這就是亞利士多德所謂訓練道德的意義。這是繼續的理性的活動，是一種永久向理性的發展；是眞自我的發展。亞利士多德與蘇格拉底——蘇格拉底謂道德卽知識——不同，因爲他注重生活上的事實。亞利士多德不以意志爲脫離理性的心理的能力。如有試探，理性的見解恐不能勝衝動。因爲據經驗看來，有些事我們明知道什麼是合理的，但衝動常叫我們照着習慣做而不受理性的指導。卽此便爲亞利士多德假設一選擇欲望的自由意志，從理性以行。

求道德並無一成不變的法則。但理性常取兩端的中庸。這也可以算是一種原則。卽如勇敢是懦怯與粗魯的中庸之道；節制是過度與不及的中庸之道；友誼是諂媚與無禮的中庸之道等等。

「中庸」(Moderation)是訓練實際道德的玉律金科。

(乙)辨證道德。　辨證道德是個人自己得達純粹理性的方法。較實際道德爲高。發展理性的純粹形式的活動而給予最高尚最完全的快樂。人從這條路或者可以參加神的快樂。知識的道德或爲理論的或爲實際的見解。在實際方面，亞利士多德蓋指藝術的知識與正義的知識。但最純粹的還是智慧，是爲知識的知識。是神自己有的。人祇可以幾及。

在亞利士多德的倫理學說中有三件事，是完全希臘精神的。(一)倫理學的問題卽何爲人類行爲之目的或最高之善？這是希臘的。近代人所問的問題便不是這樣了。他們的問題是「何爲義務的性質？」(二)取乎中的精神是希臘的，這是希臘生活的根本原理，希臘文學上常常表現的。(三)個人的倫理行爲在國家思想之下，這也是希臘的精神。亞利士多德說政治可以解決最高之善的問題，因爲國家之善與個人之善是相同的。

亞利士多德的政治哲學　在現在的世界中人所最宜注意者並非快樂實在是理性的活動。快樂是他的最高之善，如他的環境與他合適他就可以得到。政治的環境亦是要討論的一個道德的原素。國家必須完成個人的道德亦爲個人道德的訓練者。無論那種政治組織，如果是以人民幸福爲懷的都是正當的。這樣看來，亞利士多德的思想是很自由的了。國家的外表並不十分重要，所要緊的，國家必須是人民的教育者，並能充分實現其可能。亞利士多德並不會像柏拉圖一般，建設一個理想國。他祇提出與國家幸福有關的幾件事，如教育與國家未來幸福之準備等等。國家雖然是必然的產物，有相當的效用而發生的，但也是人類從野蠻時代發生的內在的自我實現的法相。民族，血統，土地，與疆域都是國家的物質，這些事物的理性的完成便是這法相；國家道德便是社會發展的永久的手段。個人服從國家而不爲國家所吸收。他得以參加知識的道德。因爲他自己對於智慧的興趣與神相近，故他自身亦有其卓越之處。亞利士多德擁護婚姻制度與家庭關係甚力。在古代哲學家中他最提高婦女。他勉強主張奴隸制度，因爲他覺得似乎有必要。

第九章 「希臘的羅馬」期

小引。 希臘期——三百年。

「希臘的羅馬」期——八百年。
中代——一千年。
近代——四百五十年。

這一期的時限很長。近代思想之興起距今不過四百五十餘年。而這一期却有八百年，差不多比近代長一倍。原來在歷史上「希臘的羅馬」期和中代在思想方面比較起來是差些。然而歷史是有機的發展。播種期與成長期恆較長而收穫期則較短。

希臘國家之衰落與其文明之保存。亞利士多德死後八百年的期間叫做「希臘的羅馬」期。因為希臘的文明衝破他的國境而成為羅馬文明的一部分。希臘的國家死了，她的文化還存在。然而並不是純粹希臘的了，是在羅馬環境內的希臘了——成了希臘主義（Hellenism）了。自亞歷山大死後，希臘本土為革命的贓物者二百年。全土淪為戰場。政府與人民皆墮入毫無希望之域。於是在紀元前一四六併入羅馬帝國，參加紀元前一世紀的內爭。自併入羅馬帝國後即喪失其卓絕之地位，但是世界却傳襲了她的文化。她的政府永久去了，但她的人民却為人類的師傳。亞歷山大是希臘政治上的極盛時代的代表，亞利士多德是創造的思想的代表。然後以其自身的動力，其文化乃傳遍了全世界。

希臘文明先東流入亞細亞。亞歷山大以其能征慣戰與政治的天才，僅征服少數之亞細亞人。此次戰役以希臘之藝術，學問，與制度而歷久不磨。亞歷山大後百年東方習慣與制度已希臘化了。東方的城市裏差不多都有希臘的學校，戲園與浴室。東方與埃及各地大可爲文化之中心。各國的君主都是希臘的，說希臘話，拜希臘神，保存希臘的習慣。在亞細亞方面，要維持希臘法庭有希臘的官吏，和希臘的學者。希臘的移民，兵士，與商人皆雲集於這些國家裏，以致本地人都採用希臘的服裝，希臘的宗教與習慣，有的竟連語言也用希臘的。東方不是亞細亞的了，變了希臘的了。紀元前百年羅馬人來的時候，便找出許多像希臘人說希臘話的人來。

第二世紀的時候，希臘和其他地中海各國均爲羅馬所吸收，這時希臘文明乃轉而西流。紀元前一四六年希臘爲羅馬征服，於是羅馬生活中就滿布了希臘的藝術，文學，與道德。當時勢如此紛亂的時候，而希臘文明並不消失，足徵其深遠。其他別的國家，一個也不能與希臘和拉丁相比。

結果羅馬社會之上便加上了希臘的文化。在征服希臘的時候，有許多希臘學生到羅馬去開辦研究文學的學校。後來羅馬的少年又跑到雅典去求學。藝術與科學漸漸的介紹入羅馬了。雕刻與圖畫從希臘搬到羅馬。希臘的藝術家都有特別利益。紀元前百年，羅馬的大人物的生活也是希臘式或東方式的。下等的希臘人也來到意大利與羅馬平民雜居。所以在第二世紀的時候，意大利半島全部拉丁化了，但同時希臘主義亦甚發展。

但是這兩種文明始終不曾完全連合。羅馬之採用希臘文化，不過是外表。羅馬人以希臘藝術與學問爲一種裝飾品或奢侈品。漸漸的羅馬人求助於希臘人之古典者少，而求助於瑣屑的近代產物者多。須知羅馬人於征服希臘時，不過是農民，兵士，與商人，沒有什麽科學，藝術，或哲學。在紀元前一百五十年前，羅馬孩童的教育不過是讀書寫字而已。但他們覺着希臘文化好，要去倣效。他包藏好了希臘的服裝，語言，與政治的法律，而採用希臘的文物，藝術，與道德，又在他們自己的宗教裏加了許多別的元素。

於是就發生兩種結果。一方面，希臘人要創造一種哲學，可以使他爲一世界之公民，因爲已不是希臘市府的公民了。在別一方面，羅馬人有了一種混合之善。此與羅馬文學或法律學大有利益而羅馬的信仰與道德則大受損失。要之，希臘文化已遮沒了羅馬的鄙俗。羅馬人覺着有知識生活之必要，於是便取給於希臘文化之寶藏。但羅馬人所尋得的希臘文化，已不是純希臘的了，實在不過是希臘主義，有時還滲雜了東方主義（Orientalism）。好像是羅馬人的毒藥，常受猛烈的反對。

「希臘的羅馬」期的兩部分　我們須要知道除開起初一百七十五年的時候，羅馬是當時一切哲學運動的背景。此時有兩種普遍的運動，就將這一時期分成兩部分：（一）倫理的時期，與（二）宗教的時期（The Ethical Period and the Religious Period）。

一、倫理的時期　紀元前三二二——紀元後一年。這時期以加在羅馬文明之上的希臘文化為起原。這時期最重要的雅典的四個有名的學派的興起與爭辯；這四大學派的傳入羅馬；和後來混合調和這些學派的折衷派與懷疑派。

二、宗教的時期　紀元前一百年——紀元後四七六。這時期是因東方的宗教而發生的。在這時期之前，東方宗教便傳入羅馬。經過羅馬環境的洗煉，又爲希臘文化所溶化而加以統系。最要緊的哲學系統起初是新畢太哥拉主義，(亦可譯作新畢太哥拉教)和「亞歷山大的猶太的」通神術(Alexandrian Judaic theosophy)。後來是基督教和新柏拉圖主義。

這裏有三件事要注意。(一)八百年來羅馬的精神生活都是以外國的運動爲起原的。倫理的運動的來源是希臘的，宗教的運動的來源是東方的。(二)這兩種運動是相互滲雜的。實在這兩種運動自始迄末都佔了六百年。工夫倫理的運動到紀元後二百年纔消滅；而宗教的運動却發端於紀元前二百年。倫理的研究在上半期佔勢力，宗教的研究在下半期佔勢力。(三)從紀元前一百五十年到紀元後一年是一個過渡時期。昔之注意於倫理者，今轉而入於宗教。無論政治方面知識方面情勢都不安固。政治方面正是內爭劇烈擴張帝國領土的時候；知識方面正是折衷派與懷疑派佔勢力的時候。

「希臘的羅馬」時期的懷疑論的伏流。　「希臘的羅馬」期的全期，自始迄末即有一道懷疑論的伏流。「懷疑論」(Skepticism)這個字原來卽有他自己的歷史，但是在哲學上，卽不信有任何眞知識之可能之說。懷疑論雖然完全與希臘文化的精神不同，但却是古代的根本的心理態度，漸漸的自己表現的。這道伏流滲透了全期，在表面上亦不時的表現出來。八百年來，不信任人類理性有能力，而當時的思想又爲各大哲學學派的武斷的主張遮隱了。武斷的懷疑論常與各學派的主張一同表現，並且表現得很淸楚。如果讀者不了解這一點，就是「希臘的羅馬」期根本是懷疑派的，便只算不會明白這一時期的眞義。在倫理的時期懷疑論時常表現，在宗教的時期，懷疑論占有了知識的疆域，於是纔發生宗教的信仰，講倫理的許多學派算是希臘系統哲學時期的理性論的代表，但也免不了有當時的懷疑論的精神。斯多亞派，伊壁鳩魯派和懷疑派的目的都是一樣的。（個人脫離世界而高出環境的目的）三派都以爲科學如能幫助倫理的行爲便是有價值的。懷疑派獨自反對知識的理想。我們只要看這一時期的成長便可以知道懷疑派的勢力。倫理的時期之末，各學派皆委靡不振，有一百五十年的工夫，完全是懷疑派與折衷派的勢力。至終轉而入於宗教，因爲人已十分懷疑理知，以爲理知並不能得一道德行爲的眞實的理論。

「希臘的羅馬」期的懷疑論的伏流是希臘哲人的一切消極的結果的集合體。所以出發點也不一，——如普羅太哥拉斯的哲學與米加拉學派犬儒學派與西任列學派等這種懷疑論的潛勢力在柏拉圖亞利士多德的時候便很不小。後來便與斯多亞派伊壁鳩魯派同時正式表現出來。在雅典亞力山特列亞與羅馬等處便發生了人類知識的可能性的問題。到後來懷疑論成為一學派之後，便也自有其歷史的發展。韋勃(Weber)說懷疑派的第一次表現是在希臘的理性時代的肇端，再表現時，便是理性時代的衰落了。

「希臘的羅馬」期的根本問題　這時期的根本態度是懷疑論，而所表現的問題自然是實際的問題了。心裏是懷疑人類理性之不可靠，卻有意要解決一個極實在的問題。這時期的外表，有一方面是積極的。本來就沒有一個時代能完全懷疑的，八百年的長期間，尤其不行。懷疑人類理性的能力常常是改弦易轍使人類思想入於別的途徑。這時候的實際的問題便是，「實際生活的最高智慧是什麼？」這個問題是與希臘的懷疑態度並行的，有兩件事實為證：(一)如果不能為實際智慧謀一基礎則對於空想毫無興趣。(二)如不能得實在的結果，便不願意研究特殊科學。須知這時期的理論都有很重要的空氣，而實驗科學亦進步甚速。然更要注意的，就是這些都是適用於實際生活的。這時候的「慧者」便是那些有一種以人生爲目的的科學理論的人。

到了倫理的時期雅典人所處的地位就覺得與俾利格時代不同了。他們的國家已經亡了，國家生活的理想已失了根據了。敍事詩上的多神教已成陳迹了。沒有什麼外表存在的機關可以鼓舞他們了。他們很可以退隱而從事玄想了，但是時代却不許。必須要鼓舞起來以求適應於許多民族混雜的文明。關係擴大了，興趣却有了限制。哲學的研究集中於一個根本的問題。這根本的問題就是：「人生的目的究竟是什麼？在這種世變紛乘的時代，什麼能使個人得着快樂呢？」研究哲學的範圍縮小了，所研究的祇是與實際有關的倫理學，論理學與物理學。與當日柏拉圖和亞利士多德是眞不能同年而語了。

到了宗教的時期這根本問題還是照舊存在。宗教理想的興起與從倫理到宗教的改變不過從別一點表現這人生的實際問題。羅馬給那些被征服的民族以法律的統一，而沒有精神的理想。個人在組織裏不算很重要。個人對於現世的生活沒有什麼希望。祇得希望於來生。實際智慧成了決斷來生的賞罰的東西了。

「希臘的羅馬」期雖然是五色斑爛，但他的根本問題是始終一致的。『誰能於不論世界怎樣的變動時確實知道他的快樂呢。』

希臘主義的中心　一、雅典。自希臘主義東西分流而雅典的活動的歷史遂因以中斷，但因爲他的歷史，故仍受各方的敬禮。希臘做了犧牲而在人的想像中雅典便是希臘的神座。城池雖遭浩刼而亞歷山大後八百年來久爲人心所仰慕。雅典始終是文化的中心。許多東方的哲學家都來教授，全世界各地的青年都來就學。有許多研究修詞學的學校都竭力活動使雅典成爲文化的中心。除此以外，還有研究哲學的學校私下討論玄學的問題。有四個著名的研究哲學的處所就是柏拉圖的學園，亞利士多德的來西亞，斯多亞派和伊壁鳩魯派。柏拉圖與亞利士多德已經在前兩章說過了。現在所要研究的便是後兩派。這四個學派是主要的，還有許多小的後來便成了宗教的機關。這些學派到後來便失去原來研究玄學的興趣而從事於解釋該學派的首領的倫理學說。雅典的大學便是以這四個處所爲根據。

（二）**亞歷山特利亞**　此時希臘主義與其他學術的中心甚多，（如 Rhodes, Antioch,

Alexandria, Pergamus, Tarsus 等處。)然而沒有一處在受人敬禮上可以和雅典相並。有些地方比雅典活動的多。亞歷山特利亞卽有其勝於雅典及其他地方之處，因爲在倫理的時期，亞歷山特利亞是自然科學的中心，在宗教的時期是宗教的中心。此處亦眞有明白了解柏拉圖和亞利士多德而爲之解釋的。古代沒有東西可以與亞歷山特利亞的博物院的珍奇相比，這便是他那裏的大學。各方的學生來就學的都由公家供給。此間有一大植物園，一動物標本室，一解剖學的陳列處，一天文台，與一保存七十萬本書的圖書室。優克利特(Euclid)在此處著成他的幾何學，(紀元前二九〇)伊瑞托西尼(Eratosthenes)在這裏研究天文，地理，與歷史，亞坡羅尼亞斯(Apollonius)在這裏著成他的論圓錐形的論文；托爾米(Ptolemy)與他的學生輩在這裏發明他的天文學的系統，爲天文學之權威者一千五百年。基督教的神學家在這裏受的教育，新柏拉圖主義亦是在這裏發生的。文學，藝術，歷史，哲學，與批評都很發達。希伯來文的聖經譯成了希臘文。各宗教都受歡迎，佛教，猶太教，希臘的宗教，埃及的宗教都混雜了，比較神學成了一種特殊的學科。

倫理的時期的特點　亞利士多德死而希臘思想分散。理論的知識與實際的知識在柏拉圖，德謨克利泰，亞利士多德的大系統中所不能分開的，現在分開了。那時代的趨勢，只是分裂的趨勢。

一、**玄學的放棄**　哲學的理論方面，經希臘的大師的研究，很有成功的，現在却要屈服，並且差不多要匿跡消聲。玄學的思想除非有益於實際科學否則必無注意及之者。所謂實際科學係指倫理學與自然科學而言。這時並不是為智識而求知識了。

二、**科學的發展**　這時期既以理論為完全了。當然要轉而注意於詳細節目與特殊的科學。自然科學以哲學的用處始保存哲學。此時對於算學，自然科學，文法學，語言學，文學史與普通歷史的研究考查是很有與趣的。批評註釋之風亦頗盛。所謂的哲學家皆注意於特殊的科學與文學而不及玄學。

這種進步是在希臘的各島與埃及(亞歷山特利亞)表現的。雖是如此，科學的進步還是很受了限制呢。實驗的科學須靠着觀察與實驗，此時却沒有那些機會。算學與靠着推理而得的科學很有進步。譬如物理這樣科學，却不能單靠推理成功的，因爲物理是全靠實地的觀察。然而卽使是那時最流行的懷疑派，也不能懷疑算學的眞理。

三、以倫理學爲中心　自今而後，在歐州思想史上倫理學已不是政治學的一部分了。在希臘自治的時代，倫理學與政治學，無論在理論方面，或是在實行方面，都是一個問題的兩面。卽如哲人，他們便不將倫理學與政治學分開的。但後來所以終於分開還是哲人們造的因。這是第一次個人必須不管鐵打的政治現勢而完全以自身的關係來解答這些問題。毀壞的希臘政府在人民眼中已不是一道德的本體了，羅馬的集中的政府亦不能增加國家之道德的威嚴。生活已趨大同。國家交接日密。倫理須切合人類的需要，非僅僅求切於雅典人，斯巴達人，與羅馬人而已。罪惡旣打破國界則道德亦無國界。但所謂世界主義，最終的分析，不過是個人主義而已。

所以公衆生活，很有危險，恐怕爲私人利益與享用，或爲生存競爭之故而被侵陵。舊時對於神的信仰，大目的的政治活動，自由研究科學的快樂都沒有了。祇有以自身爲隱地，而一研究切己的道德問題。因此之故，如個人要系統的脫離外物，則倫理學當然有獨立一科之必要。而從前柏拉圖和亞利士多德亦已為他們準備了一條路在那個時候這種思想非常普遍。

倫理的時期的各學派。 倫理的時期之初，這些學派都很發達，後來各學派互相混雜而成為折衷派或懷疑派時倫理的時期，便也完了。起初的時候，各學派各有其主張，公開的互相討論辯詰。到後來他們的主張亦大致相同了。但伊壁鳩魯派却是個例外，因為他始終不與別的學派相合的。此時各大學派，出名的代表人物雖然不少，然而並沒有一位創造的思想家。

這時的學派有四：即柏拉圖派，亞利士多德派(Leiceum)，斯多亞派(Stoicism)，與伊壁鳩魯派(Epicureanism)。（斯多亞派講學之地名為"Porch"，伊鳩壁魯派講學之地名為"Gardens"。）前兩派謂之舊學派，後兩派謂之新學派。新學派的起原與其謂為希臘的無寧謂為亞細亞的。所謂舊學派，其主張亦與各該派的創始者的主張不同。所以這四個學派在當時所主張的已與希臘的系統哲學大大不同了。這四個學派都帶些從前希臘的哲人的氣息，亦可以算是希臘哲人學派的重興。除此四個學派以外，還有一部分懷疑論者，但因為他們所主張的，就根本不能成立為一種系統，故不能算一個學派。就影響於當時者而言，斯多亞派，伊壁鳩魯派，和懷疑派最佔勢力。因為從一方面看他們所代表的是那時代的時代精神，所以便掩沒了學園和來西亞。斯多亞派貢獻於後世者頗重要。伊壁鳩魯派則從之者無數。至於各派的領袖人名却無從查考不能完全知道了。

舊學派——學園與來西亞 學園與來西亞的歷史有幾方面是相同的。(一)兩派都放棄了一種倫理社會的理想，轉而從事於個人的快樂；(二)兩派都走迷了路，而入於懷疑派；(三)兩派後來都有一種從懷疑派來的反響；(四)兩派都不曾好好的推廣他們的創始者的學說，却反而求哲人學說的發展；(五)兩派都是反對新學派的。

(一)學園 柏拉圖死後，學園分而為三——所以分成三個時期者，是因為他們學說的不同。說三個時期或者比說三部分好些。

(甲)舊學園 一共有七十年工夫，從紀元前三四七至二八〇。掌教的人物有柏拉圖的姪子斯巴西普斯(Spensippus)，彭都斯(Pontus)的希拉克來茲(Heracleides)，齊諾克瑞茲(Xenocrates)，博利木(Polemo)與克瑞茲(Crates)。這一派人起先同柏拉圖一樣，注重畢太哥拉派的數之哲學。後來也與俗同流注重道德問題了。

（乙）中學園。一共有一百五十年工夫。從紀元前二八〇至一二九。這時期中，亞色西奴（Arcesilaus）與卡利茲（Carneades）是最特出的領袖。這時的色彩已成爲一種懷疑派的色彩了。

（丙）新學派。一共有三百年工夫。從紀元前一二〇至紀元後二〇〇。這時期的領袖，有拉利薩（Larissa）的菲羅（Philo），紀元前八十七年他曾在過羅馬。還有亞斯卡隆（Ascalon）的安狄阿舉斯（Antiechus）。他在紀元前七十九年和七十八年在雅典的時候，西西諾是他的學生。這時期所代表的是柏拉圖的獨斷主義的復歸，但因爲其中已有了斯多亞派與新柏拉圖主義的元素所以仍然有當時的折衷派的趨勢。

總之，這三期全未能代表柏拉圖的觀念說。起初是一派講實際倫理的，後來是懷疑派，再後來成了一種折衷派。他們與柏拉圖的關係就像小蘇格拉底派與蘇格拉底的關係一樣眞正發揮柏拉圖的學說的，還是亞利士多德呵！

（二）來西亞。自亞利士多德之死至紀元後二百年，有許多人做他的代表。亞利士多德的弟子以專門科學著名。提亞法瑞斯脫斯(370－287 B.C.)繼亞利士多德掌教來西亞，是亞利士多德的最完全的代表。紀元前三〇六年有要逐這一派人於雅典之外的，但因爲有提亞法瑞斯脫斯的緣故，竟不曾成功。他於植物學很有研究。存留有兩種著作，都是很重要的。此外研究歷史，算學與天文學的有洛茲(Rhodes)的優特模斯(Eudemus)。研究音樂，倫理，心理與歷史學的有亞利士托克孫尼(Aristoxeues)。狄開亞舉斯(Dicaearches)最初從實際方面著史，足徵其對於當時倫理問題的興趣。在西西利，亞歷山特利亞，和地中海中羣島等地，亞利士多德一派的人，研究科學不輟。在雅典地方，則注意於論理及辨證之學者較多。

來西亞的歷史與學園差不多。最初集中於提亞法瑞斯脫斯。以後就有斯脫拉托(Strato)的自然主義與汎神論。再以後則皆從事於實驗的科學者。久之，就同學園一樣，有一種反響，再回去研究亞利士多德。這時正是在第十一位領袖名安特羅尼古(Androuicus)之下。如此者數百年，至終這一派與新柏拉圖主義相泥了。

新學派——伊壁鳩魯派與斯多亞派

斯多亞派，伊壁鳩魯派，與懷疑派可以代表當時的武斷主義的一方面，比柏拉圖派與亞利士多德派更切實，因爲他們對於社會的各方面的表示是較爲澈底些。伊壁鳩魯派在哲學方面的新發見很少，但他們的主張在伊壁鳩魯手中，已經成熟了，所以結果是很一致而且細密的。斯多亞派則異乎是。斯多亞派實在是一種折衷派，由許多哲學家繼續造成的。斯多亞派有許多獨立的著名的代表，伊壁鳩魯派却祇有一位，就是創始的伊壁鳩魯。斯多亞派的發展的過程中恆改變他的很重要的部分，而伊壁鳩魯派却祇能改變那些不重要的地方。斯多亞派可以說是這一時期的特殊的哲學，因爲他是以雅典爲其起原與發展的地方，而發起這一派學說的又是東方的混雜的民族中的人。爲羅馬人所歡迎，亦爲羅馬人所發展。原來就是折衷派的哲學，亦與「希臘的羅馬」期的精神相合，且漸漸的進而與柏拉圖派及亞利士多德派相並。伊壁鳩魯派則永久是伊壁鳩魯派。斯多亞派與伊壁鳩魯派都是以雅典爲中心。伊壁鳩魯以紀元前三〇七講學於"Gardens"，譯義爲園齊諾則於紀元前二九四開始講演於"Porch"。譯義爲入口或廊，"Stoa"即其希臘字。這兩派都是於紀元前二世紀中葉入羅馬的。

伊壁鳩魯派在羅馬很容易流入偏途，因爲那時異常奢侈，又因爲他主張專斷的政府，那時新帝國的君主和人民都聽得很中意。以其哲學論，是很合時宜的，亦是很普遍的，但同時亦是很容易受人誤解的。他對於服從他的也沒有什麼要求。然而斯多亞派却是一種訓練要求智慧的。他的不注意藝術與文化是他不能在希臘發展的根本的障礙。然正因爲如此，在羅馬社會却是很合適的。在貴族社會中進步很快，而在那些要恢復共和的貴族的反對黨中，尤覺臭味相投。

伊壁鳩魯派與斯多亞派相反並不算希奇的。他們都是新學派，都要爭那一塊地。他們目的相同，有許多地方一樣，那些不同的去處當然叫得很響了。……斯多亞派有一種達到這種理想的手段，伊壁鳩魯派也有一種別的手段，兩派都想用一種哲學的信條代替舊式的宗教。但是那時的羣衆仍舊到學園與來西亞去研究舊時的武斷主義，對於這些新的學派常常側目視之。這些羣衆就成了時代的落伍者。這些新學派人數雖不多，却都是深遠的思想家。這些在新學派中的希臘生徒，聽外人用奇怪的口談講奇怪的信條。但他們却努力前進。不但在雅典，在哥林市，在伊里市，(Elis) 在哥羅封，在彭都斯的希拉克利亞 (Heraclea) 等等地方，典麗矞皇的柏拉圖式已爲伊壁鳩魯的草率的箴言和齊諾的拙笨的論證所超越了。

或者有人問八百年來這兩種學說之深入人心究達於若何程度呢？是否趕得上希臘的哲人呢？斯多亞派與伊壁鳩魯派是否是普遍的哲學呢？是否得人心呢？這却並不見得這些哲學之於羅馬人不能比希臘文化傳佈得遠些。斯多亞派則從之者多貴族。這些貴族多是受過教育的。至於伊壁鳩魯派不論其爲伊壁鳩魯所主張的，或後來盧克利西（Lucretius）所主張的在羅馬都不能大受一般人的歡迎。但是伊壁鳩魯派很容易走入偏途。當時羅馬的放蕩奢侈的知識階級一定以這種主張去文過。

伊壁鳩魯派與斯多亞派之異同

相同之點

（一）皆主實行其理論。

（二）在實際哲學上目的一致。

（甲）爲個人求精神的平安，

（乙）爲個人求對於世界之獨立（即不爲物界所裁制）。

不同之點

斯多亞派	伊壁鳩魯派
(一)普遍法則超越一切。	個人超越一切。
(二)人是思想的。	人是感情的。
(三)壓制個人之感情則可以獨立。	感情理想化了則可以獨立。
(四)宗教的。	非宗教的。

然兩派都承認一般人所崇拜的神。

斯多亞派	伊壁鳩魯派
(五)世界是道德的秩序。	世界是機械的秩序。
(六)全體支配並決定個體。	全體是個體的作用的結果。
(七)世界是一種內在理性的表現。	世界是原子的結合。

第十章　伊壁鳩魯派 (Epicureanism)

伊壁鳩魯之一生(紀元前三四一——二七〇)　伊壁鳩魯生於小亞細亞之沙摩斯(Samos)

地方他原來是米狄林（Mitylene）地方與蘭普沙庫斯（Lampsacus）地方的學校教員。紀元前三〇七他在雅典建立了一個研究哲學的學校在一座花園裏所以後來他的學校便叫做"Gardens"他說他是無所師承的或者他不曾受完全的教育。但是人都願意去聽他講學。他的學說對於從之者的幾種要求和所表現的當時的精細的快樂主義傳佈得都很遠。他的弟子都很敬仰他；他死了許久而他的人格的印象仍舊活潑潑的影響他們。本來伊壁鳩魯派的超越的影響原是伊壁鳩魯一人的工作。他的學說的原則一代一代的傳下去，叫做「金箴」（"Golden Maxims"）。他做了三百多篇論文。最重要的作品是「論自然」一共三十七卷。無論是多神論或是基督教都沒有保存他的著作的理由，所以差不多完全失傳了。有些是在黑鳩蘭里姆（Herculaneum）尋着的，有人想必還有許多在那座城裏。他的母親是女牧師，她的迷信，或者使他更反對當時的迷信。等到後來，他研究德謨克利泰有所得，於是使他得一種科學的根據去反對一切宗教。

伊壁鳩魯派。　伊壁鳩魯派的一部分人似乎不大受時代變易的影響。伊壁鳩魯派宣傳甚烈，組織綦嚴，推而至於希臘全境，是國家之內的一個國家。有一種固定的制度，以旅行的宣傳，通信，與實際上的助力而維持。有一種團體的精神，像宗教的組織一樣，將許多以政治機關之分裂而四散的個人結合起來成功一個團體。這個學派曾得着羅馬皇的特別保護，到紀元後第四世紀還存在，比別的學派的壽都長些。在文學方面有好幾位代表——米脫洛獨洛司(Metrodorus)，克洛茲(Colotes)，菲羅特謨(Philodemus)——主要的是羅馬詩人盧克利西，他將這一派的學說，用詩表現出來，使羅馬人家喻戶曉。紀元前二世紀的中葉，亞馬非紐斯(Amfinius)將伊壁鳩魯派的學說，傳入羅馬時，人都很歡迎的接受。弟子雖多而大義並無改變。說他壞的，說他不道德的話，對於創始者和起初這一學派中人而言，是不對的。

快樂主義的各種方式——亞利士狄拍斯，伊壁鳩魯，與盧騷。　伊壁鳩魯的哲學不是爲毫無理想的人或專圖快樂的人預備的快樂哲學。伊壁鳩魯所問的問題是：在這樣騷擾的時候，人能有什麼持久的快樂呢？他想爲那時那些願意生活快樂的人求一個合理的解答。他的目的是使人除去對於世界的工作的一部分的責任而爲他求一種寧靜的生活。亞利士狄拍斯的快樂說却與他大大不同。亞利士狄拍斯是一個富饒的城市中的一個奢侈的人，爲極少數的富足的人預備了一種快樂說。不過是規定快樂的等次立一種選擇的標準而已。伊壁鳩魯的意思，比較深遠些。他的理想也是爲少數人的，但不是因爲這少數的人富足，是因爲這少數的人智慧。不是因爲他們有錢去放恣情欲，是因爲他們與一切資財都無關係。西任列派是世界的人；伊壁鳩魯派是世界裏的人，不是世界的人。

伊壁鳩魯與盧騷略有相似處。都尋求一種持久的快樂的理想。都棄去社會的虛僞。但盧騷是一位政治的改良家，想在一個新建設的社會中求他的理想的實現。伊壁鳩魯不是什麼政治的改良家。祇要在現在的社會裏求他的理想的實現。盧騷乞靈於原始的情感，覺着「歸於自然」的呼聲。伊壁鳩魯則求助於經過洗煉的情感。不用壓制的宣傳他的目的不是外表的改革。他的理想是和平，不是武力。

伊壁鳩魯的理想　伊壁鳩魯哲學的根本要義就是說快樂是善而苦痛爲惡。這一點與亞利士狄拍斯是相同的。這便是他的根據。這一層他並不曾有什麼證據，但他信人極追求快樂而避免苦痛，這便是他的根本要義的出發點。他很信生物學的事實。自始卽知此問題之難。個人恆選擇快樂，有時爲較大之快樂且暫時選擇苦痛。快樂是絕對的善，但他更進一步問，快樂是什麼?他以爲必須先知快樂的內容再從快樂本身估量快樂的價値。伊壁鳩魯以爲這並不是道德的估價，但有關於最快樂的可能的生活。

快樂的兩種性質中，伊壁鳩魯注重其持久性，卽此便較西任列派高出一籌，因爲西任列派是注重其強度的。伊壁鳩魯派與西任列派所以不同卽在此點。他們的分別的確是很淸楚的。伊壁鳩魯則以能持久的快樂爲眞快樂，亞利士狄拍斯則以其強度斷定眞快樂，久暫置諸不論。這便是西任列派的快樂說，很容易了解的。亞利士狄拍斯可以確實告訴你什麼是快樂，他所謂快樂是什麼意義。快樂就是感官的滿足。包括種種積極的快樂，強度愈烈愈好。人快樂的時候常常可以自己知道，而從這種快樂轉入別種快樂的時候，亦知道什麼是強度最烈的。西任列派沒有什麼理想。而伊壁鳩魯派的學說便難於了解些。因爲是比較成熟，而且深遠些，想像中有一種很完全的理想。我們愈在這一方面着重，研究他所主張的持久的快樂，便對於他所貢獻於我們知識的快樂的性質愈加明白。

在這一點，伊壁鳩魯表示他對於決定何者爲持久的快樂的問題有一種明確的了解。他雖然是一位惟物論者，却也承認心的快樂高於身的快樂。精神的快樂統制心意，毋使放縱——這纔是持久的快樂。感官的快樂是簡單的，初步的，因爲詳細分析起來，心理的生活是感覺的連合，感覺不過是物質的運動；心的快樂要高超些，因爲心的快樂是能持久的。原來伊壁鳩魯所以主張說心的快樂高於身的快樂的緣故，不出乎兩個其他的原因。伊壁鳩魯便具有這種快樂；而這種主張與希臘的棄世絕欲求自己快樂的理想頗相似。

伊壁鳩魯以爲最固定而不變的心態一方面是「不爲世所羈」，一方面是「無情」。這是一件事情的兩方面——即伊壁鳩魯的快樂的理想。古時對於「情愛」，「情欲」，或「情感」的概念，將一切感情與意志的情態都包舉在內，而人則依賴着外界所謂「無情」即「不爲世所羈」。也伊壁鳩魯原來的字是 Artarxia，有譯作「靜肅」(Serenty)，「平安」(Peace)，「寧靜」(Repose)，與「安定」(Imperturbality)等義者。蓋以人不能制裁身外之世界，則必須裁制己身所受於世界之影響。這些影響就是感情與欲念，其實不過是精神的擾亂。能裁制這些精神的擾亂便不致爲世所羈。

伊壁鳩魯以爲人如果考察他的一生，卽可知他一生的經驗可以成爲一精神的擾亂之流。可以分爲兩部分——欲念與積極的快樂。欲念是需要，需要卽是苦痛。苦痛所以是激動的。積極的快樂假定欲念與需要，這種快樂亦是一種激刺。——需要移轉的激刺。所以積極的快樂亦不是不爲外界所羈的目的。此外還有一種快樂，就是寧靜之樂。這樣看來，伊壁鳩魯承認動的快樂亦承認靜的快樂，但在他的哲學系統中不能相提並舉，甚重要尙有差別耳。寧靜是我們一切經驗的止境。是一種中立的情態，無身體的痛苦，亦無精神的擾亂。這樣的一種中立的情態是最高的；無有過於此者。如果祗以滿足新欲念而得新快樂，則不過是輪轉的動作，又回到移動需要的舊激刺上。但是寧靜的快樂是避免這種輪轉的經驗的不二法門。無情是最大的快樂——是脫離一切世間牽掛的寧靜。有時離開正途，亦可以改變，却不能增加我們的快樂。

伊壁鳩魯的主張，看起來很像犬儒學派構成道德與快樂的去欲說。但伊壁鳩魯却決不是屏棄快樂。他不是想與世隔絕的。伊壁鳩魯所謂寧靜比較起來與他所滿足的需要的範圍還要大些。但他對於無論任何境遇，都需要一種見解，告訴他應當激勵何種積極的快樂。伊壁鳩魯以為有三種需要及附帶的三種積極的快樂。(一)自然的與必須的需要——不滿足即不能生存者。(二)非必要的與人為的需要，應當永久屏除的。(三)自然的而非必須的需要——大部分的在前兩者之中的需要。要決斷這第三種需要時必須要一種見解(Insight)。如以是否必須而論，則可以屏除，但因為可以得快樂，故「慧者」常竭力謀所以滿足之。

要達到伊壁鳩魯的快樂有三個階段：(一)欲望未能滿足之痛苦或欲念；(二)移轉欲望未滿足的痛苦的積極的快樂；(三)靜肅，即精神之寧靜或眞快樂。

道。德。在。伊。壁。鳩。魯。哲。學。中。的。地。位。　伊壁鳩魯與希臘的極嚴厲的道德家的意見一致，以為道德與快樂並行的。反對他的人常以他的學說試驗他的弟子們。他對於道德在人生中的位置的觀念與斯多亞派絕對相反。他以為斯多亞派所主張的為道德本身的道德是太玄想的一個目的，無激勵行為的動機。他以為快樂是很具體很實在的，可以有很固定的內容。道德的價值不過是達於快樂的手段。更有進者，道德自身未必與快樂同在，惟有時可用來做達於快樂的一個條件耳。因此智慧可以用來使人得着不怕神的快樂；自制可以用做取得最大快樂的手段。

伊壁鳩魯派的「慧者」 那一種人可以達於伊壁鳩魯派的理想呢？是單爲有錢的人與上流階級的人預備的麼？照伊壁鳩魯的原意，他的理想不受任何外環條件之支配，其目的蓋將超越一切條件也。話雖如此說，這種理論祇能及於那些願意達到這種理想的。由全體觀之，這種哲學事實上並未能影響普通一般人。推其原因，就是因爲這很容易退化而爲一極單簡之快樂主義，並無任何理想之可言。據伊壁鳩魯所主張的理論而言，並不是說來原諒一般驕奢淫佚的貴族的。（雖然很容易流入這一途。）實在是一種個人的哲學。個人須依其常識，決定如何方不爲世所羈。有時以滿足一切欲望而得寧靜，有時欲望少則所需要之滿足亦少。凡有思想的都可以得着眞快樂。

「慧者」承認現秩序而使自身適應於現秩序。他不像斯多亞派的「慧者，」對於一切的快樂都不介意，不過不爲他們所支配羈絆而已。他高出世間，爲王爲神。不爲意外之事所動搖，蓋以其道德的快樂，在他身內故。雖不裁制身外之世，却能裁制身內之世。滿足多少，均可快樂，如能支配世界所影響於他者，則能支配世界。在內心的自我中靜止不動便是伊壁鳩魯派的「慧者」的理想。與西任列派的快樂相比時，伊壁鳩魯派的快樂似乎是被動的；與斯多亞派的快樂相比時，便是滿足。

社會上的伊壁鳩魯派的「慧者」　然而「慧者」不過是世界的看客。他不入世工作，更不應募爲兵丁，爲世界道德而戰。他個人的獨立性，使他在社會關係上，有一種特殊的性質。社會上非常紛亂他亦無所依附。他失去社會的交際，內心的世界亦無所報酬，除非內心中善太強烈而惡太軟弱的時候。他以政府爲自利自私的事。不贊成公衆的生活，所以擁護專斷的政府。他拒絕婚姻的責任，但是承認並容納以友誼爲僅有的有價值的社會關係。這也只因友誼是相互有益的。友誼的意義即精神的交際，慈悲，與饒恕。他的快樂假設一發展很高的文明，有精雅的風味與高尚的情緒。他是社會上的寄生人，消耗世上的勞動。伊壁鳩魯的哲學貢獻於個人者極多，而在精神的生產力的手段一方面看，貢獻於社會的，實在沒有什麼。

快樂的大障礙。如要快樂普遍，不論內容如何，都是建設一種個人主義。放棄社會對我們的一切要求，依論理推論便是無政府主義。但伊壁鳩魯却不是無政府主義者，因爲無政府主義太紛擾，亦未足與言寧靜。他不大干涉政治。他的學說不是論理的，不過是實地的行爲。所以他將他的學說弄得與當時社會環境適應。他說紀元前三世紀的時候，個人如果能打破兩大障礙時便能快樂。這兩個障礙便是宗教與文化。

伊壁鳩魯以爲人心之憂悲苦惱，其行爲之罪惡，大半由於宗教。世間一切悲慘之泉源即爲宗教信仰的壓迫。伊壁鳩魯蓋有鑒於東方之神祕的信仰與大而無當的儀式，因而發生這種反響。宗教破壞人的理想，迷信與恐懼遮沒了未來的希望，以爲寧靜與快樂爲達不到的境域。第一層，宗教包含着怕死的心。近代的死後之生的觀念是後來加上的一種慰藉。在伊壁鳩魯的時候，死的意義，是將今生擲在一昏闇而無日光的地方，在地獄的邊際。伊壁鳩魯以爲如果有死亡與來生的宗教觀念則決不能快樂。況且宗教以自然世界爲神所創造，亦爲神所運行。自然現象永久是神奇怪誕，超乎自然的。安靜的心須要相信一非神奇怪誕的世界而不爲人所監察。世界須要是可靠的世界。其次宗教以為神一天到晚為人忙。人必須要求他的歡心，躲避他的忿怒，因此就常常的上供。信宗教的人廢時失業怕得罪了神。伊壁鳩魯派要造成一種個人生活，要求脫去一切束縛牽制而得一種安寧的生活。宗教的信仰與糾纏不清的神一定破壞他這種理想。所以伊壁鳩魯派的主要事情就是打破人生中一切神治的概念。有神，但離人很遠。他們住在無數的世界中的衆星的地方。他們與此世毫無所涉，不過是精神平安的哲學的理想的榮耀的實現而已。學園，來西亞與斯多亞派愈以結局論為共同的根據，便和伊壁鳩魯派距離愈遠。

第二種障礙是文化。斯多亞派是要實行他們的理論的，但是伊壁鳩魯走得太遠竟貶損一切文化。這是東方對希臘的反抗。一切知識都是不必要的。不能增進快樂。知識或者可以間接的增進快樂，但也不過如此。所以伊壁鳩魯看不起文法學家的考查，歷史的學問，算學，音樂理論，詩學，修辭學，演說術與論理學。伊壁鳩魯在雅典這樣宣傳，竟暴露了雅典社會的改變。代表雅典文化的柏拉圖，不過纔死了三十年。

伊壁鳩魯的物質世界觀——修改了的原子說　忽略的讀者或者以為物理學在伊壁鳩魯

的哲學中很重要，與他反對文化之主張，似乎有了矛盾。但若細加研究，可以知道物理不過是個人快樂的一個僕役。我們要物理學的知識，因爲可以使我們免除宗教的懼怕。物理學自身並不甚重要。

伊壁鳩魯以德謨克利泰的惟物的原子說來擁護他的個人主義。但是伊壁鳩魯對於物理並無興趣——卽德謨克利泰的物理學亦無興趣。他的學說，並不建築在德謨克利泰的學說上，不過用德謨克利泰的主張在維持他的關於道德行爲的理論。他需要一種有勢力的學說。因爲盧克利西的詩的影響，近代人有說伊壁鳩魯是古代的科學家的。但他的貢獻不過是將德謨克利泰的原子說，爲他自己的用處，將他宣傳開了。

德謨克利泰的原子說做了伊壁鳩魯的道德的原子說的幫手。他對於心理的，生理的，天文的現象都依據德謨克利泰之說而以之爲原子的結合。但他沒有科學的見解，德謨克利泰的學說到他手裏反而軟弱了。德謨克利泰學說的根本原則就是則律之管理一切。這一層斯多亞派採用了，伊壁鳩魯却遺忘了。伊壁鳩魯所受的印象是原子的變易；斯多亞派所受的印象是這種變易的則律。

伊壁鳩魯在兩方面應用德謨克利泰的學說。先是在他解釋宇宙起原的問題上。從前德謨克利泰以爲不規則的運動是元子的固有的性質。宇宙便是以這些原子的機械的結合而成的。伊壁鳩魯以爲原子原來的運動是由上而下的直線。叫做「原子之雨」。所以混雜的緣故是由於他們原來有意志（Volition），所以不直墜下來。其次，這個物理學說如果不能做他的個人的自由意志說的根據，便無足重輕。至於意志自由的問題，亞利士多德的時候就有了。這是與希臘人道德可以計量之說的必要的假設。斯多亞派的命定說是個例外。命定主義與伊壁鳩魯的個人獨立的概念有衝突。人的意志是自己決定的。他將自由與機會連在一起，當一種無因的結合。因此種結合而造成他對於自由的概念。人的意志的無因的作用與原子的無因的動轉一樣。自由是許多可能中的選擇，並沒有原因來規定一切。

伊壁鳩魯以原子的意志來解釋宇宙的起原。以此爲起點，他以爲宇宙的發展是機械的動作。他反對自然世界中的結局論。他修改了德謨克利泰的物理學說，取作別用。建立了在社會上能獨立的個人，同時在別一方面將神排除出去，不能干涉物質世界的事。伊壁鳩魯以爲卽此可以絕對破除迷信。

伊壁鳩魯的物理學說有四大要點：(一)原子運動的自由；(二)原子的機械的發展；(三)神的原子的性質；(四)死後靈魂原子的分散，這一層可以使我們減除了到陰間去的恐懼。

第十一章　斯多亞派(Stoicism)

斯。。。。。。。多。。。。。。。亞派在古時的地位　斯多亞派有一段很長的歷史，五百年來，差不多是最占勢力的思想。當時亞利士多德派，伊壁鳩魯派，懷疑派，與柏拉圖派，繼續的批評他。因此纔格外的重要。這一派是「希臘的羅馬」期中範圍最廣大的學派，而依附這一派的也是當時最有名的人物。在歷史上，與他競爭的祇有新柏拉圖主義，新柏拉圖主義是緊接着斯多亞派發生的。斯多亞派的這種哲學對於人生問題的解決貢獻了不少，因爲這一派哲學是人類的內在的，精神的大運動。是於多神教頹廢之餘發生的一種哲學系統。是智識階級的宗教，這些人是要調和舊的宗教與新的哲學的需要。基督教成立的初期，是用舊時的理想來改良道德，退入不可見的秩序中，於紛擾中討安樂。那時斯多亞派特別覺着人生的空虛。斯多亞派原來是主觀的思想與個人的動機的運動；雖然如此，羅馬社會破壞時，斯多亞派仍未能完全存在。

但羅馬的斯多亞派並不能代表斯多亞派的全部。斯多亞派所注意的不單是道德的思想。其工作的完成還是他起初三個領袖的大功——就是給道德以一種科學的根據。將倫理學造成一種獨立的科學。這樣偉大的倫理學的系統，從前是決不曾有過。斯多亞派的哲學是有理論作基礎的道德，而基礎是一種建築物的最緊要的部分。這種主義在羅馬的法律上，與後來葛洛狄(Grotius)笛卡兒，斯賓羅莎，卡而文派(Calvinists)與清教徒，與康德，費息脫的哲學中都有所表現。斯多亞派的著作已成爲世界文學的一部分，而其人生觀亦永有其尊榮，爲獨立之一格。

斯多亞派的三期。斯多亞派的五百年的歷史，常分做三期。第一期祇有九十年左右，是學說初成立的時期；第二期有六百年工夫，其系統經幾度之修改，第三期又有六百年，是這一種哲學成爲通行的道德哲學的時代。第一第二兩期是理論的，第三期是實際的。

一、斯多亞派的成立期(紀元前294－206)有時叫做犬儒學派的斯多亞派。這一期中，有三大領袖：即齊諾(Zeno)，克利恩西(Cleanthes)，與克利西蒲斯(Chrysippus)。其餘如塔蘇司(Tarsus)的齊諾，西紐西亞(Seleucia)的台屋琴尼，與塔蘇司的安梯拍脫(Antipater)都是重要的代表。

二、斯多亞派的修改期(紀元前206—紀元後1)這是過渡期。這時期一方面是修改原來的理論，一方面是斯多亞派的傳入羅馬。因修改而與柏拉圖，亞利士多德較為接近。這一期最重要的代表是潘來狄斯(Panaetius)(紀元前180—110)因為他與Scipio Africanus(譯者按Scipio為古羅馬貴族Africanus係人名生於紀元前234)相友善，於是將斯多亞派傳入羅馬。至其餘著名的還有博西東尼(Positonius)和西洞(Sidon)的白塞斯(Boëthus)。

三、羅馬的斯多亞派(1—200)在這一時期，斯多亞派成了一種通行的道德哲學。前兩期的理論現在都被羅馬的斯多亞派很得力的實施了。更有進者，斯多亞派受了當時的宗教情感的鼓動，因此所表示的是古時最高貴的道德情緒。這時最著名的代表是西利加，(紀元後4—65)哲學的奴隸伊必克的脫斯(Epictetus)和馬克斯倭利紐斯帝(Emperor Mareus Aurelino)。(紀元後121－180)(其餘還有 L. Annaeus Cornutus, M. Annaeus Lucanus, Peraeus 和 M. Musonius Rufus)

斯多亞派的領袖　最要緊的一件事，就是斯多亞派的領袖不是純粹希臘的。基督教紀元前的分子，差不多全是小亞細亞與東方羣島的人。後來的呢差不多全是羅馬人，以伊必克的脫斯為之長。希臘人在斯多亞派中都不是很重要的人物。斯多亞派的大人物很多，故其學說不若伊壁鳩魯派似的，一回便成了功。五百年來自齊諾以至於馬克斯倭利紐斯，理論常常變換，然皆不過是修改，並不算發展。根本上說來，斯多亞派始終未變，因為是一種心理上的宗教的態度。

雅典是斯多亞派的發源地，但那時的雅典，除收受這種學說外並沒有什麼別的話。最初的三大領袖，像希臘三悲劇家一樣，成了一個團體，這個團體沒有他人比得上。這三人便是齊諾，克利恩西，和克利西蒲斯。齊諾與克利西蒲斯是從西不魯斯 (Cyprus) 來的。克利恩西是從阿索斯 (Assos) 來的，不是從脫洛哀地方來的。西不魯斯，來西阿 (Lycia)，與畢昔狄 (Pisidia) 看來都很有斯多亞派的趨勢。塔蘇司地方有一很有力的斯多亞派的講學處，此影響於聖保羅者極大，可於其神學中見之。

斯多亞派的創立是由於齊諾的經驗的結果。他經商既失敗，乃轉而到雅典來研究哲學。受了蘇格拉底的人格的影響，與犬儒學派米加列派，柏拉圖派相接觸，然皆不十分滿意。先將別的學派的哲學深切地研究後來自己便建設了一個講學的地方。在紀元前二九四年，他纔開始講學。(在雅典市場的粉飾了的遊廊上，故名"Painted Porch")當時與他學說相反的就是伊壁鳩魯和學園中的亞色西奴。齊諾在希臘全境，名譽極好。他是一個吝慳的人，單簡而粗率。他用一種不好的方言，外國字，講解一種新奇的學說。他受了一點小傷，以為是運命的暗示，就自殺了，說『地呵，我來了，為什麼叫我呢?』克利恩西因為他的「頌 Zeus 詩」，三大領袖中算是最有名的，但是在他掌教的時候，斯多亞派並不盛。他原來是個拳師，貧苦異常，要晚上去拉水，白天纔能去聽齊諾的講演。有人說他很遲鈍，但無論如何，他是一位感人的先知，亦是一位有科學思想的人。他聽齊諾講演的時候，斯多亞派還是很容易變動的。他將斯多亞派的哲學變成一元的，汎神的，又添了「奮力」(Tension)說。

在克利西浦斯的手裏，斯多亞派復重與，免於消滅。克利西蒲斯是將斯多亞派的學說製成系統的，亦是文章方面的代表。他著了五百零五篇論文，有三百篇是研究論理的。有人說他每天至少寫五百行。他是斯多亞派中最溫和的，調和極端的主張，消弭了許多反對的論調。他是很有學問的，比起他以前的人好得多。他對克利恩西說『給我主張，我可以為之搜尋證辯，』他的驕氣，生出許多敵手來，學園中有伊壁鳩魯派也有他，亦很看不起人。他說『如果我想到別的任何哲學家出我之上，我便做他的弟子。』那時有一句流行語，說，『沒有克利西蒲斯，沒有斯多亞。在克利西蒲斯手中斯多亞派的哲學，成了一個八面周到的系統。』

斯多亞派的著作。　初期斯多亞派的著作，差不多全失傳了。祇從別人的著作中得着些斷片。而這些人對於初期的與後來的斯多亞派並不加以分別。初期的斯多亞派的著作的主要來源是台屋琴尼拉狄斯(Diogenes Laertius)。克利恩西的「頌 Zeus 詩」是最有價值的現存的作品。後來的著作存留着極多。如西利加的倫理的論文與書信伊必克狄脫斯的"Diatribes"和"Eucheiridis"，馬克斯倭利紐斯的「研究」(Meditations)。後來的著作，已有許多外來的影響。二流著作家如西西洛，普羅太希(Plutauch)，台屋琴尼拉狄斯等人的報告都破敗零落，是否對於初期斯多亞派有所陳述尙不可知。總之，斯多亞派之學說自克利西蒲斯以來知道的人便多了。

斯多亞派與犬儒學派。　斯多亞派想以道德的「慧者」來做模範造成精神生活，這種理想，還是從蘇格拉底來的。然其學說之於犬儒學派與伊壁鳩魯派之於西任列派不同。不僅爲犬儒學派之進化。斯多亞派與伊壁鳩魯派對於他們的來源的用法不同。斯多亞派犧牲舊說不少，故其所得在消極方面者較多；但至終却成就了一種很複雜的玄學。西任列派的快樂說是伊壁鳩魯派的基礎。但是犬儒學派的惟覺的嚴肅主義在斯多亞派的哲學中不過是一種消極的，比較上不重要的學說。斯多亞派對於道德的判定並不是無收成的，斯多亞派最有影響的一方面是他對於仁德的教化的散佈。所以若與犬儒學派相比起來，斯多亞派對於科學的理論是很有興趣的。斯多亞派，不若犬儒學派之絕對將個人與世界相比。斯多亞派有一種比較聰明的，自由的，溫和的道德。犬儒學派以外界事物爲無價值；斯多亞派則以爲外界事物消極積極均有價值，在這些不同點之下，兩派在道德上有同一的自足心，同一的退讓的心理，同一的意志之道德力，與善惡之分別。斯多亞派是一種創造的哲學，只是還不够做一個新時代的起點耳。

斯多亞派的兩大觀念 斯多亞派有兩大觀念。一爲人格的觀念，一爲宇宙的觀念。伊壁鳩魯派雖也造成了一種人格的觀念，但他並不需要一種宇宙的客觀的原則；實在說起來，伊壁鳩魯派的人格的觀念若與斯多亞派的界限清楚的，英雄的，奮鬬的人格的觀念比起，似乎不過是對於人生問題的偸巧的適應法。

這兩重觀念並立着。斯多亞派雖未能辦到兩重觀念完全符合，但却是一同造成的。斯多亞派的一切困難之點與優勝之點就在這兩重觀念的接連處。初期的斯多亞派將這兩重觀念說得很有力量，後來兩方各有修改漸漸的調和了。結果在倫理上是一種二元論，在玄學上是一種一元論。

人格的觀念 斯多亞派爲靈魂之威嚴而戰，此與伊壁鳩魯派不同者。「慧者」的理想的人格是斯多亞派哲學的中心點。斯多亞派注重個人靈魂之獨立與統一，其注意此點，較亞利士多德爲尤甚。這是歐洲思想中第一次以靈魂爲獨立的要素而加以考究。斯多亞派的心目中的理想的人格是一種完全脫離外物的條件束縛的生活，不受世上的紛擾，但同時是普遍則律的機具。當時有人問道，這樣的理想能是人麼？他如何與他人相處呢？他如何調解人類的欲望與他自身呢？他們將這個理想安放在最初的一百七十五年中至終爲實際的要求不得不略加修改了。

一、斯多亞派的心理學　斯多亞派的人格的觀念是建築在一種極深的心理學上。身體中的靈魂正如世界中的「精神」(Pneuma)。靈魂不但將各感官的激刺變爲知覺還能將感情的激刺變爲意志的行爲。這是靈魂的特著的功能。斯多亞派稱之爲理性之許可，這便是斯多亞派的人格的觀念的特點。在歷史上第一次建立了個人靈魂的獨立。斯多亞派深深的感覺着理性與感官的衝突。亦覺着如果僅以相對的價值計量感官則理性必愈加尊嚴而爲人格之特點。然而一切知識都是從感官來的，所以斯多亞派說知識不能在感官中獨立存在。理性之許可必須將這些感覺變爲眞知識。理性並不是感覺的集合體，是人格的一種獨立的作用。將感覺變成知覺，再將知覺變成意志的行爲。所以理性是人心的一種發生的能力，不受任何外物的牽制束縛的。但是人除掉這自由的理性的一方面以外，還有一方面是非理性的；因爲有時理性對於許可外來激刺時太匆忙了，便容易出錯。感情便起來了，而感情便是失敗的事情，和心理的紛擾，便是痛苦。人常不能使自身避免外物的激刺，但他可以不許可，或不承認這些激刺。他可以拒絕這些激刺，使不成爲感情，而入於情欲之生活。人在世界中，却不是世界的。他可以克己自制以統治世界。「慧者」決不爲感情所束縛，無感情則爲道德。有道德的人自己覺得心滿意足，看快樂未必是善而苦痛亦未必是惡。

理性以何者爲標準而許可或拒絕外來的知覺呢？眞理的標準是什麼呢？眞理是「不能拒的表現」或是「了解的表現。」誰知道眞理？「慧者」知道眞理。用什麼方法？藉着感覺與知覺。有什麼記號？有不能拒絕的能力。「慧者」是完全自由的，完全必須的。——苟非必須許可的便不許可。

二、最高之善　這樣的人格的最高之善或是快樂是什麼呢？斯多亞派的人生的眞究竟是什麼呢？只看這人格的性質便可以答復這個問題。人格在根本上是一種理性的活動，要保存自身而滿足自身的本性。其自身的理性之則律卽爲最高之善，凡理性的卽是道德。人若自由的服從他自己的理性便可以超過別種特殊的功能以達於最高之善。他的生存的全部就靠着他的行爲的全部。精神活動的全部與局部的外面的活動的比較卽在此。向內的活動得着完全的獨立而入於靈魂的深處。如果我們進而隨從世界的理知——卽我們自身的理知——而排除一切使我們依賴世界的感情，我們就自由了，就快樂了。因爲感情加各種事物以一種假價值，而求快樂則必須有全體的努力與不息的活動。但是我們不尙空言，思想須要成爲行爲。思想的行爲可以得到快樂。到不問人的行爲是有什麼干係，因爲外物是無善無惡的。根本的問題就是理性是否統制感情。如果是受理性統制的結果便是好的。如果是情欲統制的，結果便是壞的。其餘一切的結果都是無善無惡的。理性或能統制或不能統制，能統制卽爲善，否則爲惡。善是絕對的，不是相對的。許多相對的事情如貲財，榮譽，等等都是無善無惡的事情。人生如不得理性的結果也是無善無惡的。最高之善卽其內心的統一，卽爲一種單純的原則所統制的一種心理的態度。斯多亞派的代表理想之善的一個字是 ἀπάθεια。從正面解釋便是道德。從反面解釋，却不是無情(Passionlessness)。並不是說無一切情，是不爲情所制。斯多亞派對於理性的則抱有無限之快樂，信仰，感謝，與服從的心。所謂"Apathy"者非無知覺，乃固定不搖耳。最高之善或"Apathy"

是（一）知識上服從宇宙，（二）實際的內心調和，（三）自制。人之所以要求理性，是由於一種動力，即「保存自己」的動力。

宇宙的觀念　取斯多亞派學說與伊璧鳩魯派相較，則斯多亞派之主張愈易顯明。伊璧鳩魯派的理想——寧靜——是比較單純的，因爲所要求的不過是在個人自身的範圍以內。是個人的事，所以也因人而異。但是斯多亞派的理想的人格是以理性爲基礎的。理性是永久統一的。人的理性何以能具有絕對性呢？是什麼絕對的原則使人的理性也成爲絕對的呢？人的理性的本身所包含的「理性」的則律的範圍是什麼呢？所以斯多亞派一定要補充他的人格的觀念，但伊璧鳩魯派却可以無須因爲斯多亞派的個人主義比較嚴肅些，必須要用別的幫助。斯多亞派的道德的原則必須以事物之絕對性爲基礎。這種基礎不能是希臘國家生活的「政治的道德」的原則，因爲那時已消滅了。亦不能是一種向上的，超感覺的，無體的原則，因爲他的犬儒學派的遺襲決不肯超過經驗去看。斯多亞派的補充的絕對的原則一定要是一種內在的原則世界中的一種活力。因此與其人格的觀念並行的就有他的汎神的宇宙觀。這汎神的宇宙觀，便是斯多亞派的玄學的基本要義。斯多亞派於此間採用了希拉克利泰的學說，以原始的物質爲理性的公正的，命定的變易。再加以亞利士多德的結局論的宇宙觀。但他們有心要避去他的法相與物質的二元論，有人以爲斯多亞派的汎神論是一種自覺的，公開的汎神論。斯多亞派以宇宙爲一統一的，理性的，有生機的全體，沒有許多部分，只有決定的許多形式。然而並不能叫做萬物有生論，因爲形與質並沒有分開。若與舊時學派比較，則斯多亞派的哲學是（一）一元論的而非二元論的，（二）惟物的而非惟心的，但有一端與他們相同，就是（三）斯多亞派亦是結局論的。

一、第一層，宇宙是一種普及的「世界的存在」。是神『我們在其中生活，運動而有我們的存在』。本身中包含一切宇宙現象與過程，不論是現在的過去的與將來的。是世界的根基，亦是世界的精神，萬有皆在其中，亦卽是萬有。是生機的動力。普通說，是創造的與指導的理性；進一步說是天命，或是神治。斯多亞派以爲宇宙的理性在宇宙中非常的顯著，每一件事都表現出來。亞利士多德的偉大的結局論到他們手中便成爲爲人類爲神的結局論了。這種觀念成爲斯多亞派的宗教，而藉以提高他們的道德律，並不足爲奇。如以極微小的運動而斷則世界是命定的。這些定命是有目的的所以宇宙即是天命宇宙各部分都是完全的，沒有汚點。

二、第二層，宇宙是統制一切的則律。宇宙是一種不可侵犯的必然之道，不可避免的命運，一切現象都是完全有因果關係的。這種命運適足以證明全體是有目的的。斯多亞派取德謨克利泰的哲學的基本要義而應用在自己的哲學上。所謂德謨克利泰的哲學的基本要義便是無上的則律。文得而班（Windelband）說得好：『伊璧鳩魯派所得於德謨克利泰者祇是他的原子論與機械論；斯多亞派所得的較爲深遠，卽他所主張的宇宙中則律之普遍運行說。』世界上的事情無所謂機會，都有他的原因。伊璧鳩魯派的哲學上，亦提到「必然說」，但他們所謂「必然」是原子自身的必然之道。斯多亞派所謂之必然之道，在全體的「生動」中存在。是有生活力的運動！此處斯多亞派與德謨克利泰不同。所謂必然之道是有生活力的必然之道，所謂命運亦是有生活力的命運。

三、第三層，宇宙是物質。理論方面斯多亞派有一點是與伊璧鳩魯派相同的，就是兩派都是惟物主義的。這兩派爲抵抗柏拉圖派與亞利士多德派之故，他們的惟物主義的着重點也不同。伊壁鳩魯不過是採用這種理論；斯多亞派不過是以之爲他的根據的一方面。然而斯多亞派以爲單有物質卽是實在。因爲動與被動都是物質。萬有皆爲物質，——宇宙中一切事物，神與靈魂，卽物體的性質，能力，與其相互關係亦是物質。斯多亞派以一切事物的性質的表現與交易都是這些事物中的物體的表象與混雜。

雖然起初說神有物質的亦有精神的屬性，但說斯多亞派是惟物主義是毫無疑義的。希拉克利泰之「火」卽斯多亞派之神。神是火，是空氣，是以太，是透過一切的氣流。但神亦是世界精神，世界靈魂，宇宙理性，普遍則律，自然，命運，天命。是完全快樂，並且和善的。神是世界的如火的理性，物質中之精神，理性的空氣之流。若用等號表明出來便是宇宙＝物質＝火＝理性＝命運＝天命＝神。

斯多亞派也和希拉克利泰一般以現在世界的發展爲從宇宙之火來的。『詳細說來，他們的關於物理的見解是很淺薄的，科學的思想，一點也沒有。』他們解釋原子與其結局論的排列時，完全依從亞利士多德。

元始的本質依據他自己的內在的理性的則律變爲能力與物質。能力是世界的靈魂——精氣(Pneuma)——滲透一切事物。物質是世界之體，是水是土。在宇宙的時期中，元始的火必定將這世界重複吸入，在一個普遍的災害中消耗去。

斯多亞派的惟物主義的最要緊的一點是他的「精氣的觀念」，或說是分化元始的本質的能力。這字含義甚多。是世界的靈魂。有他，宇宙纔看做動的。精氣是宇宙的生命。運動是自動的；發展是趨向結局的。

人之組織與宇宙同。人是小世界，宇宙是大世界。人的靈魂就是精氣，是神的精氣的流出。心理情態——思想與感情——是空氣之流。道德是靈魂的氣質的奮力。物質的精氣——亦是神的——組成人的理性，爲他的種種活動的原因，坐落在胸口。精氣亦是體，故人死後脫離人體，有一種有限之不朽，於世界大火時復返諸宇宙之精氣。

宇宙的觀念與人格的觀念的相互關係。人格與宇宙原是一致的——是理性。斯多亞對於理性或「本性」有兩種意義，但根本仍舊是一個。有人的理性與世界的理性；照着宇宙本性生活便是照着人的本性生活。「慧者」的生活與物質的宇宙調和亦卽與自身調和。普遍的「本性」是向結局運動的創造的宇宙力。與此相符的卽爲道德。是服從永久的必然之道的志願。愚蠢的人照着他的感覺與衝動行事，因此與「本性」牴牾。但是「慧者」自身退讓，照着普遍的「本性」行事，所以是自主的。所謂「本性」卽是人的靈魂與世界理性的「生命的統一」。所以眞正的個人道德是普遍的道德，完全的人道，與普遍的理性。服從「本性」就是發展自身的最緊要的本質。

從這兩點可以得到「生命的統一」就是以理性引導各種變化的一個宇宙個人取宇宙之要義爲個人行爲的指導。

斯多亞派與社會　社會上的人分成兩類，——完全智慧的與道德的，或完全愚蠢的與邪惡的。沒有介乎兩者之間的。如有理性便有一切道德。如無理性，便一切皆無。聖賢甚少，大部分都是愚人。愚人不能有道德，「慧者」不能有罪惡。因此便否認了普通的善惡之辨，在政治上是很危險的。他們的政治的遠視是不可靠的。普通說起來，他們並不加入當時的平民政治。他們常常是霸主的謀臣，鼓動他們。（如該撒王事）在第二世紀的時候，摩松里阿盧佛司（Musonius Rufus）

的斯多亞派反對利洛(Nero)與獨米與(Domition)甚力，結果他的弟子與他的朋友竟治理羅馬全國。（據C. P. Parker教授語）斯多亞派以爲他們所謂的「慧者」是主上是帝王高出一切理性的動物，亦不比 Zeus 本身壞。

斯多亞派對於政治的態度與伊壁鳩魯派不同。兩派都以爲眞正的「慧者」用不着什麽國家。伊壁鳩魯派以爲社會不是自然的不附着於人性的。然而斯多亞派却以社會爲神的機關，於個人的完成上偶然有用處。因爲人與宇宙的理性是同一的，所以一切衆人本質上也是同一的。人有理性生活卽有社會生活。不但是羅馬人並且包括一切衆人，衆神，與奴隸。政府是次要的，斯多亞派的政治理想是一個大帝國。斯多亞派的理性社會的理想是超越的，所以他們對於實際政治亦是很淡薄的。他們所主張的爲人類的愛與公正不過是先見到未來的宗教的解放而已。

斯多亞派的哲學中有兩種相反的趨勢。第一種是以道德得社會——公正，愛人，社交或大同主義。第二遠離社會以求精神之自由。然而這兩種趨勢常常是相合的。試觀下表，就可以知道：—

入社會（可作「入世」）　　　　脫離社會（可作「出世」）

（一）正義與愛。　　精神自由與快樂。

（二）世界的市民。　　慧者。

（三）道德的關係與等差。　　絕對的善與絕對的惡。

（四）道德有時要看條件。　　祇有知識是道德。

（五）個人須服從命運。　　個人須造就命運。

義務與責任。　斯多亞派以爲人的理性與宇宙的理性是相符的，因此就將人類行爲的則律造成一種極嚴厲而普遍的義務律。一方面如犬儒學派之反對外部的法律，一方面建設一種內部的道德律。斯多亞派的背脊骨就是一種責任心。將「是什麼」與「什麼是應當的」分得很清楚，這是從來沒有的。漸漸的到後來他們就以人性代宇宙的本性，而以人性爲良心。個人可以有自己的權利，這種的個人主義立論很巧，道德上頗有迴旋之餘地。義務上有的要做去，有的不要做去，但大部分的行爲在倫理是無善無惡的。這種不善不惡的事情，就按各人的良心做去，別的人或者覺看做罪惡。無條件的禁止的纔是卑劣的事情。

然而切不可以爲斯多亞派是以這所謂不善不惡的來做道德上的赦免的。反而言之，斯多亞派所主張的以生命爲競爭的觀念是由他們造端的，從他們爲起點便深入了一般人的心裏。他們的前面有（一）與惡環境競爭，（二）與衰頹的文明競爭，（三）特別的與自身競爭。斯多亞派的英雄，內部有偉大的精神與膽量因而高出儕輩，然而這並不是因爲他能管理世界，是因爲他不管世界，隔離了他自己。善惡的對比，生命成了一種「或此或彼」的事，所以義務的意義很是淸楚。按照斯多亞派的意見，所謂義務是與宇宙適合的行爲，就是公正的行爲。於是倫理的行爲就在這種慈善性質，人與神一致，彈壓奴隸而顧念貧病的新觀念中普遍化了。但是斯多亞派以一種道德力容受這種所找到的世界，不想重新造過。

「惡」的問題與「自由」的問題　關於道德上「惡」的問題與「自由」的問題，斯多亞派受柏拉圖派與伊璧鳩魯派的攻擊甚力。在古代的各大學派中，祇有斯多亞派鼓吹命運說。但倫理的責任心的要求卻使個人必須自己規定他自己的行爲。爲適應這種要求的緣故，斯多亞派並不修改他的宇宙的觀念，而以個人表現宇宙則律之說爲根據來改正他的地位。他的主張是人是像神的；人與神是合一的；人是自由的。亦是以心理學為根據的。人對於世界律可以有兩個態度中的一個態度：(一)他的行事或者由於盲目的脅從；(二)或者由於充分的了解這世界律，這便是自由的。他的行事的遭遇是命定的，就看是否有了解耳，其中的分別是很大的。這種遭遇，本身不是罪惡；因為物質的罪惡不是罪惡，道德上的罪惡有(一)屈從於善；(二)祗與善有關係；或(二)表示出來神的道不是我們的道。我的意志雖然是必須之道，亦是我的意志；意志雖然是則律亦仍舊是我的意志。靈魂如依着他的命運行，便是自由的。神在人意志中工作。外面的事情不過是次要的原因，最要緊的是意志的許可。同時斯多亞並未縮小他的命定主義的邏輯。克利西蒲斯說祗有以命定主義做根據纔可以有未來的準確的斷定。祗有以此為根據，神纔可以預知所能知的祗是必然的。

第一期後斯多亞派哲學的修改。 斯多亞派哲學的內部的困難與外面的攻擊引起後來的修改。(一)落低道德的理想，為一般中等人製成許多規則。於是斯多亞派的人成了最初造作兩重道德的危險的說法的人。

(二)爲免去嚴刻的科學的演繹，他們就介紹了蓋然論(Probablism)。一絕對的人格呵！一絕對的宇宙呵！要兩樣都切於實際，便兩樣都要隨時修改。「慧者」的教訓後來改爲如何始可達於智慧的教訓。道德的理想主義並未取消，但却加入了進步的觀念。

(三)關於「善」的主張修改了。都要求「善」。但並未想是他們自身的「善」「善」不過是用來增進「善」的本身的「善」耳。如身體康健之物質的「善」與感官快樂均是在斯多亞派的理想方面也與實際生活有了關係。

(四)不是「慧者」的人也分了等次。愚人距離道德的途徑，遠近不一。於是承認有進步的人。感官的愛憎（如痛）「慧者」也與常人一樣。倫理的貴族比較的合乎人道了。但是斯多亞派始終不會放棄這一點，就是道德沒有漸進的發展。道德非以過渡得來。是忽然轉來的。

(五)在羅馬帝國時代，斯多亞派成了一種道德哲學。雖然是這種形式，亦是古代的高尚的信仰的表現。爲基督教預備道德的感情。斯多亞派愈談道德，則犬儒學派的原子愈顯著。第一第二兩世紀的時候，犬儒學派因爲有許多遊行的導師，處處談講道德，竟是復活了。

第十二章 懷疑派與折衷派

哲學的懷疑論的表現。 現在我們已經將「希臘的羅馬」期的歷史的積極的與武斷的方面，就是關於倫理的時期的研究過了；就要進而入於本期的宗教的時期了。倫理的運動的影響直至這一時期的發端後二百年而不衰。他們的講學的處所直到紀元後五二九年纔被耶斯丁寧(Justinian)取消。然而亦可以說倫理的時期在本期之初已經消滅了，或者竟還可以說是在本期前一百五十年；何以呢？因爲他們已經喪失了他們的積極的與武斷的性質了。各學派中都發現了折衷派，所以倫理的時期的後一百五十年，其性質實在是過渡的，折衷主義的。這是由於懷疑論的發展與能力；前面原已說過懷疑論是「希臘的羅馬」期的全期的伏流。八百年來，一般人的心理都是懷疑論的。哲學的懷疑論的發生與斯多亞派和伊壁鳩魯派同時。兩方面的相爭，以紀元前一五〇爲最烈。結果怎麽樣？哲學是否和俾利格士時代一般，爲空論所戰勝呢？不是的；社會沒有那樣有力，沒有那樣的創造的衝動。各學派因受懷疑派的攻擊，哲學始而分裂爲折衷主義，後來加上東方的新元素，就用宗教代替了。從哲學上講，宗教與折衷主義都是懷疑論的，——

兩者都懷疑理知是否有達於眞理之能力。折衷主義懷疑任何武斷的策畫，所以造成一種調和一切的主張；宗教是以信仰代理知。

這些時候的哲學的懷疑論的表現，都與各學派的學說有關連。是出來反對或攻擊各學派的學說的。古代的懷疑派自己竭力設法研究知識，若與現在的懷疑論比較起來却淺薄多了。古代的懷疑論不懷疑知識對象之存在。他們假定外物的存在，依近代懷疑論者看來，就發生絕大的問題了。我們現在所要研究的是哲學的懷疑論的表現，這種懷疑論於轉入折衷主義時對於各派的影響。

哲學的懷疑論的三部分　這三部分是以性質分的。

一、哲學的懷疑論的第一部分是皋羅主義（Pyrrhonism）。（大約自紀元前三〇〇至二三〇）這是一種以亞利士多德的哲學的假設爲目標的懷疑論。主要的代表人是伊利（Elis）地方的皋羅（?65－275 B.C.）與其弟子弗利斯地方（Phlius）的狄孟（Timon）。（320－230 B.C.）當齊諾與伊壁鳩魯在雅典講學，提亞法瑞斯脫斯掌教來西亞，博利木掌教學園的時候，皋羅就在伊利地方個人講學。但影響尚小。亦無著作遺存。古代人所以知道他的學說是由於他的弟子狄孟。這種懷疑論可以三句話表明：(一)我們絕不能知事物的性質，祇知事物給我們的一種感情的情態。(二)心理的合宜的態度是不加一切判斷而限制一切行爲。(三)不加任何判斷的結果就是「寧靜」這樣，這一派人是與斯多亞派和伊壁鳩魯派一樣尋求內心的平安，不過懷疑亞利士多德的玄學不信其爲達到這種目的的方法耳。各種結論的對方都是似是而非的，只有不加任何判斷是心的平安。這一個學派年壽不長，有的就併入學園了。

二、哲學的懷疑論的第二時期——學園的懷疑論(紀元前二八〇至一二九)中學園與其懷疑派是完全對斯多亞派而發的。這時期學園中最主要的代表是亞色西奴與卡利茲。卡利茲一定要提出來，因爲他是個天才並且是個人影響很大的哲學家。『他是從克利西蒲斯到普羅太奴(Plotinus)以來四百年中希臘最大的哲學家；他的能力與深遠的思想實在是高出克利西蒲斯之上。』(請參閱 A. Hicks, Stoic and Epicurean)卡利茲是斯多亞派最利害的對頭，他聽過斯多亞派的講演，研究過斯多亞派的著作，然後卽以斯多亞派的根據來反駁他，有許多很好的講演。這纔是「以子之矛，攻子之盾」呢。

學園中的懷疑派大致是這樣發生的。舊學園與斯多亞派相持甚力。學園已經失敗了，他的舊精神亦衰退不能復振了，漸漸的祇好不談論理。亞色西奴掌教之時，因斯多亞派武斷太甚激起一種新生命。從前不談的理論現在却彰明較著的用來反對他。亞色西奴爲攻擊斯多亞派的「明確的表現」說之故，得到一種結果，與卑羅略相似。卡利茲自己規定兩重工作：(一)反對一切現存的武斷的主張，(二)發展一種蓋然說以爲實際活動的基礎。他不但如亞色西奴一般將懷疑論應用在理論上，他更將懷疑論應用在倫理與宗教上。

學園中人並不曾完全採用懷疑論，不過以之爲攻擊斯多亞派的武器而已。柏拉圖的因襲仍舊有勢力，自卡利茲以後，學園中的懷疑派便不曾有什麼進步，幷不能追隨卡利茲的舊路。以後的學園便成了折衷派了。

三、哲學的懷疑論的第三時期——惟覺主義的懷疑論。(基督教時期的兩世紀。)主要的代表人是恩尼西德謨(Aenesidemus)，(紀元後第一世紀，)阿格利巴(大約在紀元後二百年，)

(Agrippa)和西克斯泰斯恩必利古(Sextus Empiricus)(大約在紀元後二百年)。

這一派的懷疑論者大半是科學家，以生理學爲根據。當學園自懷疑派入於折衷派之時，懷疑派卽以亞歷山特利亞爲中心。加倫(Galen)前二百年，醫藥上大有發明，但並末了解這些新發明的意義。那時的科學家有一種感想就是不信有科學的實在。於是卽以實驗之所發見爲其懷疑論的根據。原來學園中人攻擊斯多亞派的論證是很形式的。這些科學家的懷疑論，却又回轉到皐羅主義了，不過加了許多科學的材料耳。他們想與學園斷絕關係，但總辦不到，因爲他們始終採用了學園中的懷疑派的形式的論證。恩尼西德謨在論皐羅主義的八卷書中，述及皐羅如何懷疑知識的可能的理由。哲學上謂之辨疑之十法。恩尼西德謨排列得不好，後來阿格利巴改成五法。

倫理的時期的最後一百五十年(紀元前一五〇至紀元後一年)**折衷主義**——大約在紀元前一百五十年的時候，倫理的時期是折衷主義的。經過一個半世紀的激烈的爭辨以後，便互相調和其不同點，而互相混雜起來。不注重於其相異點，而共搜討其統一的根據。但這幾句話祇及於學園，來西亞，與斯多亞派，伊壁鳩魯派不與焉。這種調和祗是各學派學說的混合，不是組織的混合。以外表而言，這些學派都各自維持了六百年工夫。第二世紀時在雅典大學中各有其講座。直至紀元後五二九始爲耶斯丁寧所取消。就內部言，他們的獨立的發展祗是紀元前一百五十年前的兩世紀。到這個時候，理論上，他們的使命完了。內部的歷史從紀元前一〇〇至紀元後五二九是調和的時期。因此，可見紀元前一百五十年的重要了。此時爭辯停止，斯多亞派與伊壁鳩魯派入於羅馬。各學派的學說就混合起來。

最初趨向折衷派的是斯多亞派。原來他的主張就是許多部分的混合，最容易歡迎新主張。大約在紀元前一五〇左右，潘來狄斯與博西東尼掌教時代就採用了許多柏拉圖的和亞利士多德的學說，調和他自己的倫理上的嚴肅主義，而擴張對科學的興趣。同時來西亞中人將斯多亞派的汎神論與他們自己的有神論連在一起。卡利茲一死之後，學園又自懷疑論回到柏拉圖的因襲的主張，但是卻加了無數的外來的元素。卽如亞斯卡隆地方（Ascalon）的安狄阿畢斯（Antiochus）在紀元前七十九或七十八年的冬天，在雅典的學園中告訴西西洛說柏拉圖哲學與亞利士多德的哲學只是一種哲學的兩方面。

折衷派的散佈出去非常容易，這亦有兩個原因。一是希臘主義中根本上的懷疑論。一是羅馬人的採用希臘文化。折衷主義，歸根說，還是一種懷疑論。都有一種毫無決斷的心。亦不注意習慣，因爲都承認個人是高出一切習慣與制度的。折衷主義實在是想調和許多不同的學說；但同時即懷疑這些學說，不過程度比懷疑派低些而已。其實折衷派的散佈出去不過是希臘的懷疑的精神推廣出去，大受羅馬人的歡迎而已。本來羅馬人的性格就是折衷主義的。所以折衷主義能在羅馬盛行。

紀元前一五〇以後各學派中都有許多大人物。所以重要的緣故，不是因他們對於哲學有什麼新的貢獻，還有別的原因。如斯多亞派有潘來狄斯，博西東尼，和白塞斯。以後又有西利加，伊必克的脫斯，和馬克斯倭利紐斯。學園中有拉利薩的菲羅，與安狄阿舉斯，來西亞派有安特羅尼古。折衷派的拉柏圖主義者中普洛太希是要特別提出來的。這些人都是折衷派。這一派人中我們祇要研究西西洛。

西西洛(M. Tullius Cicero)(紀元前一〇六至四三)在雅典和洛特(Rhodes)地方的各學派中聽希臘哲學讀希臘文學極多，所以關於哲學的材料得的很多。他選擇材料並不謹愼，但他却搜尋了許多羅馬人要的東西。西西洛的希臘哲學實在所得猶淺，但他却能向當時與以後的羅馬人明白表現希臘哲學的某一方面。他常常以他能討論某一問題的兩方面而不加結論的能力自驕。這是中學園的態度，——他自己也是一分子。他著書極多，連接着出來。

西西洛之功不在深研希臘哲學，而在將希臘思想傳給羅馬人。他的玄學是一種折衷主義，但根本上是一種懷疑論。因當時的哲學上的爭論，他對於玄學的或絕對完全的知識已是絕望。但對於倫理的與宗教的問題，他的說話却不是沒有決斷的。他以爲這種事情比較可靠些。他既不能以科學攻擊懷疑派，於是關於道德與宗教的事便以意識的直接的眞確性作護符。有許多觀念是人人都有的。是內在的。原來有的信仰。有一個普通意識，這些觀念就是從那裏來的，以有普遍的意思而益堅固。於是倫理的與宗教的意識以直接的眞確性爲基礎。人有「義務，」「不朽，」與「神」的天賦觀念。我們對於神的存在的信仰，以天命與神治兩種證辨而益固。人的威嚴以天賦的「自由」與「不朽」的信仰為基礎。這裏西西洛表現了他的折衷主義。即限制斯多亞派的道德學說。道德本身是 Vitabeata，道德加快樂是 Vita beatissima。總而言之，西西諾的哲學的地位，雖是折衷主義的，於哲學並無創見，但於研究羅馬史的人很有關係。

第十三章 宗教的時期（100 B.C.－476 A.D.）

發生宗教情感的兩大原因　從倫理的興趣轉到宗教有兩個原因。第一是各學派的倫理哲學的內部的原因。各學派的主張愈相似，則各派對各該派的弟子關於道德與快樂的問題不能有明確的見解。倫理的時期以折衷主義終。這便是各學派的威權的墜落。各派都重復考查他們的武斷的假設。根本上覺得人類理知是自相矛盾的，是不可靠的，不能作道德與快樂（各學派的哲學所許的）的保障了。懷疑論的根基一穩固，「慧者」的自信心便因以動搖，倫理的時期於以消滅，宗教的時期於以發生。對於超自然的權威的信仰取對於理知的權威的信仰而代之。

第二個原因可以說是外因。許多的東方的宗教都傳入羅馬帝國。基督教初期羅馬人之罪惡與當時的腐敗情形人都說這是發生宗教的大原因。當時羅馬城與其他通都大邑的人民自然是非常的放蕩而且腐敗。但小城市與鄉村中居民却並不如此。人民都平平安安的聯合在一個政府之下。商業很是發達，出外遊歷亦很多。教育事業亦很興盛。羅馬人的宗教，在未衰微以前已經成了人家的笑柄。對於他的一切信仰已失去了。人要求一種外面的精神的權威，去滿足他心理的需要，覺得感官世界不能使他滿足，於是轉而至於超感覺的。那時是普遍的迷信的時代，各處發現奇事，出了無數的神話。在宗教情感的範圍內，一切事物都是流轉的。即使是希臘的哲學——如斯多亞派，柏拉圖派，犬儒學派，與新畢太哥拉主義——都表示一種出世想。變希臘的人生的愛爲一神秘的欲望。全帝國起一種宗教的大運動，紀元後第一世紀的羅馬文明中有許多新宗教流轉着。從東方來的有米士拉教（Mithras）（譯者按（Mithras）波斯大神人以爲日之神，故成一種禮拜的中心。初傳入羅馬，繼且傳入不列顛。即現英國地在英國博物院中有一極好的雕像。是一個女面的青年，很是美麗，正在殺一隻公牛呢。）拜星教，哀昔司與屋昔利司教（Isis and Osiris）等等。與西方宗教相混雜。羅馬人對一切宗教都歡迎，羅馬竟成了宗教的戰場。人的興趣從塵凡轉而至於天上，人類的大解脫似乎是在超自然的中間了。

精神的權威之需要。於是人不信可以得現世的快樂，他自己的力量亦不足以解脫自己的靈魂。乃轉而乞援於古時的宗教的遺傳和現在的默示。兩者的權威差不多是一樣的；因爲過去不過是永在的神靈的結晶。但現在的默示與過去的默示其信用究竟不同。現在的是精神的直接的光華；過去的不過是歷史的記載而已。亞歷山特利亞派對於這兩種默示都容納，認爲知識的最高的來源。

要求一種或多種超自然的權威，其表現有許多奇特的方法。過去的著作與傳述交相混雜。第一世紀的哲學家，祇要將他們自己的主張假托在柏拉圖或亞利士多德及其他古代的英雄的著作中便可以成名。所以新畢太古拉主義者爲畢太古拉造了一種智慧的光榮使他們這一派得爲一般人所信仰。因爲他們要求精神的權威，於是以當時的文明的來源都是宗教的。一邊有非羅，一邊有基督教的諾斯士宗(Guosticisom)，研究出來，以爲希臘與希伯來的歷史有一個共同的宗教的起原。東方的著作亦有希臘的思想。希臘的大人物亦與舊約上的聖賢列在一起。基督教的聖經，互相參證。——以新約證舊約，以舊約證新約。有所謂「寓意的解釋法」者，一種古時的記載或文字可以兩種解釋（或者還多。）——文字的解釋與精神的解釋。便是那種文字也說是有體有靈。文字的解釋是體的解釋是爲一般人的；精神的解釋是比較自由的解釋是屬靈的，是爲哲學家的。

同時有許多著作發現說是歷史的默示。眞假固不可不辨，但個人決不能做，因爲必要涉及默示的基礎。結果一切知識都算做默示。譬如普洛太希與希多亞派便將默示分做三類：詩，法律，與哲學。普洛太希雖然公言不迷信但却承認了一切奇跡與預言。後來的新柏拉圖主義者，亦是一個團體不辨明默示的眞假的。惟有基督教的教會預備一種記載的批評，設立了許多標準的傳襲與歷史上認可的權威。批評的結果，祇成立了新舊約，認爲是天授的。反對基督教的——亞歷山特利亞的學派，尤以新柏拉圖主義爲最——沒有決定一切記載的組織。結果終於失利，但他們却也不覺得有不變的歷史的權威與歷史的批評之必要。他們以爲默示是個人直接有的。與神直交的個人，便可得神的眞理。雖然得着眞理的人少，本來亦是難得的，但是終於沒有別的法子辨別眞假。新柏拉圖主義者與基督教徒在這一點的分別是很可注意的，因爲與此後一千年來的兩種最大的知識界的運動有很大的關係。宗教以歷史的權威爲默示的基礎，這種默示便是中代經院哲學的來源；新柏拉圖主義任個人之自由，使與神有個人的交接而得默示，這是中代神祕主義的基礎。

神格觀念的發生。 我們已經知道一般人狂呼精神的幫助之餘，於是要求精神的權威。此外還有別一種結果，——歷史上精神人格的注重。過去的人成了英雄，大人物也有了許多神話。英雄崇拜，祖先崇拜，起於奧古士都的君主天才的崇拜，都是這運動的一部分。弟子絕對信仰他們的師長。這種運動歷史上最顯著而影響最大的就是耶穌基督的人格。

第二步以人格爲神道的默示。人格是宇宙的理知。自然與歷史是普通的默示，特別的默示要偉大的人格——如摩西，衆先知，最要緊的是神子耶穌。這些人所有的能力必是一種默示，不是人的理知的工作，人的理知毫無援助，祇能管到感覺，不能得神的眞理。理知要神光去照耀他。這些偉大人物的人格是能力的貯藏所，所以與平常人不同的。他們的默示是在普通理知的結論之上，或竟與之不同。人格也有了宗教的二元論，人神是判分的。更有進者，這些偉大人格愈神化，人類的行動就愈遭輕視。於是偉大的人格中也有了分別。起初，各處尋求偉大的人格，以爲一切偉大人物都有神的默示：以後基督教與別的信仰就判爲兩途。信基督教的祇以基督教的首領爲神的機關。

歷史上人物的精神化的結果乃益注重人的二元。一切衆人附着於感覺世界，祇有用他們的較高的性格去求得較高的世界的眞知識。希臘人中祇有亞利士多德曾有一明確的神格觀念，但他以爲神格祇可適用於神。他不神爲「人」。但斯多亞派的理性與反理性的分別，柏拉圖的超感覺與感覺的分別，將人的精神的性格與其感覺的性格亦劃分起來。這種倫理的二元論愈成爲宗教的二元論，則精神的人格觀念愈推廣以達於一切衆人。最精細的表現便是基督教的靈魂觀念。

柏拉圖主義的重興。　在倫理的時期中，學園中的柏拉圖主義影響並不大，僅存其遺傳下來的習慣與制度。中學園是懷疑論的。新學園是折衷主義的。但在宗教的時期，完全是「柏拉圖的」自今以後至於十字軍之役，柏拉圖是哲學上的權威。自「慧者」在哲學上失蹤以來，精神的幸福的要求取而代之，懷疑論將人從論理的研究上始而趕到折衷論，又趕入神學哲學去而爲神祕主義——於是柏拉圖主義，以其超感覺與感覺之分，而復承哲學之大統，於諸凡舊哲學中以柏拉圖主義爲最能與一切宗教混合。柏拉圖主義（一）吸收東方宗教，（二）爲基督教預備一教育的形式，（三）重新創造自身以入於神秘的新柏拉圖主義。世界對於超自然的渴想皆以柏拉圖主義爲最好的方法，「慧者」失蹤了，神祕的教師出現了。

宗教的時期的區分。宗教的時期有兩種思想之流，直流入中代文化之全部。這兩種運動便是（一）依舊存留的希臘文明的宗教哲學，（二）新生的基督教，這是決定西方人民的未來的。如果我們查考這兩種運動則各有其起原與發展的段落。每一過渡時期亦必有一大領袖。普羅太奴——新柏拉圖主義者的代表——是希臘的運動的分線；倭利仁（Origen）是基督教的。這些人雖然同時，但我們因爲別的許多緣故，以二〇〇年爲基督教運動的分線，而以二五〇爲希臘的運動的分線。第一段落謂之肇始期，第二段落謂之發展期。

在肇始期的時候，這兩種運動在哲學的折衷主義的影響下，有相合之勢。在發展期的時候，兩者乃互拒。其歷史原各自不同。希臘主義之潮，以普羅太奴時最為湧激，他以後，就漸漸的退潮了。基督教呢，內外都繼續的成長，倭利仁不過直指出奧古斯丁而已。這兩種運動後來都集中於奧古斯丁。

(一)「希臘的」宗教哲學	(二)基督教
(子)肇始期(100 B.C.—250 A.D.)	(子)肇始期(31 A.B.—200 A.D.)
(甲)亞歷山特利亞的	(甲)單純的信仰(直至二世紀)
「希臘與猶太的」哲學	(乙)教義初成期
菲羅(25 B.C.—50 A.D.)	辯解宗(Apoloqists)(二世紀)
(乙)新畢太古拉主義(100 B.C.—150 A.D.)	諾斯士宗(Guostics)(二世紀)
(丑)發展期(250—476)	舊天主教神學家(二世紀與三世紀)
新柏拉圖主義	(丑)發展期(200—476)
普羅太奴	(甲)教義大成期

羊別利畢斯(Jamblichus)

普羅克奴斯(Proclus)

倭利仁

(乙)獨斷教義之成就

「希臘的」宗教哲學　這時文化的中心不是雅典，是亞歷山特利亞了，以那個地方的歷史與地位及人民的性格是最適宜於宗教與哲學的混合的。此處爲希臘文化的中心，研究學問的人很多。各種哲學在此會合。一切宗教都可以自由輸入自由信仰。枯竭的希臘哲學在此與新鮮的東方思想相接觸，這些東方思想，從前希臘人想像中都以爲是神秘的東西。接觸的結果便是一種新哲學，——通神術，比較宗教學或哲學與宗教的折衷主義。

這些宗教哲學家都不是希臘人。非羅的哲學是「希臘的，」但是猶太人的「希臘主義」新畢太哥拉主義的代表，各地的人都有，却單單沒有希臘本土人。新柏拉圖主義的創始者是生長在埃及的。這兩種肇始的運動中，「希臘的猶太」哲學多與東方生活相合，新畢太哥拉主義多與希臘主義相合。兩者都回到畢太哥拉的神秘的原則上去。

希臘的宗教哲學的肇始期——返古以求精神的權威。　(一)非羅。　亞歷山特利亞地方住了不少的猶太人，有許多是很有錢有勢力的。在那個地方，舊約已譯成希臘文，因此希臘人便可以與猶太人的宗教接近。舊約裏原包含着猶太人的哲學，而旅居亞歷山特利亞的猶太人，曾在亞歷山特利亞地研究學問，亦很推崇希臘的哲學。他們崇拜希臘哲學甚力，以柏拉圖爲在他們法律之中，他們的法律亦在柏拉圖之中。他們謂舊約既是他們的默示，則希臘的一切好哲學必亦在舊約之中。亞歷山特利亞地方的猶太人無處不採用希臘的概念。而這種向折衷主義的趨勢，紀元前一六〇在亞利士德勃魯斯(Aristobulus)與亞利士鐵斯(Aristeas)的身上已經表現了。這時這些猶太人以希臘哲學解釋舊約聖經，採用「寓意的解釋法。」這種折衷主義的趨勢至非羅而完成，他是這時候最著名的哲學家。非羅的折衷主義，有幾條指引他的規則大旨是：(一)默示是最高的可能的權威，包括一切最好的希臘思想；(二)希臘哲學是從舊約的基本原則上脫化出來的；(三)猶太的默示是以象徵表示的，希臘哲學是以概念表示的。

非羅的學說中有斯多亞派的哲學，亦有柏拉圖的哲學，不過不是均衡的形式。而在他的學說中可以尋出在基督教的土壤中發生的一切的種子。他的哲學是猶太教與基督教的神學的橋梁。有人說他的學說是「輭靠枕」的哲學。

神是世界的究竟因但他太超越了，祇可以從反面去描述「他」這種解說神的方法，後世謂之「反述神學」。這是當時的普通方法。神是絕對不能向人表現而使人了解的。對「他自己」他卽是「我卽是我」。神的善逼迫神，他的能力使他能創造世界。從這一方面看，菲羅是個一元主義者。在人身上理知與感覺會見。人的靈魂是從神來的，但人的體是物質。從這一方面看，他是個二元論者。物質是在神以外的。神高出一切不能與物質接觸，所以他創造這世界而藉「能力」(Potency)或居間者以管理世界。這些「能力」與柏拉圖的觀念，斯多亞派的「理知」，畢太哥拉派的數，舊約上的天使，普通神話上的魔鬼都相同。神在世界上的活動總名之曰道 (Logos)。菲羅關於所謂道者，有兩種說法：有時說是世界上的向結局的力的多數；有時說是這些力的統一，「第一神之所自，」「第二神，」「第三神子。」道是第一次企圖要戰勝物質與神的二元論。道在神與世界之中。是神降臨的永久的默示。菲羅的世界是神造的，不是別人造的，是神的思想在無限的形式與能力中的表現。神與物質接觸，並不足以汚神。神傳命令而道聽從之。菲羅信靈魂輪迴之說，他以爲最重要的問題是精神能與神相像。答案是(一)得斯多亞派的寧靜，(二)得亞利士多德的辨證的道德，(三)完全吸收於神之中。

(二)新畢太哥拉主義　畢太哥拉主義的歷史有許多變化。其主張亦隨時代而改變。所不變者，卽實際上趨向禁欲主義，而與神祕派始終有關係。現在我們且將畢太哥拉主義的歷史略述如次，直到新畢太哥拉主義爲止。紀元前五一○的時候，克洛秃納之戰，最初的畢太哥拉主義者就分散了。大約在紀元前五○四的時候，畢太哥拉就死了。他的分散了的徒衆，又組成一派以提勃士地方爲中心的數的哲學。這一派人一直維持到紀元前三五○。從那時以後，畢太哥拉主義者已不成一派了，因爲他的分子有的加入了學園，有的另成了神祕派的一種。紀元前一○○畢太哥拉主義復參雜而成新畢太哥拉主義，這就是我們在宗教的時期所會見的。亞歷山特利亞是他們的中心點，其中的分子各地方都有。最主要的人物是亞坡羅尼(Apollonius)。他的聲名很大，因爲他是無處不到的一個宗教師與顯奇跡者。其餘的新畢太哥拉派中還有西西洛的朋友P. Nigidius Figulas，還有Sotion和Moderatus of Gades等人。後來又有Nicomachus of Gerasa 和 Nuneuius of Apamen。還有許多與新畢太哥拉派相聯合的團體，最好現在也提出來說一說。其中有所謂折衷的柏拉圖主義者，他們的代表是普洛太希，(50—125 A.D.)又有西蘇(Celsus)(大約在紀元後二〇〇)是反對基督教的新畢太哥拉主義者與折衷的柏拉圖主義者的不同之點，就是前者以畢太哥拉爲他們的宗教的模範，而後者則以柏拉圖。兩派都是神祕的，禁欲的，折衷的。

紀元前一世紀，有許多著作發現出來，用的是畢太哥拉與非羅奴(Philonaus)的名字，於是新畢太哥拉主義就大大的受人注意。這種新畢太哥拉主義的著作就發現了不少，大約有九十種著作是五十個人分做的。用畢太哥拉的名字的著作，幾百年來，常使人誤解了原來的畢太哥拉的學說。這些新畢太哥拉主義的著作可以表明亞歷山特利亞地方的思想的復古，這種事情，與亞歷山特利亞大學中的文學的研究是一致的。畢太哥拉主義重新而爲新畢太哥拉主義同時荷馬式的詩也復興了。

新畢太哥拉主義，據他的歷史看來，是半宗教的而有禁欲主義的趨勢的哲學。他的超越的哲學，於在專制政體之下，而受治於東方的因襲的人民，比較前所說四大學派的倫理學說，要合適些。四大學派的倫理學說是因個人的需要而發生的。但那時一般人所要求的是超出個人與自然的一個絕對的對象。要求一個不以犧牲去禮拜的神。所要求的是以默禱，智慧，與道德去禮拜的人。新畢太哥拉主義有許多地方與非羅相同。新畢太哥拉主義是一神論的，但同時在他一神論之下，他們亦承認許多神的階級。他們信靈魂輪迴說，信心體的二元論，信人與神間依次序有許多居間者，這都是當時一般人的普通信仰。他們用一種精神的方法去解釋神，却以神心中的觀念爲畢太哥拉主義的數——正如非羅以他們爲舊約的天使一樣。

希臘的宗教哲學的發展期——向現在求精神的權威——柏拉圖主義與新柏拉圖主義。

新柏拉圖主義是「希臘的」文化最終的斷定，但他用什麽形式表現「希臘主義」呢？答案是他以神祕主義表現「希臘的」情緒。普羅太奴的貢獻是打破古典的希臘的規定形式的舊理想，而代以高舉精神的新理想。我們只要返觀俾利格時代的藝術，科學，與哲學，就可以知道這希臘文化的末一場與舊地位相離幾許了。新柏拉圖主義實在離希臘神祕派的棄世寡欲的精神不遠，這棄世寡欲的精神亦是柏拉圖學說的一方面。新柏拉圖主義是柏拉圖主義的神祕的與禁欲的方面的擴大。普羅太奴以他有身體爲恥，靈魂看着身體的罪惡正在哭呢。靈魂不够支配身體，但身體必要絕滅。新柏拉圖主義是在人心。以爲多罪而急需救度的時代說話，這是希臘主義的聲音。新柏拉圖主義覺得人的靈魂中的衝突宇宙中亦不免；無論在大宇宙中小宇宙中物質與精神永久相爭執。普羅太奴亦主張從前希臘的許多觀念，如自然力之人格化，從活動中尋快樂，理知高出一切其他功能等等是。但於從前希臘人所謂人受制於宇宙之說，他以爲人是爲宇宙所吸收。

新。。。。。。。。。。。。。。。柏拉圖主義與肇始期的兩種哲學。新柏拉圖主義中亦夾雜了非羅的哲學的神祕主義，與新畢太哥拉主義的神祕主義三派都主張神的超絕說；三派在玄學上都是一元的，在倫理學上都是二元的；亦都信人與神間有居間者的存在。肇始期的哲學要造成折衷主義，而新柏拉圖主義則祇於最後的部分始成漸爲折衷的。普羅太奴造成了一種積極的與創造的哲學，三派中以他的學說爲最有統系，他在這宗教的時期實在是最大的思想家。在普羅太奴的哲學中神與人的關係比較美些而直接經驗的主張研究得很詳細比前兩派都重要些。

新柏拉圖主義與基督教。　新柏拉圖主義與基督教至少有一件事是一致的。他們的問題一樣，就是如何使這宇宙精神化了。這便是普羅太奴與倭利仁的共同的問題。因精神人格的意識的發展與默示的需要，則似乎神距離得還遠。神是不可知的，是不能了解的，非常的純潔不能下與地上的存在相接觸。既是這樣，天與地之中的連緊是什麼？從宇宙論與倫理學的觀點看去，都不能戰勝這種二元論。感覺的是與神異致的，是精神必須自求解放的東西。玄學方面，他們要建設一種精神的一元論，這件事，卻比較的成功，但他們的辦法是不同的。基督教以神與物質的宇宙是以愛相連結的；新柏拉圖主義者主張是一步一步的漸達於「完全」的。關於人返諸神的問題，新柏拉圖主義者以爲這是個人的精神的經驗；基督教的神學者則以爲這是包含在一比較大的問題之中，就是全體人類得救的歷史的歷程的問題。自此處看來，兩者的玄學，其方法不同而元素亦是不同的。

新柏拉圖主義的神學與基督教的神學都想證明他們自己的宗教信仰是得救的維一之途。

兩派都肇端於亞歷山特利亞學派。基督教神學以前有諾斯士宗的空想的學說，普羅太奴以前則有新畢太哥拉主義者與菲羅。在他們發展之途中就將兩者的不同點表示了出來。基督教有教會的組織去擁護他，教會的組織內部有一種活動力而有一種支配統制的能力；新柏拉圖主義則爲個人所擁護所支配，並無組織，而個人是同化了各種信仰的。基督教的神學是已經成立擴張的信仰作根據，而新柏拉圖主義起初是一種博學的宗教，企圖要發展一種廣大的信仰以後再同化別的宗派。從外表看，新柏拉圖是失敗的，因爲並不能像一種組織永久繼續下去。其實他成功很大。不但他綿延下來有二百五十年的工夫，而在他的對乎基督教的發展的歷程中亦有他的元素。因爲新柏拉圖主義，很奇怪的，是建設基督教的最要緊的一個元素。於兩者相爭之中，就造成許多爲奧古斯丁後來爲中代造就基督教的神學的基礎。

新柏拉圖主義的分期　（一）亞歷山特利亞學派——大約二四〇。

新柏拉圖主義的表現是一種科學學說。

領袖是普維太奴(204－269)

(二)西利安學派(Syrian School)——大約三一〇。

企圖爲一切多神論建一系統。

領袖是羊別利舉斯。(大約在三三〇左右死。)

(三)雅典的學派(Athenian School)——大約四五〇。

希臘哲學的復現。

領袖是普羅克奴。(Proclus)(410—485)

亞歷山特利亞學派——新柏拉圖主義的科學理論——普羅太奴的一生及其著作 普羅太奴生在埃及的里哥坡里(Licopolis)地方,就學於亞歷山特利亞,與倭利仁同師(師名Ammonius Saccas)從高丁(Gordian)帝征波斯,以便到東方去研究科學。他特別注意波斯的宗教。因此他最初便與東方的神祕主義相接觸。二四四年他在羅馬當教師,一般人很歡迎他,上流社會中人頌揚尤力。他的學校中各國的人都有,各種職業的人都有,——如醫生,修詞學家,詩人,議員,皇帝與皇后。普羅太奴住在剛潘尼亞地方的鄉村裏。(Campanio)他差不多可以使皇帝在剛潘尼亞建立一哲學家的城名字叫做柏拉圖城(Platonopolis)以柏拉圖的「共和國」爲模範，是一種「希臘的」修道院，爲宗教的默修之所。普羅太奴到老年始爲文學的活動，五十歲以前毫無著作。他的著作有五十四種，他的弟子普弗立(Porphyry)爲併成六種。此後三百年間，他的學校是「希臘的」運動的中心——爲科學，文學與哲學的中心。新柏拉圖主義的著作甚富，因爲在他們的團體中有許多關於柏拉圖哲學的概釋和評解。

普羅太奴學說大概。。。。。。

關於普羅太奴的學說的價值，意見殊不一致，因爲祇他略述他的哲學的大綱，並不想從一種概括的世界觀進而求其確切的知識。他的哲學，就知識上說，是一種抽象，但是感情上，他卻深切的與一文化衰頹的時代相接觸。即此可知普羅太奴實在的成功所以小的緣故，與其所以有大能力與大影響的緣故。是高出煩惱的知識的範圍的一種宗教的學說。然而他的哲學卻又是極端的主知主義，是宗教藉知識以增高價值而變換形式。從前的哲學以無限之貢獻而擁護個人的快樂，但普羅太奴以爲個人決不能與無限隔離，惟永久的渴望「無限」與神同在便是知神，但是一種特別的知識。是熱誠，是直覺，是忘我。人神中間有一罅隙，普羅太奴以爲可以將實在深深地放在意識裏，以便使一切矛盾與衝突都歸於虛無，然後渡此罅隙。所以這意識以下的最深的實在是宇宙的，不是人的，普羅太奴的宗教是宇宙中心的，不是人類中心的。普羅太奴將希臘文化撮要加力，以便擁護他維持他。但若要以邏輯來規範這些希臘的觀念，這些希臘的觀念就要奔潰了。

神祕的神　普羅太奴所謂神有兩種特殊的性格。

一、第一是神的超意識。神是不能解釋的，原始的存在，超出一切矛盾的。神超越萬有，並超越意識。沒有可以歸於神者，幷思想與意志而亦不能，因爲這已包含兩個原子，神卻是統一的，如要解釋神，祇可以反面解釋。如果我們說他是「元一」「宇宙因」「善」或「光」我們祇是相對的解釋他，並非眞能解釋他。神無所不在，卻又不分爲萬有之源，他卻是完全的。普羅太奴的這種神的觀念與世相較，他就在意識之外添了超意識與下意識。

二、第二普羅太奴以爲神與世界的關係是動的汎神論。這是一種特別的汎神論。神並未創造世界；世界並不是神的意志的行爲；亦不是神的本質的一部分的移轉的結果。依普通的汎神論，世界是神的本質的散布，全體是靜止的。普羅太奴的學說却不是如此呵！神以其活動而浸透世界，世界是動的。但是這種神的動的行爲，並不可以作爲歷史的或時間的歷程看。這種歷程是無時間的。是本質或價值的歷程。歷程中的階段是意義或是價值。皆在神的無所不包的統一中，一切個體都從神取得生命。此之爲流出說（Theqry of emanations）。普羅太奴常用的一個譬喻，就是神秘主義者常用的，日光與其在黑暗中的光線之比。離神愈遠則光線愈弱，至終是黑暗的。這種歷程是從神那裏來的一種流出，而神卻是不變的。

普羅太奴的兩個問題。 這種以神爲一種動的無內容的「存在」爲起點的解釋，則普羅太奴必不能不加感官世界以一種解釋。他有兩個問題：他必須要解釋從神來的現象的結果，這是玄學的問題；還必須要講人在感官世界生活，如何能與神交通，這是倫理的問題。普羅太奴以玄學與倫理學爲倒轉的並行論。

流出的世界——普羅太奴的玄學的問題。 普羅太奴現在的目的，是要在希臘思想中很普遍的二元論之中，建設一個玄學上的一元論。他的組織上有兩個基本要義。(一)連續的動的流出，與（二）完全反面的物質觀。神——最高的存在——以能力或善的充溢，自然而然的要創造些與他相同的東西。這種創造的衝動依次在生物中存在，並且這種運動自身可以發展。一段一段的加上去，是在一個下降的統系裏，直到「不存在」爲限。普通的現象並存的汎神論變成許多價值的連續的階段。組成一種調和，多少與神相似。流出的歷程有三階段，——精神，靈魂，與物質。

精神或（Nous）是從「元一」的第一級的流出。是「元一」的印象，因其力之流出而出者。這種印象不自然的復返諸其本原，即「元一」，一見即成爲精神，理性，或知識的意識。返諸「元一」而自承爲「元一」的印象。所以離開神的第一級，就發現了主觀的思想者與客觀的被思想的東西的二元了。「元一」的無意識乃與意識相對，於是意識的二元性又表現了；這是第一次從心理學的觀點去看意識。

理性是「元一」的統一的作用，像菲羅的道一般。同時理性自身包含了柏拉圖的觀念或個體的模型作爲他的內容了。這些觀念不僅是思想，亦有其存在。理性是他們的統一。這些觀念是純粹知識的能力而爲自然世界的究竟的原因。

靈魂是離開「元一」的第二階級。他與理性的關係，就如同理性與神的關係一樣。靈魂是屬於光明世界的，但正在黑暗世界的邊緣上。是印象的印象，所以是兩重的二元，——有世界靈魂與小靈魂。世界靈魂分成兩種力量，——世界的形成力，與世界的體。每一靈魂分成能超感覺的或知識的靈魂，與感覺的部分，造成身體以爲其能力的工具。體的各部分靈魂都表現個人的靈魂叫做造化力 (Alastic force)。

物質是離「元一」最遠的流出。理性是「元一」的流出，世界靈魂是理性的流出，單個的靈魂是世界靈魂的一種居間的流出，物質是單個的靈魂的流出。換句話說，世界靈魂以其原有之力，發生物質，然後以其力與物質合，再發生有體事物的世界。世界靈魂結成這種聯合的物質的性質是什麽？是空間。空間爲一切地上的存在的條件。與柏拉圖的絕對反面的「不存在」的觀念相似。是絕對的無着落，完全罪惡而無善。自然世界的性質是什麽？自然世界的性質與此反面的物質連合的形成力相同。普羅太奴以爲自然世界是一種魔術，不但是結局論的。他說諸天是完全的靈魂與物質聯合；衆星是看得見的神與物質的聯合；空氣與天的力量是魔鬼，在衆星與人的靈魂中結合，與物質相聯。人的身體是人的靈魂與物質的連合。無機物是造化力與物質連合的最低的段落。有物質（空間）即有不完全，限制與罪惡。人與宇宙的各部分有同情的與神祕的聯合。科學的查考，新柏拉圖主義竟置諸不問。信仰與迷信代替了宗教，預言獨自解釋了宇宙之謎。

因此自然世界分裂而爲二。從一方面說，這是惡的，醜的，非理性的。從又一方面說，是善的，美的，理性的，因爲這是由進入其中的靈魂形成的。普羅太奴大讚賞世界的調和與美，發布他的美的玄學而爲希臘文明的別詞。這是與諾斯士宗不同的。美不是造成的，是價值的單純觀念在感官世界中照耀。美是精神的，是爲精神的。藝術不摹倣自然，但表現理性；補充自然的缺點，而創新之。然而自然世界亦是美的，因爲極低的也是爲神所浸透的。

靈魂之返於神——普羅太奴的倫理的問題。　普羅太奴討論道德的行爲時其起點與他的玄學是相反的。他從人的觀點上看從神降下來的統系。人雖沉浸入物質，在神的生活中也有一分，他們的目的是不爲世所羈。必須從感官中解放出來。人的倫理的工作是將這二元的世界分開，而脫離這物質的世界，不但是在特殊的部份，是要完全的脫離。在這種靈魂的昇高中，實際的道德沒有什麼價值，因爲這不過使人愈加不能脫離物質世界。政治的道德不過是一種預備使靈魂知道如何脫離感官世界。知識的道德是必須的，但僅有知識，仍不足以達到得救的目的。……於想像的心理情勢中靈魂要復返諸神——就是靈魂的來路。普羅太奴的要求是避世禁欲的生活。是精神性的發展。從倫理上看普羅太奴的學說是二元的，因爲他認物質爲惡而拒絕之。所謂復返諸神者，不是一種進化，亦不是一種刷新。無所謂個人的進步，不過深入事物之基礎而已。但有什麼誘因使人要復返諸神呢？誰從夢中叫他起來？不是感官知覺，亦不是思考，是他的愛美的愛（Love for the beautiful）。柏拉圖的愛的天賦的衝動使靈魂脫離物質而趨向光耀的觀念。凡能直接承認這種純粹觀念的就得着較高的完全。人只有在忘我忘人之境——超越一切主觀情態——始可以與神有完全的接觸與聯合。在這個時間，他忘記了他自己而成神。末一步決不能達到的，除非神自己用一種特別的光照耀這靈魂使他能看見神。這種最終的情態祇達於極少數的靈魂。

西利安學派——多神的統系——羊別利畢斯。普羅太奴死後有幾十年的工夫，這個學派便存在。創始者是羊別利舉斯。他的教師便是普羅太奴的學生普弗立。羊別利舉斯是西利安人。在羅馬從普弗立學，回到本鄉，創設了一個新柏拉圖主義的學校。不久他就受一般的敬禮爲教師，爲宗教改良家，爲行奇跡者。他的著作中有關於柏拉圖亞利士多德的哲學的註釋與評解，亦有關於其他神學的著作（如 Orphics, Chaldeans 與畢太哥拉派的著作）的註釋與評解。他的弟子中以耶林帝與希巴狄帝 (Emperor Julian and Hypatia) 爲最著。

羊別利舉斯的新柏拉圖主義沒有什麽新表見。無論在玄學方面或倫理學方面都與普羅太奴相同。他想聯合各宗派以完成此宗教運動，（基督教除外）俾成一「統一」。這是一種折衷主義，羊別利舉斯自然而然成功的。因爲西利亞是折衷主義的策源地。諾斯士宗亦以此地爲根據。在人與神的中間，他以折衷主義的手腕，準備了許多階級，將一切宗教的神靈都列入他的系統中，有十個超現世的神，三百六十五個天上的存在，七十二排天以下的存在，四十二排自然神。要使他們都有位置，就不得增加居間物的數目。爲加一系統與此複雜的多神論之上起見，他就採用了畢太哥拉的數的哲學。他的哲學足以證明「希臘的」文明的持久性。

雅典學派——復現——普羅克奴　西利安學派既不克使許多舊宗教歸原，久而久之，新柏拉圖主義復歸於雅典。雅典原爲希臘文化發源之地，今亦爲希臘主義的最終的根據。

四一〇年左右雅典學派始發現，其主要代表爲普洛太希，西利安奴（Syrianus），與普羅克奴。普羅克奴是西利安奴的弟子，爲雅典學派最要緊的代表。生於君士但丁，就學於亞歷山特利亞。自爲雅典學派的學校中的領袖後，大爲他的弟子所歡迎所崇拜。與雅典學派有關係的還有兩位註釋家，他們的名字一位叫非羅普奴（Philoporus），一位叫辛普利希（Simplicius）。他們的關於亞利士多德的工作是大爲後世所景仰的，於後世是很有價值的。還有一位勃西亞斯（Boëthius）也不可忽略過去的。他是一位新柏拉圖主義者，卻自稱爲基督徒，他在教育史上是很重要的人物。他翻譯的與他註釋的亞利士多德的論理，和普弗立的（Isogage）在中代是很有影響的。

普羅克奴和羊別利舉斯一樣都是神學家，不過他想爲神學謀一哲學的基礎而已。他想用辯證法整理希臘人的全部思想而使成一統系。他有無限的信仰，與奇出的證辯的能力，結果他的學說是一種與神話聯合的一種錯綜的形式主義。他將他的辯證的方法應用在極小的事情上。他從各方面取材料，有野蠻的，有希臘的。他自己亦加入了一切的神祕派。過去的與現在的一切迷信都影響了他他的普遍的系統中，差不多無論什麼主張都有了一個地位，但他還覺着不滿足。他是將異教（Paganism）製成系統者，而亦是異教的學者。他以為根本的問題是「多」與「一」的問題。「一」與「多」的聯屬分三階段。——恆久，前進，退後。許多結果的「多」與原因的「統一」是一樣的，但卻與之不同。發展是果欲返因的努力。普羅克奴無地不解釋復返諸神的努力。他以為世界從神來的發展是繼續的，經過這變易的三級。他的哲學並沒有什麼新表見，不過將各種多神教加了一種系統，使各有其地位成了一種形式主義而已。

第十四章　福音書的希臘化

基督教最初的情形　東方是福音書的來源。基督教的能力是由於他的純粹的宗教情感的自動力，以是而得發揚光大，傳遍了世界。須知基督教是宗教，不是哲學。起先是下流階級承受他，所以科學與哲學的問題在最初的基督教徒心目中，並不發生大問題。基督教最初非希臘主義之友，亦非其敵，對於政治學說更無興趣。基督教的社會是一種精神的大同主義，以信仰神與基督，及與基督之直接的交通，而聯合而成的。上主重來之信仰決定了初期的基督教徒的行爲。道德改良與道德的行爲是基督教團體的主要目的；何以見得呢？因爲涉及當時基督教徒的生活的記載全是道德的，當時對各分子的訓育是爲道德的緣故。而不是爲教義的緣故，然而最初的基督教徒亦有幾許簡單的教義，似乎他們都認爲當然的。其危險卽恐我們以最初的基督徒不是太簡單了，便是太無知識。他們信有一神，人與神有個人的關係，歷史如戲劇，正直是神的命令與惡行絕對不同，最後的審判必要來到。

但差不多在第二世紀，基督教強迫着要改變他對於科學與國家的態度。在一五〇與二五〇之間，基督教徒中有一大改變。記載上滿了教義的競爭，所以關於道德的記載就少了。道德受制於信仰，不顧損及倫理方面而專注重基督教的知識方面。上主重來之說已不甚注重。這種學說非推入後面，卽以其實現爲無直接關係。更有進者，基督教那時已傳遍了羅馬帝國，與文化和政治已積極的有了關係。紀元後三十年有教徒五百人，一百年有五十萬人，三一一年有三千萬人。

在第二世紀的時候，基督教不能僅以情緒與精神的信仰爲自表的基礎。須要對外界表明其公正的態度，對基督教的知識階級，也必要設法表明。基督教從前已爲哲學所攻擊，除非不想進步，勢必要用哲學的武器。基督教勢力之擴大，與羅馬國家希臘的文化均立於相反之地位，而從一五〇至三〇〇間，基督教與舊制度習慣死鬬不已。結果基督教戰勝了羅馬與希臘主義，但基督教如果不改他從前對於文化的態度是決不能得勝的。他的成功是由於他常常表現的一種智慧。就是基督教常設法取舊日社會的文化加以陶熔，使已身適應於新環境，即以此與舊社會戰。後來基督教便有了很堅固的組織，所以三〇〇年可以剛士單丁 Constantine 而握全國。自得此堅不可拔的政治地位後，即可完全以別一種根據來對付反對他的。四七六年羅馬亡而教會不倒，且進而掌握全城。

但這種政治的成功是基督教發展的結果不是原因。如基督教不能戰勝希臘文明必不能戰勝此防衛堅固的羅馬政府。基督教自經希臘化而始大強盛。既可以爲爭鬬的手段，又可以謀建設的事情。但這時代實在是一點哲學上的創造也沒有的。當那些教父們要採用希臘的哲學時，他們就一股腦兒就他們所得的全用上去。祇就他們的用處稍加改變。這時的宗教祇要能善用希臘文明以自辯護便可以得勝，基督教便參加這種戰爭。

但是在採用希臘文化的時候，基督教卻又自己創造了一種新危險。基督教須要小心在意的不要使他的觀念流入希臘主義之中而不得脫。須要絕持他的基本信仰。希臘哲學祇能像僕役一樣，有種種限制，祇用那些包含基督教根本教義的思想。決不可令哲學破壞這些基督教的根本教義而使之變爲希臘主義。第一世紀的單純的信仰與其教義要借希臘的智慧以造成之，使可適用於後世。教會所要的是一種武斷的系統，要一個推諸萬世而皆準的信條。教會的全體會議，(譯者按原文爲 Oecumerical Councils or Cumenical 這個字是從希臘字 οικουμενικος 來的，原意是全體。) 從三二五年的利卡(Nicaea)會議起，都是合羣策羣力來做這件事的。自經利卡會議之後，獨斷的教義漸漸的固定了，自此以後，時時有一部分的人脫離教會而被視爲異端。……

影響於基督教思想的幾派哲學。 希臘哲學影響於基督教最深者爲斯多亞派與新柏拉圖主義。非羅的哲學也是很有影響的。但非羅的哲學的影響實在不過是從哲學上的猶太主義達於基督教的神學的橋。他的哲學有斯多亞派的哲學亦有新柏拉圖主義，惟不平均而已。非羅的著作中『包含了一切以後在基督教的土壤裏所發生的種子』。(見 Hatch, Hibbert Lectures, 1888, P. 182.) 最初的基督教在兩方面是希臘哲學的影響：一是在倫理的思想與實行上；一是在建設神學上。在第四世紀的時候，偏犬儒學派的斯多亞派的倫理代替了最初的基督教的倫理。基督教的社會的基礎不是「登山寶訓」了，是羅馬的斯多亞派的倫理學說了。此可於米蘭的主教 (Bishop of Milan) 聖安勃洛斯 (St. Ambrose) 討論道德的一本書上見之。(De Officils Ministrorum) 在神學上，基督教並不要向希臘人借取神的統一說，或神創造世界說。但與此相關的事情上，卻看得出已受了希臘的影響。這些問題就是創造的方法與神與物質世界的關係的問題。在討論這些問題的時候，斯多亞派的趨向二元論的一元論，與趨向神，物質與法相的三事的柏拉圖的二元論的影響，以後都要表現出來。

這時候反對基督教最力的就是新柏拉圖主義，但新柏拉圖主義與基督教並沒有常分開。雖然在經院學派手中，新柏拉圖主義到了末日，但無論是正統的或是異端的基督教，各方面都受了新柏拉圖主義的影響。兩派相爭的結果——「希臘的羅馬」期也就完了——造成一種完全而獨創的神學，這就是奧古士丁(St Augustine)的神學，奧古士丁是終結古代而開創中代的人。

初期基督教之分期(30—476)

一、肇始期，(30—200)。

(一)原始的信仰(在第一世紀) 教義與儀式均極單極，皆欲以信仰及道德之行爲以預備「我主之重來」。

(二)基督教義之初成與擁護。(在第二世紀。)

(甲)辯解宗 (二世紀。)

(乙)諾斯士宗 亦可譯作惟知宗 (二世紀)

(丙)舊天主教神學家 (二世紀與三世紀。)

二、發展期，(200—476)。

(一)教義大成期(200—325)。亞歷山特利亞的問答派。——俵利仁。

(二)獨斷教義之成就。(325—近代)如利卡會議，及其他教會大會議的成功。教會的獨斷教義就已經成立的教義而發展的。

關於基督教教會的發展與起原，是很有趣味的一種研究，但在哲學史上祇能說一方面。就是希臘主義與教會神學的成立的關係。至於教會之起原與發展則不是我們範圍內事。而基督教未受希臘主義影響以前的時期——第一世紀的原始信仰與利卡會議之後——此間亦略去不提。祇有教義之初成與大成兩期統共一百七十五年的工夫，(150—325)我們是要取來研究的。這一時代，歷史上謂之教父時代。

辯。解。宗。　祇有這種受過希臘哲學的訓練的基督徒可以最早起來擁護基督教義。這種新信仰一方面反對希臘智慧的譏嘲，一方面必須要得一種積極的地位，表示是適應人類求救的需要的。辯解宗人設法使基督教義不與希臘哲學的結果相矛盾。同時將基督教義灌輸入希臘哲學之中。他們並不想將福音書希臘化了，祇想使福音書在知識階級看來是合理性的。「基督教是哲學與默示」Harnack, Outlines of the Hist. of Dogma, P. 120. 這是辯解宗人的目的從亞利士泰 (Aristides) 到 Meancius Feli 都是一樣的。他們的擁護基督教，不知覺是使希臘哲學成為基督教義的一部分的第一步。辯解宗最要緊的人是約斯丁馬德 (Justin Martyr)，(100—166)亞孫納哥拉斯(Athenagoras)，(死於一八〇) 羅馬人中有米奴西腓力 (Minucius Felix) 與拉克登狄 (Lactantius) (死於三二〇)。約斯丁馬德生於撒馬利亞 (Samaria) 的西澗 (Sichem) 地方，但上祖與教育都是希臘的。他研究了許多宗教與哲學的結果，認基督教為惟一的眞哲學，乃出全力以擁護之，竟死於羅馬。

為要證明基督教是獨一的眞哲學，故辯解宗人說，即此可以保證此間與此後的眞知識與眞神聖。這是神藉著耶穌基督而有的完全的默示。因為人是被幽囚在感官世界裏而為魔鬼所支配。若不得一完全的默示，則得救必無望。得救就是合乎理性，但祇有靠神力纔能合乎理性。默示並不限制於基督教，但是神的靈感在全體人類中活動。蘇格拉底，柏拉圖，與畢太哥拉的眞理，不是他們自己的，亦是由神的靈感而生的，因爲眞理決不是人類的無依無靠的理性的產物。蘇格拉底與柏拉圖是所以得到眞理，半由於神直接的默示，半由於間接的讀了摩西與諸先知的書。但基督教以外的默示不是完全的，亦不是繼續的。耶穌基督是第一個將神道完完全全的表現出來的。道之入人身，以耶穌爲第一。他是神之子，因爲不能顯現的神的完全的本質都在「他」身上。

因此辯解宗人以理性爲與默示相同的。道在默示中，宇宙中，歷史上，都是一樣的。斯多亞派之所謂道，乃與基督與默示相同。希臘人認爲自然的，約斯丁或又認爲神感。基督是世界理性，神降在他身上在這一點，辯解宗人便比新柏拉圖主義者佔一先着，因爲他能明白指出耶穌是神的降生。辯解宗人可取柏拉圖的神與物質的二元論來解說這種默示的必要，因爲物質是毫無理性與善的。簡而言之，他們的主張可以用兩三句話表明，世界是惡的，必須要默示，神道常常在歷史上表現，但特別在耶穌基督——人——身上表現，好救人脫離罪惡以創造天國。

諾。斯。士。宗。（亦可譯作惟知宗）諾斯士宗是一種改造舊約上種種因襲，不承認其精神的解釋的運動。

是在第二第三兩世紀的大運動，要想建設一種世界的宗教，人當以其知識與道德之所知爲斷。這一派人設法將基督教的信仰的大體變爲基督教的知識。他們的努力可以見出基督教最初的哲學與趣的强烈。那時羅馬帝國全國都有發展這種主張的情勢，但是仍舊有兩個中心點：一是亞歷山特利亞，一是西利亞。這一派是最有趣的東西的宗派與神話的混合物。比新畢太哥拉派與新柏拉圖派奇怪的多。這一種哲學將基督教的重要原理在祕密的知識之下完全喪失了。這一派自身已浸入希臘文化，在好些地方他們就成了許多神祕派。結果喪失了基督徒的同情終於被教會視爲異教。這一派的主要人物是沙都尼奴(Soturninus)卡普克瑞茲(Carpocrates)，(一三〇左右)，巴西尼兹(Basilides)，伐冷丁奴(Valeutinus)(一六〇左右)和巴德桑(Bardesanes)(一五五——二二五)。他們的著作存留的極少，我們所知道的，都是反對他們的人說的話。其中伐冷丁奴爲最著名，生於羅馬而死於西不魯斯。巴德桑生於米索不達迷亞。卡普克瑞茲居亞歷山特利亞與巴西利兹同時，巴西利兹是西利亞人。關於他們的記載都很稀少。

諾斯士派是最初的歷史哲學家。(Windelbaud, Hist. of Ancient Phil., P. 357.)他們想

要將基督教成爲世界的宗教，用什麼方法呢？卽爲基督教戰勝希臘文化，又爲希臘文化戰勝基督教。他們惟一的方法就是將基督教受舊約的牽制除去。這一派是明明的反對猶太主義。將倫理的問題都變做宇宙論的問題，以人類歷史爲自然歷史的繼續，他們以「贖罪」爲宇宙劇的末場。於此可見他們的學說與菲羅及普羅太奴十分相近，與當時的時代精神是相符合的。他們的歷史哲學中以基督救世爲中心，故他們的歷史哲學可以算做基督教的歷史的哲學。

基督教之戰勝異教與猶太教，諾斯士宗以爲這些宗教的諸神的鬬爭。贖罪者在心理的時候表現而取勝；基督爲贖罪者之表現，不僅爲人類發展之最高點，亦是宇宙劇的發展。宇宙是諸神的戰場，善力與惡力相持之地。善力以基督而得勝。這種戰爭與新畢太哥拉主義中物質與精神的二元論相同，不過是用神祕的話表示出來的。外教的神與舊約上的神，（他們的形式如柏拉圖的造物主）是最高之神所要戰勝的世界上的勢力。

善惡的二元，與精神和物質相似，發展出來的形式是與亞歷山特利亞派相符的。神與物質中間的空間充滿了許多天使與魔鬼，其排列是依照畢太哥拉的數的。最低的離神的完全最遠與物相接，世界是他造的。然後善與惡戰，光明與黑暗戰，直至道，理性，耶穌，都具體的下來，從物質裏釋放人的精神或竟釋放墮落的天使。這便是諾斯士宗的歷史觀。

這種二元論與當時的基督教倫理很切合的，那時的基督教倫理是斯多亞派的。但卻與一神論不合，而一神論卻是基督教的根本要義。教父派的內部的危機現在已發現了。最初的基督徒早已發見他的一神論的根本的玄學與希臘的二元的倫理是不合的。

諾斯士宗的反響——舊天主教神學家 我們知道起初基督教對於政治與哲學是漠不關心的，之後纔以希臘主義來擁護福音書。結果就有極端的諾斯士宗。想將基督教變為一種宇宙的通神術的元素。諾斯士宗思以勢力得此新宗教，以為希臘哲學與東方哲學之助。辯論數年，危險卽逝。諾斯士宗為當時教會之大危機，諾斯士宗雖被逐於教會，然已留遺跡；以自此以後教會中卽不復有原來的單純的教義了。諾斯士宗有一時發生一種極大的反響，否認哲學，此卽所謂「舊天主教神學家」——埃伊納（Irenaeus）（140—200），德杜林（Tertullian）（160—220），與希博利脫斯（Hippolytus）。這些神學家反對轉信仰為科學，主張限教義於規條之內。大與（Tation）

(170) 以希臘主義爲魔鬼之工作。埃伊納以爲創造與贖罪的歷程中有一種統一，——創造是神將人類帶到教會去贖罪的方法。德杜林則謂福音書以與理性稍有衝突，足徵其爲眞實 (Cre-de Quia Alsurdum)。這個意思是信仰非以不合理者爲基礎，但信仰之基礎高出理性，不知如許，故理性似荒謬耳。這是對諾斯士宗的反響，不是對理性論的反響。這些人同時用哲學與因襲與維護他們的主張。

反對一種系統的神學的反響，沒有能成功，因爲希臘哲學究竟是必須的。其結果是一種居間的地位，就是以希臘哲學助教會獨斷教義之成功。這是問答宗人明明白白的申明的問答宗人 (Catechists) 以克利孟德與倭利仁爲領袖。

倭利仁(185－254)與問答宗。 倭利仁姓阿達孟丁 (Adamentine)，是問答宗的初期的教師。這個問答宗的學派，從前克利孟德也曾爲掌教。倭利仁與普羅太奴同師。(師名 Ammonius Saccas) 倭利仁因爲他的學說，很受了些逼迫，不得不逃出亞歷山特利亞，去向卡撒利亞 (Caesarea)和推羅 (Tyre) 地方，就在推羅過 的老年的生活。他是東正教會最有勢力的神學家，是基督教神學之祖。

以倭利仁的立身處世而論，他是個基督徒；以他的思想而論，他竟是個希臘人。他雖然是反對新柏拉圖主義的哲學家，但他是基督教的菲羅。他的基督教的神學可與當時的哲學相抗。他的神學是以新舊約爲基礎，用一種特殊的方法將辯解宗與諾斯士宗的神學都聯合起來以圖實用。他確信基督教之表現，須如科學，無科學的表現的基督教是不明瞭的。雖然教會有時攻擊他的主張，但他卻仍舊自由發展他的哲學。倭利仁之以知識解釋基督教，也並不像諾斯士宗似的，匿其原則於哲學或神話之下。諾斯士宗是創造了一種新基督教，倭利仁卻從基督教的內部發展基督教。他是一個正教的因襲派，強有力的聖經的神學家與理想派的哲學家。他以爲可以有許多方法解釋聖經大部分的人祇能見其外表。較爲深一層的解釋可以使福音的眞理得一種心理的解釋。至於精神的解釋則更爲深切，可以使福音書得一種精神的，祕密的意義。基督教高出一切其他宗教，因爲基督教是一切階級的宗教，沒有階級之分的。基督教是惟一的宗教，可以不必要採取多神論，仍可有神祕的眞理的。

倭利仁的目的，主要在證明神在世界的創造與歷史中與人的關係是正當的。並不十分注意於世界之來由。他的學說的基本要義就是精神的一神論。神爲一不變之精神，萬事萬物的主宰。高出人類的知識。最顯著的是他的意志是絕對之因。他是創造的，他這種創造的活動是與他自身同其不朽的。神與變易的個體並無直接的交涉，因爲他雖然是創造的，但他卻是不變的。他祇與他自己的印象的永久默示——道——有直接的關連。道是一個有人格的，一種特殊的實在，完全像神而無體。道不是「神」，卻是神，是第二個神而無神之分（見 Harnack, Outlines of the History of Dogmas P. 159.）聖靈與道之關係卽道與聖父之關係。道與世界的關係是許多觀念的觀念，創造事物之模型或規範。

倭利仁和菲維一樣，信原來的創造是由於一純粹理知的世界，而創造的原因就是神的「善」。他更信道或神的慧識（Wisdom）是神的兒子。理想的知識世界之創造與聖子之存在都是從不朽來的。色界的起原與此不朽的創造是要相對照的。色界在時向上有起原，不過是許多世界系統之一。至終還要歸於神，終始都在神中。所以人在有時間的世界上生活，兩端都是不朽的。從全體方面看，創造是無窮的，由許多註定要參加神福的參加。這些人物賦有自由意志，是從神來的。物質世界的創造是潔潔墜落的精靈的，結果就有物質化的精靈，依次有天使，衆星，人類，與罪惡的魔鬼。

倭利仁注重意志，以意志爲人的根本，這樣，倭利仁的確是基督徒而反對希臘的主知主義的。神的意志與人的意志是他的哲學系統的基本。神的意志是神的不朽的發展。但精靈的意志是他們的臨時的自由選擇。神的意志是本體是實在；精靈的意志是現象的，變易的。精靈的自由意志是他們罪惡的根本。亦是他們物質化的根本。倭利仁以這些精靈的自由解釋罪惡與不完全的物質的存在，而不損及神之聖潔。於是調和了創造者的神的倫理的超越與他的物質世界的內在。神爲創造者，而非罪惡的創造者。倭利仁以自由意志之說調解了基督教的玄學的兩種相反的原則：信神之全能與罪惡的意識。

因此在神的計劃中教會的作用是很重要的。因爲這些墮落的精靈常常企圖用他們各自的意志超脫物界。不論其如何墮落，決不致失其神的本質。他們不能獨自上升，亦沒有逼迫他們的但卻永久有神的幫助，在人身上永久活動，且已完全在基督身上表現出來。倭利仁仿照辨解宗的態度，採用斯多亞派與柏拉圖派的概念，因爲不朽之道是從神人合一的耶穌身上取來的。因爲基督的物質的犧牲，凡信「他」的都可以得救。並且因爲「他」，許多特別受了神感的人，更得着光耀。贖罪有許多等次：信仰，或對於知覺世界的一種宗教的了解；道的知識，末後吸收入神。至終一切衆生因自由與神的恩寵都要得救，然後一切物質存在的都消滅了。

此後數百年來教會中人對於倭利仁的學說的爭辯是神學的而非哲學的。所以我們研究「希臘的羅馬」一期希臘哲學與基督教的關係，卽以此爲終點。倭利仁的工作起初祇有少數小團體贊助，大體上是被教會否認的。他的科學的教義中，他的特別的改變是關於得救的觀念與基督在宇宙中的位置。關於耶穌基督，他視濟度論的方面較宇宙論爲重，但兩方面都不曾能充分發展。我們看初期教會歷史，知道基督教取古代哲學的觀念，以其宗教的原則爲基礎而加以修改，然後纔應用。以後在中代就有奧古斯丁又將基督教與古代重新聯合，比倭利仁的工作更偉大了。

卷二 中代哲學(476—1453)

第一章 中代的特點與概況

「希臘的羅馬」期與中代的比較　中代就是在舊羅馬滅亡(四七六)與新羅馬滅亡(一四五三)的中間的差不多一千年的工夫。若與「希臘的羅馬期」連起來就有一千八百年左右。在哲學上沒有什麼收成。這兩個時期的知識的材料，不同之點很少，雖然在中代的上半期，這種材料也是很少的。但是這兩個時期，對於觀察事物的態度是很不同的。古代自亞利士多德起爲知識而求知識；後來漸改爲倫理的行爲需要知識；至終祇以知識爲條釋宗教之用。中代却正與之相反。中代自始卽已滿意於已經上期條釋好了的宗教，乃趨而再求純粹的知識。所以這兩個時代的見解是不同的。希臘的思想以自由起以因襲終。中代的思想起初是因襲的，青年的日爾曼人，帶了幾許新思想來，向自由衝去。人可以在中代發見許多古代思想的新變形和新的拉丁名詞，但是從大體上看，中代的問題與其解決，古代都有了的。人亦可以在中代發見近代思想的種子，但這些近代思想的種子是從中代的學生來的，不是從中代的老師大儒來的。中代的時候，人類又在學校之中問題繼續的發生出來，但都是用古代的觀念表示出來的。

中代的人　古代連合了三種文明，——希臘文明，羅馬文明，與基督教文明。希臘的文明是一種知識的教化的樣子，叫她希臘主義，已加在羅馬政治社會之中了。結果是一社會而有兩基礎。在這樣的社會裏，基督教教會乃發展而為一統制文化的與政治的勢力的機關。這就是日耳曼的野蠻人在中代最初三世紀中以許多次的攻擊而進入的社會。

這些日耳曼的野蠻民族至終攻破羅馬帝國的國界，那時便是中代之始，古代之終。這是一個新時期；因為一種新民族起而負未來之西歐之責任。日耳曼自然是不自覺其所加的擔負之重，因為這些日耳曼人是年輕的，勇敢的，為原始的本能所鼓動而活動的。躍入世界如一戰勝者，仍為一勞働者。

起初這些日耳曼人似乎要破壞一切古代遺留下來的產物。他真不曾預備去同化這豐盛的古代文明之果。他關心於偉大的希臘哲學者少，關心於輕妙的希臘的藝術者多。但最初接觸時他毫無所知。重以古代社會的輭弱不能化之以教育。但有古代社會一點是爲日耳曼人所容受的，就是基督教教會的精神的能力。與古代凡百衰頹之中，基督教教會的勢力日趨強大使北方的人卑躬屈節於其下，宗教乃於日耳曼人感情上爲藝術，哲學，與政治所不能爲之事。福音書的傳布眞深入這些初民的感情裏，因爲教會的要求，有時在事實上，眞代表得舊羅馬政治上的統一。況且教會亦是存留下的希臘科學的存儲所。教會爲日耳曼人表示個人的精神生活的理想。於是日耳曼人乃進而擁護教會，古代文化亦以是而被保護。所以西歐的中代史是日耳曼人在基督教教會的影響下的發展的記載。若與東亞教會的發展相比，則東方教會爲國家的教會之發展，西方教會是一種教會的(Ecclesiastical) 國家之發展。直正繼續羅馬帝國的是西方的教會，而不是後來的帝國。所以中代的開始以教會爲基礎，但中代的後來的發展是以日耳曼人爲基礎。

中代人的世界觀　中代人對於圍繞他的世界的觀念很是模糊，因爲他們所注意的不是塵世，而是支配塵世的精神。他亦很滿意於他們的有結論而無解釋的科學。雖然說數目與空間之關係，沒有一個文明人不清楚的，但是中代的人的確不大清楚是一種不能使他再發現新眞理的態度。更有進者，我們必須將中代的普通意見與科學意見和近代的普通意見與科學意見分解清楚，因爲那時的科學的結果沒有近代的人所知的多，普通的中代人他所住的世界，就是他的眼目所看見的。地是平的，天是物質的圓頂，支持世界上的水。有時水破裂天板，於是地上下雨。這種普通人的意見，有時可於當時的詩歌中見之。

中代的科學的意見，以託爾美及其亞歷山特利亞的天文家的學派的理論爲根據。託爾美是紀元後二世紀的人，亞拉伯人又將他的學說加上了許多別的意思。託爾美道：『世界分兩大分；一爲氣的，一爲單簡的。氣界以元始動者爲起點，由東向西，以二十四小時完成其旅行。此運動中有十天參加，其總體包含此二重結晶體的天體，卽天空與七星。』中代的科學家以爲他雖在地上，亦因是而立在萬事萬物之中央。直接在他上面的是天穴，爲月所管理；月下有四元素——火，氣，水，土。這是不完全的境域。但在月上，更有九天，各有其秩序的運轉；萬有之後卽爲神。託爾美的平面是大的，但是有限制的圓球體，圓球體有十，一個裏面一個（像葱圈一般。）行星與其自己的天體同其運動，行星又叫做「水晶體，」因爲是透明的。天上的許多小體在其自己的運轉的天體中的運動，亦在全圓球體之內，圓球體則另有其運動。至於歸別種運動於各行星在其天內，中代的天文學家能夠預言每一交會與日月蝕而絲毫無誤，各行星的分開的運動謂之擺線的運動。

這樣的科學的天文學很容易爲當時的神學所採用。月上的完全的境界則認爲神所直接管理者，爲衆精靈之所居。因此天體的聯合與關係亦以爲有影響於人生，他們爲星學與屍占術備一根據，神靈論在中代亦極普通。第九天抱擁其他諸天，拂繞諸天而過，並不干涉他們各自的運動，二十四小時運轉一次。第九天爲一切運動與變化的泉源與限制。其外爲神的永久的平安基督敎的天文學家稱之謂「有福的人的居處。」此卽第十天或最高天。此卽但丁所謂『這是純粹光明的天空；知識的光明充滿了愛，愛「善」充滿了快樂，快樂超越一切的甜事。』第十天爲樂園，在神的生活之內。須要知道但丁的神曲卽以此種天文學說爲根據的。亦是米爾頓(Milton)

天失樂園的一部分的宇宙論的根據。一千三百年來——自一二〇〇至一五〇〇——一般人對託爾美的天文學說，信仰不衰。

在學校中的中代的人　在十一世紀與十二世紀的時候，對知識有一種重輿的輿趣，深刻而廣遠，此當於下文詳論其特點(過渡期)。中代之初的五百年工夫，祇有教會中人有書讀。研究亦極淺薄。讀書的目的祇求能懂聖經，教父，與其他教會的著作。其教育如下：

一、神學的，授詩篇及教會音樂，無系統的神學研究，祇求能了解聖經與教父即可。

二、世界的，對於「七文藝」的知識。所謂「七文藝」即三學科，——文法，修詞，與辯證學；較深的有四學科，——音樂，算數，幾何，與天文。這些名詞很大，但所教的與所知的都很少的。天文與算數則用以算復活節的時候，幾何則有幾條優克利特的命題而無解釋。音樂則包括普通的詩歌與神祕的數說。對於文法，辯證學與從拉丁文學的修詞研究稍注重些。辯證學即中代的論理，其神祕之處，却蠱惑了中代的人。但關於論理亦祇知有幾許亞利士多德的論理而已。

中代的藏書　這亦是一個很有趣的問題：中代的教會中人讀的是什麼書？但我們須將普通

常讀的書，與學者可以用的書，與在思想上最有影響的書分別開來。

一、常讀的書　這些都是作教本用的書名如下：

詩篇。

童納杜(Donatus)的文法。譯者案童納杜爲紀元後四世紀中葉的文法學家，頗有名。

基督教的詩人普魯登笑斯(Prudentius)譯者案普魚登笑斯(Prudentius, Aurelius Clemens)西班牙籍，拉丁教會詩人，與奧古斯丁同時，著作關於宗教者甚多，如“Cathemerinon”與“Psychomachia”英文學家沙克利(Thackery)譯其詩甚多。的Psychomachia。這一種作品是寓意的宗教詩；朱文古斯(Juvencus)的福詩音(Gospels in Verse)；西杜呂斯(Sedulius)的復活節頌詩。譯者案西杜呂斯爲五世紀時詩人。

台阿尼西斯卡獨(Dionysius Cato)，Disticha de Moribus此書爲格言叢輯，係有韻之文。譯者案有謂此書爲「道德之問答」者(Catechism of Morals)

佛基爾，(Virgil)屋維特，(Ovid)及西西洛的修詞學的作品。伊索寓言(拉丁文的)

二、學者可以用的書。這句話很難回答，因爲不知某人究讀某書，當時各修道院的藏書殊不一致。有的有幾百本有的一本亦無有的藏書處所保存的完全是教父的著作；有的有許多古代著作家的著作。下列諸書是差不多每一學者都有的：

亞利士多德，解釋法與範疇(白塞斯翻譯的)

此可知中代經院哲學者所以特重論理的問題之故。

柏拉圖，The Timaeus. 愛爾蘭教會中人或者得見希臘文本，但在大陸上所用者為 Chalcidius 譯本。除此以外，關於柏拉圖的知識的來源祇有奧古斯丁的著作與新柏拉圖主義者。

亞利士多德評釋，——Porphyry 的 Isogage，是白塞斯譯成拉丁的，還有白塞斯自己的關於亞利士多德的解釋法與範疇的評釋。

西西洛，關於修詞學與辯證學的的論文，如 Topica, De officiis.

西利加，De Beueficiis.

盧克利西，De Rerum **Natura**.

奧古斯丁的著作與僞奧古斯丁的著作。

教父的著作，如亞歷山特利亞的克利孟(Clement)與倭利仁。

愛利仁那所譯的假台屋利西斯的著作。

研究古代的學者收集的各種百科皆備的材料。如Cassiodorus Copella)與白寒斯，和西維爾(Seville)的伊息獨(Isidore)的語源學。

三、當時在哲學上最有影響之書。此等書流傳未必廣，但皆爲代表時代之作品，列舉如左方：

奧古斯丁，上帝城。

白塞斯　哲學的慰安。

亞利士多德　白塞斯所譯的解釋法與範疇。

愛利仁那所譯的假台屋利西斯的著作。

普弗立(Porphyry)的Isogage，爲白塞斯所譯者，還有亞利士多德的範疇的導言。

中代的三大時期　一、初期。(476—1000)

二、過渡期。　(1000—1200)

三、經院哲學期。　(1200—1453)

一千二百年是一個自然的分期的界線。此時以十字軍之役，西方人民，羣向東行。而亞利士多德的作品，乃自東方傳入西歐。這些事情使歐洲文化和政治的情勢有一種變化。但這種變化，不是突如其來的。中間有兩世紀的工夫，實在是過渡時期，但同時爲一獨立的哲學動力所鼓動。這二百年工夫，可另分一時期。不與前後兩時期相混。這三期我們稱之爲初期，過渡期，與經院哲學期。

初期起於舊羅馬之滅亡至近代歐州在政治上的肇端。(1000)是爲奧古斯丁的神學支配下的宗教信仰的時期。並無絕對的神祕主義者，但在教會內部却統制一切。基督教的個人人格的觀念與希臘的柏拉圖的普遍實在觀並不相混，然亦並無爭端。蓋以人類理知並無標準，亦不覺其有此等需要。惟奥古斯丁與愛利仁那兩大哲學家皆爲新柏拉圖主義所鼓動。

過渡期自政治的歐洲之始至亞利士多德的作品的列著。(1200)這一時期中基督教的動力與希臘的動力乃開始衝突。於是產生了第一部分的經院哲學者。他們討論普通觀念的實在，適用於獨斷教義。神祕主義仍支配教會中人，惟形式稍改變耳。正宗派以柏拉圖爲理性的標準，趨向外道的却以亞利士多德爲標準。但兩派的作品都還見得不多。

經院哲學期從一二〇〇至中代之末。這時代論理的爭辯之旁又有了神學的玄學，並且在論理的爭辯之上。現在的問題是信仰與理知的問題。這時代是亞利士多德的，亞利士多德的哲學永久是教會中人的標準信條。神祕主義現在沒有權威的地位，但有一種獨立。這一時期有中代最偉大的經院學者。

中代人的政治界與教育界的概要。

一、初期，　476—1000

395 羅馬帝國分爲東西兩帝國。	（奧古斯丁 354—430）
476 西羅馬帝國亡，東羅馬帝國尚支持千年。	476—800 地方的與帝國的學校均消滅，主敎的與寺院的學校發生。

375—600北方野人屢次襲擊西羅馬帝國。

600 羅馬勢力全入野蠻人手中。

622—732回教征服阿拉伯，北非洲與西班牙。

732 回教杜爾斯(Tours)之役之失敗。

600—800日耳曼人與羅馬人之混雜。

800 查利敏帝國之創立。高於日耳曼人低於羅馬人之文明。

525 白塞斯死。

529 雅典各學派之消歇；聖邊尼狄脫(Benedict)之發起寺院的學校。

476—800黑暗時代

800—1000 邊尼狄脫時代：教育全在寺僧手中，此爲西歐僅有之時代。宮中的學校；主教的學校，與主教府學校與修道院。

愛利仁那，810—880，經院哲學的前驅。

900—1000 查利敏帝國破滅。道德之淪喪。丹麥人與比人攻其北；撒拉生人自海攻其南；斯拉夫人，匈牙利人，俄羅斯人，與波蘭人自陸地襲擊之。教會風紀之腐敗，教主制暫消滅，封建制度起而代之。

二、過渡期

1000德法於前一年始成國；英則稍後。歐州新生之始。此皆由於北方諸國之轉變，倭托（Ottos）之執政，教主制之復生，公衆生活之發展。政治秩序之始，教會的訓育與社會的安寧。 建築術與

900—1000 黑暗世紀，學術凋零。

中代的初期與過渡期，除於新柏拉圖主義之形式外，知柏拉圖者甚少。亞利士多德則除其論理之斷片外，亦鮮有知者。

最初之經院哲學

安色姆。

羅色林奴。

阿勃拉特。

1000研究之精神。

1000—1200最初的大學的原始。

藝術之重興，羅馬的於一千年左右發現，高替的(Gothic)於一千一百五十年左右發現。北方有託奴佛野(Trouvères)的詩，南方有託奴巴德(Troubadours)的詩。

三、經院哲學期

1200十字軍全盛時代。

1200—1453地中海沿岸各國與亞洲商務殊盛。

國家制度之勝過封建制度。

1150—1250亞利士多德譯爲拉丁文從前西歐所無的。

門狄肯派僧(Mendicaut)

經院哲學

阿奎那斯

滕斯斯各脫斯

屋干

1300—1453各宗派甚多。

1350—1453經院哲學之退化。

譯者案，讀者讀中代哲學史，最好取幾本教會歷史來參考，否則很不容易明白。Andrews C. Zeuos D. D. 的一本"Compendium of Church History"便是很好的一本書。

第二章 中代的初期

中代初期之五百年來所以爲注重精神的時代，實非偶然之事。「希臘的羅馬」期中政治的擾亂與知識的遺傳皆爲造成這一時期的原因。羅馬帝國時代之紛擾，人皆感受極大的苦痛；對於現世毫無興趣。物質世界毫無理想之可言。這一時代若不是奧古斯丁發表一種天上的理想，並以教會爲達到這種理想的手段，這時代不知要悲觀到什麼田地。物質世界之所無而精神世界似乎有的，就將這個時期造成了一個信仰的時期。時期內部的精神性就得中心的位置。一切皆集中於超自然的與超越的。人所注意者爲神的宇宙天使的數目與等次，與靈魂的救度。這時期還有下一時期，對於亞利士多德除去他的論理學的斷片外，沒有多少人知道他。對於柏拉圖則除新柏拉圖主義所表現者外，亦鮮有知者。但是在這時期，（在一千年以前）同時以亞利士多德與柏拉圖教授生徒，同時容納亞利士多德與柏拉圖，毫無爭執。神祕主義脫離教會的教義的甚少，如愛利仁那，他的主張的結果，並不是第一次發見的。修道院變爲根本的社會組織與中心的社會力。有組織的退隱生活可以作天上的玄想。禱告代替了思想。信仰足以指揮知識。知識世界爲新柏拉圖主義的惟心論所支配，人心中最重要的題目是神的恩惠。奧古斯丁啓其前。愛利仁那承其後，確定了這時期的新柏拉圖主義的絕端的形式爲未來的經院哲學表現眞問題。這兩位的學說的發表，便是發表這時代的態度的哲學。

奧古斯丁的歷史的地位　中代以一個精神極偉大的人開其端，這人便是奧古斯丁。（註一）他

（註一）請參閱奧伊鏗，人生問題二一九頁至二二一頁，二三二頁，二三六頁，二四五至二四八頁；Turner 哲學史二二六

De Wulf 中代哲學史，九〇頁至九八頁；Harnack, Hist. of Dogma 卷五，三至六頁。

可以與柏拉圖，亞利士多德，斯賓羅莎，康德並立。奧伊鏗說有的方面，奧古斯丁比黑格耳，叔本華還離我們近些。在教會方面，是很邀幸的，就是奧古斯丁正是在古代終了中代開端時候出現，此不但是教會之幸，亦時代之幸。藉着他便將古代的種種影響收集起來，在中代用一種科學的論斷表示出來。『西方的獨斷教義與信仰的歷史，全部爲奧古斯丁所支配，自五世紀之初，至於宗教改革時代，這個期間，可以獨立成爲一個時期。』Harnack, Hist. of Dogma, Vol. V, P. 3.

至於奧古斯丁與古代的關係，他特別取材於新柏拉圖主義者的聖保羅的學說與教父派的學說的根本要義，以發表其自己的主張。他對於古代學說，涉獵甚多，古代學說以他而始傳入中代。他似乎不大知道亞利士多德的系統，但他以亞利士多德的辯證學釋聖經，裨益於經院哲學者不少。他從西西洛的著作中略爲知道些畢大哥拉派，斯多亞派與伊壁鳩魯派。但是於奧古斯丁最有影響的是普羅太奴與普弗立的新柏拉圖主義。新柏拉圖主義，保羅的神學，與教父們是奧古斯丁的學說的主要元素。

他與中代的關係怎樣？他用一種明晰的心理的分析和新柏拉圖主義，將從前的士師般的神的信仰變爲神人間有一種個人的關係的信仰。換言之，他從精神方面盡量發揮其一神論，卽此可見新柏拉圖主義對於他的影響之烈。靈魂與神的有生機的活潑的關係是他的學說的中心之一。他將宗教從宇宙論的學科中取出來，變而爲個人的。更有進者，他於他的理想之外，供獻了一種得救的方法；奧古斯丁要設法表示（一）神是什麽，（二）靈魂將何以得救。在奧古斯丁以前，惟一的獨斷教義的方法，是基督在救度中的地位與作用，而奧古斯丁之所注重者乃在人之位置於是他將一神論發揮而爲精神的一元論，並略示基督教生活的精神的歷程，就是罪惡與恩惠。奧古斯丁這一層的最重要的進步，實在是得力於哲學。——新柏拉圖主義。

但却不要以爲奧古斯丁的學說的全部，與他的思想的全部影響，僅在此基督教信仰之改變中，如上所言者。種種不同的異教的與基督教的元素，在他的系統中，亦有其不調和處；奧古斯丁亦並未解決其爭端。中代前進的程途中，在他手裏不過是小小的不調和的一點，在別人手裏便積極的競爭起來了。他與教會以其最高的精神性質的動力，但却沒有組織完備的中心。這種精神的信仰的動力永久不會失却，然奧古斯丁學說中其觀念與見解之雜亂無章，卽其自身亦未加以調和者，亦爲其後人發生許多激烈的爭辯與運動之源。教會中的守法的與道德的一部分人起初反對他的學說，在第六世紀的時候，於大格利哥來（Gregory the Great）勢力之下，在教會的法的組織的趨勢上調和奧古斯丁的學說。

奧古斯丁是一種新發展的創始人。他將新柏拉圖主義與基督教義相聯合而以辯證學去表現，保護，並發展教會的教義。他一生雖在古代，他雖是收集一切新柏拉圖主義與基督教的線索的人，但他屬於中代而爲中代之師。他的學說爲新進的日耳曼人的有權威的精神的引導。他們從一種新觀點去研究古代的問題，而創造一種未來的哲學。在哲學方面，奧古斯丁已遠出乎他當時的時代，在他以後知識上麻木不仁的時候，哲學上亦沒有什麼希望。直到查利敏的時代從奧古斯丁發生的哲學的發展纔表現出來。後來路德與宗教改革的時候，又回到奧古斯丁，而我們的近代哲學，亦以他的信仰的觀念的中心爲基礎。

世。俗。的。學。科。 雖然奧古斯丁影響極大，但却不要以爲中代初期的知識的材料，完全以奧古斯丁爲泉源。試一觀中代所流行的書，便可以知道。奧古斯丁的學說中不曾包括盡了一切構成中代文明的元素。即在最初的時候，即有一種自柏拉圖與亞利士多德的系統中引出來的世俗的學科的趨向。後來更加顯著。這種世俗的學科始而想依附經院哲學，繼而獨立。奧古斯丁的系統中不含科學的種子。但在中世之初於 Capella, Cassiodorus, 與白塞斯的不完全的關於科學的撮要，和亞利士多德的論理學的片段中已有了科學的著作品。

奧古斯丁的一生(354—430) 奧古斯丁 (Aurelius Augustine) 常稱爲「基督教的柏拉圖，」是生於牛米地亞(Numidia) 的沙格斯脫(Thagaste) 地方。他的父親是一個異教徒，他母親是個基督教徒；他的母親影響於他的大的多。他是個天才，受教育於馬達拉(Madaura)與迦太基 (Carthage) 等地。他在迦太基地方的時候生活非常放蕩，他在他自己做的懺悔錄上便說得有。他依次研究當時的一切的科學的與宗教的問題。他起先在小亞細亞和義大利的小城市裏教修詞學，後來便不教了，專門去研究神學。他的宗教上的種種疑難，使他覺得異常紛擾，先要除麻里教 (Maui Chaeism)(註一) 的疑難，繼要解除學園的懷疑論，又要解除新柏拉圖主義。

(註一)麻里教是一種宗教，創始於一個波斯人名叫麻里。的麻里青年的時候，他就懷疑他的宗教，廿五歲的時候他就發他之所以信基督教有三種影響（一）他對於柏拉圖的研究（二）聖安勃洛斯(St. Ambrose)的口才與（三）他母親的道德的影響。他始為牧師，繼為主教，一方面實地組織教會，一方面在理論上建設他的主張。尤其特別作許多文字來反對麻里教與彼拉教。(註二)(Pelagian)他為柏拉圖的惟心論所激刺，著了一本神之城，這本書裏發揮一種歷史哲學，表明神之城不在地上，是在天上。

奧古斯丁學說中之兩大元素　奧古斯丁的思想，有兩個趨向。一方面他是個神學家，絕對主張提高教會的權威。又一方面他是個哲學家，主張個人的直接的實在(Immediate Certainty)

衷他的新信仰。他那時候，有兩種盛行的宗教，但却是相反的。一是 Mithraism，一是基督教。這兩種宗教，雖然相反，却也有許多地方是相同的。麻里對於這兩種宗教都有研究，對於波斯的馬奇教(Magism)亦頗有研究。他的新信仰便取材於此三者。麻里教是一種二元的系統；善惡有同樣的力量，原始的第一人是撒但，(即魔鬼意)雖然帶了一點神光。麻里曾遊印度，自亞洲至中國。(?)繼之者為和米士特(Hormizd)。

(註二)彼拉教的創始者是 Pelagius。譯音彼拉吉士於四世紀中葉(?)生於英國。

的原則。這是他的思想常常流動的兩個焦點，常常衝突的。所以奧古斯丁對於眞理有兩種標準：從一種外面的權威來的眞理，與從意識本身來的眞理。宗教的權威與個人的直接意識的權威——這是奧古斯丁主義中的兩個中心思想。奧古斯丁的教會的權威的觀念，在他是一種高而不可卽的理想，旣與以神威，却又同時限制了他的想像。他年紀愈老，愈趨重這一點，於是漸漸的變頑固了。但其餘的一個中心思想——直接意識的權威——却是他造成一種原始能力的哲學的基礎。因此而他超越他當時的時代而爲一近代的人，並以是而提高了中代。

奧古斯丁對於神學哲學沒有明瞭的界說。他亦不會說理知與默示何者爲較高的權威。結果成了經院哲學家的中心問題。然而奧古斯丁遺傳在世界上的是在哲學方面，以知識爲信仰的基礎，不以信仰爲知識的基礎。

新柏拉圖主義的元素：意識的內心的實在。奧古斯丁之以意識的內心的實在爲其哲學的出發點並不是自他作古的。這是他那時代的見解，同是基督教的與新柏拉圖主義的棄世退隱的趨勢的出發點。他不滿意於外界，乃轉而之內以求實在。但這是自柏拉圖以來卽有的趨勢。

奧古斯丁之異於人者在加這種實在以心理學的敍述。他是自察與內省之祖。他能敍述內部的經驗，亦能加之以分析。他發展一種意識的「內心的實在」的心理學，將他的哲學放在一種很堅固的一種人的基礎上。於是他將內部經驗放在中心管理的地位。他就達於一種界限清楚的「內界態」的地位。這就是從前斯多亞派，伊壁鳩魯派，新柏拉圖主義者，與以先的基督教的神學家所摸索而不得者。即此而他已預料及笛卡兒與近代哲學。

人雖有種種罪惡，而不棄其生。這可以表示靈魂有一種實體。物質世界可以消滅而靈魂生活的實在是有確證的。人的精神生活永久存在，決非幻想。既有或然之事，則必有實在。實在在何處？在我自身。實在之存在是我們內省得來的事實。我的感覺情緒等等，其存在是不容懷疑的。即使感覺與情緒的對象可以懷疑而感覺與情緒是不能懷疑的。在那一瞬間，我的意識也是實在的。懷疑我的存在，便是確定我的存在。物質世界的暫時的性質，更能夠確立此精神世界的實在。物質世界的存在不能加以解釋，於是人乃內向以為之求一實在的基礎。因此用一種深切的內識雖然沒有多少論理的推理，奧古斯丁已超過了亞利士多德，預先見到近代的從統一的人格中求實在的思想，所謂統一的人格的存在便是一種內心的實在。

但是奧古斯丁更深入內部因爲「神之存在」的實在，亦包含在此內心的實在之中。我對於物質世界的懷疑卽已包含他的存在，我卽可以有度量他的能力。這種眞理是普遍的。超越個人的意識，他們的相同點在一個普通標準之下聯合一切理性的人物。在別一方面說，此許多眞理的統一卽包含神之存在。眞理是神心中的「觀念」(柏拉圖的)

人在此生不能充分認識神，但是一切道德皆由於愛神；一切科學不過是對神在自然中的工作的興趣；圍繞我們的世界上的一切美指出神的調和的秩序來；世界上的歷史不過是神的行由的行動。總之，奧古斯丁以是而集中其內心的精神性的原則。而管理意識的實在。

這是奧古斯丁對宗教方面與哲學方面的大貢獻。我們研究近代哲學時，就可以知道他這樣貢獻的重要了。這種貢獻對於宗教的發展上亦非常之大，不容不提及。『奧古斯丁是改良基督教的信仰的。』他在宗教之中發現了宗教。他看入人心而認爲低下之善；向神看而認神爲高上之善。人以愛神而高出萬物。這眞是「新生。」這種個人的宗教將自然與恩惠分開了，將宗教與道德聯合起來了。罪惡是一種恐懼與貪欲的情態。自然人的心中皆是罪惡。——離開了神的心。奧古斯丁以前的道德與聖洗禮的宗教，爲希望與恐懼所激發者，今代以希望參加神的幸福與快樂的觀念。奧古斯丁從基督教的悲觀主義達於基督教的樂觀主義，確信恕宥的恩惠，以信與愛，神使我們歸於「他」，靈魂之所得者爲神之所需要者。宗教是個人的，內心的。『愛，謙虛，與戰勝現世的力量是宗教的元素與其幸福。都是從愛人的神來的。奧古斯丁將這種信息宣傳給當時與萬世的基督教。』

但是奧古斯丁在哲學上有一點與他的柏拉圖主義分開了，就是他以爲這內心實在的意識的原始，不在理知，而在意志。意志是我們的存在的極深的內部。我們的心理情態，一切皆在意志的指揮之下。但高上的神的眞理於此爲例外，在神的眞理面前，人的內心只能是被動的。默示不是有限制的行動的產物，是神的恩寵，意志在他面前是期望的，被動的。理性的神的眞知識是神的意志的結果得來的幸福，不是人的。人的意志變而爲信仰。但即使在那時，雖然是被動的，亦有人類意志之一元素，因爲眞理的分配亦是意志的一種行爲。所以關於意志的性質的難題，有兩種觀察：(一)奧古斯丁以爲意志記憶與理知關係綦密切，非人格之各種功能像一種物質的性質一樣的。他們是靈魂的本質的不可分的統一。(二)理論上意志是自由的，奧古斯丁主張自由意志說亦甚力，因爲他亦是擁護倫理的責任與神的正義的。理論上說來，意志是一種力，存在於感官宇宙之上，形式上具有抵抗或隨從某種趨勢的能力。實在說來，決不能自由選擇的。但意志有爲善所定的高上的作用。只有善良意志是自由的。

教會之權威。　舊羅馬滅亡後，教會大受壓制，因爲到教會中去的青年人是阿利安人，只有法蘭克 (Franks) 人是日耳曼的天主教的國家。奧古斯丁是很有勇氣的人，但他却似乎沒有力量使教會採用他所主張的眞理爲教義。他常常自己絕對服從教會的因襲，但在大體上，却也爲教會做了兩件事：(一)他建設因襲(制度與教義)以爲教會之權威與則律；(二)他貢獻教會以一種用科學建設的救度法。

於是又發見了奧古斯丁學說的第二中心點，圍繞着這個中心點還有許多他的大部分的思想。這就是他對於教會的權威與則律的觀念。普遍性——歷史的普遍性——與精神的個人主義是牴牾的。他竭力主張以教會爲得救的手段，正如他竭力主張眞理之個人的實在一般。他心中橫着這相反的命題。他是個個人主義者，（譯者案此處所謂個人主義與常用之義不同閱者注意）亦是誠心服從教義的。他以人爲中心的學說，從前已經討論過了；現在的討論則集中於神，如「他」的教會所表示的。在實際生活中，人的意志是極要緊的，但在永久不滅的生活中，神的恩寵是最大的勢力。人的意志與神的恩惠中有一罅隙。奧古斯丁很覺得出其中的隙漏，他見神的完全與人的罪惡世界的對照，則以神爲中心之主張更有必要。他以爲罪惡是流過世界的一股水流。人類自然在神的虛空處。理論上人是自由的，但在現實世界裏，爲他感官與他的罪惡牽連住了。祇有始祖亞當有自由；但亞當在自由中有罪了，他的罪惡便是全體人類的罪惡。所以現在生存的人，都是原來有罪的，沒有一個人能個人得救，不論他的行爲如何的善良，亦是一樣的。更有進者，亞當有罪的結果若不是神的恩惠，一切的人都要定罪了。「神的人」以他的死，用一種能力將虛空的人類充滿了神的愛。神的愛是得救的開始，中途與結局。神從這種愛裏，遣他的聖子來並建設他的教會。普遍的人死了祇有普遍的人可以得救。信仰基督是得救的惟一的方法。信仰基督亦僅能從神的恩惠得來，而神的恩惠是不可以人類的價值去限制的。所以人祇能以神的恩惠得救；即使人都定罪也不能算是不公平。但在別一方面，神的正義以爲至少必有若干人不能得救，然後可以永久維持判罰亞當的罪。得救的人的選擇完全以神的不可見的命星爲斷。這些被選的人是他的慈悲的記念物，那些被罰的人，是他的公正的記念物。人類大部分的災阨，愈顯出神的善良來。因爲第一層，罪惡不是積極的像善一樣。是積極的，反面的，原始的——善的缺乏。所以定惡人的罪不是這種教權政治的缺點。第二層，惡人所得的祗是正義，因爲少數人得救是愛的自由行爲，以神的慈悲心爲標準的。然而最要緊討論的是神的精神的帝國政府的完全。這個君主是法律與善，他的一切的子民是他的大力的證據。

黑暗時代(476—800)　近代的學者，常稱中代爲黑暗。但今茲所謂黑暗時代祗是自舊羅馬滅亡至查利敏復興的中間的三百年工夫。現在想即使在那個時期義大利的文化狀況還比阿爾普斯山以北的文化狀況好。義大利北部，似乎一直有教師；教育並未完全落入修道院手裏，如八百年至一千年中的北歐一樣。八百年以後，阿爾普斯山南與山北的教育的內容似乎不同了。

無論那裏的教育都有「七學科，」這是的確的，但兩方面所注重的事情不同耳。阿爾普斯山北辯證學很是重要神學與論理頗盛。在義大利方面，注重的是文法與修詞學，「文學的外道」是永久不曾消滅的。所以到了一千二百年，復興的時候，在阿爾普斯山以北所表現者爲神學的爭辯。在義大利則爲法律的學科。前面所列的一個表，所說的話在北方諸國比在義大利更眞實些同時在思想史上中代哲學發展於北方諸國，尤以巴黎爲最。

但這是太容易使近代的學者走得太遠，太看得起中代了。中代的開始的三個世紀在歐洲無論那裏都是黑暗的時代。野蠻人屢肆侵凌。四百年中祇兩端有兩個哲學家的事並不奇怪，所奇怪的是哲學上的結果。但在這一方面看，五百二十九年那一年是很重要的。這一年耶斯丁取消雅典的四個哲學的學校，同年聖邊尼狄脫在奈不而斯附近的 Monte Cassino 地方建立寺院的學校。這兩件事情便足以表示一爲古代之死，一爲中代之生。聖邊尼狄脫在西歐的修道院的運動，便止住了中代人求教育的希望。自八百年至一千年中的二百年工夫，中代的教育完全在修道士手裏。

查利敏的復興(800—900)　中代初期的黑暗時代，是爲查利敏的不成熟的復興運動所破壞的。與這個運動有關的人是愛利仁那(Arigena)(810—880)。須要知道這五百年來祇有兩個著名的哲學家，奧古斯丁和愛利仁那。中間竟隔了四百年工夫。更要注意，奧古斯丁是個羅馬人，愛利仁那却是個愛爾蘭人。此數百年間歐洲西北部，沒有見到科學之光。西方全部祇有三個地點，學問發達；一爲遠東在阿拉伯人中間；一爲君士但丁；一爲極西之不列顛。即現英國所以查利敏要從不列顛去召集他的教育家，如阿爾昆(Alcuin)與克利孟脫(Clement)者來，在法蘭西人中鼓吹文化。愛利仁那亦是從那裏來的。是查利斯(即Charles the Bald)召來的。查利斯是繼承查利敏的。那時國中每一寺院都可以尋得出愛爾蘭的學者來。這種學問，立刻就傳爲「愛爾蘭的學問」。還有一端要提及的，就是查利敏時代的復興運動要將古代與神學相連合是很幼稚的一件事。使無愛利仁那，則此復興運動，亦殊軟弱。他們要了解奧古斯丁，要會用論理上幾條單簡的規則，要求希臘主義去組織教義。從八百年到一千年的中間，稱爲邊尼狄脫的時期，因爲學術完全在邊尼狄脫的寺院中的修道士手裏。因爲這些愛爾蘭學者的動力，便發生許多學校。

……但這時期最重要的哲學家，還是愛利仁那。

愛。利。仁。那(810—880)其。一。生。及。其。學。說。 愛利仁那的哲學有一種系統。他像奥古斯丁一樣，遠在時代前面。他不但是查利敏的復興運動中一個大思想家，更是中代最可的注意的人格之一。生於愛爾蘭，受在大陸上所受不到的教育，因爲那裏便是個學問的中心。八五三年應查利斯召繼續阿爾昆在查利敏手下所做的工作。死後三百年，教會中人猶稱之爲異端，因爲他有關於命定與化體(Transubstantiation)的著作。他學問很大，人稱之爲「北方之倭利仁」他能讀希臘文，這是那時的一件難事，卽使阿爾昆也不知道希臘的字母。他的主要的著作是"De Divisione Naturae" 這是穿着基督教的外衣的新柏拉圖主義。他的翻譯中以"Pseudo-Dionysius, the Areopagite" 一書爲最有影響。是這時代最通行的一本書，因爲他流傳極廣，故亦爲新柏拉圖主義在中代宣傳的一種工具。

愛利仁那既非經院哲學者，亦非講究辯證的神學家。對於教會教義既不攻擊，亦不擁護。他平平穩穩的將新柏拉圖主義推行到汎神論的邊際。他是有希臘心意的愛爾蘭人在基督教的神秘主義的外表下的新柏拉圖主義者。沒有別的教會中人像他這樣明明白白的表示其新柏拉圖主義。他受影響最深的著作因而造成其學說的是假台屋利西斯的著作，因爲這本書是假託爲聖保羅的一個同伴台屋利西斯作的。這些著作恐怕是第五世紀時候做的，因爲純是新柏拉圖主義的，近乎汎神論的。愛利仁那應查利斯之請而譯此書；發表後，歐洲爲之震駭。他自己的著作，是假台屋利西斯的主張用絕端的汎神論說的。茲請述其大意如下。神是不可測度的，祇能從反面去描述他。（請參閱論非羅的一章）神卽存在或宇宙他自身發展如四系統。：卽神，神中之世，神外之世，世復返乎神後之神。神自身中以道而有一切創造以前的事物的始型。創造是個體從全體的論理的發展。個體復爲全體則謂之不朽。神將他自身創造成事物的模型，自神下墮而爲具體的東西。但至終必完全歸於神，愛利仁那以爲在宇宙中各處可以尋着這種復返於神的比方。

愛利仁那爲中代所造成的希臘的原則。　愛利仁那的學說的詳細節目如果不是顯明他爲中代所造成的希臘的原則，便不甚重要。普遍的全稱是眞實的。愈普遍則愈眞實，故愈完全。如果我們有一種全稱的觀念，這全稱便因爲是全稱始克存在。神的觀念是普遍的，所以神必存在。世界的觀念是一種全稱，却不如神的觀念那樣普遍，所以其存在不十分確實。但此世界的觀念比樹的觀念眞實的多。中代哲學自今以後成爲一種論理的有神論。而愛利仁那則爲論理的汎神論。論理的依附是眞實的依附。我們近代所謂自然事物的因果在中代時候，如果以論理解釋，便毫無問題。這是中代思想的樞紐，不可輕輕放過。

但是這種論理的全稱的實現是希臘的，却破壞了中代文明的根本上的希臘的特點。客觀的精神的敎會竟取客觀的宇宙而代之。中代的歷史是希臘的普遍主義與基督教的個人的觀念的衝突。在愛利仁那身上，希臘的元素大有勢力。愛利仁那是個小奧古斯丁。是個過渡期的「諾斯士宗的人」。他的新柏拉圖主義的汎神論何以不能完全戰勝基督教教義的個人主義的元素？反之，何以一世紀後，提出了衝突的問題，纔了解他的學說？因爲日耳曼人的性格，就他們的習慣與法律所表現的，都是深信個人人格的權利的。所以基督教的父老所說的精神人格的元素，日耳曼給了一個很深切的回響。日耳曼人確能容受並且實地生活於後來的教會的實在論之下。但愛利仁那的希臘的汎神論的思想亦削去日耳曼人的一切遺傳的理想所以一世紀後便大啓爭端了。愛利仁那是經院哲學者的先驅。

初期的末一世紀(900—1000)愛利仁那後一世爲道德墮落時代學問皆衰落，而北方，東方，西方，之攻擊紛至沓來。查利敏的帝國破壞了，教皇也一時不見了基督教中人有信爲世界末日將至者。此雖爲野譚不足徵信，然其後伏有眞理即有一種新信仰發生，且延至一千三百年，即以是而轉入過渡期。

第三章　過渡期

過渡期概況　過渡期的第一世紀與初期的末一世紀無論在知識的態度與感情的音調上都大不相同。這一世紀爲歐洲的新生的世紀——爲政治秩序之始，且喜探討研究，虔誠主義的精神須有一切的組織——到十三世紀時中代系統似已達於完全之域。過渡期與十字軍之役亦有關係。『似乎世界上擲去舊袍服而換了教會裏的白袍』十字軍的熱心便是宗教重興的表象。從前積蓄的能力，乃經過一發展極快的時期。

在哲學方面，是愛利仁那所發揮的新柏拉圖主義的神祕主義與基督教的個人的觀念相衝突。這兩種動力在初期是並行不爭的；現在却爭辯起來了，結果便爲經院哲學。雖然理論上說是放棄世俗的學科，認古代的文學爲魔鬼的試探，但實際上如有人能用辯證學，用許多古代的材料作文化與排斥異端的方法，便也是特出的人材，大家都要驚奇的。那時有研究古代的東西的，有研究辯證學的，有新柏拉圖主義，還有研究奧古斯丁的。柏拉圖的實在論的精神頗爲經院哲學家所推崇。這時期的經院哲學家的問題與下期的不同。這一期的主要人物，我們要詳細研究的有：

（一）安色姆 Auselm, 1033—1109

（二）羅色林奴 Roscellinuo, 1100 左右死

（三）阿勃拉特 Abelard, 1079—1142

經。院。哲。學。是。什。麼。？　普通說起來，經院哲學便是哲學的思想，但從歷史上看起來，這個字是祇能應用於中代的哲學思想。也有人指明經院哲學無所異於其他哲學。有其偏見，有其所依賴的

威權，亦用演繹與觀察的方法——與其他一切哲學同。但此時的經院哲學所以異乎他哲學的緣故，因其以教會的獨斷教義爲權威，與應用經驗之不完全而別，所以中代的經院哲學可定義爲以論理的方法討論神學問題。企圖用一種科學的哲學系統去表示教會的教義。有時這種企圖的結果如果改變教義，便流爲異端。但是普通說起來，經院哲學家並沒有這樣野心，因爲他們常常是受制於教會的教義的範圍以內的。他怕教會的咒詛。因此，我們可以知道經院哲學有兩特點：(一)經院哲學假定教會的獨斷教義是不生問題的，毫無謬誤的；(二)以理性的解釋去提示獨斷教義，或者至少表明獨斷教義不是與理性相反的。獨斷教義有時可以用理性去解釋。有時陳義甚高，理性不可及，祇可以說道，「此義不與我矛盾。」很有名的一位教會中人說道，『教義說道，Deus homo (神成爲人)。經院哲學問道，Curdeus homo? (神何故成爲人?)』默示是假定爲眞的；經院哲學是許可的；獨立的理性的科學是否認的。其餘的中代史上，並不能見到有什麼有意爲教會建新義的企圖；祇求修正教義而已。這時期經院哲學是以論理的問題的方式研究共相與個體的關係。到下期——經院哲學期——此論理的問題變而爲玄學的問題，因而及於理性與信仰的範圍的問題。

普遍的概念與特殊的經驗的關係的問題爲蘇格拉底以後希臘人的中心問題。當然在中代也要發生出來。但中代人的所處情况却不如希臘的好。中代關於文學的材料太少，沒有機會去以實地的觀察來證驗他的研究，他的思想也是未受訓練的。在初期的時候，經院哲學不過是論理的遊戲一般。自全部觀之，無非是以斷片的亞利士多德的論理學爲基礎而引出許多論理的問題耳。這是與信仰很有危險的，但教會亦無法防止，因爲這是查利敏的學校中的修道士的惟一的僅有的娛樂。雖然是瑣碎的小事，但其論證亦頗有犀利處。第九世的各學校都成了極端的形式，愛利仁那的勇敢的運動竟以衰頹。『娼妓能以神的大能復變爲處女否？』『吃了獻祭的東西的老鼠是不是吃了神的身體呢？』『針尖上能站多少天使？』這些便是他們的問題的一斑。這種問題卽在彼得陸巴德(Peter Lombard)阿奎那斯，滕斯斯各脫斯的著作亦間或有之。

以論理學的話說來便是共相與個體的關係的問題。常稱爲共同觀念的實在的問題。這個問題起於普弗立 Isogoge 的一段書上，——這本書是亞利士多德的範疇的導言。普弗立將這個問題分爲三部分：(一)宇宙是否有類與屬存在，抑僅爲理知之產物？(二)如爲心外之物，則爲有體的，抑爲無體的？(三)他們是否在感官的特殊事物外存在，抑或在其中實現？對於這些的答案不同，於是中代思想家分爲三派，——實在論者，概念論者與惟名論者(Nominalism)。(案這時期的概念論者常與惟名論者相混而統稱爲惟名論者。)實在論者以爲共同的觀念有實體，個體不過爲其一種不完全的模倣。惟名論者，則與相反，爲共相不過爲一名(Nomen)或爲自眞正的特殊事物所引申的一種抽象。概念論者則思調和上兩派而以實體爲祇在個體中存在。用中代的話，實在論是(Universalia auterem)，惟名論是(Universalia Post rem)，概念論則爲Universalia in re)。此問題與教會之實際關係頗重要。還是普遍的教會眞實而有權威呢，還是特別的教會眞實而有權威呢？何者之教義爲有權威呢？此與當時教會中人關係很密切，以若輩欲以羅馬爲各教會之領袖。故況且如果個人比人類全體眞，則教會教義之關於罪惡與贖罪者將被破壞，因爲這些教義都是以人類的共同關係爲根本的。經院哲學並不僅以普遍的教會與其共同的教義爲一名字，所以正宗的教會中人差不多都是實在論者。宗教的原理是共同的，而特殊事物是世界上的。教義已經固定，教會已與之合一。如果注重特殊經驗，不曾永久繼續的改正因襲的制度習慣而以私人的判斷代教會的信條。使惟名論而發揮盡致則無一處不與教會的獨斷教義相衝突。結果則爲懷疑論。但是後來教會中人也看出來如果像愛利仁那的一般澈底的實在論亦大有危險。結果成爲汎神論。如果實在論和惟名論都推而至於其論理的結論，則均爲教會的危險學說。

安色姆(1033—1109)其一生及其在中代哲學上的位置。 安色姆生於隆巴地(Lombarely)的倭斯太地方 (Aosta) 的一個貴族的家庭裏。早年卽入勃克 (Bec) 的修道院。繼朗弗朗克(Laufrauc)爲此間僧長，又繼朗弗朗克爲堪德勃雷地方(Cauterbury)總主教之職。他信仰基虔，喜思考，極端信仰教會的獨斷教義。他的 Lur Deus Homo是一卷論文，論及贖罪的道理的，是中代一本最要緊的書。

安色姆起，爲神學學說發生一大變化。託爾斯(Tours) 的比林格(Bereugar)正於此時攻擊耶穌親臨聖餐的教義，這是經院哲學的時期中，大起風潮的近因。安色姆之師朗弗朗克則擁護此說甚力。此問題猶未解決，方各相爭。所以安色姆親見哲學之初應用於獨斷教義，他使是最初用辯證學擁護獨斷教義的。自此以後，辯證學不是一種知識的娛樂品了。他是最末後的修道院的教師，是最初用辯證學來教導信教的人的。他一生的願望就是以哲學爲信仰加添知識。

所以安色姆的經院哲學以教父的神學爲中心；他的方法與精神與奧古斯丁和辯證宗是很相同的，所以人稱他爲『奧古斯丁第二』或『末一個教父』是很適當的。……愛利仁那與安色姆都受了柏拉圖主義的影響到一千二百年竟支配了中代。那就是說，兩人都是實在論者。然而愛利仁那的實在論將柏拉圖的神祕的元素表現得完全些。神以下的實體的一切階段都破壞無餘，使教會也成爲不是必須的了。愛利仁那是一個澈底的實在論者；安色姆比較緩和些，與教會的態度是一致的。Credo ut intelligam（信仰爲知識的信奉的基礎）是救他的錨，爲一切末來的正宗的經院哲學家的保障。安色姆以爲世界是共同的實在的階段組織，如犧牲，教會，然後三位一體之神。他將哲學應用在這種的獨斷教義上，並不是有這種需要，不過用分析法使更明晰耳。

安色姆神在辯　安色姆的神在辯是很有名的，是他學說最至要的一部分。要確實明白了解他，須要注意於中代的實在論之下的思想，凡一切事物愈普遍則愈實在——愈有存在亦愈完全。他在他的 Monologium 上發表他的宇宙論的論證：一個單純的完全的普遍的存在必假定爲一切較小的存在之因。神的本質必包含他的存在。其他一切事物，其存在均可以想得到有外因，惟神獨自以其本性之必要而存在。在他的 Proslogium 上，他發表他的本體論的論證：人有一完全存在的觀念；「完全」於其他性質之中卽包含存在，否則我們可以想出個更完全的存在；所以神是存在的。

羅色林奴（一一〇〇左右死）其一生及其學說　羅色林奴，（岡比恩 (Lompiégne) 的僧官）是第一個想用辯證學修飾獨斷教義的經院哲學家。時神學的爭辯殊烈，此時以前這樣的爭辯已高出未成獨斷教義之主張之上。羅色林奴所要特別攻擊的是三位一體之說，而爲其攻擊之基礎者惟有哲學。羅色林奴要想以教會來修正這種特殊教義的企圖完全失敗了，但其成功，却出乎其意料之外。他明明白白的提出理知與默示的問題來。此後的根本問題是人的理性與神的默示的權利的問題。羅色林奴與信仰以一大打擊，使各學校中知道此不僅為論理的問題。

羅色林奴是一位惟名論者，他從惟名論的觀點，要改變三位一體的獨斷教義。他主張神性為三種不同的本質，不過於某種性質上相合。此為三神論（Tritheism）而非三位一體（Trinity）。但這不過是表示他的惟名論的主要的例而已。普通說來，共相不過是名，祇於人心中有其存在。個人獨自存在。個人相加的團體，個人分開的各部分，都是心理上的，沒有實體。羅色林奴為安色姆所反對，教會定為有罪，迫使反悔。他就跑到英國，回到法國，又宣傳起他的主張來。

哲學界之爭。自羅色林奴將問題用惟名論提出後，第十二世紀對於共同的觀念的實體，乃大起爭論。一方面實在論者，設法抬高共相而示共相如何與個體相關——凡此皆安色姆之遺諸信仰者共相——如三位一體中之人，教會犧牲——如何在一個普遍的神中存在？於是有許多狂妄的解釋，如查得理（Chartres）的勃拉特（Bernard）的想像的作品，與其弟提阿獨理（Theodoric）之象徵的算數說。桑堡（Champeaux）的威廉——他是阿勃拉特的先生——

便差不多將實在論變成汎神論了除共相外無物存在；一切個體不過是共相的偶然的修改。汎神論在實在論的血中緊緊的依附着，常常要發現的。

實在論者的這樣的汎神論的演繹法，雖然那時教會的權威壓制惟名論甚力，而惟名論依舊起而反對。惟名論者託庇於亞利士多德的權威與保障之下，因為他的概念論者的學說，此時知者尚少。那時知道的幾種亞利士多德的著作，解釋亦不完全。在中代史有一件事很可注意的，就是直到經院哲學時期，柏拉圖是正宗派的權威，而亞利士多德為異端的權威。

阿勃拉特的一生(1079—1142) 羅色林奴與桑堡的威廉都是阿勃拉特的先生。他與他們兩人都不一致，自己創造一個學校與之對抗。他在各地教學，從一一〇八到一一三六在巴黎，其中亦略有間斷。他以後數十年始有大學，但他是眞正的大學創始人，因他是發生最初的大學校的運動的先驅。他的方法是從哲學移到神學，再及於其他學科。這是實際上積聚了反對與贊成的學說而引申結果的教導的方法。阿勃拉特除拉丁文繙譯外，對於希臘毫無所知。但以他為教師的天才與其銳利的法蘭西的理性，即不能容忍一切箝制的性情竟使他成為最偉大的經院哲學家。兩次宗教會議反對他的學說。近代人知道他的人很多的原故，怕是因為他與黑樂哀絲(Heloise)的不幸的愛情關係吧。

阿勃拉特的概念論　共相存在於個體中。阿勃拉特爲共相與個體的關係的問題尋得其爭端的中心。他的地位常被人誤解，因爲他是羅色林奴與桑堡的威廉的學生，亦是反對他們的。常以此之矛而攻彼之盾。他抵抗汎神論，認爲是實在論的論理亦反對自惟覺主義來的惟名論。共相是知識的必須要的方式，故在吾人所知之事物之本性中必有其幾許之存在。其存在即許多事物的要點的相似處。此相似並非爲數目的相似，但是一種統一可以使我們知道這特殊事物。事物間之相似處，與神所創造的模型相同。故共相無獨立的客觀的存在，並不是離開一切與事物的關係的一個字。共相之存在有三法：(一)在事物之前存在，僅如神心中的觀念；(二)與事物並存如事物的根本的相似點；(三)於人心有事物之知識時，在事物之後存在。阿勃拉特並不曾系統的發表他的哲學，不過以之爲反對他說之武器耳。從這個問題的專門方面看，以前幾行的思想實爲一未經系統的統一。阿拉伯的哲學家都承認他的學說。阿勃拉特實在並不曾解決這問題。不過有一個段落耳。

阿勃拉特的理性論——理性與獨斷教義的關係。

阿勃拉特實在是一個理性論者。他是奮鬥的玄學家與辯證學家，——不能忍受種種限制，不尊崇威權，竭力要取得戰勝的獎勵。愛利仁那，以一神祕主義者，調和了理性與獨斷教義，因爲他們是相等的。安色姆以一正宗的經院哲學家，以理性屈伏於教義之下而調和之。阿勃拉特則爲一理性論的哲學家，以教義爲屈伏於理性之下而亦調和之。安色姆以爲理性祇能解釋教義；而阿勃拉特以爲『獨斷教義僅爲臨時替代理性的』安色姆對於獨斷教義毫不發生問題，而阿勃拉特則置獨斷教義於理性之法庭之下然後爲之辯護。我們須在法庭上試驗一切獨斷教義，苟非確實證明其清白，仍須對之懷疑。因爲『有懷疑而後有調查考察，有調查考察始可得眞理。』他在他的一篇論文上（"Sec et Non"）將從前教父們的意見，分列起來而後理性可斷定其眞理。他研究三位一體說，亦用此方法，在他基督教神學的第三卷上，他引了二十三個反對論調，在第四卷上一一答復之。這種理性論的精神引領他使他鼓吹自由意志說，將道德行爲與理論的信仰的責任放在個人身上，以基督教爲一切宗教的結局而非一種新表現。

阿勃拉特之所以未能克竟其功者，因當時實驗的科學太少而人民信仰復極堅故。他所有者，僅爲經院哲學的論理的方法與教會的因襲。阿勃拉特規定了一個問題，但沒有解決的方法。但其問題却是極重要的。

阿勃拉特的學說的不安靜與這時期的末世紀同，足爲其代表，他亦是終結這一期的。那時從經院哲學的辯證學的無結果的方法中發生一種普遍的革命，渴求知識。一方面對神祕主義有大反響，（如 Victorines, Bernard of Clairvaux, Bernard of Tours）對折衷主義亦如之。（如 John of Salisbury, Peter the Lombard）一方面實驗科學大發展，一般人大感其興趣。但這種理論的興趣不過是事實的大流中的小潮。……西方正預備得救十字軍之役是中代的柏拉圖的理想論的最末後的與最錯亂的表現。將前兩期歸入一驚心動目的結局。阿勃拉特於柏拉圖的理想論在世界上的象徵破壞了時，他亦將這種理想論在理論上了結了。這難道也是偶然相合的麽？

第四章　經院哲學期

末期概況　這一期的前一百五十年是經院哲學的全盛時代；末後一百年則漸衰落。經院哲學期是過渡期的自然的成長。過渡期之末，雖然有回教，猶太教與異端，而教會與典籍，及其生活與獨斷教義都是最有價值的。這時期發現了一種神學適合於其生活與獨斷教義的，——爲門狄肯派的信仰之潮所流動的一種神學與眞亞利士多德之相知爲其動機。與這種動機合適的條件是(一)教會與教皇職位的勝利，(二)門狄肯派的極端信仰，(三)自教會的內部發展，又在君士但丁，巴力士登，與西班牙與東方相接觸而發生的普通的文化。亞利士多德與門狄肯派是新勢力，他們以反對舊的宗派，各大學與老師宿儒而得其地位。這勝利是可能的因爲所謂新勢力並不曾眞有什麼新貢獻，不過完成舊計劃而已。這新的亞利士多德據所知的，是講述玄學，知識論與政治學的，用一種方法去表白獨斷教義以禦衆堡的威廉與羅色林奴的反對。門狄肯派在他們一方面將信用與理知混雜了來表白一切的獨斷教義。

過渡期的經院哲學完全是爭辯的，而這一期是綜合的，建設的。注新血於文化中，不但取給於亞利士多德的論理學的作品更取給於其物理學的作品，結果對於辯證學有一種新興趣，對於玄學與心理學的系統的新建設亦有一種新興趣。現在的中心問題是理知與信仰的各自的範圍的問題，而其解決是要用着論理學與心理學的。完全的解決似乎是在阿奎那斯身上，而文學的表現則爲檀德(Daute)。自然世界如亞利士多德之所解釋者，若不引入新哲學則多馬斯（Thomas)(卽 Thomas Aquinas) 已差不多可以將自然世界與奧古斯丁的恩惠的世界的觀念在理論上調和了。但他剛剛將經院哲學組成系統似可以傳諸萬世的時候，爭辯便立刻起來了。因爲汎神的神祕主義以獨米尼派 (Dominicaus) 的愛克哈脫 (Eckhart) 而得獨立；然佛朗西斯派的滕斯斯各脫斯却以奧古斯丁的意志說爲根據而引申一種玄學學說，與哲學以一種新傾向；且惟名論以亞利士多德的論理學與新的實驗的心理學而益光大。但教會中人則以爲自多馬斯阿奎那斯而哲學已達於完全之域。此後的各種趨勢都是退化，卽便是近代哲學，亦不過視爲與阿奎那斯的系統同等耳。

兩種文明　這一時期也是不同的文明的改變的結果。我們在波斯戰爭，與亞歷山大遠征的歷史上已注意於東方西方相爭的影響了。後來北方民族侵入羅馬，又完全換了個新時代。現在又有一種新境遇了，回教文明，在東方頗有勢力，占有小亞細亞，非洲北部與西班牙，今則從東西南三方與歐洲相向。中代的初期全期基督教文明與回教文明已互爭雄長。至七三二回教對歐洲的要求，以託爾斯(Tours)地方一戰而失敗。摩哈默德(570—632)改變了阿拉伯全境的宗教爲回教，(自其逃亡(632)至其死的十年工夫)繼承他的人取巴力士登，(637)西利亞(638)埃及，(647)波斯，(710)全非洲北部(707)侵西班牙，(711)至七三二而敗於託爾斯地方。此皆一世紀內事。此後二百年間(800—1000)回教紛擾羅馬與地中海羣島不止。這兩種文明隔地中海而相望。惟宗教的狂惑始可影響於文化。但事實上卽因宗教的狂惑，這兩種文明在中代之初接觸甚少。中代之初，歐洲東部猶在黑暗中，阿拉伯的許多學校頗享受了些知識生活。自八五〇至一一〇〇世界學術的中心卽爲東方的阿拉伯的各都城市。歷史學家今特別注意於君士但丁，以之爲當時文化中心之一。至一一〇〇阿拉伯人中的狂惑的人在東方破壞了這裏的文化運動，學者遁而至西班牙。此後百年間西班牙境內阿拉伯文化大盛，尤以哥度伐(Cordova)地方爲最。至一二〇〇阿拉伯的正宗派爲西班牙人所側目，而阿拉伯學者遂不得不於猶太人中或基督教中自謀所以安身之道。

兩種文明的初接觸　自中代的初葉，這兩種文明的接觸點不是戰爭就是商業。那時的猶太人喜遊歷，足跡遍世界，常常以阿拉伯的文明報告於歐洲人。猶太人和阿拉伯人一樣是哲學家是一神論者，是閃密的族，對於商業，更格外注意。中代的初期之末，他們便先以希伯來文譯阿拉伯的學問，又以拉丁文譯阿拉伯的學問，賣給歐洲人。於是在一〇〇〇年與一一〇〇之間，醫學和天文學的知識就傳入歐洲。希臘的哲學著作，其繙譯還在譯阿拉伯文之後。起先是從西利亞文譯來的。所以一〇〇〇年至一二〇〇年間基督教的學校已可讀少許拉丁文的希臘哲學，是起先已有過西利亞文與阿拉伯文的（有時亦有希伯來文）譯本了。一二〇〇以前祇有阿拉伯文本可舉亞利士多德的著作爲證。一二〇〇年前，亞利士多德的著作除機關外都是這樣在歐洲出現的，而機關的全部也到一一五〇纔發表出來。一一二五年的時候查得(Chartres)的學校即略知亞利士多德的物理；一二〇〇年一切物理學玄學與倫理學都從拉丁文與希伯來文的譯本上知道了。這些譯本有阿拉伯的註解，竟將亞利士多德解釋成一個新柏拉圖主義的汎神論者。這時教會中人有許多盡力於繙譯事業的，如吉巴脫(Gerbert)和託爾度的雷孟(Raymond of Toledo)。西西利的洛吉而(Roger II)第二(死於一一五四)與弗雷迭列第二(Frederick II)的朝中，阿拉伯的哲學家很多。弗雷迭列有許多的譯本送給牛津，巴黎，白洛格那(Bologna)的各大學。

所以阿拉伯對於基督教的文化的影響是很大的。但這必須說是阿拉伯的——差不多都是借來的。阿拉伯(請參閱 Seignobos, Hist. of Mediaeval Civiligation, PP. 117 f)不過是希臘與印度的知識的輸送役而已。就哲學而論，阿拉伯人輸入歐洲的亞利士多德都不免有所偏了。回教徒為世界輸送了許多科學和許多新農產物，而所輸入歐洲者，不過一小部分是他們自己的。十二世紀之末，羅馬與約克(York)地方的基督教徒比起在巴格大特(Bagdad)與哥度伐的回教徒來，於發明的原則上較勝，而於因襲的學問及科學的材料上則不如回教徒之多。

兩種文明的衝突——十字軍之役(註一)在一一〇〇年左右，這兩種文明大起衝突。一〇〇〇年以前，回教領袖是阿拉伯人，但在十一世紀的時候，這些阿拉伯人為亞洲北部的土耳其人或蒙古人所征服。他們都改成回教徒，但是這些人，不受文化，亦不敬仰巴力士登地方，這塊地方在阿拉伯人與基督教徒的心目中，都以爲是聖地。從第四世紀到第十二世紀基督教徒，無論是個人或是團體，都去朝拜那個地方，人數亦大大的增加。但是在第十一世紀的時候，土耳其人的回教徒便不常許人入耶路撒冷。並且虐待這些到巴力士登去的人。於是就屢次攻打回教徒，即所謂八次十字軍戰爭的便是。十字軍戰爭的結果與教會所期望者適相反，因爲十字軍始終不會能永久佔領耶路撒冷。但十字軍都驚醒[一]了歐洲。十字軍在歐洲的影響大於在東方的影響。結果爲：

(一)自與外人接觸而歐洲的思想界始從睡夢中警醒，這些外人是從前歐洲人所看不起的，現在都覺得比他人強了。

(二)基督徒爲兵卒者發出一種新的國家的競爭心。這種國家思想與封建制度之破壞亦有

(註一)請參閱 Emerton, Mediaeval Europe, PP. 358-397; Adams, Civilization during the Middle Ages, PP. 258-278.

消極的影響

（三）商業上大爲活動。造成一新的社會階級，與君主合而反對封建制度下的諸侯，始與東方通商，發生許多新的需要與奢侈品。惟納司，比撒，與幾諾亞（Genoa）其次還有德國法國，英國的各城市都成了富饒的商業中心點。

（四）拉丁教會的勢力之擴張。

（五）亞利士多德的著作直接從希臘原文譯出。在第四次十字軍戰爭時（一二〇四）君士但丁爲十字軍所佔領，於是西方的學者，亦得親探希臘之寶藏。。。。。

學問的復興　第十二世紀時的學問的需要現在滿足了。亞利士多德的論理學與自然科學的全部使知識上頓添許多新材料。這都是在一一五〇至一二五〇的一百年內到歐洲的，（一）阿拉伯譯本，（二）直接從希臘文譯本來的。亞利士多德的論理學再造經院哲學，而他的科學，成爲玄學的基礎。中代思想已有這種預備，並沒有什麼新哲學原理而有一種完全的適應。奧古斯丁的知識重於意志之說以亞利士多德的系統的主知主義而益見重於當時。創始者是阿爾勃脫(Albert of Bollstaedt)組成而成系統的是阿奎那斯；詩的表現是檀德。新的文化中心是巴黎與君士但丁。白洛格那的法律，牛津與巴黎的普通文化與神學，在一一六〇與一二〇〇之間已表示有一種普通的組織。在一一五〇與一五〇〇間這種大學有七十九處。都不是特別辦的，是這個運動的一部分自然發展的。請參閱 Norton, Readings in the History of Education, PP.102-103

但在未正式承認亞利士多德前這種運動已足足有了一世紀的工夫。許多年來亞利士多德的名字常和汎神論混在一起，就是因為阿拉伯的譯本的緣故。新柏拉圖主義的流出說，以其在阿拉伯譯本中的汎神論故，自愛利仁那以來即為教會所欲規避之一種趨勢。自希臘原文譯出之拉丁本出現後，確認亞利士多德學說中的有神論的性質，於是對於新學的全部起了一種很有力的反響。一二〇九年教會定亞利士多德的物理學為邪說，一二一五年定其玄學為邪說者，至一二五四年乃公然承認之，五十年後乃為教會之前導，反對之者反將認為是邪說異端了。

天主教會對付這時期的新問題很顯得有能力。純粹宗教的時代的人民現乃傾心於亞利士多德主義。數百年來知識困於形式的論理。一種知識界的革命已甚迫切。亞利士多德哲學中乃表現一種宇宙哲學爲教會中人所從不討論者。但如果門狄肯派不在巴黎大學設講座，則亞利士多德是否能爲一般人所承認，很是疑問。這些士僧並不一定是爲哲學而愛哲學。不過他們以爲哲學一定可以爲反對無神的哲學的武器。但是很奇怪的，爲學問的復興的泉源的亞利士多德哲學，以其與教會相合故，乃爲二百五十年後眞文藝復興的大障礙。

亞利士多德對於教會之利益與担負 (一)**其利益**(甲)亞利士多德很明白的爲教會發揮其超越的神的觀念。這是教會反對新柏拉圖主義與神祕主義的武器。(乙)亞利士多德與教會以一種宇宙哲學足爲其恩惠說之助。(丙)亞利士多德爲事物的眞理建設一哲學的標準。此與教會有很大的價值，因爲是在教會支配之下的。中代的前兩期哲學思想祇有一種相對的存在，因爲沒有公認的標準；現在哲學可以亞利士多德的標準而支配之。譬如自亞利士多德來而本質，人，自然，偶然，方式，可能與行爲等等都有了個標準的定義。

(二)**其担負** (甲)亞利士多德鼓勵起一種研究科學與分析的興趣。起先影響很小，但是他的發展不過是時間問題。(乙)亞利士多德的第二標準。教會中人現在的問題是兩重的：(子)我的學說與教會的獨斷教義是否相符？(丑)與亞利士多德是否相符？……獨斷教義，現在不是僅有的標準了，不是不可駁倒的了。理性不必定要服從教義了。理性亦自有其標準。默示成爲一種理性所不能達的神祕的境界，但却是理性之所指，所以很可以一種學說哲學上是眞的而神學上不是眞的。

阿奎那斯的前驅。　過渡期之末與本期之初很有許多特出的人物足以表示當時思想的過渡時代的特點。如阿勃拉特則表示理性論的趨勢。哈而斯的亞歷山大(Alexander of Hales)(死於一二六四年)，烏白痕的威廉(William of Auvergne)(死於一二四九年)，白浮的文森德(Vincent of Beauvais)與阿爾勃脫則表現其新的亞利士多德的科學的影響。阿爾勃脫是阿奎那斯的先生。阿奎那斯爲教會造成一神學系統的企圖，實在是十二世紀的時候所謂 Sums(評義綜論)已先說了，彼得隆巴德的作品可爲其模範，彼得的四本書中都是收集的教父們對於獨斷教義的問題的意見。其書表現出亞利士多德的影響與阿勃拉特的方法。後人用爲課本，評解亦多。爲經院哲學的著作的綱領，其中已發生了玄學的與心理學的問題。

多馬斯阿奎那斯的一生(1224—1774)——**獨米尼派的因襲的創始者**　阿奎那斯爲一貴族而與皇族有關係者。就學於奈白爾斯的大學校，十九歲決定入獨米尼派，爲他的兄弟們捉住關起來。過了兩年工夫，他偸跑了，後來他家裏亦許他入某派了，他就跑到哥羅因去受教於阿爾勃脫。後赴巴黎，一二五七年得其學位，在巴黎爲講師，很成功，直到一二六一年，教皇請他到羅馬，比撒，白洛格那等處去教哲學。這時他著了一本傑作，名神學綜論(Summa theologie)。他不望升擢，至終退居奈百爾斯。教會中最有勢力的人都很贊揚他。

阿奎那斯是第一個創成基督教的亞利士多德主義的。他爲教會劃分理性與信仰的範圍。他創造的主張少而整理舊說加以新意的多。他的材料的來源是聖經，教父派，希臘哲學，與同時的阿拉伯人與猶太人的學說。有的歷史家說他雖不是第一流思想家，但他用一種調和的神學將教會從一種繁複的境遇中解放出來。他自然遮沒許多在他以前的和與他同時的思想家。他對於中代要求入派表示滿足，並且竭力防止教義的墜落。他雖立在那時的文化運動的領袖地位，但並不會超過他的時期。他是經院哲學的最完全的表現。

多馬斯阿奎那斯學說的中心要義——二重的眞理　多馬斯一生目的是要將基督教與文明和科學發生一種比較密切的關係。他想與各種科學以其應有之權利而同時又要維持並保護宗教的超越。他以爲這就是將基督教與亞利士多德聯合起來了，他以爲亞利士多德便是以代表古代文明是古代文明的完全的表現。於是於中代恩惠世界之外加一自然世界，中代人不是喜歡秩序麼？他就發展了一種很複雜的人生觀，將一切問題都包括在內。他以爲自然的與默示的必不可使之衝突。

爲達到這種目的之故，多馬斯於是在亞利士多德的系統中搜尋那他自以爲最高的。以他自己的新柏拉圖主義去看亞利士多德，自然所見到的是關於精神的與宗教的多，於事實反到少了。但多馬斯確信亞利士多德的哲學系統中，對於自然很有興趣，還有許多關於根本的問題的材料。亞利士多德以爲宇宙是一種有系統的段落的發展的本質。於是阿奎那斯的哲學的中心要義便是：宇宙是恩惠世界的正在施行的計劃。在宗教家之心目中必要發現這兩種眞理(一)信仰世界與自然世界是分別的兩個世界；(二)信仰世界是繼續自然世界的。恩惠世界與自然世界是全部存在的階段。自然世界是發展的低下的階段，而其與恩惠世界接觸的一點便是人的靈魂。宗教與哲學的範圍不同，然而並無矛盾。恩惠不破壞自然世界，而完成自然世界。自然世界復從恩惠世界，如人之服從基督徒，國家之服從教會，君主之服從教皇。

神學與哲學的不同點，並非謂神學研究神與神的眞理，而哲學不研究神與神的眞理。哲學亦討論神的眞理。但哲學以理知研究之，而神學則取資於默示耳。有屬於哲學的眞理，有屬於神學的眞理，亦有同屬於兩者的眞理。如神的存在，靈魂的不朽，世界與神的關係等等問題是神學的問題，但亦可以哲學的理知去解釋；但如三位一體的神秘，降生，與暫時的創造等等問題則出乎理知範圍之外，當屬於神學。哲學與神學是分別的，然而是調和的。神學以信仰輔哲學；哲學爲神學（一）建設初步的動機，（二）準備比喻，（三）答復反對的論調。他以前的人，所爭持不決的信仰與理知的先後問題，在他卻不成問題了。

歷史的默示以上更有個較高的境界——亦可以說是境界——是人的希望。（於此可見多馬斯是受了柏拉圖的影響）這就是個人與神直接相合於神祕的忘我忘人的境界。這便是多馬斯的宗教的最高理想。但多馬斯以為此種榮耀，如不經過教會便不可得。個人沒有幫助，雖努力亦莫能與神相接。但教會中的聖禮便是宗教生活的神祕的背景。(註一)

個性的問題——共相與個體的關係　過渡期的紛擾不已的個體與共相的問題，到多馬斯和他以後的思想家手中，便成了個性的問題。因為這些經院哲學家如果要反對阿拉伯傳來的亞利士多德哲學的汎神論，便必須要與個體以一種定義而為之在亞利士多德的世界中定一地位。個體的性質與地位是什麽？個人間何以不同？如果多馬斯不能將個體的積極的性質表現出來，則其規模廣大的神學將墜入神祕的統一中，靈魂的不朽亦將失卻，教會的職務便竟取消了。但是從大體上觀察，中代已差不多容納了阿勃拉特對於此問題的分析：即共相有三法存在，一在神心；一在人心；一在自然。多馬斯以為共相而為人心中的抽象者不能為個體；因為是沒有

(註一)本文所用「默示」原文係"Revelotion"有譯作「啓示」者，但此字自廣義言為"The self-manifestation of God to man"「啓示」與「默示」意亦大體相似，但默示似較好，故仍用默示。

眞存在的。要有眞存在則共相必在「多」中存在，爲事物的本質；不是「多」以旁的抽象。

所以多馬斯的關於個性的問題，祇要管有體世界的事物。請參閱De Wulf, Hist. of Mediæval Phil. P. 323. 這就是法相與物質的事物。問題是：有體事物的個性的要義是法相還是物質呢。多馬斯說是物質——不是無定的物質，是有量的規定的物質。地上的個人的不同點是數目的——時間與空間的關係的不同。自然事物的法相按照他們的物質的條件繼續的改變，但是這些條件是不變的。然而個體的量的規定，不是他們存在的原因，是他們存在的條件。

但關於精神世界中的存在的問題，對於多馬斯更要難些。這是關於神，關於天使，關於人的靈魂的問題。這些當然不是爲物質所「個體化」的。但他們怎樣互相分別呢？他們是沒有物質的法相，藉自身而「個體化」。因爲他們無須乎物質的限定。故神與其他一切事物不同，爲純粹法相或純粹現實。一切不同處在神身上都泯滅了。但神與天使有何不同之點呢？神是絕對的類，天使是相對的類，意謂一類祇有他一個。但是人的靈魂有何條件呢？是相同的呢，還是有一種分別的原則呢？靈魂是可以分別的，因爲每一靈魂於脫離其身體後，對於其前身有一種愛，即此便與別的靈魂不同，而足以自別於別的靈魂。

意志先乎理知先乎？　直到這個時代，心理學上以什麽功能爲根本的爭端還不曾有過。現在都以全力發現出來。這時期許多的著作都是討論意志與理知何者爲先的問題的。奥古斯丁是曾以意志爲先的。他後來的思想家，對於這個問題毫無爭辯。祇討論理知的產物以何者爲眞的問題——個體與共相。自亞利士多德的主知主義傳入後，便立刻有起而擁護奥古斯丁的。他們以爲亞利士多德的哲學，太偏重理性論了。多馬斯無條件的服從亞利士多德，從之者有德國的神秘主義者。主知主義成爲獨米尼派的中心教義。滕斯斯各脫斯是一個佛朗西斯派的士僧，他擁護意志居首之說，而爲佛朗西斯派的中心教義。惟名論者在這一點是與他相合的。

意志問題初發生時，是提到人類的意志的。多馬斯反對滕斯斯各脫斯以爲人而能隨從善的知識便是自由的。所以理知在先，因爲理知示意志以何者爲善，而決定意志的從違。

其次發生的問題是關於神的。是神的意志支配他的理知呢，還是他的理知支配他的意志呢？這是奥古斯丁的神辯論的最主要的一點。神還是志願善之爲善呢？還是他的意志照着他所知道的善而行呢？這便是獨米尼派的多馬斯與佛朗西斯派的滕斯斯各脫斯相爭的焦點。多馬斯以爲神之理知支配其意志。理知則爲眞理所決定，祇要理知是忠於自身的。爲什麼意志不於同一法則下爲眞理所規定呢？至於神則此爲眞理之自由卽爲其自身。這個世界是最好的世界，因爲是從神的自身志願而來的。

世界爲善所支配，人之意志亦爲同一之善所支配。感官而戰勝道德所規定的意志，則爲罪惡。罪惡的原因是感官，不是意志。

滕斯斯各脫斯（1270—1308）佛朗西斯派的因襲的創始者——其一生及其在哲學上的地位。

多馬斯以後又發生一種更大的運動。一般領袖人物都反對多馬斯所畫出的中間的一條路。另外有一種新方法去聯合這恩惠世界與自然世界。一爲愛克哈脫所代表的神祕主義。一爲反對新的亞利士多德的哲學的主知主義的奧古斯丁派。領袖是滕斯斯各脫斯。根據地是牛津。

滕斯斯各脫斯生在愛爾蘭，早年卽入佛朗西斯派。在牛津畢業。在牛津做哲學與神學的講師有十年之久。聽講的很多名聲傳遍了歐洲。一三〇四年到巴黎，教了四年書。又到哥羅痕地方，便死在那裏。

斯各脫斯是經院哲學的康德。經院哲學的建設期已經過去。批評與分析的時候來了。斯各脫斯對於無論什麽理論如不經過批評決不容納他。他是中代思想最銳利的人。

滕斯斯各脫斯的二重眞理觀——宗教與科學的分立　中代的經院哲學時期所發現的默示與神學與哲學的分別，被斯各脫斯劃分得很清楚。多馬斯的觀念，以爲世界是發展的階段，並不注重神學與哲學的分別。哲學在斯各脫斯手裏成了科學，有確實的記號可以使人相信，但卻限於其自己的範圍。他所謂哲學便是論理學。關於信仰的事情，與論理毫無關係，因爲在彼端有具有絕對眞理的默示，是逼人有信仰的。哲學與默示之間，斯各脫斯便將神學擠了進去——從前的人用以解釋默示的，在斯各脫斯手裏，其境遇確是很苦。目的甚高而決不能達到。無默示的神的保證，亦無論理學的確實。最高的結論亦不過是或然的，祇能消極的輔助默示。不能證實三位一體，降生，創造，不朽等學說，即使證明神在的辯解亦沒有勢力。斯各脫斯以後常有科學的異端，說他的結論祇能應用於科學，其反面或適與默示相合云云以自蔽其短。

神的意志的不可測。默示以神的意志之不可測而置諸人的理性的範圍以外。默示是神的自由行爲。神必須是自由的。如果多馬斯說神的意志是受制於他的理知的話是眞的，神便不能自由了。如果意志是自由的，則神與人的理知必爲意志的從役。於人則意識先產出許多不分明不完全的觀念來。經意志之注意而分別淸楚，其餘則不能存在，因爲意志不曾擁護他們。

神的意志更深於善。神製造善而使爲善。多馬斯與斯各脫斯都說神的命令是道德律。多馬斯以這是與善相符的，必爲神的命令；斯各脫斯不說別的緣故，就是神的命令。如果神這樣創造，善亦可以不同。斯各脫斯謂神不必一定要創造他所創造的，這並不是最好的世界。神創造他意志所要創造的；所以他能特許以神約，教會亦能之。如果神的意志是爲他的理知所支配的，他便沒有獨立，或竟不能存在，他祇能算宇宙或宇宙之一原因，便無所謂罪惡與偶然了。他能用一新律代替道德律，如此福音書代替摩西律一般。個性，默示，救度及一切信仰的目的，皆以神的意志之不可測性爲其根據。因爲這個原因，故不能有理性的神學。

斯各脫斯的中心要義便是意志自由。他雖爲奧古斯丁派而不贊其自由集中於神之說。信仰的對象是神的意志，信仰的主體是人的意志。人與神的恩惠協力則得自由。人可以幫助神的工作。他的自由一半是形式的：他能定志或不定志。一半是物質的：他能志於甲或志於乙。沒有規定人類意志的更遠的根據，如果人的意志與神的相合，則此不規定的自由便可爲恩惠的根據。

個性的問題　關於共相的三種存在法，斯各脫斯與多馬斯同意。究竟的事實爲個體而非共相。個體不能從共相演繹出來。亦不能以物質的量的規定而合成之。已經「個體化」了，「本質化」了。個體化的是法相而非物質。固定的個體方式，卽『是態』(Thisness) 是究竟的事實。個體祇可證實其爲眞事實。個體是不能滅的。個體就是個體沒有別的解釋。

滕斯斯各脫斯以後　滕斯斯各脫斯的學說是形式論理衰頹的先聲，亦是注重從實驗上考查宇宙的第一步。他雖然竭力效忠於教會，但自他以後經院哲學便不能再爲教會之用了。結果是極端的理性論——不是他所希望的。但於此默示已失其理性的根據，而又有一以理性爲根據的哲學在其旁的時候，這時默示失去人心的權威的問題，沒有別的，不過是時期的早晚的問題而已。哲學從斯各脫斯到屋干，屋干便以個體爲究竟的實在，而以默示爲非理性的，於是就給他一個舊名詞，叫他做惟名論者。這其實錯了，因爲屋干的學說與羅色林奴的惟名論是大不相同的。那時代的心理態度與羅夫林奴隨從安色姆的時候不同了，大思想家都不注意那正宗教義了。多馬斯與斯各脫斯的弟子都要成爲惟名論者了。這時候是什麼時候？各大學校不信任經院哲學了。神學不是重要的課程了，宗教爲魔術所代替，爭爲教皇者甚多，教會與國家的政治紛爭不已。這時的時代精神各方面都是有惟名論的趨勢。一三三九年命令巴黎大學不許用屋干的著作，可見他生時他那一派人的勢力。獨米尼派，與奧古斯丁派羣趨惟名論。惟名論的開端已洩露了歐洲各國的成長，與近代語言，藝術，與科學的發展。各方面都表現新穎的創始的氣象。教會思有以中傷之，像以先待羅色林奴一樣。但是這種惟名論卻根深蒂固了。

屋干的威廉(1280—1349)其一生及其學說　他生在英國的屋干，就學於牛津，斯各脫斯或者便是他的先生。先在巴黎教授(1320—1325)後來離開巴黎，接近反教皇派。(即反對教皇有非宗教的勢力者)在阿米龍地方(Avignon)下獄，後來到巴伐利亞的路易王那裏，便死在那裏。他對路易說道『你若是能以你的刀保護我，我便以我的筆保護你。』有人稱他是『第一個新教徒。』

屋干的惟名論比羅色林奴的複雜的多，但確是一種去繁就簡的趨勢，而認一切玄學與心理學爲無用。『屋干的剃刀』是他的哲學的一個混名。他以爲概念是事實的主觀記號或是「名辭」。所以他的哲學也稱爲名辭論。他的學說中亦有一種自然主義的趨勢，這是對於亞利士多德的阿拉伯的科學研究的結果，這些論理的與自然主義的動機乃與奧古斯丁的意志說相適合。這是惟名論的三要素：確信內心生活的重要，亦信有調查自然的需要。

屋干是個佛朗西斯派的人，他的守舊並不爲奇，因爲佛朗西斯派原是最守舊的。這種惟名論是經院哲學的反響，好加重教義的超自然性。屋干以爲經院哲學生長太大——以服務宗教爲名，實際上卻屈伏了宗教。佛朗西斯派主張宗教與哲學分離，以便爲信仰謀一地位。捨棄經院哲學便可得純粹的信仰。教會必須放棄世上的非宗教的權力，政教務使分離。對於信仰不能再得新知識。獨斷教義是不容置議的，雖然這樣有科學的態度，人都變了懷疑派了。

這種運動完全將二重眞理的各部分分離了。斯各脫斯差不多擠出自然的神學來；屋干又完其末經之功。經院哲學或自然神學是一大堆假設教會應廢棄理論而注重信仰。——單純的聖潔的信仰。屋干確眞想改造教會以從佛朗西斯之後因爲他愛教會纔反對教皇有其宗教的權力。

屋干是洛克與英國的經驗學派的自然的前驅。單個的事實有原始法相的實在，因爲是從直覺來的。我們的觀念不過是他們的記號。這是「原始志向」的關係。單個的觀念旣連繫於單個的事實，故普通的觀念亦連繫於個體的觀念此之爲「副從志向」。所以普通觀念是間接與單個的事物相連，故其關係亦是強制的，反覆無常的。眞的科學致力於直覺觀察之所得；理性的科學僅致力於觀念間之關係。然而眞的科學祇能用於一內心世界，卽使其材料是直覺知道的也是如此。直覺不過是眞實世界的代表。這理性科學的世界假設這些眞的科學的內心直覺，所以是不很實在的。所以共相並無實體。是一個名字，是許多事物的記號，是一個名辭。祇有個體是眞的。

屋干以後。 屋干是最後一個經院哲學者。他的名詞論與奧古斯丁的強有力的意志說相合而成一種極端的個體主義，已顯近代之曙光，這種運動，以從心理方面去研究發展的歷史之故而益強盛，成爲一種內心生活的惟心論。那時亦已有以實驗爲根據而研究自然科學的。近代主觀主義；近而經院哲學遠矣。十五十六兩世紀的經院哲學的代表已忘卻經院哲學的原理而僅從事於註釋評解其所服膺之領袖。他們措辭異常的纖巧，殊不易了解。尼哥拉斯庫沙奴(Nicolas Cusanus)努力欲將世上的科學安置於一經院哲學的神祕主義系統下，但不過幫助近代運動的進步。故將他列入近代，以後當再詳細討論他。

周蓓 主編

『民國專題史』叢書

(美)顧西曼 著

瞿世英 譯

河南人民出版社

西洋哲學史

（下册）

一部『以地理與文學史和政治史爲根據的哲學史』，問世後被美國大學采用爲教材。全書分爲三卷：古代哲學、中代哲學和近代哲學，至十九世紀的哲學爲止

原序一

本書宗旨，已於前卷述明，茲更複述之。

這本書是預備做研究哲學史的教本的。是為學生預備的，不是為教師預備的。是以地理，與文學與政治的歷史為基礎的一本哲學史。這本書既然是為學生預備的，所以教師格外重要；因為學生有了一本哲學史的綱要，教師便要用授課的時間以他自已的解釋去教授學生。所以應用許多地圖，現代的著作與政治史的緣故，不過使學生開始研究哲學時多得些幫助。為便於記憶起見亦有許多節要與圖表。所以這本書完全是為初學哲學史的學生預備的。

學者，或者覺得奇怪，古代歷時何久，近代又何其促。近代祇有四百五十年光景，與古代中代相比，似乎是很短。研究過古代哲學的更要覺到古代哲學，常從種族的情勢下發生出來，與文明的全部有關的。近代則與此不同。因近代歐洲的分化，哲學亦因而分化。這並不是說哲學的運動的區域中人數減少，是各種運動歷時均較暫，過渡期亦較短，各時期亦較簡單。近代文化是主觀的。

所以近代哲學格外專門，比古代的哲學更難於解釋。

關於近代的哲學史，英文裏很有幾本好書，是學生應當預備的。如 Raud 的 Modern Classical Philosophers 摘選各哲學家的著作的原文，非常的嚴謹。他如羅哀司近代哲學的精神（第三章至第十章）與伊鏗人生問題（PP. 303—518）及文得而班的哲學史中的節要（卷四至卷七），還有 Falckenberg, Höffding, Weber, Ueberweg, Calkius, Dewing, 與 Rogers 等的關於哲學史的著作，都是很有價值的。

有許多位朋友讀過我的草稿的，我要感謝他們的批評與指教；哈佛大學的 Neilson, Perry 兩教授；R. A. G. Fuller 博士；與 J. H. Woods 博士；威斯里大學的 Mary W. Calkius 教授；哥崙比亞大學的 W. P. Montagne 教授；克拉克大學的 S. P. Copen 教授；是要特別感謝的。

于脫夫茨大學

一九一〇年十二月

再版原序

一種教本，讀的人愈多，便更應當趕快謀自身的發展以應讀者的需要。因此我的發行人便竭力幫我的忙，將此書修改了。再版書中加了許多新材料，所以不得不將此書大部分重新做過。末一章論十九世紀的哲學與較原本擴大了許多。這本書原來的宗旨，是不曾拋棄的。所以末一章更加了許多圖表關於哲學史的書籍表，依舊沒有。這種表，如不詳盡，是沒有多少價值的——參考的書籍亦不曾預備。更對教師說一句話，學生除教本外，祇要讀他的教師所認爲有價值的書。

Herbert Ernest Cushman, West Newton, Mass.

西洋哲學史目錄

卷三 近代哲學

第一章 中代文明衰落之原因

第二章 文藝復興時期

第三章　文藝復興的人本主義時期

第四章　文藝復興的自然科學時期

第六章 啓明時期

第七章　洛克

第八章　勃克萊與休謨

第十章　康德

第十一章　德國的惟心論者

第十二章 自存物的哲學

第十三章　十九世紀的哲學

卷三　近代哲學

第一章　中代文明衰落之原因

哲學史的區分

古代哲學(625 B.C.－476 A.D.)——一千一百年

中代哲學(476 A.D.－1453 A.D.)——一千年

近代哲學(1453 A.D.－……)——四百六十餘年

近代哲學史的區分

一、文藝復興(1453－1690)——自中代之終了至洛克發表人類知識論(Essay on the Human Understanding)。

二、啓明時期(1690－1781)——自洛克的論文至康德發表純粹理性批判(Critique of Pure Reason)。

三、德國哲學時期(1781—1831)——自康德的批判至黑格耳之死。
四、十九世紀的哲學——自黑格耳之死至現代。

這種區分法不但爲事實上便利起見，更足以指示心理上對於社會的態度的幾種大改變。這有一種危險，就是恐怕忘了歷史是有機的發展。但就事實上論，每一時期，都是從他以前的人發生出來的。

中代文明衰落之原因。　中代社會組織的破裂與衰弱，一由於多種內部的缺點；一由於許多重要的發明與歷史的變化。可分爲內因與外因兩部分。

(甲)內因　內因是指中代知識界內部的衰弱而言，卽此一端，已足可置中代社會於絕境。

(一)中代的知識的方法是自滅的。自然是無論在什麼時代，普通一般人祇從他們遺傳下來的制度習慣與偏見而用演繹法去推理。中代的人並不以新鮮的觀念而稍放棄其一偏之見與其因襲的演繹法之所得。這些新鮮的觀念，都是當時知識階級用歸納的與實驗的方法得來的。中代的知識階級，卽教會中的經院學者，與普通一般人都用一個推理的方法——就是演繹法。

普通人以教會的獨斷教義與他們的普通迷信爲推理的前提；經院哲學家再加上亞利士多德的論理。不論社會的前提怎樣，如果思想的方法完全是演繹的，其結果適足以自愚。中代初期，演繹法在經院學者手裏的時候，卻有一種價值，因爲他們用演繹法可以解釋並穿透獨斷教義。是達到一種目的的手段。阿奎那斯以後，演繹的推理竟自身成了目的了，這是不可避免的。

（二）中代的眞理的標準成了重複的標準了。即此一端，亦可以置任何文明於絕地。表面上祇有一個標準，斷定事物的眞僞，——即不能駁倒的獨斷教義；但其實自始至終卻有兩個標準，——即理性與獨斷教義。是起初合理的思想祇用來解釋獨斷教義，故獨斷教義高出一切，爲思想的標準而無或置疑。但以論理解釋獨斷教義，以亞利士多德的哲學補助聖經，以證辯擁護信仰，結果是以理性擁護默示。以可駁倒的與世間的擁護不可駁倒的與默示的。於是反而懷疑起那不能駁倒的。

經院哲學家亦見到這種弱點，於是設法增加獨斷教義的權威，以最高教義，如三位一體之說，謂爲理性所不能徵驗。但既這到種地步，不得不更進幾步，於是教會中的守舊的宗派，以爲一切獨斷教義都高出理性。於是發生二重眞理的主張——兩種境界各有其標準。合於理性者未必合於教義；合於教義者亦未必合於理性。至理性與默示失愛，理性得實驗的考查的援助，中代遂一蹶不起矣。

(三)中代神祕主義的發展亦爲中代分裂的一個很有力的要素。自然是從奧古斯丁以來，教會的教義中卽有神祕主義的原子，中代初期，神秘主義亦未能獨立。但神祕主義的要點是個人直接與神相聯合。居間教會的是與神祕主義的精神相背的。所以中代末期很有許多獨立的神祕主義者爲個人主義的宗教的代表，結果便是文藝復興時期的新教。這是當然的事，不足爲奇。

(四)惟名論是中代文明破裂的第四個重要的原因。更要注意惟名論與神秘主義不僅是消極的，是兩種積極的近代的勢力從中代發生出來的。文藝復興說無所得於中代，這句話是謬誤的。惟名論與神祕主義是近代思想的兩塊基石，都是積極反對經院哲學的。惟名論與神秘主義的相同就是反對經院哲學.

惟名論在十一世紀初發生的時候，純爲一論理的學說，以爲惟個體始有客觀的存在。在十三世紀的時候，在二重眞理說中宗教與哲學脫離，惟名論乃進而謂共相不過爲「名」，至是而哲學與宗教乃不可復合。既而科學發展，乃與經驗論合。當惟名論僅僅爲一論理的學說時，教會極易施其壓制，後以得宇宙的知識，乃大有勢力。

教父們說惟名論是教會權威的致命傷，是實在論的對頭。使人遠離關於靈性的事情。不得不修改教義的實在論。他指點出實際經驗的重要來。注重個人的意見，遺棄一切因襲，其希望乃在於科學而非宗教的精神的實現。

(乙)外因。 所謂外因是幾件重要的事實。這幾件事情引起絕大的社會變化，廢棄了中代的地理的與天文的觀念，而這些觀念都是教會的因襲的一部分。先說中代的發明，這些發明雖在中代，但到文藝復興時代始爲一般人所通用；與將來的社會上的全部變化有極重要的關係。如磁針，火藥(與封建制度的破壞頗有關係)印刷，同時紙張亦大進步。但在十五世紀之末與十六世紀之初還有這幾件大事：——

1453 君士但丁陷落希臘學者萃徙義大利。

1492 哥侖布發見美洲，此指南針之功爲不少。

1498 Vasco de Gama 發見到印度的水路，改變了世界商業的路程。

1518 路德的宗教改革。

1530 哥白尼作 De revolutionibus Orbium，主張地球繞日之說。

第二章　文藝復興時期(註一)

文藝復興時期概況　我們必須以文藝復興爲中代與近代的過渡期的一部分。我們雖以君士但丁的陷落爲本期的開始，但這時期的動機可遠溯及於檀德的時代與十字軍之後，或竟及於一〇〇〇年的時候。

文藝復興這個名辭，恆涉及古時典籍的復興，但實際上，對於人類，其意義更爲深切，是歐洲生

註1　參閱 Burckhardt, The Culture of the Renaissance Vol. I, trans. by Middleman; Eucken, Problem of Human Life PP. 303–21; J. A. Symonds, The Renaissance of Italy 7 Vols.

活全部重生的時候。他的動機是自動的渴望求自由，還是感情與少年的特點。這時候個人與社會有相同的矛盾，都渴求自由爲自由奮鬥。有時表現爲新舊之爭；有時新舊並存。文藝復興是許多奇想的圖畫的展覽室。舊的形式已經倒了，新的却還不能繼起。感情上渴求知識，並不斤斤於其形式。文藝復興實在是許多顏色的假面跳舞會，新的與舊的正在做捉迷藏的遊戲呢。

簡單說來，可用一句話表明，就是「一個新宇宙中的新人」。爲略解釋如次。

一、**文藝復興時期的新人。** 新人都是有國籍的。查利敘以前，在黑暗時代日耳曼人與羅馬人的混合現在已經完全了。混合的結果不是全體相同，是分成許多團體，就是現在歐洲的各國。自紀元後一千年來，各國即漸有各自爲政的傾向。如果我們研究文藝復興期的歷史，即知彼時英國，義大利國，德國，法國等國家已各有其顯著之特點。文藝復興運動始集中於義大利與德國，繼入英法兩國。義大利人是新的羅馬人，德國人是新的條頓人。中代各國界限都不甚清楚，現在却分得很清楚了。哲學亦多少成爲一國家的事情了。

然而如果沒有幾種深遠的，與主觀的元素在那裏活動，使之含有意義而使近代的人眞成爲

「新人」則各國的劃分，亦不過是表面的事。譬如拉丁文已不復爲受過教育的人的惟一的文字，近代各國文字已逐漸應用。(註二) 宗教方面，不僅以羅馬爲宗教的中心；因爲韋登堡 (Wittenberg) 日內瓦，倫敦，與麥斯德(Münster)都成了中心了。不復有惟一之教會，而有許多宗派。以科學的發展，巴黎大學乃漸脫離神學的統制，同時亦發生許多獨立的大學校來。牛津，維也納，海特堡(Heidelberg)，普拉格(Prague)，及義大利與德國的許多大學校均與巴黎大學有同等之機會。這種改變是逐漸來的，但歷時彌久，在近代人心理生活中，爲社會學的變形的一部分。

但有一件很重要的事須要切記，就是這時的渴望自由的「新人」仍舊還是中代教會的人。教會是極大的政治勢力，教會有奪取政治上全部勢力的野心，所以在政治團體中人，恆謀所以傾覆之。教會的世間的勢力是以獨斷教義爲基礎的。故新國家不得不另建新的政治學說以保證其獨立的存在。

新的政治學說。　與這些實際變化相伴者有一種新的政治哲學，謂國家的權利當另以一種威權爲基礎而非獨斷教義。中代便有許多人鼓吹國家的獨立的權利；(註三) 到現在獨立的國家已成了既定的事實，所以必須要一種學說來擁護他們，而同時又爲一種（政治的）理想最初發生政治哲學的國家是義大利；是弗洛連斯（Florence）城主要人物是馬夏佛利（Macchiavelli）。

馬夏佛利（1469—1527）是近代國家政治的歷史觀的最初的亦是最重要的代表。他痛恨中代的政治的系統，即政治屈服於教會之下者。所以他追究希臘的純粹的政治的國家，以其自身對現制度的抗爭，將古代與中代所要求者要求於當時而發揮其政治哲學。他的理想是自由的希臘式的共和政體。

馬夏佛利之極力想統一義大利與其反對教皇之有政權，是他的目的的消極與積極兩方面；因爲他見到中代與他當時的教皇的勢力以挑撥國家間之猜忌爲基礎。『分裂之而統治之』已成了羅馬教會的箴言。所以羅馬教會的主義與義大利的統一是不能並存的了。國家與國家的法律，如果是自由的，必須是世間的，不爲獨斷教義的演繹所影響。

政治的則律從教會的教義解放出來在十六世紀的時候大爲幾位重要的思想家所注意。當馬夏佛利正批評義大利的實際政治的時候，有位多馬斯摩爾（Thomas More）著了一卷烏托邦，他的動機卻是社會的，宗教的。烏托邦大旨取材於柏拉圖的國家，計劃了一種社會主義的國家，不受教會的牽制，完全注意於物質的狀況。不久就有法國的波丹 (Jean Bodin) (1530－1597) 爲摩術的歷史的研究所影響，實地考察各種政體，想將律法學從神學中解放出來。Albertus Gentiles (1551－1611) 是義大利人，任牛津大學教授，思以自然科學的基本要義爲法律學的基礎，但很不完全。直到格洛狄斯 (Hugo Grotius) (1583－1645) 在他的名著 De jure belliet pacis (1625) 中始將法律學成爲獨立的科學。依據羅馬的斯多亞派，將積極的法律 (Jus civile) 與自然的法律分別清楚。自然律 (Jus naturale) 以人性本身爲基礎，即神亦不能改變之。故與神學律絕對不同。自然律即使無神，亦有其實在，因人將存在故。格洛狄斯已將此後面數百年法律學發展的途徑表示出來了。

二、文藝復興與時期的新宇宙　文藝復興時期的歐洲人不但在心理方面和社會的地位與中代人不同，活動的範圍也擴大了，他的世界的確是個新世界；(一) 在地理的疆域與天文的關係上世界是新的；(二) 知識的方法也是新的。今爲詳述於下。

物質的宇宙　十九世紀算是發明最盛的時代，但前面所謂「中代社會衰落的外因」的種種新發見，使人心起一大革命，此決非十九世紀所可及。只要想從前一般人說地是平的。科學家亦假設地是固體，現在却眞的週遊地球，豈非新奇之至。航海家的發現新大陸，天文學家用望遠鏡又發見許多天空的世界，人的見解，擴張了不少。因發見而趨重實驗，新的物質世界以蓋律雷(Galeleo)的新物質科學而全部改變成爲一機械的秩序。是很新奇的一個物質世界，在文藝復興的起初便發見了，亦是科學的組織。中代的人對於生活毫不快樂，現在則人人皆以現世間爲有絕大的機會。中代的人不顧及紛擾的現世，而玄想天界的幸福，文藝復興時期的人却從修道院中出來經營商業，冒險做事。地上與地上的一切事物立刻變成感情的興趣的目的物了。

近代科學學說　近代科學學說與這些大發見同時表現。文藝復興時期以「歸於自然」得其宗教的與政治的自由；亦想以充分明瞭吾人所生活的物質的自然而得物質的自由。要想知道「自然」的內容，此爲從前人所不知者。中代從前以亞利士多德爲惟一之科學的指導，一旦見了如許新材料，眞不勝其驚異之至；起初雖不敢公然禁止新科學，然其範圍仍爲因襲所禁止。故文藝復興的科學於創造新科學時仍有舊的亞利士多德的科學知識。

這時自然科學的學說分為兩種：(一)神祕的與想像的，為宗教的動機所支配；(二)批評的與謹慎的，為實驗的動機所支配。

(一)文藝復興的最初的科學學說是為宗教的神祕主義所鼓動而發生者。經院哲學既不能解決此新自然則自然何獨不可以某種久被壓制的神祕的論說或特殊的個人的啟示而了解呢？所以文藝復興的最初的科學是通神術與自然主義的汎神論。導原於義大利，義大利固為自然常與人接近之地，新柏拉圖主義的學說，新畢太哥拉主義與喀拔拉(Cabbala)（譯者案此為猶太哲學之一為一種神祕主義亦為一種汎神論者）皆集於此。主要的代表為 Marsilius Ficinus (1433–1499) 與 Pico Mirandola (1463–1494)，留希林(Reuchlin)——為有名之人本主義者與希伯來學者——將這種通神術的科學以新畢太哥拉主義的數說的方式而傳入德國。

通神術的科學不僅如中代的新柏拉主義，不是研究自然的企圖，是要統制自然以內的宗教力。這些宗教力是不吉的，不可測度的，魔鬼的。祗可以用一種與他們同其神祕的工具去制服他。

這工具便是魔術。更有進者，中代的二重世界的觀念(一)應用於天空的世界或大宇宙，(二)應用於現世或小宇宙。占星術是大宇宙的科學；鍊金術是小宇宙的科學。於大宇宙之大力中人自身亦極活動。衆星爲其良友。人如能讀其意向足以預知將來，如得其神秘數的方式則足以統制之。在小宇宙中，煉金術可以用神秘的方術收復這些不吉的百病的精怪。

(二)除此以外，在文藝復興的初期便積聚了許多實驗的知識。以藝術方面的必要而得教會的承認，其原來的動機亦在於是。實在在十六世紀的時候，科學上許多進步皆可歸功於藝術。十六世紀是義大利藝術最發達的時候。如僚拉度(Leonardo)與米加耳安吉洛(Michael Angelo)的彫刻與圖畫，非精於人身解剖學的科學研究者不辦——而中代之怕死屍亦爲斯學之一大障礙。這些義大利藝術家的建築與圖畫必須有機械學與光學的知識纔行。而義大利最初最偉大的藝術家便是一位最初最重要的研究機械學與光學的人。

但在文藝復興的初段——人本主義時期——並沒有絕對始終如一持實驗的態度的個人。科學的研究的範圍尚狹。教義與科學之調和爲一般準則。個人心中，中代的教義與新的實驗的結論可以並存而不自覺其衝突之點。

文藝復興期的後段，則純然是一個實驗科學的時期，以算學爲基礎。算學於是應用於天文學與物理學。新方法發現了。代數極發達，可以記號記算。對數表已發明了，連鎖法亦應用了。笛卡兒始爲解析幾何。亦有計算無限與或然數的法子了。算學與自然科學進而與哲學聯合，此爲這時期的特點。有同時爲數學家，自然科學家，而亦爲哲學家者。

新人的知識的宇宙　新人的知識的宇宙以古時代的復活而亦改變。西歐千年來卽未能直接研究希臘文學。祇有不完全的拉丁文譯本。西歐自完全得有古代知識後，中代卽受一致命傷以消滅。檀德，白屈阿(Petrarch)與婆加西(Boccaccio)等在十三十四兩世紀的提倡古學，此時乃有支配吸收一切的勢力。眞正的興趣始於希臘學生之入義大利：初爲一四三八年的教會的使節，繼而爲自君士但丁西來的難民。此時義大利貴族頗優遇這些難民，尤以弗洛連斯地方爲最，

古學重興亦爲文藝復興之一主要部分。與科學，宗教和政治的運動同，都是要求自由。亦爲一

「歸於自然」。新人的自然的美的需要是必要滿足的。但此處亦與科學，政治和宗教諸方面相同，並非推倒舊的而代以新的。世間文化與獨斷教義的學問並存。最顯著者卽爲社會的秩序。教士與平民，貴族與農民的因襲的階級制度毫未動搖；而同時卽有知識階級與未受教育的人的分別最初發現。新學說使人直接與過去相連繫，其過去生活之價値爲從前所未知者，但至終是「人本主義」的新觀念的眞意義。

古代哲學當然包含在古學的重興中。實在說起來，近代哲學的最初的表現不過是人本主義的古學重興。在哲學方面新舊復並列。新謂古代哲學系統，舊謂中代的經院哲學。故近代哲學起於復活的因襲的相互競爭，中代時柏拉圖主義與亞利士多德主義之爭乃復見於文藝復興。

這種人本主義的研究的第一種結果卽使柏拉圖主義漸增重要；文藝復興的精神，無論局內局外都是柏拉圖的精神。但教廷之哲學者則或爲柏拉圖派。或爲亞利士多德派。翻譯家是否爲正宗，都要看誰是在教廷裏，而以他爲斷。十五世紀的弗洛連斯地方米地西派 (Mediceau) 所建設的「柏拉圖的學園」自以爲可以紹繼千餘年前在雅典的學園。當時的名士皆聚於此。以自君士但丁西來的普雷卓(Pletho)爲之領袖，其餘如 Ficinus Cardinal Bessarion 及兩位畢哥斯(Picos)與 Reuchlin 等，均爲重要分子。於是柏拉圖主義有了一種組織，比別的新哲學要佔優勝些。但有一件事要特別注意就是文藝復興時期的柏拉圖主義者與十七世紀以前的柏拉圖派人本主義者，其根本要義原來都是新柏拉圖主義。弗洛連斯人所欽仰悅服者爲普羅太奴學說中的神祕說與新柏拉圖主義的注重宇宙的美。

與柏拉圖主義的運動同時的有新的亞利士多德派，這一派雖亦有強有力的擁護者，但內部派別紛歧，遂致交受其弊。此中有(一)正宗經院哲學的亞利士多德派，以聖多馬斯的「拉丁」的解釋爲根據而相結合者；(二)阿未洛野派(Averroists)主張汎神論的解釋，此爲阿拉伯人阿未洛野所主張者；(阿未洛野一一二六年生，一一九八年卒。)(三)亞歷山大派(註四)以阿非洛迭西亞(Aphrodisias)的亞歷山大爲亞利士多德的自然主義的權威。除此三派以外，還有研究古代典籍的亞利士多德派，(註五)那些人本主義者不但主張讀亞利士多德原本，並要對於中代的譯本詳加考究。他們看不起經院哲學的亞利士多德派，亦看不起阿未洛野派，以爲他們都是野蠻人的。他們愈研究亞利士多德的原文，愈顯出中代的謬誤的解釋。所以對於亞利士多德的解釋，便派別紛歧，各執一辭以相攻擊了。爲競爭之中心者爲巴杜大學，(University of Padua) 此爲自十四世紀至十七世紀阿末洛野派的根據地。所爭持不決的問題是亞利士多德的靈魂不朽說。

古代的哲學，無論是那一派，在文藝復興時期都有復興的現象。即如伊璧鳩魯的原子說，雖係反對基督教者亦爲教士加孫地介紹入巴黎的算學界，於反對經院哲學的實驗的運動中亦頗得力。斯多亞派大爲文藝復興所歡迎，爲「新人」從拉丁文學中預備一實際生活的模範。斯多亞派是知識階級的哲學，此時更容易得一地位，因爲斯多亞派哲學中的可貴的元素早已與基督教相合了。理論的懷疑論，(常追尋人生的智慧者)爲文藝復興期知識階級的特點。對於玄學恆不置可否。「新人」是現世間的人，西西洛的著作使他的懷疑的態度與其對於經院哲學家的無謂口辯之不置可否；均得一學理的根據。此時對於感言知覺之不滿足與曖昧意見之相關，共相之不安確等等問題談者很多。這便是伊拉斯慕斯，(Eraemus) (1466－1536) 米加耳地孟田，(Michel de Montaigue) (1533－1592) 皮耳卡隆，(Perre Charron) (1541－1603) 與法郎塞桑錫 (Francois Sauchez) (1562－1632) 的懷疑論的根據。他們懷疑權威，看不起書本上的學問服光直注於世界——這些動機，歌德在他的法烏斯特上說得很清楚而有力。

文藝復興的兩時期人本主義時期(1453－1600)自然科學時期(1600－1690)文藝復興以一千六百年爲界劃分做兩個時期，人本主義時期在前，自然科學時期在後。

(甲)兩期的相同點　這兩個時期的動機是相同的。都亟須(一)新知識，(二)計算度量其新知識的新標準，(三)取得知識的新方法。文藝復興自始迄終這些「新人」都想設法使自身適應其「新宇宙」取得新知識之後，以準確的方法加以統系規定一種標準以試驗其知識。

(乙)兩期的不同點　但兩期亦有不同之點，不可不注意。

(一)參加的國家不同。　人本主義時期以義大利與德國最爲重要。有兩個原因。一則義大利德國均與東方有商務關係，故較富饒，且多少必與東方文化畧有關係。其次則希臘學者羣避居於義大利；一五二〇的時候，弗洛連斯的希臘難民已漸消滅，北方人如伊拉斯慕斯，亞格利可拉留希林等均精通希臘文字與文學，因之而傳入德國。

到了自然科學時期，義大利德國幾寂然無聲。其原因亦有在。義大利在一五六三年春德會議

(Council of Trent) 決定教會的教義，使不得再取資於古代。義大利在所謂宗教審理處（Inquisition) 之下乃無復聲息。況且自發見東方航路後，義大利商務亦漸衰。至於德國的情勢亦正相似。三十年戰爭（1618—1648）之際，全境均經蹂躪，無復有知識生活之機會。

代表自然主義時期者，是英法與北歐等國。荷蘭經「自由戰爭」(War of Liberation) 之後，在歐洲諸國中思想最為自由，為思想家與學者退隱之地。法國，以巴黎大學之故為研究算學之中心。英國則彪炳一時之伊利沙伯時代已見其端了。

二、**知識的標準不同**。　人本主義時期為與「因襲相爭」的時期。文藝復興初期的思想家，於希臘學術復興的時候，當然欲以所尋得的古代的標準來解決這些新問題。但柏拉圖，亞利士多德，與伊壁鳩魯派對於科學方面有什麼主張呢？他們有什麼標準來解決新宇宙的新問題呢？故古代的因襲亦復活了，現在的目的是什麼，可以做標準呢？古代一切哲學系統中，以新柏拉圖主義最為顯著。支配了人本主義時期的全期，因為他的惟美的性質與神祕的解釋頗為當時具懷疑態度的人所心服。但新柏拉圖主義的勢力並不是絕對的。至於與因襲之相爭，則自始迄終繼續不鮮，此可於教會的分派與文學及哲學的爭論中見之。

自然科學時期則於「新宇宙」中發見一新標準。古代的因襲既不足以適應當時情勢。柏拉圖與亞利士多德不能爲如許新發見與新發明謀一理論的標準。自然乃自身表現其自身之標準。自然科學時期說道自然事實必以自然事實解釋之，但此時的思想家，既以古代的理論爲不適應，何以逕趨自然以求自然之解釋而不趨向其他呢？這是很自然的問題。至於這個問題的答案也是很單純的。這時物理學家與天文學家大有成功，到自然科學時期之初而登峯造極。蓋律雷的許多發見，尤爲重要。

三、科學方法不同。 人本主義時期常用的方法是魔術。思以精神世界的機關來解釋新宇宙的自然事物。此時的學者以爲支配自然須以自然的各部分與假定在自然中的精神相連繫而後可，此爲新柏拉圖主義者的「自然崇拜」的思想。聖經是精神世界的產物，何以見得這「新自然世界」不爲同一源流所默示呢？神爲一切事物的元因；神在萬有之中，每一有限的事物中都有神的反照。萬有皆有靈魂。欲支配自然，必須尋得一無所不支配的方式，即此可以表示支配自然之上之精神的祕密；能支配這些精神，必能支配自然自身。所以人本主義時期的方法有魔術，屍占術，煉金術，符咒術，與占星術等等。古代對於自然事實僅能貢獻精神的原力——皆搜求「哲學家的點金石」此眞暗中摸索從來所無者。

自然科學時期的方法是算學的。經驗世界可與數的系統相符，所以算學成了決定自然界的事情的方式的表象。演繹歸納各有其用。這個時期的特點便是「爲方法奮鬥」演繹法與歸納法眞成了探尋這「新世界」的眞理的新方法。凡明白清楚如自理者，皆爲眞實。其餘知識皆須自此自理推衍而得。從前人本主義時期欲從自然外解釋自然的魔術的方法今改爲自然以內的算學的方法。

四、教會對科學的態度不同。　人本主義時期教會對新學術的態度並不明瞭。其故蓋由於尚未了解此種新學術對於教義有何影響。一方面就教會所明白宣布者即可知何者能信，何者不能信。但在別一方面新學術的價值亦還不能充分決定。科學的熱心非常的普遍，新發見又甚多；教會實在不能立時決定什麼是與教義衝突的，什麼是符合的。最初的時候，教會擬置新科學於不聞不問之列。然而雖然新知識狂很是利害，究竟沒有眞的思想自由。科學的地位搖曳不定，沒有什麽明白的界限的。

到了自然科學時期，科學與教義大衝突，從前的不固定的地位亦因以動搖。立刻發見物理的問題亦包括玄學的問題，新科學乃無一點不與教會的主張相抵觸。一五六三年春德會議之結果，決定了推諸百世的教義。於是教會與現世間的精神大起衝突。科學家均先事預防，不侵入神學的範圍，堅持說他的研究的範圍與神學的教義毫無關係。但實際上欲科學之不爲異端，蓋不可能，尤以理性派爲最，因爲理性派是要建造一種新的經院哲學的。直到啟明時期始得眞正的思想的獨立，這亦是由於政治上的變化而來的。

人本主義時期與自然科學時期畧表

人本主義時期。

一、時——一四五三——一六〇〇

二、國家——義大利與德國。

三、知識的標準——新柏拉圖主義與其他古代學說。

四、方法——魔術。

五、科學與教會之關係——無定。

自然科學時期。

一、時——一六〇〇——一六九〇

二、國家——英，法，及北歐諸國。

三、知識的標準——自然事實的機械觀。

四、方法——歸納法與算學的各種演繹法。

五、科學與教會之關係——與教義衝突。

第三章　文藝復興的人本主義時期

哲學的派別與代表。

柏拉圖派——以弗洛連斯的「學園」爲中心——普雷卓（Pletho—1355—1450），比沙利容(Bessarion—1403—1472)，馬西利．菲息奴(Marsilius Ficiuus)(1433—1499)與米蘭獨拉(Mirandola)的兩位畢哥斯。

註二　哲學著作亦有用新文字者：白儒諾(Bruno)即用義大利文撰著白野姆(Boehme)——可憐的神祕的鞋匠——不但以德文著述且立言德文之價值笛卡兒的著作，有的也是用法文著的。

註三　如勃利希亞的阿諾特(Arnold of Brescia)(1155死)檀德，屋干，威克利夫(Wyclif)(1384死)與巴杜的馬西利(Marsilius of Padua)(1343死)等。

註四　配脫洛朋普拉齊(Pietro Pomponatius)以朋普拉狄斯(Pomponatius)名，(1462—1530)不但爲亞歷山大派的領袖，亦是文藝復興時期亞利士多派的主要人物。

註五　人本主義運動的領袖在義大利有提阿獨奴加薩，(Theodorus Gaza)(1478死)在德有其弟子亞格利可拉；在法有雷菲佛(Lefèvre)(1455—1537)雷菲佛爲巴黎大學的人本主義者，曾以拉丁文譯釋許多亞利士多德的著作。

亞利士多德派——以巴杜大學爲其中心——

（一）人本主義者：　脫利比讓（Trebizond－1396－1484），加薩，亞格利可拉，雷菲佛等。

（二）阿未洛野派：　佛尼亞，（Vernias，－1499死）阿奇尼利，（Achillui－1518死）倪福，（Nifo－1546死）齊馬拉，（Zimara－1493死）

（三）亞歷山大派：　巴巴洛（Borbaro－1493死）朋普拉齊，康泰拉利，（Contanari－1542死）博泰，（Porta－1555死）斯加利加（Scaliger－1558死）。

（四）經院哲學的亞利士多德派：　索西拉，（Socinas－1494死）加伊但，（Cajeta－1534死）凡斯客茲（Vasuqez－1605死）等。

（五）新教的亞利士多德派：　麥令克松（Melancthon－1560死）。

斯多亞派：　李勃斯（Lipo－1606死），索蒲（Shoppe－1562生）。

伊璧鳩魯派：以巴黎爲中心，至加孫地而極盛。

懷疑派：　孟田，桑錫，卡隆等。至自然科學時期仍有代表。

折衷派：伐朧(Valla－1457死)佛夫司(Vives－1546死)，尼屬里(Nizolius1576死)等。

義大利自然哲學：這一派哲學大體上是應用於新形勢的柏拉圖主義。如尼哥拉斯庫沙奴(Nicolas Cusanus)(1401－1464)約洛姆加達奴(Jerome Cardanus)(1501－1576)巴拉西耳塞斯(Paracelsus)(1493－1541)白儒諾，德利西斯(Telesius)(1508－1588)巴德利齊(Patrizzi)(1529－1597)。

上面的表是很詳細的了。確是人本主義復興的潮流中的因襲的哲學。這樣的一個時期，自然引起絕好的文學，但却不能創造新哲學。況且現在義大利充滿了種種政治的，社會的，經濟的，藝術的與文學的問題，義大利人雖然有創造系統的哲學的熱忱也沒有工夫去做。一派自然哲學家，雖是差不多要與從前的系統割斷，然而其中最出名的白儒諾，還是不能出新柏拉圖主義的範圍。但有一句話要鄭重提出的就是一切近代哲學的開端皆導源於十六世紀的義大利。這是不可埋沒的。

白儒諾(Giordano Bruno)(1548－1600)文藝復興初期的新柏拉圖主義的精神，至白儒諾的惟美的哲學而充分發展。他一生的困難可以見當時的社會的不安寧；而他的奇想的愛美的精神，與其悲慘的結果，可以反映義大利哲學的內部與外表的歷史。

白儒諾生於諾拉，(Nola)——諾拉在岡巴利亞 (Campania)——卻是在柰白而斯地方長大的。年紀很輕的時候，就入了度米尼派，漸漸的喜歡研究自然科學與哥百尼的學說。(他從德利西學來的。) 於是度米尼派的教會中人就懷疑他。他就跑到羅馬，又逃出義大利。

從此他不但在教會之外，且著書以反對教會。反對教會的統系。赴日內瓦，里昂，滔勞斯，(Toulouse) 與巴黎等處。去作出版事業。在巴黎的時候，如果允許赴聖餐禮，便可以做大學教授。他又到牛津，但不許在牛津講演靈魂之不朽與哥白尼的系統。到倫敦托庇於某保護者之下，他將他的最精深的哲學著作與極端反對基督教的文字都貢獻與此人。後來又被逐出倫敦。到巴黎小住，到馬堡 (Marburg)，又到韋登堡 (Wittenberg) 便住在那裏，又到普拉格，又到海姆斯泰大學，(University of Helmstädt) 又到法朗克法但曼出版了許多著作，又到叙里希 (Zurich) 被人騙到義大利，一六〇〇年被焚以死——在蘇格拉底死後二千年。註一白儒諾以為神既無限，則世界上的空間時間必無限，這是他對於近代科學學說的貢獻。在修道院中的時候便相信哥白尼的學說；將他神的無限的宗教觀應用上去高舉起來，宣傳於全歐。這種對於無限的宗教科學的觀念，包含了許多最近的思想。無限是動的無限，空間之無盡即能力之無盡。白儒諾信有多數的世界（如伊壁鳩魯所主張者），但不以為是機械的，萬有都是有生機的有目的的。空間不是無差別的展覽地，是活動的情態，（新柏拉圖主義無限之力）於此活動的情態中發展其本性。無限是通體一致的。宇宙中世間與天空的各部分的性質上的不同點必須廢棄，因與哥白尼的系統不同。同一的生力發展同等的生活力，各處都是相等的。一切都是神的。無限是樂觀主義的理由。神無所不在；每一瞬間都是他的完全的無限的活動。單純的東西生而復死。直覺得此事實便忘卻苦痛。實在無所謂死。靈魂（柏拉圖的愛）永久奮鬥，以求超升而達於無限之自然。神之無限足以保證萬有的自由。內部並無逼迫而一切運動都是從事物的內性來的。這是最高的必然，而亦是最完全的惟一的自由。註二

然而白儒諾以神的無限的觀念為「生活全體」的神的美與藝術的調和，這是最清楚的文藝

復興的根本思想。無論哲學家與詩人皆以愛自然為美的宗教的對象反抗。一切蕭括主義與經院哲學。他以為他所居的「新世界」是神的表象。普羅太奴的宇宙之美的思想，文藝復興時期對之最高的同情；在白儒諾手裏這種「美」便是神的「觀念」的表現。他以為哲學，美學，宗教是一件事。他用新柏拉圖派常用的表象——即形成一切發生一切的光——去表白他的思想。但白儒諾並不能這般忍耐着去研究自然現象，不過是愛自然。愛自然事物因背後的大靈魂而發現的光輝。他世不能如巴拉西耳塞斯專研究一種現象；他愛全體像宗教一樣。宇宙無論內外都是一個永久的調和。我們如以詩人的熱心去觀察，則一切外表的缺點都消滅於全體的調和中了。人無須有特別的神學，因為世界是完全的，是神的生命。白儒諾是一位普遍的樂觀主義者，亦是一位神秘的詩家。於此宇宙的調和之前，人決不應出怨言，祇能表示敬禮。真正的科學是宗教與道德。

第四章　文藝復興的自然科學時期註一

自然科學時期的哲學家

一、蓋律雷及其他科學家。

二、倍根，(1561－1626)

三、霍布士，(1588－1679)

四、理性派。

註一　斯賓羅莎與來勃尼茲都受了白儒諾的影響影響白儒諾的思想的有畢太哥拉，柏拉圖，普洛太奴，盧克利西，雷孟督耳(Raymond Lull)德利西與庫沙奴等。

註二　白儒諾有許多不自相符合的去處。後來的著作中，他發展一種個體論與單元論，他常常提到神，好像神是多數的單元一樣。……白儒諾設有辯神論，他以爲是不必要的。所以他對於神的界說不很清楚。但却要將神與世界分開，以防無神論的攻擊。這便是他將宇宙與世界分開的根據。宇宙——神——自然——物質——世界內在的原理。又一方面的世界——自然事物的綜什。還有兩句話白儒諾用過，後來斯賓羅莎還要用的；就是 NaturaN aturans 爲自然中的發生的原力；Natura Natnrata爲形式物質化的世界。

笛卡兒(1596－1650)

斯賓羅莎(1632－1677)

來勃尼茲(1646－1716)

這時期哲學發達的國家不僅是義大利與德國了。英國以倍根霍布士爲代表，法國以笛卡兒爲代表，荷蘭以猶太人斯賓羅莎爲代表，德國於本期之末以來勃尼茲爲代表。義大利仍舊是有一位最有勢力的思想家——蓋律雷，他是各國的許多的天文家中最特出的。最完全的代表是笛卡兒，他是理性派的創始者；因爲他不但對於算學本身有興趣，並且將算學應用在玄學的問題上。至於英國的倍根和霍布士，既不如蓋律雷的影響之大，更不如笛卡兒的系統所包之廣，但也是很重要的，因爲是英國經驗派的前驅。斯賓羅莎比起別人來，更要算做『世界的哲學家。』他將中代經院哲學與文藝復興的算學在他的哲學中結連了。來勃尼茲則在文藝復興與啓明時期之中爲承前啓後的人物。

算學的天文學家。 自然科學的研究，在人本主義時期已見萌芽。自哥白尼出，研究物理與天文學的興趣乃大增。但是最初的時候，偏於理論方面者多而注重實驗者少。這些天文學的理論在當時並無甚影響。後來知道古說不足以解釋此「新世界」的事實，而蓋律雷的實驗的研究，又證實了他以前的學者的理論，於是文藝復興乃離去古說而向自然自身求一解釋。此時便在一六〇〇年左右。

此時最特出的天文學家是——

哥白尼(Copernicus)1473－1543，　波蘭人
白儒諾(Bruno)1548－1600)　義大利人
泰可柏雷(Tycho Brahe)1546－1601)　丹國人
蓋伯勒(Kepler)1571－1630　德國人
蓋律雷(Galileo)1564－1641　義大利人
海金絲(Huyghens)1629－1695　荷蘭人
牛頓(Newton)1642－1722)　英人

這與科學家中以牛頓爲最重要，但須歸入下期，影響最大的是蓋律雷。近代科學方法肇端於蓋律雷。蓋律雷以前的四個人中有三個人——哥白尼，白儒諾，泰可柏雷——都具有人本主義的精神。因爲他們對於自然的最終解釋都是精神的世界。蓋伯勒則同屬於兩時期；因爲他起初將精神說與哥白尼的學說相合而建設他的自然科學；但後來就完全採用自然的機械觀。所以上例的科學家可以分成兩部分：（一）蓋律雷以前的理論的科學家；（二）蓋律雷與其他實驗的科學家。

一千四百年來一般學者都以托爾米的天文系統爲毫無問題。雖然複雜，而却將感官所見的各種現象解釋得很滿意；各種現象都歸納於一個系統之下。至於托爾米的天文系統在上一卷論古代與中代的哲學時已經詳細說過。茲更畧述之：「世界全體」爲一空的球形，地球居中心，固定的星在其四周，行星則在外環中運動。宇宙分爲天界與地界，爲諸精靈所領有。神則居此空球之外而握有之。

天文學說的發展是很重要的。其變易的歷史亦是很出色的。始而哥白尼以日居中心的觀念貢獻於世，蓋伯勒以爲行星的環路是橢圓形的，白儒諾以爲空間與時期是無限的，蓋律雷始以實驗的觀察徵實上列諸說，却有被禁於教會之下——由此可見破壞一根基穩固的因襲之難。那些理論的天文學家或者並不自已知道是在掘舊的天文學的系統的老根，或者他們祇想修正托爾米的系統，並不想破壞他。哥白尼亦承認了托爾米的系統，不過不以地居中而以日居中，因爲這樣便可以化繁爲簡，許多外環便可以不必要了，蓋伯勒更進一步以橢圓形規道代外環。但給果便是根本上換了一種新宇宙觀，因之對於特殊的物質事物的關係又換了一種新觀念。這樣，就發生了新的科學方法。

於是以宇宙爲一機械，從前以爲是精靈的勢力與神的領導者，今則以爲是因果必然的非人性的則律。天上與地下沒有什麽活力與超自然的勢力了。宇宙是通體一致的，萍果的下落與行星的轉動沒有什麽分別，天界地界無甚分別。其中無基督教的天堂，亦無中代的那些精靈。希臘的諸神推出去了，基督教的神也只好立在一邊去。

如果這種新宇宙觀要代替舊的托爾米的系統，就必須以具體的實驗來證實他，這種要求與亞幾米德(Archimedes)的研究的復興，與義大利各城市的商務與發明的競爭，是要求「精確」的三個原因。調查實驗，與發明之風盛極一時。魔術，煉金術，占星術等已不承認爲要緊的方法了。

近代算學的勢力，卽導源於此人本主義者中的幾個天文學家。自然中一切事物漸漸的全都認爲一種機械。有生機的與無生機的亦沒有分別。哈惟(Harvey)於一六二六年發見血之機械的循環後，很引起了許多以機械觀研究動物的。笛卡兒以動物爲複雜的自動機，在這一方面，他發表了許多關於折射光學音樂律與胎學的論文。霍布士則以機械律應用到心理的現象上去。北歐諸國與法國對於反射運動的研究很有興趣。這時解釋人的身體時，將靈魂除外，正如將神推到宇宙背後去一樣，所以這機械論竟是很完全的。

蓋律雷(Galileo Galilei)就蓋律雷的一生看，似與白儒諾同時。亦和白儒諾一樣，爲反教會運動的犧牲者，這教會的反動便將義大利的科學的自由撕滅無餘。然而白儒諾無論以年限計或以他的精神論都是上一期的人物。蓋律雷眞是第二期的創始人。白儒諾是詩人與哲學家，蓋律雷是眞科學家。但何以在哲學史上有他的地位呢？因爲他不但是近代自然科學之祖，亦是近代自然哲學之祖。蓋律雷對他自已的特殊的科學的問題看得很清楚，解決他的問題的方法，亦看得很清楚。所以他能與近代思想以研究此自然世界的一切的新材料的準確的方法。他並不曾建設什麼哲學系統。但他製成了研究自然事實的眞方法，爲近代建設哲學系統的方法。他的天文學的新發見，證實了哥白尼的理論，使他與教會立於正相反的地位。爲要不受「宗教審問處」的審問，他只得起僞誓；雖然不死，却更受了許多年的痛苦。他說即使星下來證實他的發見，反對他的人還是要否認的。總之，哥白尼的學說的實驗的證據積得越多，他受亞利士多德的正宗派的逼迫便越利害。

蓋律雷的科學方法　蓋律雷的科學方法有兩句格言：(一)科學除自身外不依賴一切權威；(二)一切推論必須從觀察與實驗得來。對於第一句話他在致羅玆令仁的大公爵夫人克利斯丁(Grand Duchess Christine of Lothringen)的信上聲明過的。科學必須與神學脫離。神既然給人以感官與理解，便應當依着他們，即使有兩處與聖經上所說的不同也不妨事的。聖經是一種啟示，按照古時的人的程度給的，他們所要的是信仰而不是理論的知識。科學要研究自然的書中的啟示，是用算學的記號寫出來的。

第二句格言比較新穎些，但與他當時的正宗科學也是正相反的。「自然」的知識是從觀察與實驗得來的算學的知識。經院哲學的演繹法——推論式——是決不能發見關於自然的新眞理的。他的價值祇能於用歸納法時用來改正並且與歸納法同用。歸納法與演繹法有相輔而行的必要；祇用一法是不妥當的。若祇用歸納法，便要一件一件都觀察過，這是不可能的事。若祇用演繹法便不能發見新律。但是蓋律雷怎樣同時並舉歸納與演繹二法以爲未來的科學建一新方法呢？

第一步——歸納或分析——是以知覺觀察事物。但這並不是對於物質的性質的普通觀察，這種觀察是很不準確的。須要先觀察量的方面。更要像算學似的去實驗他們，以便尋着他們的最單純的要素。但是歸納法是有限制的；因爲祇能分析幾件轉別的事情。可以視察地上物體的下墜的運動，可以取來實驗；但是星體的運動，便祇能視察着一部分，還決不能取來實驗。但是怎樣能爲一切物體下墜的事情製成一條公律呢？

於是就到第二步——演繹或綜合。這不是亞利士多德的推論式的演繹法，是算學的演繹法。譬如我們要爲下墜的物體設一普遍的公律，便要算計一切曾經觀察過的事情以成一算學的假設。以此爲基礎，那不曾觀察過的事情便能以計算演繹而得。如果這條算學的假設可以應用於未曾觀察或不能觀察的事情上，便可以算做一條自然律。

然而蓋律雷更預先見到現代論理的結果，他見到這並不是那關於自然律的全部的事實。無論什麼自然律，於其普遍的算學的形式下，終竟不過是一種理想的建設。是一種理性的原則，自然中的眞事實，決不能恰恰與他相合的。我們不妨用一個簡單的譬喻以表明蓋律雷的思想。各行星運動的公律，就算學上說是橢圓的，但却沒有一個行星的運動恰如一完全的橢圓形的。那麼這種的行星運動算學解說怎樣能算一條自然律呢，與科學又有什麼價値呢？但是以橢圓形解釋行星的運動時，是以爲沒有外來影響加諸各行星的。然而我們知道一切實在都感受擾動的。我們可以計算或觀察於某一行星的擾動是怎樣的。然後同時取行星運動公律與實在的擾動，我們便可以計算某一行星的實在的環路。所以某種特殊的自然律的價値是在於他可化繁爲簡爲所要觀察的事實得一根據。是一種以理相建設的規律，於此規律之下相同的現象都可以聚來的。凡可度量者度量之，不能度量者則置之於一理想的建設的公律——自然律——之下而計算之。

所以蓋律雷以爲自然本身的機械觀——有些精神的勢力在外——便可以獨自解釋自然的事物。原子說似爲他一切主張的背景。他並不在現象之後尋什麼「生力」。他有如此的勇力與決心將神力加於諸行星的神祕打破了。以反對全中代的自然哲學。他以他的「原因」的觀念的好發展，和他的宇宙機械觀，便從半身不遂的神學者手中扭了出來。

蓋律雷以後義大利對西歐思想界無甚貢獻。須知在十七世紀義大利雖也有幾件實驗的研究和幾個大人物，但是義大利的哲學却默爾而息了。但是德國却開始發達起來；義大利却不能再盼望別的白儒諾與蓋律雷了。以後義大利以種種原因，受制於教會暨內部的相爭與外部的陰謀，便走出了近代哲學史——只有在十九世紀有一位費可（Giambattista Vico），這是個例外。

方法的相爭——經驗論與理性論　蓋律雷的算學的方法，將自然現象都納入一種機械觀之下。但亦侵入心理現象的範圍。自然科學無處不引起玄學的問題．雖然在文藝復興時期，正與「新的自然」相對，乃不得從事改造中代對自然的觀念。但亦必須改造因襲的對於心與心的內容的觀念。蓋律雷的機械說的確有意害及中代教義的全體。關於靈魂的本性與其不朽，其自由意志及其與人身之關係，觀念的性質與起原等等問題確是與蓋律雷的算學的方法相反的。蓋律雷並不想將他的方法應用在心理現象的範圍以內，他只注重外界。但是隨從他的文藝復興時期的哲學家，卻亦有很注重人的心意的問題的。

世界上須還要等待二百年，直到康德始有一考查人類知識內容的眞方法出現。這便是先在的，(Transcendental)或知識論的方法，然而在自然科學時期問題蠭起，恒稱爲「方法相爭」的時代。這是的哲學家採用。蓋律雷的方法的要素，於討論此新宇宙觀所包含之心理學的問題時，分成相反的兩大派。一方面在英國，自羅吉倍根(Roger Bacon)到斯賓塞，都是經驗派的態度，主張以觀察與經驗歸納以解決各種問題。一方面法國(與荷蘭)的哲學家却採用蓋律雷方法中演繹的元素。算學的演繹爲法國哲學自笛卡兒以來的方法。這一派名爲理性論派。經驗派哲學家與理性派哲學家的反對，根本上是臨近這許多新問題的方法不同。以後便要研究這些派的哲學。

倍根的一生 (Francis Bacon, Baron Verulam) 倍根是倫敦人在劍橋受大學教育。初就職英國外交界，後來回到敦倫做律師。三十二歲入議院，卽以雄辯名。四十三歲做英皇法律顧問。五十六歲被任爲樞密大臣。歷來做官，聲名很好；但是後來因受賄去職，並處重罰。他的主要的著作有論文集 (Essays)，Iu sta uratio Magno 的兩部分：De Diguitate et Augmentis Scientiarum (1523) 和 Novum Organum (1620)，還有 New Atlantis (1623) 是一種烏托邦的著作。(註三)

倍根在哲學上的地位 一般人常以倍根爲近代哲學鼻祖。蓋由於狄德洛之極力推崇，而又爲許多法國學者所附和故。但是這種遺傳的習慣實在是由於誤解倍根的影響。倍根與其說他是專門哲學家，不如說他是一位人本主義者。不但對於當時的專門哲學家與科學家沒有什麼影響，亦不曾受他們多少影響。他並不曾覺着蓋伯勒與蓋律雷的影響，及他們對於科學的偉大的建設。倍根的新機關(Novum Organum)即述說他的科學方法者，但於他當時亦沒有多大的影響，直到十八世紀中葉——狄德洛的時候，讀這種著作的人始漸漸的多起來。(註四)但是這句話也有附帶的一句話。即倍根的New Atlantis當時便很有勢力。這本書上的科學院的理想，便引起了皇家學會，時在倍根死後三十六年。以後各處便有同學的學會出現。

倍根祇發展了近代哲學的歸納的方面，還沒有成功，不能說是近代哲學的鼻祖。他似乎除亞利士多德的推論式外不知其他的演繹法，也並不知道算學在演繹法中之重要。科學的進步實在過於倍根的希望。倍根在文藝復與時期地位之重要，不在對於哲學內容的貢獻，亦不在他對於科學方法的成功。(註五)

然則倍根的工作對於哲學的價值在那裏呢？倍根是最初在英國收集文藝復與的結果而使他世界化了。從神學者手中取出來，他呢，是個律師，於是給這些結果以一種法的存在。覺得科學包括哲學必須要世界化了纔行。倍根很看不起古代，便在英國發出反對舊的經院哲學的方法的聲調來。然而他還不僅爲反動；他對未來的時代有一種信仰，差不多和樂觀主義一樣。他建立一種理想確信不但自然便是人的一切活動亦可歸納爲若干簡單的原則他這種信仰在New Atlantis 上說得很清楚。

倍根以後所以能在哲學家中得如此優越的地位的緣故，是由於他的顯著的地位與奇特的人格，加之以他的勇敢的功利主義的表現而成的。即在英文學中的伊里沙白時代，他亦以著作家與政治家名。他在英皇傑姆士第一時，在政界的地位很高；然而他的奇特的人格亦很引人注意。因爲他的天才似乎凡是他當時的產物——便連莎士比亞的戲劇也在內——部無所不能的。

倍根的目的。 倍根發表文藝復興的原則，如一個人的，因爲他的主要觀念是『知識即能力。』他是功利主義時代的最顯著的功利主義者。地決不像白儒諾一樣，靈魂沉浸於自然之愛。他又反對中代的宗教的自然觀。教會中人所謂知識是神的宗教的直覺的觀念，他以爲和『捨身於神的小尼一般的無結果。』所以書本上的知識是很危險的，因爲不過是字。因此從倍根起，發生一種不信書本有文化的價值的運動。哲學必須支配自然以改善社會的狀況。倍根並不要求知識的每一點都有用，但是知識總體的究竟的目的必定是要用處的。文化不是放在一人手裏使他高出別人，是全體人類的服務使人類超過自然。目的是「人治」(Rdgvum hominis)這便文藝復興的目的。中代與古代沒有改良社會的觀念，但是倍根以爲哲學的價值就是要撤廢人類的不平均的情勢，使社會不要再有滿足了野心與被犧牲的兩個階級。

倍根的功利主義的動機使他與理論的知識立於相反的地位，於是倍根即認爲英國功利主義與實證主義之祖。(註六)他重複的說改變人類生活的是新發見如火藥，印刷，與指南針，而不是魔術。這新發見雖然是偶然成功的，但將來不可不有一方法——科學的方法。倍根表示他不是發明家但他信有一種發明的理論是可能的。

倍。。根。。的。。方。。法。。倍根說科學家的方法不應當像蜘蛛一般，從自己身上抽絲，亦不應像螞蟻一般祇知收聚材料，須要像蜜蜂一般收集，同化，並且變形。哲學即科學即是方法。一方面以批評的眼光考查過去，一方面預述未來的科學。請評論於下。

（甲）倍根對於過去的（舊的）的批評是將流行的哲學痛下批評。差不多要與舊的割斷。倍根覺着當時所流行的科學不過是假冒的。就生活的事實所表現的而看，舊的科學不過是空字。但是古昔的思想家爲什麽有錯呢？不是因爲他們不是天才，亦不是他們沒有知識的機會；只是他們進行的方法將他們導入歧途了。古時的思想家走錯了路，他們的結果，就是我們現在所有的，都是無益的。

那麼我們對於這種因襲的哲學應當持什麽態度呢？我們須要脫離舊路，因爲這是我們得到世界的眞知識的障礙。哲學的三種病根是「空想的，爭辯的，與彫琢的學問」我們不要太信任我們每日的知覺；因爲科學雖然以我們的知識爲根據，但我們日常的知覺已爲我們的思想的不批評的習慣所破壞。於是就發生許多謬誤出來，這些是我們要破除的。這些謬誤，倍根稱之謂偶象（註七）偶象是假的影象，介我們與眞理之間，常誤認爲實體。偶象有四種：

（一）部族的偶象，或人類共有的假設。

（二）洞穴的偶象，或由於個人天性或生活狀況而生之偏向。

(三)市集的偶象，或字句的因襲的意義，我們用來代替觀念的。這是最不好的。

(四)劇場的偶象，哲學的武斷的學說，引了許多團體裏的人去服從他，但未經我們自己的批評。

倍根將我們的偏執分成四偶象，其意在從知識方面將主觀的與實在的分開。論理，宗教，與詩對於科學已有了壞結果，而哲學方面，劇場的偶象，尤其特別的表現出來。

(乙)既打破了前述的偶象，我們應當預備積極的建設一種科學的方法。普通說來，科學應當何者爲指導呢？科學應當以歸納法把經驗爲指導。倍根的建議如下：

(一)盡量收聚特殊的事實。

(二)然後將這些收聚來的事實分析比較，倍根所謂歸納，不是僅將單純的事實都列舉出來。反面的比證，與等次的不同，均須詳愼研究。性急的結論須要避去，從特殊的事實到普遍的結論，須要慢慢的下來。

(三)這些現象的簡單法相必須要找出來。倍根所謂法相，是與現象有關的。有現象則有，

現象必無增減亦與現象相同「法相」是現象的本質(註八)

十七世紀的英國的文藝復興　英國的哲學自始就是安格諾撒克遜的表現英國人最初就是懷疑的，不但懷疑經院哲學的以獨斷教義爲根據的演繹法，更懷疑一切演繹法他主張慢慢的從經驗上去發見即是純粹想像的知識與算學的演繹法亦不足以引起他們的興趣然而即使是歸納法在英國人手裏亦是要求建設一普遍的原則，但倍根或亦拒絕用這種原則以建設新的眞理，如蓋律雷應用他的算學的假設一樣依倍根的意見，凡已經得着經驗許可的假設，纔是眞的。

然而整整的七十年工夫，直到洛克發表他的人類知識論，經驗哲學在英國並無進步從倍根發表他的新機關(1620)以後到洛克發表他的人類知識論(1690)中間的英國哲學與經驗論和倍根的歸納法相同的並不多這中間的哲學有霍布士的哲學，(他的著作是在一六三八與一六五一之間發表的)劍橋的柏拉圖派的哲學，與一派宗教的神祕主義但是英國的經驗派的自然發展，何以有此阻礙，是什麽原因呢？

原來英國在十七世紀比較的喜歡有系統的思想，不很願意做吃苦的實驗的研究。英國在十七世紀政治上變故頻仍——宗教的騷擾，國內的戰爭，(1642—1649) 復辟 (1660) 與革命，(1688) 然英國於此變故頻仍之餘至十八世紀乃竟起而爲一政治上大有權威的國家。許多偉大的思想人多歸功於法國革命家者，在十七世紀的時候皆輸入英國的政治界中，至十八世紀而完成一種哲學以爲大陸人民之用。十七世紀的時候，英國本土並無系統的思想。英國人的心目中祇有許多新的社會思想，常是因政治衝突之必要而發生的。這些都是表現公衆需要的思想，而應用於社會問題與公衆的問題的。這時亦偶然有許多發明如哈維對於血液循環的發明，(1626) 波以勒 (Robert Boyle) 的關於化學的工作，(1627—1691) 西登姆 (Sydenham) 對於醫學的發明。(1625—1689) 英國經驗派的起原實在不是倍根，更不是倍根以後的半世紀，實在是革命之後，倭蘭治朝 (Orange Dynasty) 已經建立之後。(1688) 是在洛克的人類知識論與牛頓原理 (Prinicipia) 出版以後。英國的經驗派哲學至洛克而始有系統，但已經是啓明時期的開始了。

倍根至洛克，中隔七十年，此七十年中，英國哲學可分三派。此三派並不一定的經驗哲學，其性質亦不是英國的。

一、一部分受白野姆影響的神祕主義者。

二、劍橋的柏拉圖派。這是一部分論理學的學者，會集於劍橋大學所在之地。這一派可以代表人本主義時期的哲學，以與霍布士反對而復盛。然無所表見，不久亦衰落。普通說起來，他們所反對的是霍布士的以機械說應用於心理學，論理學與政治學。他們以霍布士爲無神派，而注重宇宙的究竟觀。克德華茨 (R. Cudworth) 爲此派代表，他的學說是混合新柏拉圖主義與巴拉西耳塞斯而成。亨利摩爾 (Henry More—1614—1687) 則上追菲息奴與喀拔拉；撒母耳派克 (Samuel Parker—1688死) 是牛津主教，他創造出「物理的神學」一個名詞出來；提阿勿奴 (Theophilus—1628—1677) 與其子多馬斯蓋爾 (Gale) 與約翰洛利 (John Norris—1657—1711) 都是這一派的。理性的，天賦的眞理的學說爲劍橋學派的學說的基礎，在十八世紀時有撒母耳克拉克，(Samuel Clarke—1675—1729) 威廉竇拉斯登 (Wm. Wollaston—1659—

1724）和禮査普來司（Richard Price－1723－1791）爲其代表。然而這一派其實是與普遍的英國經驗哲學的相反的不同的元素。

三、這時最有影響的一派哲學是從法國來的，以霍布士的強有力的哲學而表現出來。這便是以巴黎爲中心的算學的理性論。巴黎呵！倫敦呵！這兩座都城的關係便足以支配十七十八兩世紀的英法哲學。十八世紀時法人到倫敦研究哲學的詳情，容後再述。——伏爾泰與孟德斯鳩於十八世紀之初將洛克與其他英國道德學家的學說從倫敦傳入巴黎。現在英國雖內爭不已，而英國學者之入巴黎以研究科學仍甚多。那時的巴黎的科學甚形發達。法國此時政治平穩，法國語爲知識階級的流行的言語。英國的學生在巴黎的學者談話，而研究純粹的科學。他可以將他的思想歸入算學與笛卡兒哲學的學派。——結果亦很好。這些團體中人可以見到倍根方法之偏。霍布士的機械哲學是法國輸入的。在這一方面，霍布士在英國哲學家中是特出的。

霍布士。。。霍布士（註九）霍布士曾做過倍根的祕書。他因對於英國政治有興趣而轉入哲學，而他的哲學却完全是法國科學的表現。與霍布士同時的沒有一個人的哲學有他這樣有統系的，——即倍根，笛卡兒，與蓋律雷亦不如。他將他所要說的都很明白地宣達出來，以後亦沒有別人比他更好。他亦屬於我們前面已經提到的人本主義的政治思想家，他們想建設一種系統的政治思想。那時中代的普遍的基督教的國家的思想，（如與古斯丁的「神之城」）已消滅了。霍布士是近代最出名的關於道德與政治的著作家；但政治不過是他的機械的宇宙觀的系統中的一部分。他是近代惟物論的前驅。他的奇別的社會思想不過是他的學說中一種例證而已。

霍布士的一生及其著作 霍布士的一生可以分成五個時期，各以其興趣之所在爲斷。他對於古說頗有研究。他一生的第一期與末期均以重要的繙譯爲主。他二十歲時第一次出遊以後，巴黎的影響與法國的算學於他的思想的發展上很重要。他天性是個辯論家，而從一六五一至一六八八的十七年中，辯爭尤烈。

一、爲一研究古代的典籍的學者（包括幼年）。(1588－1628)——他一生的前四十年。一六〇三至一六〇八居牛津；一六〇八至一六一二出國遊歷；始與 Wevonshire family 有關係，並始研究「新科學」；有餘暇可以讀書，始與倍根，解伯萊的赫白脫，(Herbert of Cherbury) 及彭

強森相友善，譯蘇息逮茲。(Thucydides)

二、為一算學家。(1628－1638) 第二次出遊，一共有十八個月的工夫做 Sir Gervase Clifton 的兒子的家庭教師；始讀倭克利特；第三次出遊 (1634－1637) 遇蓋律雷；始發展運動與感覺的觀念；到一六三八他已經算有名的哲學家了；遇巴黎科學家麥西恩 (Mersenne) 與加孫地。

三、為一哲學家。(1638－1651) 思以哲學要義 (Elements of Philosophy) 為書名而述其自己的哲學；(De Corpore De Homine，與 De Cive 為英國革命所阻礙未得竟此全功) 一六四〇著法律要義，有少數人看過他的草稿，到一六五〇年未經他的許可就發表了，分成兩部分：Human Nature 與 De Corpore Politico；遁入巴黎 (1640) 復入巴黎之科學界；批評笛卡兒的 Meditations 發表 De Cive，(1642) 即將 De Corpore Politico 擴大而成者；在巴黎為查理斯第二講師；致力於其哲學；(1642－1645) 一六四六年著自由與必然 Liberty and Necessity) 至一六五四而出版；旋發表 Leviatham (1651)。

(四) 為一辯論家 (1651－1668) 復遁入倫敦 (1651)；發表 De Corpore；(1655) 著 Behemoth (1668) 指爲禁書，死後始出版；與勃拉候(Bramhall)，華特(Ward)，華利斯 (Mallis) 和波以勒相辯論。De Homine 出版(1658)

(五)復爲一研究古代的典籍的學者，(1668－1679) 譯 (Iliad 與 Odyssey (1675)。

影響於霍布士的思想者(一)霍布士幼年的影響於他一生亦甚重要。他母親撫育他的時候，常聽見西班牙水軍來攻的信息，很受了些驚恐。霍布士一生困頓，時與人爭，是不是這件事的結果呢？他在政治上是很頑固的，他對於這種新變化，不表同情於任何派別，他亦沒有政治理想，祇是恐懼。他治的時候，這種自然的守舊主義又發生了。當他翻譯蘇息逮玆的時候，白金漢(Buckingham) 被刺，而請求各種權利的請願書又呈上去了。法國的亨利第四是不多幾年前被刺死的，清敎徒在英國又時謀擾亂，他的研究與他與 Devonshire family 的關係，使他的頑固的地位愈益堅固。當時的一切運動都趨四分權制，向着戰爭與叛反行去。他因爲怕的原故，第一個跑到法國去，那時正在查理斯第一的紛擾初起之時。十一年後，又因爲怕的原故，跑回倫敦，否則天主教中人因爲他在 Leviathan 上罵他們的緣故，要暗殺他。倫敦大火，他又非常之怕，以爲這是神罰，罰英國朝廷之不潔者。故霍布士無日不在驚濤駭浪之中。

（二）霍布士的父親是伊利沙伯時代英國教會中一個不甚重要的教士。是個放蕩不羈的人，家益以傾。所以霍布士常常反對教會與神學。他雖然是教友，然不過是名義上的，看他的思想就可以知道。

（三）新的算學的科學於霍布士最有影響。他在牛津的時候，並未得着許多深刻的印象，略爲喜歡研究古代的典籍而已。他在大陸二十年，身入義法兩國之科學界，然而這時他已將成熟，影響亦有限。第二次旅行，始讀優克列特，那時已經四十三歲了。第三次旅行，遇蓋律雷，與法國科學家麥西恩與加孫地，始研究運動與感覺。蓋伯勒，笛卡兒，與蓋律雷的著作於他有很大的影響。霍布士亦略具英國注重經驗的趨勢，亦同倍根一樣信知識是從經驗來的。然而他並無經驗的方法。（註十）霍布士的使命是建設一種普遍的機械的人生哲學。

霍布士學說的基本要義。霍布士的哲學的假設便是機械的世界觀。他與法國的學說不同，因爲他已將這種觀念普遍化了。應用於物質方面，亦應用於心理方面，將心理界亦歸入物理了。

他用兩句話表明他的機械觀的原則：凡存在的都是體；凡相遇的都是動。霍布士將這種假設應用於物質方面就是惟物論；應用到知識方面就是惟覺主義，(Sensationalism) 應用到意志方面就是定命論；(Determinism) 應用到道德和政治方面就是自然主義 (Naturalism)（註十一）體是自然無論什麼東西都是體。體是自個人至國家的元始條件。宇宙中一切現象，都是體的運動。心理界亦拉進物質界，於是他的機械觀更自然了。

神學方面——即神，靈魂，與天使——霍布士始終不提。因為體的科學，不能涉及超自然的，超自然界不是體的運動。物和心是同性的；物質和精神則否。霍布士以為相對立者非心物之別，非物質的與心理的之別，而為物質與精神之別，動質的與超物質的之別。

霍布士的方法　有一種方法可以普遍應用：就是算學的計算法，把他們當做體的運動來計算。但是怎樣計算呢？便是用字。平常的知識我們用字當做我們經驗的記號。在科學上我們將這些字系統的連結起來。字是計算事物的。科學可以使用字。科學將字連結起來或加或減使成為斷定與推論式，於是建設了許多的有證據的原則。(論理)

霍布士實在是一個惟名論者，因爲字既然不過是計算的，所以爲尋求實體而誤算的，那人祇是蠢人。事物影響於我們的影響與那些物的本身不同，然而卽使是事物的一種模型，我們亦沒有正當理由誤認其影響。我們可以用字表白這種影響，但不是實體。字是共相，不過是自此一經驗達於彼一經驗的主觀的方法。字有眞理，但不是實在的眞理。霍布士有一個很出名的「眞理」的定義，他說：眞理並不是思想與事實符合；是觀念的互相符合。眞理是無矛盾的思想，因爲思想是一種計算，遵守他自已的則律，而避免矛盾。眞僞是看字使用的對不對，而不涉及實在的事物。所以科學本身有他的眞理，爲一組織合理的世界，與其所組織的世界大不相同。

既是這樣，科學家如何進行呢？科學家以某種現科爲起點，此卽爲某種體的運動，可以用算學的方法將他的度量說出來的。他尋找出這種現象的原因。這就是這種現象的原素。然後再從這些原因推而及於其他現象的結果——體的運動。所以科學家的世界是計算因果的。

體的種類。　體有兩種：自然的與人造的。自然的體屬於物質的世界。人造的體就是社會上各種機關，最重要的便是國家。人兼屬兩種體——他有物質，而又爲國家的一分子。人是將自然體和人造體連合起來的鏈環。因此哲學就分成三部分：一是物理學研究純粹的自然體；一是心理學研究人在自然方面的部分；一是政治學研究人在社會上與他人的關係。從這一端看，政治的體可分析而爲人，人亦可分析而爲物體。政治的體全靠着人的心理的稟性，而人的心理的稟性又全靠着物質的體的性質，——卽體與其運動。故一切的體，無論是人造的自然的，都要以運動來解釋，纔算是科學的解釋。

霍布士的算學的學說之應用於心理學。 霍布士將研究心理現象的科學從古舊的神學家的手中奪了出來，於是心理學始成爲獨立的科學。心理學原來以神學家的解釋爲根據；現在霍布士則代之以算學家的假設。在他手裏意識不是一個靈魂，是體的運動。卽霍布士所謂「有機體的某部分的活動」。意識情態，爲感覺，知覺等等都是腦的運動，或是神經系中原子的精細的運動。記憶與想像是「衰落的感覺」；思想是許多感覺的總計；經驗是感覺的全部爲固定的聯想律的結合者。霍布士是聯想的心理學派之祖。聯想的心理學派便是主張以意識爲由心的原子所組成而受聯想律之支配之學說。

霍布士雖然在神學家手中將心理學取了出來使成一機械的科學，然並不與物理學相混。仍爲心理學。物理學僅討論外界的運動。心理學是關於腦的運動的，腦的運動，旣非外界的運動，亦非外界的體的運動的抄本，是外界運動的結果。腦的運動與心理情態是一樣。外界的一個運動的體，在各感官上留下一個印象，神經便將他送到心腦之中。腦中的反應運動，便是一心理情態。是許多原因的結果。是實在事實的「顯現」(Apparition)而此事實僅於外界中存在。

霍布士的知識論在歷史上是很重要的。外界的確是實在的，但是我們沒有外界的知識。事物的本質與我們所知者不同。我們所知的只是腦的變化——身內的體的運動。譬如我們對於光的知覺是腦髓質的變化，不是某一外面的本質的變化。如我們以爲光，聲，熱的感覺都在我們以外，那是欺騙了我們自已。除爲這些變化的原因的體的運動外，外面沒有什麼。這種主張，歷史上叫做「感言知覺的主觀性」說。與霍布士同時的人皆主此說，以後英國的哲學亦皆以此爲然。

霍布士的算學的學說之應用於政治學。　國家——人造的體——以個人爲本。個人的自保衝動是天賦的，這是絕對的與普遍的特性。正如人心的觀念的機械的聯合律一樣。自保的機械

律便是人的倫理生活與政治生活的機械律

我們的所有的政治組織，都是人要求自保的結果。在他的自然的國家裏——霍布士之意謂無社會組織之時——人的行爲除以其自已的利益爲標準外沒有別的標準。在人所建設的政治的國家中，其動機仍然是爲自已的利益。利已主義實在是人類的共通點，政治的國家是達到自已利益的最靈巧的手斷。霍布士以爲人原來的國家——即所謂「自然之國」者——各個人都互相衝突。（參考洛克與盧騷。）但這種情形是自己毀壞自己。結果人不得不自己建設一政治的國家以避免此自相殘殺的戰爭。

於這種的情形之下，人最容易達到他個人的目的，因爲政治的國家是保持和平的惟一的方法。在自然的國家裏，每人對於一切的權利即等於無權利，故相約各人都犧牲一部分，好叫那一部份安穩些——得一種保障。這一種保障便是主權。主權是國家的靈魂，公衆的意志——君主國則以君主，共和國則以議會。主權是絕對的。因爲立契約時並沒有所謂主權。契約是在自然的國家裏，個人間相互同意而立的。

人民必須服從國家。政治國家可以強權爲公理。國家所命令的便是對的；所禁止的便是錯的。自然的國家裏無所謂對與不對，只有能與不能。破壞契約的行爲便是罪惡。所以道德的根據是政治的裁制。卽宗教亦爲國家所支配。有國家總比革命好。這是在哲學上承認查理斯第一的。復返諸戰爭卽爲復返諸「自然之國」。

註一　讀 Windelband, Hist. of Phil., PP. 378–79

註二　讀 Höffding, Hist. of Phil., Vol. 1, P. 175; Ball, Hist. of Mathematics, PP. 249 ff; Falckenberg, Hist. of Mödern Phil., PP. 59 ff.

註三　這些近代的哲學家的著作，中國差不多全無譯本，從前譯者編近代哲學家時，常常把他譯成中文，但是這於讀書很不方便，所以現在除去有常用的譯名者外，概用原文。

註四　蓋律雷與牛頓均與倍根同時，但他們的著作上，都不曾提到他。霍布士曾做過他的秘書，但引他的名字時亦祇一二次。洛克一句也不曾提到。

註五　白呂斯德 (Sir David Brewster) 說道：「卽使沒有倍根，學者亦可在蓋律雷的著作中，不但可不得其歸納的學學的原則，更可見其應用於新發明的事情上。」

註六　功利主義以適應於普通的快樂為社會的理想。實證主義自廣義言之，是將思想的範圍限制於事實的觀察的哲學，雖然觀察不如事實。）實證主義的材料與方法，與自然科學一樣，反對玄學的先天法。請參閱斯賓塞教育學。

註七　倍根用Idols這個學，因為與希臘字假相（eidola）相同。

註八　倍根用法相這個字仍不出亞利士多德的概念的窠臼。他自己也不曾脫離形式主義的束縛。（形式主義是一種論理的玄學說，尤以中代的滕斯斯各脫斯與他那一派的人喜歡用他。）倍根所謂現象之原因之「法相」——本質——柏拉圖的觀念——普遍的單純的決定。

註九　讀Robertson, Hobbes (Blackwood's Philosophical Classics), PP. 204－06; Falckenberg, History of Modern Phil., PP. 71－72; 大英百科全書霍布士條; Leslie Stephen, Hobbes; Watson, Hedonistic Theories, PP. 73－94; Turner, Hist. of Phil., PP. 443－46; Windelband, History of Philosophy, P. 389

註十　倍根之影響於霍布士者極小。

註十一　惟物論是假定以有積的，有礙性的，永久的，與運動的體解釋宇宙的學說。悅覺主義以為一切知識皆起於感覺；一切的複雜的心理情態（如記憶推理等）不過是簡單的感覺的結合。自然主義有時是惟物論的意義，有時是實證論的意義；此處的意義是以為人的一切運用都是他的環境的產物。

第五章　文藝復興的自然科學時期的理性論

理性論的地位　倍根與霍布士所處的國家比較算是安全的；他們亦避開神學的問題不講。倍根以好用大字而掩沒其地位，霍布士則以信奉國教亦無煩惱。

大陸上理性派的情形就不同了。他們以蓋律雷的方法的一個元素爲指導而發展一種哲學，（即算學的演繹法）於是就公開的與經院哲學宣戰。（是算學向亞利士多德挑戰）理性派對於科學都很有興趣，而對於因科學而發生的玄學問題更有興趣。物理學可以因算學而改造，玄學何故不可？這一派的重要人物有笛卡兒，斯賓羅涉，來勃尼茲與偶起論者（Occasionalist）麻白朗希（Mabbranche）與石朗（Genliuex）理性派不但提出了一種新的自然觀對於神更有一種新觀念；不但對於人的身體有新學說，對於靈魂亦有新學說。他們的工作是要打破從來打不破的精神界，是很危險的。

況且不但理性派的本身有個人的危險，便是這玄學問題的本身亦是個新問題，大問題。這是在歷史上哲學第一次有界限分明的二元論。第一次將內界與外界分開了。蓋律雷與文藝復興期的科學家將從前的「自然世界」改造成一機械的宇宙。這是與中代的「恩惠的世界」絕對不能調和的。自行星之運轉以至於血液之循環，自然的各種運動都在機械的因果律之下，可以用算學計算的。粗簡的不可避免的科學的事實根本的與教會教義中所包含的精神的事實不同。「自然世界」與「恩惠世界」的調和的問題，阿奎那斯似乎已經解決了。現在科學將自然重新組織過於是這問題又發生了。這些理性論者的問題是要調和宇宙機械觀與無所不能之神之觀念，而以靈魂爲自由的。

研究理性論的歷史便可以知道文藝復興時期與中代的衝突，並且還比同時看兩個時期的哲學好些。理性論是一種新科學與新神學。而他的神學不過是一種新的經院哲學。因爲理心派正想着打倒中代哲學的時候，自己却就代替了他們，不過換成一種別的經院哲學而已。他們想用一種機械說以建設一知識的絕對系統以爲知識的根據。然而這是經院哲學的精神。理性派的心目中以爲在物質的宇宙裏，或在精神界裏並沒有神妙莫測的事。天上地下一切事物都是可以弄得明白的。

笛卡兒的法蘭西。　法國的宗教改革與德國的宗教改革，其社會的來源完全不同。在德國方面，新教是許多聯邦的爭鬥的骨子，結果釀爲三十年戰爭。法國方面，政權集中於君主，新教的運動並不能支配朝廷的政治，爲政黨對付反對黨的工具則有之。瑞士與德國的宗教改革僅及於宗教的中流階級，爲秦格利（Zwingli）與卡爾文（Calvin）的一部分的反響。法國的政界是天主教；中流階級就分開了。

法國自孟田（1533—1592）以來，朝野上下，均爲懷疑論所鼓盪。這是對於一切經驗知識取得眞理的懷疑。支配了法國的上流階級，直到大革命而稍殺。新舊教的中產階級中，這種懷疑論之外又加以秦格利與卡爾文的系統中的奧古斯丁的神祕的元素。（秦格利與卡爾文之說於十六十七兩世紀傳入法國。）所以在笛卡兒的時候，奧古斯丁在法國很有勢力。

笛卡兒即同時表現此兩元素之勢力之大。他的方法的第一步便是懷疑論。他以自我意識爲知識的惟一根據，又以自我意識與神的知識相混的學說與奧古斯丁的學說差不多。法國此時之復返於奧古斯丁還可以有許多別的證據可說。

懷疑派旣浸透了法國的上流階級，「懷疑的奧古斯丁派」又浸透了中流階級，自然而然的便要排斥科學的自由研究了。法國知識界以朝廷爲中心；職此之故，科學的熱誠因朝廷之怒目相向便也消磨了。法國文化已滿足於經院哲學的精細，而享用 Pierre de la Ramée 的修詞學的「烟火」了。

然亦有一例外，即此時法國算學極發達。說一切感官知識都是幻象的懷疑論，不能容忍經驗的科學，但算學可以爲注重直覺的法國人所注重，有機會可以明白地表現出來。算學中的準確性與可解說的眞理，不必實地調查，便可以知道的。算學與敎會敎義衝突的危險很小。所以笛卡兒離開拉弗力希地方的學校，便到巴黎去，插足於許多算學家中，爲一重要之分子。

所以笛卡兒的時候，有三種元素造成法國文化：（一）流行於法國人的生活中的懷疑論，尤以上流階級爲最；（二）流行於新舊敎的宗敎團體中的奧古斯丁的哲學，（三）算學。（此時算學以巴黎知識階級爲中心，已有很好的結果）笛卡兒便在這種社會裏出現。——笛卡兒眞是大哲學家，法國的光榮呵！

笛卡兒的心理上的衝突　中代精神與文藝復興的精神的衝突在笛卡兒身上表現得最清楚，爲此時其他思想家所不及。一方面他尊崇組織的權威，這是表現中代教會中人的守舊；在別一方面，他的知識的活動實爲文藝復興時期重要的科學家之一。新舊之爭，集於一身而未得解決，似絕對不可調和。所以他終身心理上有衝突，因爲中代主義與科學在永久相鬭中。笛卡兒的哲學是他的因襲與他的科學的天才的調和；他的哲學永久不曾戰勝他的衝突的動機。崇拜他的稱他爲近代哲學之祖，這有一部分是眞的。笛卡兒提出了近代哲學前進的原則；他想於此簡單的原則之下調和舊的經院哲學與新的科學。因此他在哲學上的得了很重要的地位。

笛卡兒的一生及其哲學的著作（1596—1650）

（一）幼年與學生時期（1596—1613）八歲至十七歲在拉弗力希的 Jesuit School。（此校爲一派守舊教徒的學校）他在這裏所研究的是古代語言，論理，倫理，物理，玄學與算學。

（二）遊歷時期（1613—1628）

居巴黎，（1613—1617）研究音樂的算學問題。

居荷蘭，(1617－1619)列名麥尼絲(Maurice)軍軍隊。

第一次旅行，(1619－1621)旅行巴伐尼亞(Bavaria)與奧國，波羅的海北岸，又回到荷蘭。這兩年常常住住巴希米亞(Bohemia)投入禁軍。這一次旅行中心理上大爲變動——一六一九年在奧國的紐堡(Neuberg)地方。他在此時或發明其解析幾何或其哲學的根本原理。

又到巴黎。(1623)

第二次旅行(1623)到瑞士與義大利，到 Loretto 去瞻禮。(註一)

(三)著作時期。(1629－1650)

居荷蘭。(1629－1649)因爲要避去偵探人的耳目，所以在荷蘭搬了二十四次家，換了十三處地方。一切通信都由麥西恩(Mersenne)轉遞。此二十年中，三往巴黎，一遊丹麥，一遊英國。這時著作頗多。有(一)方法論，(1635－1637) Meditations，(1629－1641) Le Monde(1630－1632)(死後始發表) Principles，(1641－1644) Passions (1646－1649) (死後始發表。)

(四)居瑞典之斯多哥姆地方。(1649－1650)笛卡兒一生的浪漫方面在"Passions"書上表明出來。這是爲伊利沙伯公主寫的，亦是答應瑞典皇后到她那裏去做她的教師時候寫的那裏氣候嚴寒，笛卡兒忍受不住，住了一年便死了。

影響於笛卡兒的思想的兩種衝突的勢力　一切遺傳的習慣，家庭的影響與早年的教育都是使笛卡兒與中代精神相合的。公衆亦不甚注意他，他更說他研究科學是爲改善他自己的生活，他又說個人而欲改善國家是不可能的事。他的家庭是紳士階級，所以必須去擁護機關的權威。他是在拉弗力希的 Jesuit School 裏受的教育。這種最頑固的教會的勢力使他不能達到他的思想的論理的結論。他人太胆小而知識上又離得太遠。一六三二年他將要發表他的著作 Le Monde，這是一本講宇宙的起原與性質的科學的研究，有一部分是與哥白尼的學說相合的。這自然是與教會衝突的。他驚於蓋律雷的前車，始終不曾敢發表。

與這種精神相反對的便是文藝復興時期的新的科學精神。他在學校的時候，便有算學的天才。到巴黎之後便成了法國最著名的科學的團體的中心——這一個團體中的人，皆爲知名人物。如 Shlé Claude Picot, Villebressieux（物理學家）Ferrier（光學家）Mersenne（算學家）及其他科學家與神學家。但他很覺得不足，所以出去遊歷。他發見他的方法與他的哲學要義便是旅行的結果。算學方面他發明解析幾何，最初用指數代表方次；在物理學方面，以三角的方式述說光線折射的原理；他解釋了虹；更衡量了空氣。科學上既以應用新方法而得這樣好結果，哲學上亦是一樣。笛卡兒既是愛新發明的，所以他藐視一切從前的大科學家，即與他同時的哈維與蓋律雷，他亦很侮慢他們。他列舉柏拉圖，亞利士多德，伊璧鳩魯，岡本拉(Canpanella)脫利西(Telesio)與白儒諾的名字，說他對於他們這些人除掉蓋伯納以外毫無所得。他以爲他自己在批評之上，而於他這種自以爲是的武斷主義中，他是近代個人主義的模範。他以爲眞理是對於自己正當的，他的實際生活與他的理論都毫沒有功利主義的元素。

笛卡兒的方法 笛卡兒的方法中有科學亦有經院哲學。他想完全用文藝復興時期的科學的精神創造一種哲學的方法，但於應用時便顯出他的經院哲學的教育來了。他以爲必須有某種單純的原理，可以將一切知識都歸入系統。他深信算學是一把鑰匙。哲學的惟一的目的是要將算學普遍化了，從一個中心原理去創造一個系統。凡不是從這個中心理原引申出來的，便不是眞理。眞理不要在玄學中去尋求，亦不在經驗科學中去尋求，是要在算學裏去尋求的。笛卡兒對於蓋律雷的算學的原理於應用時並不能恪守，所以他對於玄學的影響大的多；他的方法的發展頗得舊的經院哲學的方法之助。他絕對主張要先找出一絕對不可否認之原則，這一種主張，是笛卡兒自創的。這種原則祇能從歸納的細查一切觀念而得。其他的眞理則必須從此演繹而得。凡眞哲學必須是觀念的一種歸納或分析，其次是一種演繹或綜合。所以笛卡兒大貢獻就是：他加一種絕對的原則於倍根的歸納法於蓋律雷的演繹法中，而以之爲歸納與演繹的基礎。

歸納——暫時的懷疑——意識之究竟的確實——笛卡兒的哲學的呼聲其性質完全是法國的，因爲他亦主張復返諸未經損壞的自然以求知識，與後來盧騷爲心理上的安慰而要求的是一樣的。笛卡兒第一步主張絕對的明白，所以他幼年卽酷喜算學。但怎樣便能有這樣的明白呢？就是暫時的疑惑。我們且脫去一切舊的意見，人家怎樣說便怎樣，以清潔我們的知識。用這種消極的歸納法且看有什麼是積極的而且確實的。笛卡兒在他的 Meditations 上『與他自己的談話』他描述他自己怎樣得有純潔的眞理。他歸納各種知識，一件一件的詳細考究，非能自證爲眞理者，一概不承認其爲眞理。一切事實都必須經過嚴密的審査。笛卡兒對於感官所給的證據，物質世界的存在，神的存在等事都懷疑。但是這種歸納不過是暫時的。平常都承認爲眞理的他都要取來審査一下。希臘的懷疑論的極端就是疑。但是安色姆與正派的經院哲學家却又絕對不疑。笛卡兒的方法是與懷疑派相對的亦是與安色姆那一派相對的。因爲他是疑以致知的。Dubito ut intelligam 疑是必要的，但不過是達到目的的一種手段；其目的便是知識。笛卡兒告訴近代的個人，必須推考他自已的信仰，這是他的權利，亦是他的本分。

於這樣歸納的細査一切因襲的信仰之中，有可以稱爲知識的麽？有絕無可疑的麽？沒有別的，除非是思想歷程的本身。我對於我的意識是確信的。於無所不疑之中，我說我無所不疑，但至少我對於，我的疑，是確實知道的。所以我是與我的普遍的懷疑論衝突的。疑卽是思想；於懷疑之中，意識卽確定其存在。懷疑論是自相矛盾的。「我思故我在」是絕對確實的一個根本原理。Cogito Ergo Sum。我自已的存在是與任何心理情態相伴的算學的眞理。這是笛卡兒哲學的最重要的一部分。亦有人批評說，他說的話是眞的，但未免有些小題大做；是車輪般的推理。然而笛卡兒並不是以「故我在」爲一推論式之結論而以「我思」爲其小前提。Meditations（譯意爲默思）的自我是普通的精神的主體僅於其文法的方式中與個人的主體相似。事實上看無一毫相同處。「我思我在」不是眞的直覺的結果；亦不是經驗的事實。亦不是心理的。是一種理性的眞理，與算學相倣的——根本的而且是確信的因爲是簡單而且分明的。

演繹——意識的含意。　奧古斯丁在法之影響可於笛卡兒的神在說見之。他是將奧古斯丁的學說製成論理的方式而沒有奧古斯丁的對於罪惡的宗教的解釋。神的實體便是意識的含意。笛卡兒以「我思故我在」爲基礎而解釋神的存在。

他的意識的理性的原理的知識，本身並算不了什麼。祇是知識的起點。絕不是知識。但我們怎樣能得到客觀實體的知識呢？這必須要確定神的存在。如神不存在，只有一個騙人的大魔鬼存在，必保不定有錯誤。如神存在，則萬事均有新氣象。……意識中有許多種觀念有的是想像的產物；有自外面發生的；有從本身發生的——就是天賦的。惟天賦觀念是以參加意識的眞理，如幾何學上的命題與自理的關係一樣。這個觀念便是神的觀念。

神的存在。「神的存在」於笛卡兒是極重要的。他必須解釋神的存在始可解釋物質宇宙的存在。這個問題十分重要，所以他有許多種論證。爲畧述如下。

(甲)兩個本體論的論證。(Ontological Argument) 即從神的本質上立論者。

(一)簡單的演繹 若是我意識中有一種觀念與我對於「我自已」的觀念一樣明白分明，則必同「我自已」一樣也有存在。我對於神的觀念是明白而且分明的；所以神必存在。

(二)幾何的論證，這是笛卡兒自已定的名字。有好些觀念具有好些不變的性質；因而我們想着那觀念，便必定想着那些性質。譬如一個三角形的觀念；我想到一個三角形的時候，我必想到他那三角必等於二正角。我對於神的觀念也是如此。我以神爲完全而存在。他不存在便不能爲神——完全的存在。

讀着當知此卽重述安色姆的神在辯。當時論者極多。

(乙)因果的論證，亦有兩個；今述其一。卽

笛卡兒的論證。 我有一「完全的存在」的觀念。此觀念必有一適當的原因。故神必存在，因

爲祇有神是我的「完全」的觀念的適當的原因。

物質的實體。　笛卡兒以爲神的存在是人類意識的一種含意；今又以物質的存在亦包含於神的存在的觀念之中。神既有「完全的存在」的種種的屬性，便一定是眞實的。如果沒有神，祇有騙人的大魔鬼，則外界或僅爲虛構。但神是存在的，必不以自然的存在欺我們。無神者不能有科學，然笛卡兒則以爲，

『神在他的天上——世界上一切都是對的。』

但是此中亦含有一難問題，即神既爲物質的實體的保證，我們物質的印象爲什麼不全是眞的呢？能有錯誤麼？笛卡兒回答說物質世界的實體與我們感官之所得者不同。這樣的物質不是色聲嗅等等組成的。這些都是我們自已混雜的不分明的觀念。神負責任的是我們所想的世界，不是所感覺的世界。我想世界是空間上有「積」的。這便是神所保證的實體。

謬誤是由這些感官的想像發生的。但感官本身並非謬誤；因爲是從人身上發生的，神不負其責，但是如有謬誤是誰的錯呢？是人的錯。自由的人的意志確定感覺爲眞理時，感覺就成爲謬誤

了。理性獨自給的是明白的；（滕斯斯各脫斯）感官所給的是不明白的。意志可以確定兩者都是眞的；但他確定感官的材料是眞的時，本身已自錯了。這是康德以前的講謬誤的標準講法。

神與世界。　個人意識的超越祇是知識的秩序。由個人而神而物質的秩序不是他們的實體的秩序。以知識言，「自我」居首；以實體言，神居首。祇有神是原始的本質（因爲神是自立的）；自我與物質是副從的本質（因爲是神所創造的）。神與精神界的關係與神與物質界的關係大大的不同。因爲心物本是不同的，世界是二元的。心意的變形或心的表現——觀念，斷定，意志——與神是一種關係。物質的變形——方式，大小，地位，與運動——又有一種別的關係。

神是物質世界的原始的或機械的原因。物質有一共同的性質——就是「積」。（Extension）空間，積，物質是相同的；但是空間的，或有體積的體不能自動。必須爲一外來的原因所動。全宇宙必是一個機械，神爲其運動之主因；神是不動的動。笛卡兒於物質這一個名詞之下包括凡有體積的東西——無生命之物，下等動物，人的身體，神與這些東西的關係正如一發明家與他的機器一樣。

神與心的關係，却與神與物的關係大不相同。神不是我們的心意的不動的動者，是完全的無限的心，我們的心以之爲理想的。神所思所志是完全的人的是不完全的。不是機械的原因而自結局論的原因，是一切心理的熱望的止境。意識的最要緊的性質是思想，思想是無「積」的，自由的，所以與物質大不相同。這兩種相對的本質——心與物——祇於與神的關係中畧有相互的關係。各自爲政，沒有共同之點。在同一世界裏並存着。

心與體的關係。　笛卡兒想着他的哲學必要十分清楚。他想始終如一做一個二元論者。但有一點，爲教會的緣故，不得不修改其物質的科學的原理，以爲論理的討論之用。這便是人體與零魂，零魂與人體的相互關係的一點。

笛卡兒對於人心與人體的解釋，不禁使我們回想到巴拉西耳塞斯的神祕的解釋。靈魂與人身各部分聯合，以腦內松子腺爲接觸點。以動物的精神或血中的火的原子而相接觸（一個修改了的希臘思想。腦內松子腺處腦中心，就是生物學家說是一隻死眼的，笛卡兒說是靈魂的位置。笛卡兒說，動物的精神爲人心所滴落，以機械的則律自心上升入腦，後下降於神經及肌肉。經過松子腺時，便與靈魂相接觸。靈魂祇要畧動此腺，扭轉動物的精神，便可影響人的身體。感情與感覺都是這樣解釋的。動物的精神使松子腺運動使引起靈魂裏的感覺；靈魂使松子腺運動時便改變了「動物的精神」的運動，便引起自由的行動。但此於能力無增無減，不過改變方向耳。

笛卡兒的倫理學說　笛卡兒的倫理學說是引申他的關於身心的關係的觀念而成的。斯多亞派哲學的影響頗易於此處發現。他爲伊利沙白尼主所寫的一本書上說感情與情欲都是依附人體的，因爲這不過是靈魂的消極情態。是靈魂的攪亂。有六種原始的情欲：驚奇，愛與恨，欲念，快樂與憂愁。特殊的情欲都是從這些根本的方式裏引出來的，都有特殊的對象與關係。與此相對者有「精神的自由」的理想——靈魂復返諸其自身的精神的實體，與理性的知識。

笛卡兒的影響　笛卡兒的哲學雖然爲牛津大學所禁止，在荷蘭被卡爾文派所排斥，其著作列入天主教的書目索引中，然在十七世紀下半在神學科學與文學上有極深刻的印象。笛卡兒住在荷蘭，於他很好，因爲他隱居的時候可以完全見到歐洲的知識生活。這塊小地方已脫西班牙(1609)而獨立。爲新藝術的中心。加意研究爲人的學問與算學，如海金絲。政治學說，如格洛狄斯與醫學，尤特別註意考察反射運動。此時此地實爲歐洲宗教的難民避難之所，亦是言論思想都很自由的地方。

笛卡兒的哲學後來成爲荷蘭國文化中很有勢力的元素，他自己亦見到的。他死以後，直到十七世紀的後半，笛卡兒的哲學成了荷蘭國與法國的知識界的最有勢力的哲學。引起很大的興趣；許多有勢力的團體都擁護他，凡笛卡兒以前的事都認爲是不合適的。笛卡兒的哲學的原則與特殊的主張，凡是研究學問的人都很感興趣。自然而然的，在荷蘭與其他的地方，就引起無謂的紛爭——正宗的教會（不論是舊教新教）的職員當然不歡迎自由的理性的思想。但是新派的人物如乾生派 (Jansenists) 自然要擁護他，荷蘭的各大學自然要歡迎他。笛卡兒的哲學是最初受正宗的新教教會的痛苦的；成了知識的自由的代名詞；與自然科學同視。

研究笛卡兒的影響，最好亦研究與他同時的幾個哲學家。這些哲學家，學派雖不同，但都是以算學的知識爲根據的。加孫地 (Pierre Gassendi) (1593－1655) 將伊壁鳩魯的哲學介紹入近代的歐洲。以伊壁鳩魯的原子論反對笛卡兒的微分說；但如孟田以來的法國文學中根本的懷疑論一般，將機械的原則納入科學的範圍以內。乾生派的領袖亦是笛卡兒的影響的一個例。當他們與「耶穌會派」(Jesuits, or the Society of Jesus)相爭的時候，在哲學上沒甚貢獻，祇是將笛卡兒哲學的原則加以統系。所謂 Port Royal 的論理，(L'art de Peuser 1662) 卽阿諾爾特(Arnauld－1612－1694) 與尼哥爾 (Nicole－1605死) 所編訂者是笛卡兒的方法的最完全的表現。這種嚴刻的笛卡兒的算學使敬神的不自私的巴斯卡爾(Blaise Pascal－1623－1662) 於懷疑論之上建設他的神秘主義。他在他的名著「Letters Provinciales」上正式向耶穌會派的倫理學說宣戰。他以爲算學的科學祇限於空間與其自理，祇有宗教的情感可以穿透實體與生活的各種複雜的情形。

偶起論。(Occasionalism) 與笛卡兒表同情的還是萊因河下游的德國與荷蘭的學者們。這些大學校的教師們特別注意笛卡兒的二元論的弱點。卽人心與人體的因果關係。這些人說體不能影響心，心亦不能影響體。

這一派最重要的人物是石朗(Arnold Geulincx)(註二)他的哲學便叫做偶起論。靈魂(卽理性）祇能產生明白分明的觀念，祇能看他自已的產物。但是感覺，（卽混雜的觀念）是從那裏發生的呢？不能是靈魂；亦不能是體，因爲體不能影響靈魂。所以心似乎影響物，物似乎影響心的時候，實在是神的居間的主動，這是惟一的解釋。意志不能移動像體一般的不同的本質；物質的變化不能產生我們的混雜的感覺。神是主動力。物質的變化是爲神在我們身上產生感覺的偶起的原因。意志是神在外界產生變化的偶起的原因。

起初石朗祇將這種以神爲居間的主動的學說應用於人心與人體的關係上。後來他發展一種物理學說，於是將「偶起的原因」的系統擴大了許多，包括一切物質世界的變化。有限的本質既不能爲其他物體的主動力，然則此體與彼體的運動祇能以神來解釋。後來他的思想又發展了，以爲一切都爲神所前定。有預定的秩序，並不要一件一件的來居間主動。他以兩架時辰鐘的運轉來解釋這種學說，這種譬喻後來來勃尼茲也用了的。

麻白朗希　笛卡兒的學說在荷蘭發展而成爲偶起論，在法國亦有同樣的發展。與古斯丁對於法國新教與學術界的大影響，我們已經提過了。後來與笛卡兒的哲學合而成爲一種神祕主義，亦是這時代的很重要的思想。

麻白朗希或者是第二個最大的法國哲學家。以奧古斯丁的途徑發展笛卡兒的哲學。他以爲神是心的地位，這是用的一種比證法，因爲笛卡兒說空間是體的地位。這是什麼意義呢？他的意義是說我們不是許多心，是一個心的變形，正如笛卡兒以特殊的體爲空間的變間一般。神是無限的本質與無限的存在。凡有限的都參加於無形的神之中，我們的觀念不過是神的理性的變形，我們的意志是神的意志的變形。神照耀人心如光明之照耀人眼。

但體如何容納在神裏呢？神與物質的關係的問題便是麻白朗希的一個問題。實在的本質的體不能容納在神裏，因爲神是精神的。然而他是創造者，他一定創造了物體。但是怎樣創造的呢？他本身有體的模型的觀念；（新柏拉圖主義）實在的體便是這觀念的變形。我們的心意是神的心意的變形；物體是他心意中的模型的觀念的變形。

我們既是心，怎樣知道物質的體呢？我們對於物體不能有直接的知識，因爲身心是互相排斥的。身心並無相互關係。石朗以爲我們不能支配物體，麻白朗希則以爲幷想亦不能。我們對於物體的知識祇能從神那裏曲折得來。『我們以神觀察萬物。』我們的觀念亦參加神那裏的對於物體的模型的觀念。現實世界可以存在可以不存在。我們沒有方法知道他的存在；我們祇知道他在神那裏的觀念的存在。

麻白朗希將物質的科學世界與精神的宗教世界澈底的分開，於是笛卡兒的二元論就沒有什麼不整飭的地方了。他將這兩個世界造成相似的一般，而使之一致。他將笛卡兒的哲學化爲完全的汎神論。本來就有人稱他爲「基督教的汎神論者。」他容納了奧古斯丁的主張，將自我意識與神的意識混雜了，就成功一種不用流出說的活潑潑的汎神論；但是一種永久害及物質的實在的奇事。這一種神無處不活潑潑的存在的宗教觀念與斯賓羅莎的神無處不在（但無生命的）的宗教觀念的比較，頗爲顯著，因爲是時代相同之故。至於斯賓羅莎我們就要研究他。他以科學的精神將一切問題弄得十分清楚，這眞是他那時代的時代精神。這與他對於當時思想影響很小的事實，並非矛盾。

斯賓羅莎的歷史的地位（註三）斯賓羅莎直到一百年後勒星（Lessing）的時候，纔重新介紹他的學說，又經歌德採用，始稍發展。以前並不曾得着充分的了解，研究他的人也不多。他所發展的是文藝復興所要求而不能得的。斯賓羅莎發展了這時期的最偉大的世界觀，於是引起與他同時的天主教徒新教徒與自由思想的反對。他的思想的產物是一種系統的經院哲學，如果有時候，便可以完全代替了中代。他竟能將玄學安放在一個科學的與算學的基礎上，因爲他的哲學不但內容合乎論理，便是方式也是算學的。斯賓羅莎的哲學是中代經院哲學的文藝復興的表現，——這種理性論的表現，背後同時有中代的思想與文藝復興的思想。好像阿奎那斯搬到文藝復興時期來了，知道科學不能擁護或解釋教義，便將教義系統的與新科學相合了。從算學上說，科學是新教義。斯賓羅莎是中代思想的最末後一句話，而他的語言却是文藝復興時期的科學。斯賓羅莎說的話聽來很奇怪的，因爲他說的話是中代的，他的表現與方式却是科學的。

斯賓羅莎竭力想造成一個統一的系統，各方面都尊崇他。藝術家，宗教家，詩人，惟心論者，惟物論者與科學家都在他身上尋出他們的最眞切的表現。此不但由於各人所見不同，亦由於他的哲學確有多方面的性質。他的主張有一種佔便宜處，因爲是極端徹底的。

影響於斯賓羅莎者　(一)「猶太的」訓練。斯賓羅莎生為猶太人，直到二十四歲的時候被逐出教會以前還是教會的一分子。他雖是個特異的天才，但仍不免為「猶太的」訓練所薰陶。他在阿姆斯脫登地方 (Austerdam) 的猶太人的學校中受猶太兒童所受的教育功課之外，又學了一門手藝。他研究了中代的猶太哲學與喀拔拉的著作。猶太人的課程中，沒有古代語言；算學(尤其是數學)更常常的忽畧過去。他幼年教育所最注重的是神的統一與神的超絕的性質。

然而他的離開教會不僅修改他的神學。他現在成了一個自由的猶太人了。不受猶太的因襲的制度的制裁了。他始終信「神的統一的神，但放棄了希伯來的先知的所說的超絕的神，與當時主張流出」說的猶太的喀拔拉派的學說亦不同。他似乎修改希伯來的正宗的對於神的觀念，結果頗似中代的神祕的基督教徒。

二、新科學的激刺——笛卡兒的影響。　斯賓羅莎初受教於房德恩特 (Vau der Ende) 的學校裏，激發其「自由思想」，因而被逐出教會；房德恩特是一位頗有自然主義的傾向的科學家。這時他祗有十八歲。然而除他本地的西班牙文，葡萄牙文，荷蘭文，希伯來文外，又學習了法文和義大利文。房德恩特又教他德文與拉丁文，介紹他研究當時的新科學。那時他纔見到笛卡兒的著作，他用笛卡兒的哲學做他自己的哲學的出發點。斯賓羅莎與笛卡兒或來勃尼茲比較起來不是個創造的天才。他是系統的思想家之一，將自己的思想直推到論理的結論爲止。笛卡兒的算學的方法爲他貢獻一種方法。房德恩特鼓勵他使他獨立的發展他的思想。他以算學的名詞解釋他已經修改了的猶太人對於神的觀念，因此他就成爲最澈底的最完全的理性論的代表。

三、與 Collegiants（基督教圭各會之一派）相處。斯賓羅莎被逐後，與圭各會(Quakers)的一派稱 Collegiants 者同居七年之久。這一派人便是特別注重道德生活，認爲比信條還要重要的人。斯賓羅莎亦必多少受了這一派人的影響。而這一派人亦必樂與之遊。斯賓羅莎說他的哲學的動機是實際的。是要使人得到無限的與超越的快樂的。他要建設一種足救當時的紛亂的人生哲學，稱玄學爲倫理學者，斯賓羅莎爲第一人。凡此皆與這一派人有關。他因受這一派人的影響，故不就海特白大學之教授，而安於其磨眼鏡之業。

斯賓羅莎的一生及其哲學的著作。　哲學史上的斯賓羅莎的爲人是很可愛的，很有趣的，亦是很特別的，亦是一位創造最深遠的哲學系統的哲學家。他一生退隱，與社會隔離。那時他們猶太人受兩重流罪。從家裏流放到西班牙，在阿姆斯脫登地方又與當地的住民分開居住。所以他被他兄弟們逐出教會的時候，就算受了三重流罪。斯賓羅莎不但是被他本族人逐出教會，便是當時的新教徒舊教徒，笛卡兒的學派全都恨他。卽使思想自由如休謨者，亦說他是「不出名的斯賓羅莎」，還有一個哲學家說他的哲學是「斯賓羅莎的可怕的假設。」但是他的退隱並不是離羣索居，他有許多好朋友，和著名的的來往的通信。他活了四十五歲，有二十四年工夫是猶太教會的教友，以後有七年工夫與一派新教徒同居。最後十四年則聲譽漸廣，一大半是由於一六七〇年他自己出版的一本論神學與政治。（他自己祇出版這一種著作）因此海特白大學（Heildelberg）請他去做哲學教授，他辭而不就。他一生可分做三個時期，分述如下：

（一）居以色列。　（1632—1656）　這時期他做了一本希伯來文法概要，是什麼時候做的已查不清楚了。他住在阿姆斯特登。一六五六年被教會逐出。他的罪狀是：（一）他否認舊約會教以不朽說；（二）他確認天使或者不過是人心的幻象或觀念；（三）神或者有體。

(二)退隱(1656—1663) 斯賓羅莎此時與一派新教徒同居這是他在學問上大成就的時期。他將他的本體論，倫理學，政治學與物理學皆歸入一統一的系統建設他的定命論與他的算學的方法。一六五八至一六六一年間，他撰述「關於神人與其幸福」之短篇論文集這便是他的巨製倫理學的初稿。一六五六至一六六二年間他正從事撰述他的知識之改善。一六六二至一六六三撰了一篇笛卡兒學說的摘要。

三、末期(1663—1677) 這時候他住在海牙，或在海牙附近。朋友們往來很密，通信的亦很多。他是第維脫(De Witte)兄弟的很好的朋友。第維脫兄弟於他們本國的政治史是很重要的。一六六二至一六六五著倫理學。一六六三至一六七〇著論神學與政治，便自己發表了。雖然受了些驚恐，但讀的人很多。這本書的主旨是說聖經是歷史。一六七三拒絕海特白大學的邀請。死以前，(時一六七七)又著了政治論文的幾篇文學(註四)

。。。。。。斯賓羅莎的方法 讀者一看斯賓羅莎著倫理學的方法，一定很奇怪他何以用這種方法。斯賓羅莎著倫理學的方法正如優克利特的幾何學。斯賓羅莎本人確以為此中頗有眞意，不僅是外表如此。起始有許多定義與自理。再一步一步演繹下來，有命題與註解，與附則。然而斯賓羅莎並不以此爲將哲學納入固定的形式，他以爲這是表現哲學的自然的方式。

古代的哲學家如畢太哥拉派與柏拉圖，曾用數學的圖案去解釋善的觀念與其他觀念的關係。斯賓羅莎則轉而以幾何學爲解決汎神論的問題的工具。文藝復興之初，優克利特的幾何學已得有一證明的科學的地位與最高的理性的證驗的地位，因爲已忘却證驗中的直覺的元素了。笛卡兒以其對於算學的深邃的見解，這種證驗的方法不過是無意之中表現的；而斯賓羅莎則以萬事皆爲此法。

斯賓羅莎的倫理學衝突得利害呵！最精細的與最神感的宗教的神祕的情緒要想從最乾燥冷酷的理性方式——幾何學——中發出呼聲來！不但如此：幾何學重在其下伏的原理，不僅在其表現的形式。斯賓羅莎的哲學澈頭澈尾都是方法論的。是方法的汎神論。用這種方法造成這種汎神論。第一層，斯賓羅莎想將精神世界與自然世界，同用一樣的算學的方法使之調和。第二層，斯賓羅莎以爲只有幾何學是可以應用於精神世界的自然的方法。他以爲神是萬事萬物的究竟的基礎；萬事萬物皆從神來，像數學的後率一樣。所以如果我們認定神之存在，以爲這是自理，然後從神之存在這個自理，演繹的推論一切有限的方式。我們對於現象的推理的秩序正爲各種現象對於神的地位的秩序。這樣，斯賓羅莎纔能脫去笛卡兒的方法的歸納的部分。

斯賓羅莎的哲學的基本要義。。。。。。。。。。。斯賓羅莎的哲學各方面都與笛卡兒相似，祇有一方面不同；而這一點的不同便像一塊酵一般，——使他的哲學竟絕對的與笛卡兒的哲學不同。斯賓羅莎的出發點是笛卡兒的哲學，他所有的假設都是笛卡兒的基本要義，他的哲學系統的結搆似乎也是笛卡兒的。他與笛卡兒一樣崇拜理性以爲有知道一切眞理的能力。亦信算學方法之萬能，對於本質的觀念亦相同，對於思想世界與物質世界的性質的不同的觀念，亦是一樣的，對於自然世界亦都信是機械的組織。但他却加一種新原則：他以爲本質（卽神）不僅是知識的一個對象。是知識的惟一的對象。只有神是本質，有限的事物不過是神的變化。有限的事物，根本上是一樣的，要眞知道這些有限的事物，須要知道神。

祇因這一條新的原則便將斯賓羅莎學說中的笛卡兒的元素，都改變了。將笛卡兒有神論變爲汎神論，以自然主義代笛卡兒的正宗的神學，以定命論代笛卡兒的自由說。將笛卡兒的高不可即的學說變爲一仁慈的神祕主義。他的哲學完全是從神的統一與普遍性上演繹出來的。神是究竟的基礎，他的存在一定是眞實的，因爲是推測而得的。斯賓羅莎的哲學的經院哲學的內容可於他對於本質的定義上見到。因爲不過是將安色姆的神在辯又重新說了一遍。斯賓羅莎說，「本質者，是在他自以內，只用他本身來推測的。」所以事物有兩種：以本身存在的，存在於其他事物的。神爲第一種；其餘一切事物都是第二種。斯賓羅莎的世界是分成兩部分的：神與其變化。神是自存自明的，其餘一切事物都靠他講明。神是知識的惟一的對象，存在的簡單的假設。所以諾伐尼 (Novalis) 說他是『神狂的人。』

斯賓羅莎的學說的中心問題　斯賓羅莎是一個最主張『明白分明』的人，但他的哲學是最難解釋的。乍一看他的哲學似乎很單簡——神與其變化，其實是最難解釋的。他的困難點就因爲太簡單了，生命形形色色，決非一極單純的方式所可了事。斯賓羅莎思想自始迄終是很寬泛的，所以很難了解。其故由於斯賓羅莎說祇有神是眞存在的，但世界却是有神與萬事萬物的。

所以斯賓羅莎有三個根本問題：（一）神的無所不包的問題——汎神論的問題；（二）神的統一的問題——神秘主義的問題；（三）人的救度的道理——一個倫理的問題。

斯賓羅莎的汎神論——神的無所不包。斯賓羅莎哲學之所以爲汎神論，根本卽在於其對於本質的觀念，因爲祇有本質是眞存在的。『本質是存在他自己以內，只用他本身來推測的。』

我們不想則已，一想一定以爲本質是無所不包的。人或者以爲這句話是斯賓羅莎能對於生命說的話：凡眞存在的是本質；其餘的事物並不存在。然而這話是錯說了他。他並不以爲有限的事物只算是無事無物。他們存在而爲『不實在』；爲本質的否定。如果你深入有限的世界，便如氣球一般並不傾覆。仍以不實在而存在。

斯賓羅莎對於「無限的觀念」非常深遠，爲他人所無。他所謂無限的觀念不僅是時間空間的無限，這的確產出許多不同的事情來，因爲時間主間都空無限的。斯賓羅莎以爲本質的無限比時間空的各種可能組織更多，因爲與時間空間的系統相同的還有精神情態系統。每一件事情都有個理。體積世界中各樣事情的無限都有其思想的情態。然而這並不是斯賓羅莎對於「無限的觀念」的全部。除時間與空間的無限世界與相同的思想的無限世界外，斯賓羅莎的本質還有許多無限的其他屬性，這些屬性都是無限的，斯賓羅莎於無限之上又推無限，於是以本質爲一究竟的無限。我們有限的人類的認識力祇見及兩種無限的屬性。一是體積的屬性的無限，與思想的屬性的無限。

斯賓羅莎立刻告訴我們以無所不包的神的表現的方式。可以下圖表明。

本質——神

屬性——思想　體積　無限的不知之數……

變形——理知　意志（思想）；運動　止息（體積）

現在的問題是斯賓羅莎怎樣解釋此屬性與變形，而謂神爲無所不包呢？

一、什麼是屬性？　斯賓羅莎說：一種屬性『是理知所見爲構成本質的實質者。』斯賓羅莎的眞意思是什麼？各批評者的意見不同。與斯賓羅莎的算學的方法最相符合的解釋是以爲斯賓羅莎對於「屬性」必有個幾何學的觀念。屬性與神之關係如容積與空間之關係。並非謂爲本質的性質。不過本質的實在所發揮的傾向而已。本質與變形各處一極端；屬性是一種居間的中項。以直覺觀一切的屬性，便可反證本質的意義。

這就是斯賓羅莎的「無限的觀念」所以重要的地方。屬性之數必須無限，因爲神是無限的存在。我們祇能見這無限的屬性中的兩種，即思想與體積。但如果神祇有兩種或一千種屬性，則他亦是有限的存在了。況且屬性不但爲數無限，即各屬性本身亦無限。神的思想方面與體積方面均各無限——各充分表現神的一方面，並不貶損其地方面之價值。正如一張桌子可以又白又硬，而並不相礙的。

二、然而此關於屬性的理論，僅解釋神的本性，並不曾能完全解釋這圍繞我們的世界。神的本性以屬性的反證而明，而神的無限亦因屬性的數目與內容的無限而表明。世界的現象不過爲屬性歸入不同的範圍。但斯賓羅莎却還不曾說明世界上的萬有何以包括於神以內。所以不得不研究他所謂的「變形」。

變形是什麼？斯賓羅莎說：變形是「本質的變化，或者說是那存在於本身以外，靠本身以外的事物而推測到的」我們所謂男人，女人，與風景中的一切萬物，斯賓羅莎都認為變形。他用這個名詞是很正當的，因為他說這些特殊事物的真性質與一般人所想像的不同。斯賓羅莎對於一切事物並不取他們的表面的價值。他們的表面的價值是普遍的價值，是以他們的相互關係而定的。斯賓羅莎是要估計他們的真價值，是以他們與神的關係而定的。在他們的相互關係中，稱為自然事物——於時間的則律的支配下改變，與人的感官相關者。於他們與神的關係中，便是變形，這纔是他們的真關係。運動與止息是體積的屬性的變形。觀念與意志是思想的屬性的變形。

特殊的事物，如果認為神的變形，便有那一種實體呢？無論他們有什麼實體，亦不是他們本身固有的，因為他們是神的變形。他們從神的存在，以一種算學的必然律而來。他們之於神正如幾何學的方式之於算學的空間，更包含在內。幾何學的系統不是像一件暫時事情或一件創造的行為從空間引出來的。是個永久的性質，與空間永久有關係的。變形與本質的關係也是這樣。是本質發展的永久的性質。神是世界的原因，但所謂原因不是一般人所謂物質的不動的動者與思想的究竟的原因是另外有一種意義的。即爲三角形是他的三邊的原因。

斯賓羅莎以爲萬有皆神所包，因爲神是萬有的理性的基礎與論理的推論。我們看事物的實體，即知事物並不與屬性有別，亦不與本質分開，斯賓羅莎常喜以神與自然同視。神不但是萬有的普遍原理，亦是萬有的總計。每一有限的事物是神的一變形。所以有限的事物的無限的相互連結亦一變形——一無限的變形。無限的變形凡三：宇宙全體的無限的相互連結；空間事物的無限的相互連結；觀念的無限的相互連結。

所以神不是創造世界的，因爲他就是世界。他不是像我們一般的自覺的個人，因爲神的思想方面雖包含我們的思想，但是極不同的無限的思想；雖然神的體積方面包括我們的體，但是極不同的無限的體。神是——一不變的存在其變化表現他的神的本性的必然。

斯賓羅莎的神秘主義——神的統一。 神秘主義是常與汎神論並行的。汎神論提到神的無所不包的性質；神秘主義則提到這樣包有一切的性質的統一或單一。斯賓羅莎的汎神論亦是神秘主義。今畧論之。

神祕主義常以一宗教的動機而發生，我們前面亦說過，斯賓羅莎的哲學是很宗教的。斯賓羅莎的宗教是理知的宗教，不但使生命脫去一切人的性質以後還伏着算學的骨架。文藝復興宗教上渴求一生命的較大的統一，斯賓羅莎以一乾燥的幾何學的證明答之。但他信無論用什麼神人同形的名詞來敘述神，或自然都使生命分離了。斯賓羅莎使宇宙脫除人性以證明他的汎神論再以他的汎神論作他的宗教的神秘主義的基礎。然而因爲這樣，他擴大哲學而爲一宗教而化人爲神。笛卡兒祇能說當我思時，我在，而斯賓羅莎則可謂當我思時，神亦思。一脫除人性的宇宙呵！是的，但是神化的人類呵！世界縮減爲算學呵！是的，但算學被尊敬而爲一宗教呵！

斯賓羅莎的神是想像中最抽象的統一。不能加以描述，因爲這就是限制了他，所以斯賓羅莎也像「反面的神學」一般不描述神的任何性質。他不像我們一般有感情，思想，與意志，即所謂體積亦不是有限的空間之意。我們祇能說神不是此，亦不是彼。是最抽象的，最普遍的名詞。神是一無情的實體，一絕對的論理上的必然，最抽象的共相。他以外便是我們所謂生活。如果神是這樣。他不是萬有便是無。如果抽象的歷程高出任何限制至於最真最普遍的實體，如果一切內容都神以外，這樣空虛的形式有什麼價值？斯賓羅莎的哲學中的反說在此間發現了。——神祕主義大抵皆如斯，以反說表現其主旨。這空虛的通性便是實體的全部。神即萬有。斯賓羅莎以經驗的證據謂人生的過渡非以此本質不足以解釋之。

思想的屬性與體積的屬性的關係，無論怎樣分開，然在性質上與因果關係上必表現其關係。這也是斯賓羅莎的神祕的統一的一個例。思想與體積都是同一本質的兩方面，一件事是思想的形式，一件事是體積的形式。於神的包有萬有的性質中，假定爲每一瞬間有無限的相關的瞬間，與神的屬性的無限之數相同。人祇知道兩種世界，祇表現兩種相同的變形，但永久是兩種。自然中物質無處不與心理的相同的說法，後稱爲萬有精神論；於人心人體的關係則謂之心物並行論。因此幫助斯賓羅莎解決了兩個世界的二元論。觀念祇爲觀念所決定，運動亦祇爲運動所決定，二者皆以神的本質爲歸宿，然後二者皆得其意義。像一張紙的兩邊，兩邊皆不足構成此一張紙，但都是必須的。本質內在思想中，亦內在體積中。思想與體積是神的兩方面。神非物質；神亦非精神。是兩者的實體。然而這實體是一種抽象，是無內容的統一，因爲沒有有限的存在在內。

斯賓羅莎的救度說。斯賓羅莎將他的倫理學分成五部分。第一論神的本性；第二論心意的起原與本性；第三論感情；第四論人的束縛；第五論人的自由。斯賓羅莎從兩個觀點看生命，一關於人的性質。一關於神的性質。第一點已經討論過了。人的性質與人與神的關係是斯賓羅莎的哲學的又一方面。這一點所包含的即人的自由的問題。

斯賓羅莎的救度說是從他的絕對的必然論（Necessitarianism）發生出來。他的必然論非常澈底，毫無常人所謂自由意志之活動之餘地。自然中一切事物都是相互逼迫。變形在兩種原因的則律之下：一爲無限的或永久的，一爲無限的與暫時的。有限的或暫時的因果律是每一屬性的變形間的固定的則律。在屬性中，許多變形皆已決定，如一鏈圈無始無終。觀念爲其他觀念所主動。運動亦爲其他運動所主動。因爲屬性是完全獨立的，故思想與體的運動中間毫無關係。這是斯賓羅莎的必然論，與十九世紀的自然科學家的假設亦差不多。我們向現代的科學道，你在你的生命哲學如何有道德的自由。這便是斯賓羅莎要答覆的問題。

若分析起來，斯賓羅莎不過以倫理學爲心理學，而宗教亦是理知的研究。魂靈是觀念的結合。

觀念有三種印象（或感官知覺），理知，與直覺。都有其變化，即變化與自動及被動的情感。

斯賓羅莎有鑒於意識有許多的感官知覺與附帶的被動的情感。人大半爲感官的不明白的觀念與情感的奴役，這兩樣都是依賴外物的。理知與直覺的觀念比起感官知覺來少得多，然而是最重的。是明白而且分明的；如他們所推測的本質一般亦有本體；有獨立之直理與之相輔而行者不是情感而是意志。意志是他們的作用，人祇有靠着他們以得自由。理知是救度的計劃的較下的階段。直覺是較上的階段。理知與以得救的理性的方法，直覺與以得救的神秘的目的。斯賓羅莎以理知爲基礎而發展一實際的倫理學，又以直覺爲基礎而發展一神秘主義。前者爲主知主義，後者爲肅括主義。至此乃頗覺其學說內部的矛盾；因爲用理知我們可以勝過印象，感覺，與情感的變形。用直覺可以避去。今試爲分述於下。

斯賓羅莎的實際的倫理學　乍一看似乎很難知道斯賓羅莎在現實的有限的生活中以什麼做生活的標準？有限的世界中沒有本身是善的。所以我們並不以某事本身是善的而要他。因爲我們要他所以是善的，避去他所以是惡的。我們既明知人生如幻，何必又要企圖一道德生活呢？其答案可以斯賓羅莎對於道德的定義見之。知道有限的世界的性質便是道德，因爲他給我們以能力。道德是從知識而得的能力。斯賓羅莎的哲學中遂發見了倍根的動機與古代蘇格拉底的哲學中的原動力。斯賓羅莎所謂道德，意與古代所謂道德同，即自保與自發的能力是。他以爲自保的本能是實際倫理學的惟一的基礎。『你必須增加你的能力。』我們的理性愈將宇宙的幾何學的計劃看得清楚，則變形的不實在與本質的實在，越法表現得清楚。

要脫去情欲與感官的束縛必須要明白了解他的性質。因爲明白了他便不至爲他所束縛。我們的知識是我們的道德的計量。如我們知幻象之爲幻象，則幻象便不是幻象。知道我們的感覺，想像，與感情都是神的變化，便是在理性範圍之內。此與視任何有限事物皆爲永久者相同。無論任何具體的事物，人都可以認之爲有限的，或與其他事物毫無關係的事物；但同一樣東西也可以說是無限的一個小節目。若僅就事物本身立論，則祇見其偏而不見其全，見其假而不見其眞。什麼緣故呢？因爲有限的事物不能自己解釋本身的。要眞看時須要從『永久的某一方式下』去看纔行。(Sub Specie Aeternitatis)

斯賓羅莎的神祕倫理。然而最高的，究竟的自由完全不是一種奮鬥。是對於神的神祕的直覺。直覺是最高的知識，以神與其永久的必然爲對象。一切別的觀念，連理知也在內，皆因這種必然，從神的實體引申推衍而出的。只有對於神的直覺本身能戰勝情欲。只有他能絕對將人從世界的奴役裏解放出來，而使人得到眞正的自由。這對於神的直覺便是脫去世界束縛的解放。這是神祕的概括主義，然而這便是斯賓羅莎的哲學的樞紐。以哲學家的眼光看去，在道德上，世界裏沒有眞善惡，——他的恨，愛，懼，輕藐，可憐等都絕沒有報應的——因爲一切都是必然的。這位哲學家的世界的定命論的知識將他從平常的有限事物的世界高舉於此神祕的世界，以他對於自然或神的理知的愛而改造。只要愛神則無論什麼都可以得到相當的價值。這是最高的人類活動。愛神的愛是一種絕對不偏頗的情感，故與愛人的愛不同，愛人的愛是依次遞加擴大的。愛神的愛是和平，服從，知足，因爲這就是與神合一。實在人愛神就是神愛人，就是神愛「他自己」，因爲人不成神則不能愛神。所以人在知識上承認與神合一，而歡喜快樂。所謂不朽是吸收於世界的永久的與必然的本質之中。並且通俗誤以爲不朽是死後的綿延。不朽甚於從永久的方面觀察一切事物。有限的人消滅了，但是人的眞自我，就是神，還是存在。

文藝復興的殿後與啓明時期的前驅的來勃尼茲　來勃尼茲是文藝復興時期的理性派的殿後，他完全可以代表自然科學時期的精神。但他亦將我們帶入啟明時期。他是個過渡的哲學家。所以說他是個理性派，並不曾能充分描述他。

來勃尼茲的一生及其著作（1646－1716）　來勃尼茲的一生若與斯賓羅莎或笛卡兒比起來，不但歷時較久，便是經驗也豐富些。自大學畢業以後便無時不服公役，即此一端，便與斯賓羅莎顯然不同。他的職務使他自然而然的和許多王公發生關係——有許多王公是很著名的。理論上說來，這三位理性派的興趣是一樣的。所不同者，來勃尼茲對於哲學問題的研究是從實際的問題或者是從政治的狀況中發生的。他並不是個學者似的思想家，他的「著作，或是批評近作，或爲他的朋友提出他的哲學系統的大綱來，或者是解釋什麼特殊的困難，或者是答覆特別的批評的」。哲學不過是來勃尼茲所喜歡研究的學問之一。他是法律家，歷史家，外交家，算學家，物理學家，神學家與言語學家。來勃尼茲對於古代的柏拉圖與亞利士多德是哲學，中代的多馬斯與滕斯斯各脫斯的哲學，和笛卡兒與蓋律雷的科學都很有研究。他記憶力極強而心思亦殊活潑，這是難能而可貴的。他的學問的豐富與他的創造的天才足可與亞利士多德相頡頏。

來勃尼茲著作甚多，亦有幾種長篇鉅製，但大半是通信，（一次有一千個人通信）和投致關於學術的集會與出版物的論文。沒有完完全全一本包括他的哲學系統的書——惟單元論（Monadology）庶乎近之。他的最重要的著作是他的神義論。（Theodicy）他自己祇出版了兩本書：他的大學論文（The Principle of Individuation）與神義論。

來勃尼茲的一生成功雖多，但並不快樂。保護他的人或是死了或是有別的原因，又換了一個，至終一個也沒有了，死的時候，差不多沒有人知道。

來勃尼茲的一生七十年的工夫，可分為四期。

一、來布集（Leipsie）與大學生活（1646－1666）來勃尼茲的父親是來布集大學的教授。他十五歲入大學；十七歲得學士學位；二十歲在阿爾獨府（Attdolf）得博士學位。因為他的論文好，被聘為教授，辭不就。一六六三發表他的學士論文，（The Principles of Individuation）

二、梅市(Mainz)與外交(1666—1672)遇波因堡(Boineburg)的約翰男爵，他便做了來勃尼茲的保護人，同赴梅市，爲梅市的「皇帝選舉人」服務。即在來勃尼茲，此時著了許多小册子，是討論當時的宗教與政治的問題的。他在一六七一年著了一篇新的物理假設。

三、巴黎與科學(1672—1676)本期之初，來勃尼茲以外交官資格出使於路易十四之朝；但這一年波因堡的男爵與「皇帝選舉人」(Elector)都死了，梅市便不是他的家，他對於外交也沒甚興趣了。後來他在巴黎(與倫敦)住了三年多，研究「新科學」。他在巴黎的時候，遇見了許多有名的學者，如笛卡兒學派的阿勞特，(Arnauld)德國的算學家與論理學家，最顯著的批評斯賓羅莎的奇豪生。(Tschimhausen)他亦曾與荷蘭算學家海金絲一同研究學問。他在倫敦遇見化學家波以耳，科學院幹事倭登堡(Oldenberg)算學家高林斯。(Collins)他亦曾和牛頓通信討論。回到漢諾佛(Hanover)時，去訪斯賓羅莎，斯賓羅莎示之以倫理學的草稿。

四、漢諾佛與哲學(1676—1716)來勃尼茲後來做了漢諾佛公爵的參議和圖書館員。此時他有許多工作，與人通信亦極多。他著了一本皇族的歷史，所以他不得不到羅馬與維也納去。一六八四年發表他對於微分積分學的發見，但究竟是他的發見在前，或是牛頓的發見在前，辯論的很多。一六八六年他四十歲的時候，他建設了他的哲學的系統。他的重要著作，差不多全是這時期著的。一九〇〇年他在柏林建設科學院。他又手創在聖彼得堡的一個學院，他又籌劃在特力斯登(Drasden)與維也納地方創立學院。

影響於來勃尼茲之思想者　(一)幼年對於古時典籍的研究。來勃尼茲的父親是一個道德哲學教授，來勃尼茲年紀很輕的時候，他就逝世了。遺書頗富，來勃尼茲遂優遊於他父親的藏書室中。八歲通拉丁；十二歲就讀西利加普林尼(Pling)圭狄林(Quirdilian)希洛德杜(Herodutus)齊諾封，西西洛拉拉圖，羅馬的史家，希臘與拉丁的學者的著作。他沉浸於古代的典籍之中，他的朋友以爲他決不遺棄這些典籍，『不知道我的心不能以一種事情而滿足。』

二、新科學與他自己的新發見。來勃尼茲比與他同時的人都有運氣，因爲他的大學裏已經將算學列入課程了。十五歲研究算學於耶拿，他說他研究蓋伯勒，蓋律雷與笛卡兒時如置身於另一世界。後來他自己說，他十五歲時就決定捨去古時對於法相的論說而趨重以算學解釋世界的方法。一六七〇年他在梅市的時候，就很研究霍布士與格孫地的學說。一六七二年，他二十六歲，在巴黎的時候，凡巴黎的科學家所教授的學科他都知道。他到巴黎的時候，是個二元論者。回到本土的時候，一方面是亞利士多德的結局論，一方面心裏存着斯賓羅莎的同一與必然的概念，斯賓羅莎的方法與無限微細的分子的算學學說。此後十年間，卽加以系統而克服他從前所主張的二元論。一六八〇年他將「力」的概念普遍化了，應用於靈魂，亦應用於物體。一六八四年發表他的微分學。一六八五年他確認力的中心亦有個性。他這種結論是因爲用了斯瓦姆當(Swammerdam)與牛文霍克(Leeuwenhook)的顯微鏡而發見許多微細的有機體而得的。一六八六年便將他許多年來所收集的材料歸入一系統，但十一年後(1697)他纔定這些力的中心爲「單元」(Monads)。這個字的來歷或者不是從勃儒諾得來的，是從神祕的化學家房赫孟(Van Helmont)得來的。

宗教與政治的影響。一五一九年撒克遜的弗力得力克(Frederick the Wise)拒絕皇位之後，德國內亂紛起，一百三十年間，國愈貧而民愈少。至三十年戰爭與威斯脫法利亞(Westphalia)和議始止。來勃尼茲是和議成立後二年生的。這時德國久困兵亂，但戰事以後正宗派勢力仍不稍衰。舊教的大學仍爲舊的經院哲學所占領，而新教的大學亦爲新的經院哲學所占領。從前很盛行的虔誠教（Pietism）已絕跡了。學問界中都做些破碎工夫。精神上並無自由。十七世紀的時候，德國在哲學上與政治學上並未發生系統的學說。而英國伊利沙伯時代的詩人與法國路易十四時代的大文學家與德國並無甚影響。十七世紀的德國除來勃尼茲外，其餘的學術界都是外國輸入德國的。

來勃尼茲的方法　笛卡兒的方法的際遇很特別。服從他的人誤解了他的方法，——正與他相反——但卻得了很好的結果。笛卡兒原想差不多玄學問題全完用歸納法，以演繹爲從一直覺的事實至一別的直覺的事實的綜合的進步。這種算學的演繹的綜合法到後來繼承笛卡兒的人的手裏便成了演繹的分析法。原成了推論式的舊法子。

來勃尼茲最初卽注重方法，以爲有方法卽可以調和相爭的哲學。他希望用一種方法解釋各學派的爭論，思想上有什麼錯處，一看就看出來，如同看算學上的錯處一樣。他說「祇有算學家能將他所說的證明。」他隨從霍布士所說的，以爲我們計算字須同計算數一般。他以爲各學派的論理，用字做無限的主辭與賓辭的表象，還有算學的符號，都是算數的歷程之始。但是要這些表象做比較更眞切的眞理的代表。然而我們可以用極切實的算學的計算法再引申出其他的眞理來。那時玄學就不是口頭上的爭辨而是眞正的科學了。況且這還可以不用各國的語言，祗以拉丁語作學問上的通用語。那時有一種運動，要求一種普通的文字，這種普通的文字可以發見根本的哲學概念，而於連結時應用論理。簡言之，是要求建設一種文字語言的微分的運動。

然而來勃尼茲的科學的頭腦，不能像斯賓羅莎一般貶低經驗的價值。這便是來勃尼茲的特別之點；他心中雖充滿了算學的理想，但仍不能脫去人生的實在事情；他雖然是最守舊的一派的理性論者，但在他的論理上，經驗的元素之地位還是很緊着的，他並不曾發展什麼有規律的方法論。他並不曾想將這兩種元素——理性的與經驗的——加以調和。

於是來勃尼茲問道：一切知識的基本實在是什麼？最高的眞理，『原始的眞理』，直接知道的眞理使我們認爲自然明顯的是什麼？歸總說來，可分兩種，（一）理性的普遍眞理；（二）經驗的事實。

理性的眞理是永久眞實的；經驗的事實對於某一事件有其眞理，這兩種從直覺看來都是眞確而不可減損的。但來勃尼茲並不曾建設一種發見這種原始眞理的方法，也並不曾列舉出來。不過指明有此兩種而已。

來勃尼茲有好幾種方法分別這兩種眞理。（一）有時稱之爲先天的（A priori）與後天的。(A posteriori) 先天的是內在的或理性的眞理；後天的是經驗的事實。（二）有時又純用論理學的名詞來解釋。理性的眞理的反面是不能推知的。經驗的事實是歷史上的事情，其相反之點是可以推知的。我們不能推知三角形的三角祇等於兩正角。但是下雨的一天，或者倒是很舒服的。來勃尼茲起先所說的眞理的分別是應用於人心的，不是應用於神心的。神是能將一切眞理分析得清楚的。後來來勃尼茲轉而用玄學上的分別，以爲眞理的分別是在本性上的。如神不能見經驗的事實的相反之點，對於經驗的事實，便不能如此清楚。理性世界與現實世界是有分別的。所以有兩個重要的論理學的原則可以概括來勃尼茲的方法：理性的眞理則有矛盾的原則；經驗的事實則靠着充足的理性的原則。

三、來勃尼茲有時以理性的眞理爲「必然的」，而以經驗的事實謂「偶然的」。此處必然與偶然都是理性的。都有理性的存在。兩者都由於反面的可能（或不可能）的觀念而起。想着是絕對的——沒有可推知的可能的反面；便絕對存在想着是偶然的——有一可推知的可能的反面——便是偶然存在的。所以來勃尼茲將可能的概念提高爲眞理的基本而超乎眞理之上。論理的可能必在一切現實之前。斯賓羅莎的貢獻「是無」限的概念；來勃尼茲的貢獻是提高「可能」的概念。

來勃尼茲用這種概念幫助他調和科學與宗教。向科學說道：『凡你的結果，我們都接受。我們相信世界遠至最遠的星，近至血液之流轉都是機械的可計算的。但是我們亦相信機械的世界以下是一無限的可能的世界，——一精神的眞實世界，機械世界僅爲其表現。』來勃尼茲保留宇宙的機械觀；進而求一「可能」的觀念，將來精神化了，發展而成一種宗教的哲學。

來勃尼茲研究科學的原則的結果——多數的形而上的本質——來勃尼茲的時代的科學原則是什麼？他分析研究的結果是什麼？那時形式較爲複雜的蓋律雷的算學的原則頗盛行，而自蓋律雷以來便加上原子的概念。換言之，那時科學的根本原則是以爲宇宙是由於原子的可計算的運動。來勃尼茲研究的結果，便得到他的「單元」論的主張。

一、來勃尼茲先研究科學的運動的概念。他用蓋律雷，海金絲與牛頓的方法將運動分析成無限小的動力已使他有一極重要的發明——微分學。他更進一層研究，發見運動的基礎是力。無絕對的動亦無絕對的靜。運動與靜止是相對的。笛卡兒謂運動不止，這種說法是錯的。運動與靜止是力的現象的改變。祇有力是永存不滅的。物理學進而入於玄學；運動推而至於力。所謂力者，『於現在的事物情態下使將來有改變』之謂。所以宇宙的本質的力是超空間的，非物質的。新物理學的基礎應當是動的形而上的本質。

二、來勃尼茲其次研究格孫地所介紹的科學的原子說。來勃尼茲以爲原子論者所謂物體由原子組合而成之說十分贊成。但這些原子論者以爲這些原子爲物質的之說則來勃尼茲大不贊成。物質的一小塊看來無論怎樣小，怎樣單純，都不是眞小，眞純，仍舊是可以分析以至於無窮的。原子是有體積的，以本質爲有體積是惟物論者的錯。本質一定是無體積的。物質的原子之下還有不分析的形而上的原子呢。這眞是單純的。

三、所以力(運動的實體)與形而上的原子(物質的原子的實體)在來勃尼茲以爲是相同的，結果他稱之謂「單元」(Monads)事物的中心是精神的。動與積的世界祇是現象的。宇宙的中心不是一無限的與無抵抗的本質(斯賓羅莎)亦不是無限數的物質的本質(笛卡兒)，乃是無限數的精神的力心(Force-Centers)各具無限的可能。機械的惟物論爲一精神的單元論所照耀。宇宙以有無限的可能而有生氣。有多少事物便有多少單元。於是來勃尼茲又將生機論(Vitalism)介紹入哲學範圍以內比以先在新柏拉圖主義中所表現的更成熟了。

表現(Representation)爲單元的根本點　科學的惟物論的死的多元論與來勃尼茲之不相侔亦如死的形式的汎神論之於斯賓羅莎。從前說則世界分裂；從後說則世界瓦解。來勃尼茲對於單元的「表現」的能力的概念正所以避汎神論與多元論的危險。

每一單元「表現」其他一切單元，因而表現全宇宙。單元無物質的統一，亦不直接影響於其他單元。他們的統一是精神的，他們的相互影響亦是精神的而不是物質的。各單元的一切稟賦是相同的。每一單元都是縮小的宇宙——小宇宙。來勃尼茲有兩句話可以將他對於單元在物質上隔離而在精神上統一的觀念明白表示出來。他說「單元是沒有窗戶的，」他的意思是說凡單元都是「像一個分開的世界，自已滿足，不倚賴其他任何生物的。」但是因爲「單元沒有窗戶不能進出或分離，」所以單元祇能見他自己的情態。然而這自己知覺便是其他一切的表現，因爲一切單元的稟賦是相同的——每單元都「反映宇宙」。

所以單元有精神的統一而物質的隔離乃消滅。單元的精神統一的可能，比他們物質上的分離還要實在些。一無限數的個體，物質上也是不同的，但亦有統一，因爲是生力的中心，（不是原子）以他們的表現的能力中的許多可能而共存。

單元的發展。 所有的單元都表現宇宙，則他們的稟賦一定是相同的。這種稟賦是什麽？（一）各單元有的知覺與其他一切的單元是相同的。（二）各有一「組織欲」，一柏拉圖的愛，迫使從此一情達於彼一情態。單元之魂爲宇宙中經無數變易而自身不變的惟一的東西。他的知覺以其「組織欲」而變化「統覺」。這是來勃尼茲的發展說之鑰：知覺從不清楚至於清楚。原來的知覺進而爲(一)感覺(混雜的知覺)，又成爲(二)概念(清楚的知覺)。單元以此從無意識至於意識。因爲這精神上便是世界，因爲世界的則律便是他的思想的則律，所以他的發展便足以表現其他一切單元的發展。所以洛克說道『凡在知識中者，必先在感覺中』，來勃尼茲便答應道：『除非是心意與其運用。』

無意識與意識。在上面所述的發展說之下，便是「無意識的存在」的心理學的假設。來勃尼茲以爲每一單元都是宇宙的表現，雖然他自己不覺着他的表現。宇宙的一端是物質，以完全無意識表現宇宙；其他一端則爲神，完全自覺其作用。物質的知覺是完全混亂的；神的知覺是完全清楚的。神與物質之間爲極微小的意識力(Conscious Energy)的階段。所以宇宙中設有兩件事是一樣的。如果一樣，則兩者必相同，其中的一個便是多餘的了；但宇宙中沒有多餘的東西。每一單元內容上必與其他的單元有別，或以其知覺的清楚爲斷。(Principle of the Identity of indiscernibles)。

搆成單元之極微小的無意識的部分，或無一自覺的性質，雖然他們全體或者可以進而有意識。來勃尼茲稱這些小動力爲小知覺。爲現代連續律之基礎亦爲近代進化說的根本心理情態間與自然事物間有完全的連續。連續律與一致不可鑑別的原則互相補助。亦以充足的理性的原則而更有力，此原則蓋確認全體中每一單元之統一性者。各單元各自爲政。每一有限的事情皆有其方式。自然中各事物均有其個性。生活是充滿了意義，因爲在每一點每一部分都是有意義的。生活是很有生機的，機械的數視爲有生機的個體。機械的必然律仍爲個體的力量的工具與部份的表現，常常使宇宙的可能變新。

來勃尼茲的本質統一觀——有兩種方式 單元的統一，來勃尼茲稱之爲預定的調和。(Preistablished Harmony) 他有兩種說法。這種調和一部分是從他們的組織來的，如他所推知的。一部分是來勃尼茲爲了神學的緣故特爲加在單元之上的。兩者都是預定的。

一、單元從第一點看來，是有一內在的統一。從礦植物至於神都有其相似點。礦植物是完全無意識的「睡的單元」，動物是「作夢的單元」，人是「醒的單元」；無無生之物；無無靈之體亦無無體之靈。即微塵亦爲微生物所居。無死物，宇宙爲活動的高低的階段。

宇宙中種種現象，即植物，動物與人均爲單元的團體。有機物爲許多單元的結果以一中心的支配一切的單元爲之主。此中心的單元即爲此團體之靈魂；餘則爲其體。此中心的單元與「體的單元」的影響，完全是精神的。目的相同，惟靈魂所表現者乃更淸楚耳。此團體自由共同動作，不假外力。無生物則與此不同，以其無一靈魂或一中心的單元也；所以這樣的單元同是靈魂與物體。這些單元的團體，因爲他們原始的稟賦相同，故爲一內在的宇宙的統一。『他們的自然的調和以完全的活動的理想爲之基，而在現實的存在上，他們是獨立的。』聯合他們的精神是神。神爲單元之單元，因爲他是完全的有意識的活動。世界或如一棱錐體，神爲其絕頂。

二，來勃尼茲轉而至神義論，則其對於單元之統一，意見又不同。以爲至此統一爲預先加上的，用許多舊論證來擁護。最高的單元成爲一實在的人格，離其他一切單元而存在。神現在不是無限的可能性的實現的目標或止境了，是一完全而實在的人，他的理性使他創造一最好的可能的世界。

這就將我們引到他的樂觀論來了。我們所生活的世界是神選來創造的。亦可以創造別的世界。但神何以創造這個世界這並沒必要——不是論理上的是事實上的。事實上便是最好的。斯賓羅莎說可能的世界存在。來勃尼茲說最好的可能的世界存在最好的可能的世界是自由作因(Free agents)的世界，有賞有罰。罪惡是全體調和中的一件偶然的事。罪惡是從人的自由作因來的，神不負其責。寧可有罪惡而有自由，不要無罪惡而無自由。然而罪惡不是積極的。是從人的觀聽不清楚時發生的。不過是無善。因此來勃尼茲建設了一種預定的調和，不是從他原來的哲學的前提發生的。

第六章　啟明時期

新人的「發見」——個人主義　中代與近代思想的不同有兩件重要的事：即近代歐洲的「新人」與「新宇宙」這一層前面已經提到，但我們研究啟明時期，亦不可不將這兩件事放在心上。文藝復興的二百餘年以來，即近代思想第一時期，全部工夫用在開發這兩件事中的一件事

註一　Loretto 是義大利的一個地方。去瞻禮崇拜的人很多，因為傳說在十三世紀的時候天使將童貞女的聖屋搬來

了。

註二　石朗生于 Antwerp 地方。他的哲學在他的倫理學中說得很清楚。

註三　請參閱 Royce，近代哲學之精神第三章。Baldwin，Fragments in Phil., PP.24－42；奧伊鑑，人生問題 PP. 362－380。

註四　Frendenthal 的斯賓羅莎的一生（Das Leben Spinozas）上的斯賓羅莎的著作年表頗清楚，譯錄如下：

1661－62　短篇論文與知識之改善。

1663　倫理學一。

1662－63　笛卡兒學說要義。

1665　倫理學一—三。

1669　論神學與政治。

1675　倫理學一—五。

——「新宇宙」實在是由於「新人」對於「新宇宙」太有興趣了，故而不曾想到他自己。他將他所得的加以系統，並且建設了很大的科學與玄學的系統。

啟明時期是近代思想的第二個時期，以「新人」轉而研究其自身為起點。此後百年間即為啟明時期。文藝復興的心理活動是活潑的，自動的，不自知的，像從睡夢裏驚醒一般；但啟明時期的是自覺的是有態度的。

這時朝野上下皆談哲學。日常生活為哲學學說所浸透。這時的詩很有哲學的色彩，哲學史與文學史是很難分別的。

愛德曼說的好，他說這九十年的啟明時期的意義是「人既是一理性的個人，須努力提高人的地位使其超越一切。」「人道」(Humanity)這個字也是赫特(Herder)在這時傳入德國的。在英國方面卜柏(Pope)一七三二年在他的說人(Essay on Man)上說的話亦有同樣的情緒：

『現在要知道的你自己，不必詳細研究神；

人類應當研究的是人。』

現在人是超絕的，他的話不能有例外，這時常常提到『理性之光』不提到神祕主義的奇幻與獨斷主義的曖昧而提到一光明的內在的理知。於是發生天才的崇拜同時便看不起不明白的人。巴德(Bahrdt)說道『我要這樣說我是基督麼』所以歌德說啓明時期是自大的時期，並不足爲奇！

啓明時期的實際的假設——個人的獨立　個人是這時期的原有的資料；祇有個人是自覺的；是一切社會關係的解釋的起點。於許多複雜的問題中，個人獨立存在的問題是不曾動搖的。這是「自由平等博愛」的時期。是個人的許多關係的問題；個人是不生問題的。個人皆以自身能力之豐富偉大爲榮，以爲足以支配一切。個人是這時期的實際的解釋。

啓明時期的玄學的假設　雖然十八世紀對於「新宇宙」沒有建設什麼成功的玄學。雖然人家致力於人類相互關係的研究；然而不能說這時是沒有哲學的根據的。這不是人類歷史的途徑如果不談玄學，不是不談，是因爲已經假定某種玄學爲眞了。獨立的個人的假設便包含了物質獨立存在的意義在內。雖然有許多反對玄學的空談的，但這時期已假定笛卡兒主義爲正確的了。內則心獨立存在，自然而然的物質在外獨立存在了。這種觀念或者衰敗而成爲很難看的二元論，（如勃克萊與休謨的哲學中）但二元論始終不曾完全毁滅。這種概念那時便叫做「常識」哲學，現在不研究玄學的人常有這種很舒服的態度。「常識」云者，大部分人對於眞理的意見之謂。現在的人，和從前的人一般隨便採取一種二元論。（大半是心物二元論。）

啓。明。時。期。的。問。題。　這時期的研究的範圍是很有限的。自然距離較遠。神是更捉摸不着。研究自然與神之後，我們且研究一下這內部生活的問題。研究的範圍雖窄而問題仍極繁雜，普遍而廣大無所不包。雖有種種反對，但啓明時期在他自己的範圍以內的仍是去研究發揮。

這些問題可分爲二類——功利主義的與批評的，——都涉及個人與其種種關係。

（甲）功利主義的問題。　啓明時期對於個人的興趣，快樂與許多能力，都覺着奇怪。於是經驗的心理學家與特出的倫理學家出現了不少。人能知道多少，他的知識的範圍與限制是什麼？啓明時期的思想家以爲從經驗來的是最重要的觀念。我們如果祇研究日常生活的事實，不求諸經驗以外，必定更快樂些。玄學學說不好給那些教會中人。於是經驗的心理學取玄學而代之，而以哲學名。這是那時流行的科學，是倫理學與知識論的根據。哲學出了學校的範圍，而適用於公衆生活。須知仍以神學的先見爲根據，不過是轉而爲人用耳。因爲有這種心理的動機於是就有許多道德學家出來，尤以英國爲最盛。從種種方面研究道德，或以知爲基礎，或以情爲基礎，或以權威爲基礎，或以觀念聯合爲基礎。

經驗的心理學引領人做自省的工夫，這時期的自省工夫是很普遍的。是設立「觀察人類的許多會社」的時代。常作感情的日記。盧騷在法作自傳，德國此風亦盛。宗教亦取資於個人的經驗與個人信仰；教會之所注意者，不在得救的獨斷教義而在得救的人的經驗。個人的意見較習慣爲重；友誼較婚姻爲重。

（乙）批評的問題。　其次啓明時期是個批評的時期，與文藝復興時期的理性論遙遙相對。自洛克之反對天賦觀念至休謨對因果律之懷疑論，自伏爾泰之研究宗教的根據至羅騷之與社會相爭，這個時代就是批評權威的時代。心理學家，道德學家，信自然神教者，與社會學家都是革命家——都直接或間接與絕對的政治權威相持，並反對文藝復興時期所滿意的理論的獨斷主義與儀式的道德。此種革命始肇基於知識界，旋擴張之於政治的社會。這時的個人是不為遺傳的制度習慣所束縛的，有用的代替了歷史的。大同主義取愛國主義而代之。啟明時期是務實際的亦是想像的。其批評之目的在使人脫去他的一切的人為的制度習慣而尋求其自然情態。其所注重的是消極的，破壞的。

啟明時期與歐洲的政治的情勢。 啟明時期對舊（制度習慣思想）的革命於歐洲的政治有莫大的關係。中代的歐洲在文藝復與時期變為國家的社會的專斷制度，此可於初期的馬夏佛利及後半的李希呂（Richeliew）的專制權力見之。但是啟明時期的個人主義怎樣發生出來的呢？文藝復與的各國對於啟明時期的貢獻各不相同。義大利自馬夏佛利之後即有反對宗教改革的運動，痛深創鉅，不復能有所貢獻。德國亦以政治狀況而不克有所貢獻，尤以三十年戰爭為禍最烈。直知十八世紀中葉始參加此啟明時期的運動。其個人主義之進步則皆取資於英法者。啟明時期的運動，在法最盛，但法非其源，法國實受英國的影響。啟明時期的大主張大抵皆發生於英國十七世紀的政治革命。英國十七世紀的政治將十八世紀的個人主義傳佈於各國。

結果無論在政治方面或知識方面，歐洲的專斷的中代主義至啟明時期而破碎無餘。新興國家有俄，有普魯士，有英，有美洲殖民地。代表過去的歐洲的法國與奧國，乃與代表未來的歐洲的德國與普魯士成對峙之形態。其衝突之點即在於此：一則主張武力專制，不准自由貿易信教不准自由，一則純爲個人自由之新精神。自威斯脫非亞和議（Peace of Westphalia）後至七年戰爭（1756－1763）其間經幾許衝突，漸決絕舊制度經大弗列特列克（Frederick）七年戰爭之一擊而垂斃。所謂神聖羅馬帝國於半世紀後亦復蕩焉無存矣。(1806)

各國此時均有鼓吹個人權利之政治運動。英國方面則下院漸得勢而美國適獨立。法國則巴朋（Bourbon）之族衰，至大革命而消滅。德國之運動正復相同。亞當斯密等適以其經濟學說起。從哲學方面看則始於洛克之論文，終於康德之批評。從政治方面看則始於一六八八年之英國革命。終於法美之革命。

啟明時期的各派的哲學家。 這時哲學家雖多而特出者少，僅洛克，休謨，盧騷等數人耳。啟明時期爲社會運動時期，各哲學家即各種運動之代表耳。

其主要者在英國有：

一、聯想心理學派：　彼得白郎(Peter Brown, 1735死)，哈德萊(Hartley, 1704－1757)，塞希(Search, 1705－1774)，普理斯德立(Priestley, 1733－1804)，托克(Tooke, 1736－1812)，達爾文(Erasmus Darwin)，多馬斯白郎(Thomas Brown, 1778－1820)。

二、道德哲學家：　沙夫茲柏雷(Shaftsbury, 1671－1713)；道德基於知者，克拉克(Samuel Clarke, 1675－1729)；吳那斯登(Wollaston, 1659－1724)；道德基於情者，赫金生(Hutcheson, 1694－1747)；荷謨(Home, 1696－1782)；白克(Burke, 1730－1797)；福開森(Ferguson, 1724－1816)；亞當斯密(1723－1790)；道德基於權威者，柏脫勒(Butler, 1692－1752)，巴雷(Paley, 1743－1805)；以聯想心理學為倫理之根據者，邊沁(1748－1832)；別樹一幟者有孟德維爾(Mandeville, 1670－1733)，柏拉圖派有普萊司(Price, 1723－1791)。

三、自然神教者：　托蘭特(Toland, 1670－1722)，高林司(Collins, 1676－1729)，丁特爾(Tindal, 1656－1733)，朱勃(Chubb, 1679－1747)，摩根(Morgan, 1743死)，孛林孛洛克

(Bolingbroke, 1678–1751)。

四、蘇格蘭派哲學：李德(Thomas Reid, 1710–1796)，奧斯維特(Oswald, 1793死)，皮狄(Beattie, 1805死)，斯帝華脫(Dugald Stewart, 1753–1828)。

在法國有：

一、懷疑派：巴爾(Bayle, 1647–1706)，伏爾泰(Voltaire, 1694–1778)毛勃都意(Maupertuis, 1698–1759)，達林白(d'Alembert, 1717–1783)，步封(Buffon, 1707–1788)羅賓奈(Robinet, 1735–1820)。

二、惟覺主義派：拉米屈里(La Mettrie, 1709–1751)，彭奈(Bonnet, 1720–1793)，康地拉(Condillac, 1715–1780)，卡巴尼(Cabanis, 1757–1808)。

三、百科全書派：狄德洛，(Diderot)伏爾泰，達林白，盧騷脫爾格(Turgot)耶各脫(Jaucourt)杜克洛司(Duclos)，格理姆(Grimm)霍爾拔希(Holbach)海爾狄未斯(Helvetius)。

四、政治經濟學家與法學家：孟德斯鳩，圭斯奈(Quesnay)脫爾格，莫利來(Morelly)馬勃萊(Mably)。

五、主情主義者：盧騷。

六、哲學的革命家：聖蘭勃(St Lambert, 1716－1803)，伏雷(Volney, 1757－1850)，康獨西(Condorcet, 1743－1794)格拉(Garat, 1749－1833)。

在德國有：

一、多馬斯(Thomasius, 1655－1728)啟明時期的第一人。

二、吳爾佛派：吳爾佛(Wolff, 1679－1754)，畢芬格(Bilfinger)克魯曾(Knutzen, 1751死)，哥特西(Gotoched)彭甲登(Baumgarten)。

三、幾何學的方法與其反對派：漢希(Hansch)，普洛開脫(Ploucquet)克魯沙茲(Crousaz)，呂狄格(Rüdiger)，克魯西(Crusius)，波特(Budde)，勃洛克(Brucker)，泰特曼(Tiedemann)，羅西斯(Lossius)，柏拉脫勒(Platner)。

四、心理學家與相關的哲學家：克呂格(Kruger)，韓奇(Hentsch)威斯(Weiss)伊爾文

(Irwing)摩尼茲(Moritz)巴西獨(Basedow)柏斯太洛齊，與蘇舌(Sulzer)。

五、獨立的哲學家：蘭勃(Lambert, 1728—1777)與狄頓斯(Tetens, 1736—1805)。

六、自然神教者：希密脫(Schmidt)西姆勒(Semler)，李馬奴(Reimarus, 1699—1768)，伊德曼(Edelmann)。

七、虔誠主義者(Pietist)斯賓勒(Spener)法蘭克(Farncke, 1663—1727)阿洛特(Arnold)與狄柏爾(Dippel)。

八、普通的哲學家：孟德杜(Mendelssohn, 1729—1786)，尼哥來(Nicolai)巴西獨，阿勒，(Abbt)恩格爾，(Engel)費獨，(Feder)迷勒(Meiners)格符(Garve)。

九、關於「哲學的宗教」的著作家：勒星(Lessing, 1729—1781)

十、信仰哲學的著作家：赫特(Herder, 1744—1803)

此外更將重要哲學家列表如左，藉覘時代之先後。

倍根	1561	1626
霍布士	1588	1679
笛卡兒	1596	1650
斯賓羅莎	1632	1677
牛頓	1641	1727
來勃尼茲	1642	1716
洛克	1632	1704

吳爾佛	伏爾泰	勃克萊	休謨	盧騷	勒星
1679	1694	1685	1711	1712	1729
1754	1778	1753	1776	1778	1781

第七章　洛克

英國的啟明運動。

英國的哲學史包括洛克，勃克萊，休謨與蘇格蘭學派的學說。除開蘇格蘭學派的哲學以外其餘都在十八世紀的上半。我們第一必須要研究啟明運動之祖的洛克的哲學。

我們以先討論完了倍根霍布士便討論理性派。但讀者却千萬不要想霍布士與洛克相距很遠。他們兩人同居斯世四十七年。都在英王查理第一的時候。霍布士在洛克發布他的哲學上最重要的論文以前十一年死的。更要知道英國啟明時期的幾位經驗哲學家並不曾與大陸上的理性派隔離。笛卡兒影響霍布士，霍布士影響斯賓羅莎。笛卡兒之影響於洛克者不小，來勃尼茲又受了洛克的影響。勃克萊與來勃尼茲的惟心論的結論却是獨立的見解。

英國的啟明運動是英國文藝復興的自然的發展。洛克是繼承倍根霍布士的。在別一方面說，英國的啟明運動與法國的德國的是一致的。英國啟明時期的前半——一六九〇至一七五〇——皆爲哲學的討論；後半則放棄哲學，轉而傾全力於政治。在一六八八年的革命運動裏得勝的階級，惟持其權位並不難。威廉與馬利亞平平安安的來了，當時狀況頗有秩序，可以謀知識上的發展與強有力的文學的運動。耶各黨人已經消滅，政治上得一和平的時期。至十八世紀的後半，又發生了別的問題。一七五〇以後政治替代了哲學。從前在文學上與哲學上「研究人類」的人現在亦都注重實際的政治問題了。於是乎有政黨之組織。英國內而政爭，外而有美國之獨立運動。英國乃擲入影響及於全歐之旋渦中。不爲神學之爭辨而發現許多危險的政治問題。不有休謨之論文與柏脫勒之著作而有白克之演說，亞當道密之原富，與許多關於政治的著作。本時期的前半孛林孛洛克則棄政治而就哲學；後半普理斯德立則離實驗室而赴政治。這種變化，可於休謨一人見之一七五二年休謨以對哲學興趣極小，轉而著英國史。神學已經是痿敗了。談哲學的祇有法國的伏爾泰，百科全書派與盧騷在法國起了一種運動（此運動仍導源於英國）；還有蘇格拉學派，這是一種反動的學派。但是政治運動仍舊是政治的。因爲機關的組織很不易採動而英國人又是生來守法的。英國沒有眞正的革命，英國的進步常爲遺傳的制度或勢力所支配。即美國之獨立運動亦由於憲法上權利問題，不是由於什麼政治的思想，雖然她的獨立宣言是很愛法國哲學家的影響的，然這實在是理論上的。

洛克的一生及其著作。

洛克一生，可分四期：

一、學生生活。洛克生後十四年都住在家裏，那時正是英國國內戰爭的時候。以後六年在倫敦的威斯敏斯特學校。此後四年在牛津始爲學生，繼爲講師。一六六〇年得牛津學位，那年正是英國皇家學會在牛津成立的一年。他不喜讀古典文學，在牛津做講師的時候，他最喜歡研究的是物理學。亦研究化學，氣象學，尤喜研究醫學。曾經幫助一位老醫生看病。

他一生第一轉點是在一六六六年。那時沙夫玆柏雷爵士在牛津患病，叫他去看護。自此便和沙夫玆柏雷一家常久相處，又加以兩方面都是喜愛政治的，宗教的，與知識的自由的，所以格外相得。第一個沙夫玆柏雷爵士是英皇查理第二時代的第一流政治家；第三個沙夫玆柏雷爵士是英國最大的倫理學家。洛克是第一個沙夫玆柏雷爵士的好朋友，第二個沙夫玆柏雷的教師；影響於第三個沙夫玆柏雷的倫理學說的力量尤大。洛克這時代做了些關於羅馬的事情的劄記。著了一篇論「容忍」文。還做了些關於物理學的記載。

二、政治家的生活。(1666－1683) 此十七年中洛克的種種活動都與沙夫玆柏雷的政治活動有密切的關係。亦曾居官。一六六八年入皇家學會爲會員。一六七〇至一六七一的冬天是很重要的，又是他一生的一個轉點。因爲自那時起他就銳意研究他的有名的論文。此後十九年間都是他的論文都在發展的過程中。一六七五至一六七九中間的四年的工夫，他遷居於法國，研究學問。這時他便想到他的論政府文。一六八二年的十一月裏沙夫玆柏雷逃入荷蘭，過了幾個月，洛克也跟着到荷蘭去了。

三、爲哲學的著作家。(1683－1691)　一六八九那一年將這一期截做兩段。前半段不但是逃亡在荷蘭，並且完成了他最重要的三種著作。就是人類知識論，兩篇論政府文，三篇論容忍書。後半段的時期，他就回到英國，一回來就將前說的著作都發表了。牛頓的原理（Principia）是一六八七年發表的。洛克的論文是一六九〇年發表的。一爲近代物質科學的根基，一爲近代心理學的開端。這兩種著作和一六八八的革命合起來，就成爲世界歷史上很重要的一點。

四、爲辯論家。(1691－1704)　於是洛克肆力爲文——如關於銀幣的鑄造，抬高貨幣的價格，與種植橄欖等事。且竭力爲他自己的哲學辯護。直到一七〇〇以前，可以算他的辯論時期。此後即退隱，越四年，身體漸衰，至一七〇四年逝世。

洛克思想的來源

一、清教徒的祖先。洛克的祖先，我們不大清楚。他的父母都是清教徒。他似乎和英國十七世紀中流階級的清教徒的家庭出來的人一樣，寬原而虔誠，有自信力，且愛自由。這些似乎是從他的父母遺傳來的。他一生的前十四年，是由他父母教育的。

二、容忍的訓練。　如果洛克從他的清教徒的家庭來，至少遺傳有固執不能容忍的癖氣，但在牛津以前或正在那時候，這種性情完全不曾發見。一六四六年，他在威斯敏斯達學校時候，對於英國內爭以後，兩方面不能容忍的事情非常的慣怒，亦及對他所受的嚴厲的舊教育。但這種消極的影響，在他在大學的時候，已代之以積極的求取自由與容忍的影響。約翰歐溫(John Owen)是那時牛津的副校長，是個思想自由的人。那時的牛津亦與新教徒以思想之自由。洛克一生都感覺約翰歐溫的影響。洛克在牛津最好的朋友是柏各克教授。(Pococke) 他是那時牛津大學最敢說話的皇家學派的人，所以無論洛克有多少清教徒的性情，也感化了。容忍與思想自由是洛克一生的樞紐。『溫和的性情，竭力愛他的朋友，竭誠以求眞理，確信個人的自由與政治的自由的重要；這是洛克的特點，我們從他的著作裏看出來的。』然他所謂容忍與來勃尼茲不同。來勃尼茲是要將不相容的原子，連合起來成功一個新的武斷的主張。洛克不計其不和合之點，亦不求完全的調和，祗指點出一條無論誰都可以走的路來。來勃尼茲建設了一個新的玄學系統；洛克却指點出一個實際的方法來。他更好的地方是他沒有偏見，因爲哲學不是他的職業。洛克以爲哲學是那些對於人生之謎有興趣的上等人的成功。他的著作是爲普通一般人做的；是極簡單的文學。他並不表示思想的論理；句子雖是可以讚美，而一段一頁實在是很曖昧的。他沒有詩的能力，他所生活的世界，想像決不豐富。他研究人心如同研究寒暑表一般。我們的老前輩都以爲他的論文是本哲學的聖經。而我們則以爲他這種著作，不像一所完全有計劃的建築物，像個擴大的茅舍，很可以居住，只是一點印象也沒有。

三、科學的影響。　洛克和他的本國的屋干，或兩個倍根一般，都有同樣的「非神祕主義」的與實證主義的趨勢。他的性情癖氣，眞完全是個英國人。『新哲學』入牛津，他亦是最初歡迎『新哲學』之一人。這是從書本上輸入牛津大學的；那些講師仍舊効忠於亞利士多德。讀笛卡兒與霍布士的著作的人很多，流傳頗廣；格孫地的敍述伊壁鳩魯的論文，也有許多人去取讀。洛克自己爲文述笛卡兒對於他的影響。他放棄了他做教士的思想與名化學家倍爾(Bayle)名醫生西登漢姆(Sydenham)相友善，他對於他們的實驗的方法很有興趣。他在哲學方面所得於笛卡兒及笛卡兒派的論理者甚多。

四、政治的影響。洛克對於政治有興趣，始於他在三十四歲的時候。——在牛津遇沙夫茲柏雷爵士的時候。洛克與此公相處者十五年。此公旋遁入荷蘭（時一六八二）翌年即死於荷蘭。洛克亦赴荷蘭，至一六八九年隨威廉與馬利亞返英。居荷蘭時，相與遊者頗多，皆爲逃客；與林白奇(Limborch)交最密。（林白奇爲荷蘭主張自由的神學的領袖。）亦曾與主各教徒(Quakers)爲之一新派教。同居。洛克既與沙夫茲栢雷友善，且居荷蘭久，故確信政治的自由。所以威廉入英，欲爲革命在文學上得一根據，故取洛克的論政府文來應用。而洛克遂成爲革命的哲學上的辯護人與知識上的代表。

節要。總之，洛克的遺傳的清教徒的性質是很容易變化的，因爲他性情平和，幷加之以他的科學的興趣與政治的經驗，不容他不改變的。他自然而然的成了個主張調和遺傳主義與經驗主義的人。他六十歲前，沒有發表什麼文字。荷蘭歸來後，他發表的文字很多很多。有兩件事是他一生的兩個轉點。一爲在牛津與沙夫玆柏雷相遇，使他轉入政治；一爲一六七〇至一六七一的冬天，許多朋友們隨便談到感覺的性質的問題，因而成就了他的傑作。他以爲生活是第一件事，對於政治的興趣是第二件事，哲學是第三件事。……

洛克的目的。　我們現在看起來，洛克的人類知識論是十八世紀的第一聲。是第一次正式用一篇長文宣布個人在知識上的自由權。他自己自然不會知道這篇文字的重要。這是應時代的需要而發生的。他如果知道他是法國的百科全書派，惟物派，與革命家，英國的自然神教者，德國的啓明派，以及休謨與伏爾泰的代辯者，他一定驚異不止。他心裏祇想以人類理知的能力一方面限制教會中人，一方面限制無神論的要求。他的計劃是要『深研人類知識的起原，確實與其範圍。』他這篇宣言裏，已預伏康德的思想，但不如康德所見之遠耳。因爲洛克所代表的是十八世紀的精神，不是十九世紀的精神，所以（一）他必須謹守具體事實的範圍以內；（二）他祇能說明他所能說明的；（三）他必須要務實。然而自廣義言之，這就是人類自用的宣言。洛克說明人類知識所有的限制，與他所能知道的和所不能知道的。但當啟明時期全盛時，忘記了洛克所說的知識的限制，以爲他說的話不過是可以放縱的表示。這篇論文與以前的近代哲學的作品都不同。以人爲主觀而不以宇宙爲主觀。洛克將笛卡兒一派的理想論的宇宙論的言語，改成了經驗的心理學的言語。

但洛克所代表的是中道，(Via Media)並不是十八世紀的放縱。人類的理知不是無所不知的——不能將所有的問題全都解決，並未賦有神的觀念；然而人類理知又不僅是許多感覺的一條線。人類的理知就是屬人的，沒有別的。在神的直覺與動物的感覺之間。人是自由的，但須在他自己的範圍下自由。人類的自由在神的絕對的自由與動物的絕對的必需之間。人類的自由在人類的觀念的限制與範圍之內——中道；祇要將這些觀念加以分析便可以知道這些限制與範圍。無無觀念之知識。有些觀念或者是錯誤的，與實驗毫無關係。亦或有許多觀念，沒有經驗與他們相適合。知識的自由基於沒有隔離分裂的觀念，是互有關係的觀念，換言之，卽取斷定(Judgement)之方式也。洛克爲一道德的動機所動，思有以改正人類與他自己的謬誤和困難，故進而爲觀念之分析。尋求中道的目的是爲實際的好處，所以是適當的。中道便是自由之路。

洛克哲學的兩方面　尋求中道便是企圖要尋求『人類知識的限制與範圍』。於是洛克不得將過去的時代詳加鑑別，何者可取，何者可棄。故其哲學亦有消極積極的兩方面。簡單言之，消極方面，他否認天賦觀念之存在，這似乎是表示完全否認舊時。然而實在說來，他仍舊承受舊時的本質與個性的觀念。在積極方面他以經驗爲根據建設了一種知識論，將知識分爲直覺的（Intuitive）證明的（Demonstrative）和或然的（Probable）三種。然洛克雖確定，我們所有的一切知識都是從經驗來的，然却並沒有懷疑笛卡兒的神與人與物質的存在的學說。

（甲）消極方面——洛克與經院哲學　洛克在他的人類知識論的導言上便彰明較著的向經院哲學交戰。他將全書分爲四部分，第一部分是最後做的，放在前面，像導言似的，實在是獨立的宣言。如果祇有這一本，則十八世紀的無政府主義不難於此中求一適當的根據。但以近代人的眼光看去，這第一本書絲毫激烈處也沒有。但在洛克的時候頗有極深遠的社會學的與政治的意義。實際上向中代的遺傳宣戰。洛克說「沒有天賦觀念。」他以爲天賦觀念是遺傳的暴君。

——未曾經過審查，沒有本質的信仰，沒有經過事實的徵驗的概念。這都是代表教會的教義來欺騙一般無知的衆人的，代表專制政體與君主的神權的，代表對於自然的遺傳的迷信的。斯賓羅莎的哲學的全部都是以本質的天賦觀念而演繹出來的；笛卡兒至少有三種天賦觀念來勃尼茲以爲一切的觀念都是天賦的，因爲他信人心有無意識的觀念。洛克以爲人心的作用祗是有意識的，他的心理學的辯證自然是放的空鎗，因爲沒有一個理性論者所主張的天賦觀念的存在的意義，是與他相同的。況且近代的心理學已證明無意識之存在，亦與洛克以一打擊。但洛克目的之所在，不僅在天賦觀念的本身——他的目的是攻擊中代人的習慣，從前中代的個人的習慣以爲凡有遺傳的權威的勢力的就是真的。他所鼓吹的是個人考察觀念的權利。

（乙）**積極方面**——**新心理學與知識論**　如果洛克以爲遺傳的觀念是毫無勢力的，他必須要告訴我們什麼觀念是可以信靠的。人心初無觀念；但是怎樣發生的呢？洛克既攻擊經院哲學派的心理學，使他有建設新心理學與新知識論的必要。他必須爲啟明時期的個人主義貢獻一種心理學以爲建設之圖。洛克在他的人類知識論的第二卷上表明他的積極的意見，他說人心如一張白紙，毫無汚點；所有的記號，都是外面來上的印象。所以洛克消極方面否認天賦觀念的存在；積極方面，確認一切觀念都是從經驗發生的，這實在是個人主義的消極積極的兩方面。是用兩句話說一件事，就是說個人，是可以自由爲自己判斷自己的經驗的眞假的。

洛克之否認天賦觀念，與其所謂『知識中一切均先從感官中來』之說，及其『一張白紙』之比喻，目的均爲一事，他所要說的就是人心是自由的一句話，此外更無所說。他的意思僅以爲個人以無先見爲起點。非謂人心完全被動，完全受環境之支配也。但是在法國隨從他的哲學的人却這樣的去解釋。洛克是個惟覺主義者(Sensationalist)，然他並不是那些完全信以爲我們的心理情態不過是改變的感覺，而人心僅爲被動的一派的思想家。他信人心不能自己創造觀念，是觀念向人心表現的。人心原有其能力，藉以思考。人心可以運用觀念而使之成爲複雜的觀念。所以我們必須讀完他的人類知識論，始可窺其學說之全豹。在第二卷與第三卷上，他以近代心理學家的態度討論人心的內容，似乎是以人心爲被動的。直到第四卷上，他纔發展一種新知識論，假定人心是活動的，是自由的。

洛克的心理學　人類知識論的第二卷第三卷是討論我們的觀念的經驗的來源的。我們都記得笛卡兒的心物二元論，一切的觀念或者是外部的人體的感官上的印象，或者是在內部的人心的運用中。觀念的來源或者是感覺或是反省或者用洛克的話『外知覺與內知覺』洛克亦稱之爲『單純觀念』爲搆成複雜觀念的單位。洛克[illegible]而感覺的意義是很容易知道的。但『反省』(Reflections) 這一個字是有特別的意義的。他[illegible]『反省』是人心運動的意識。其意卽謂我們對於我們的意志愛戀與記憶等等，我們是有意識的，至於其表現於人心之秩序則感覺在反省之前爲表現『反省』的機會。反省不是傳送感覺的過程，但是感覺後來的與機械的變化。我們要注意，就是在洛克的心理分析的全部中，他總以爲心是被動的，（卽關於反省之觀念亦然）反省爲心之功能，藉感覺而存，感覺與反省均在一[illegible]的人心上加以印象。

這些『單純』觀念入人心之中心而搆成許多的複雜的觀念。這些複雜的觀念有三種，卽本質，變形，與關係。(Substances, Modes, and relations)『複雜』觀念係從『單純』觀念發生來的，其建設與其目的在洛克書中有許多解釋。我們限於篇幅，亦不必詳述。他是很喫苦的他在論理的分析上是不完全的，常陷於無結論的境遇。

以上所說的足徵洛克是始終主張經驗說的。然當時二元論的思想，使他離去明顯的經驗論的正路。除感覺與反省的觀念外，他又引進了一個自我的觀念。自我的觀念是什麼？非一感覺亦非一反省。亦非一自感覺與反省中發生的複雜的觀念。是『我們存在的一個內部不可滅的知覺。是思想的歷程的一個附屬物。居經驗得來的觀念之旁，爲一未經解釋的像物。所以洛克的心理學的研究的結果，以爲我們的知識是以單純觀念的結合加上未經解釋的自我的觀念爲限的。

洛克的知識論。 洛克的這種人類知識論的巨製，前三卷祇是導言，直到第四卷上始引入正題。到第四卷上他纔說人心是自動的。這是思想史上第一次說法表現什麼問題是我們可以確實知道的，什麼是或者可以知道的，什麼是不能知道的。

洛克給知識的定義，謂知識不過是『我們的觀念的協調與不協調的知覺而已』。然而他又說，祇有觀念與事物合符知識纔是眞的。質言之，洛克在人類知識論第二卷上已假定外界事物的物質的本質底存在；正如他假定內界的精神的自我本質的存在一般。外界的物質的本質的性質是怎樣？洛克卻遲疑未決，他最好的答案就是『這是惟持並引起許多分明的單純觀念的聯合的。』本質這個字在洛克心目中以爲是不可知之物。但人心中的觀念對於物質的本質竟一點也不使我們知道麼？是的，是告訴我們的，他們告訴我們說我們以外仍有存在之物；且與我們以其影響於我們的結果的知識。物質能在我們身上發生影響的能力，洛克稱之謂他的性質。(Its Quality) 然其結果與本質絕不相似。發生之結果即爲觀念。我們的觀念告訴我們謂物質的本質的性質有兩種，——原本的與次等的。原本的性質是常住不變的。謂之原本者，因爲他們是不能與物質分離的，如輭硬，體積，運動與靜止，時間中的持續與位置。次等的性質是可變易的如色，聲，嗅，味，等是。

所以原本的性質有兩種結果：(一)他們發生與他們本身類似的直接的觀念；(二)發生次等的性質在我們心中發生觀念，與原本的性質不同的。次等性質的觀念是原本性質的觀念的間接的產物。換言之，洛克以爲本質不過是在名義上爲原本性質之所寄，而原本性質實在是次等的性質的原因。洛克所發起的德謨克利泰的概念的復歸，逮勃克萊起，仍掃滅無餘，祇存在於少數惟物主義者的主張中而已。

所以洛克是自然而然的與霍布士有些相同，以爲眞理不是觀念與事物符合，是要觀念與觀念符合。眞理不是一單純觀念，是兩觀念中之關係。這樣的關係有四種：(一)異同；(二)模型與因果關係；(三)俱有(Coexistence)(四)現實存在之必要。

個人的觀念的發展是自由的，但他是爲他的二元的世界所圍繞的一個人。一方面關於一未經解釋的精神本質的世界，一方面又爲未知的物質的本質的世界所圍繞。知識分三類：(一)直覺的，(二)證明的(三)或然的。

個人對於他自己觀念是直覺上確實知道的。他亦有證明的知識——可以有論理的或算學的推理。但是洛克的重要問題不在直覺的與證明的兩種知識。他所注意的問題是我們對於外界的知識的性質是什麼？人如何能知此外界？個人如何能以其所有之自由，置此外界於其支配之下？

我們對於外界所能知的祇是或然的，或說是從許多來源來的一個推論。這樣的知識不過是意見，足以補充某項知識，而運用於我們日常存在的大範圍中。精神的個人似立足於一黎明之地，或者存在的物質世界的黑牆忽然在他面前發現，他祇能略辨其外形。其兩旁卽爲直覺的與證明的知識，環而繞之者則爲絕對的黑暗，毫無所知。我們所知道的實在很少，我們的知識祇是我們的觀念與觀念的結合，是很有限的。洛克，正立在哲學的大難題之前，但他並不企圖去解決此疑謎——卽觀念的主觀系統如何有客觀的實在的問題。這個問題答案，我們還要等着康德呢。

洛克的實際哲學 洛克於討論當時英國最重要的實際的社會問題時仍發揮其取乎中道的主張。他心中常想著爲自身所限制的精神的人。無論在道德方面，宗教方面，政治方面個人必須與他當時的生活適合。但道德，宗教，與政府之權威不是天生的觀念，皆爲經驗之產物。神的啓示亦能與人的理性相合符，所宣布的則律亦祇是與人的理性相合符的。啓示可超絕經驗而不能與經驗相反。故積極的宗教與自然的宗教相合符而限制較少。宗教的座位在獨立的自由的個人的心中，宗教便用不着外面勢力的保護。自由國家中之自由教會！此祇可於政教分離中得之。（謂政府與教會須分離。）

道德律雖爲一神的則律然同時亦爲一自然律。道德植基於三種權威：神的意志；國家的法律；習慣與公論。服從道德律卽爲快樂，快樂卽爲最高之善。此種境界須能支配欲念的機關始可達到。道德與宗教均以個人爲最終之審判，因爲個人可以決定他自己的快樂——快樂的價值高出一切。

洛克的政治學說亦與此同其途徑。他在他兩篇論政府的論文上，思以一政治學說擁護英皇威廉，堅持他這個學說，以之同時反對專制派與共和派。英國是第一國建立君主立憲政體的，亦是第一國創製君主立憲的學說的。洛克足可以完成西特立的（Algernon Sidney）的學說，因爲洛克足可以英國政府爲其模範。他以個人反對某種情勢爲正當。政府不是神聖不可侵犯的天賦觀念，是從經驗中發生出來的，設立政府是爲圖謀人類的快樂的。個人與政府立契約以相助爲理。有侵犯此契約者，國家卽在絕境。主張君主的神權說者如Filmer，以政治律移在「自然」之前；霍布士以法律在「自然」之後；洛克則以爲法律即「自然」。Filmer以「自然」爲黃金時代；霍布士以爲這是須除去的；而洛克則以「自然」爲調和。洛克以爲個人以其經驗建設其道德，其宗教與其政府，因爲這些都是企圖快樂的，同時即以事物之「自然」爲其根據。個人在其中自由存在，爲世界的中心。

洛克的影響　洛克的哲學是啟明時期許多哲學學派的泉源。他的人類知識論既無根本新創之意見，表現法亦非特出，然却很容易的將十八世紀的思想說了出來，而毫無缺點，於是洛克遂成爲他當時最有勢力的哲學家，讀他的著作的人亦最多。這是什麼理由呢？洛克貢獻了一種心理學的方法，正如笛卡兒在文藝復興時代貢獻了一種算學的方法一般。洛克的時代是對於人有興趣的時代，笛卡兒是對於自然有興趣的時代。自狹義言之，洛克的方法可稱爲心理的發生法，(Psychogenetie) 此方法實支配了啟明時期的全部。

四種不同的運動都以他爲泉源。(一)他的知識論注重人心的自動，於是發生勃克萊與休謨的經驗的觀念論；(二)在他的人類知識論的第二第三兩卷講心理分析定人心爲被動的，於是發生法國的惟覺主義；(三)從他的宗教哲學發生自然神教；(四)從他的聯想派的論理學而有後來的英國的功利主義的論理學說。以上四派中自以勃克萊休謨為最著，其餘可稱為小洛克學派；因為他們於當時影響雖較大，然僅部分的解釋洛克的學說。今請先畧論英國的自然神教與論理學，次當詳論勃克萊與休謨。以後再畧論德法兩國的啓明運動。

英國的自然神教者　理性論最初思改造神學而又欲不與教義起衝突(以笛卡兒為最)然理性論竟漸有與默示的宗教分離之表示。有的理性論者，就說如果理性能了解神的性質，則默示不可信。中代人的神與異教的人或猶太人的耶和華不同。有許多宗教，而一宗教中又有許多宗派。然必有一共同的基礎，此卽眞的宗教。此為自然神教的信條。自然神教要將宗教與特別的默示分別開來，因為他們以此為宗教之不合理的元素。倍根與笛卡兒將自然科學從教會教義中解放出來；霍布士又將心理學從教會教義中解放出來；格洛狄斯將法律的概念從教會的教義中解放出來。自然神教更要將宗教從教會教義中解放出來。

自然神教的基礎有三；(一)宗教的起原與眞理是可以用科學考究的；(二)宗教之起原為良

心；(三)積極的宗教是墮落的自然神教。啓明時期的趨勢是自然神教的，而這種運動在法國，德國，英國都很有勢力。自然神教與當時的時代思想是相符的——即個人的自我滿足。

英國的第一個自然神教者是赫孛脫 (Herbert of Cherbury) (1581—1648) 有「宗教五大原則。」英國的自然神教者因洛克將道德律與自然律相合，即以此說爲其根據；但洛克個人並不是個自然神教者。自然神教的著作大部分與當時英國的道德哲學相合，但我們常說的英國的自然神教者不過是托蘭特，朱勃，丁特爾，高林司，摩根與孛林孛洛克。這些人都在啓明時期的上半，當時人恆非笑之。

英國的自然神教者至十八世紀前半之末而漸衰，因爲他方面的攻擊很利害。比較有能力的正宗教派，以其較大的才力本身即爲理性派的，足可以他們自己的根據來攻擊他們。反對自然神教的最有名的是柏脫勒主教的論宗教。而自然神教者的出版物又不如正宗教派的有勢力。然而即使正宗教派不以法律爲護符而反對自然神教者，自然神教者亦必以知識的勢力的反對而失敗。

英國的道德的哲學家　自然神教者的動機是將宗教從神學的權威中解放出來，而英國的道德學家的動機是爲道德在教會教義之外謀一基礎。許多英國的道德學家的信仰亦是與自然神教者相同的。最著者爲沙夫茲柏雷氏。

此派以霍布士爲起點以洛克的聯想的心理學而益重要。此派中人均思爲道德尋一究竟的基礎——有從經驗中求者，有從天賦觀念中求者。然而這些道德學家的似乎都是以霍布士及其自私的論理爲起點，因爲差不多一切論理的思想家心裏都有他的論理，或攻擊之或擁護之。許多年來論理的思想家或以霍布士爲惡物或以爲天才。總之他的思想的影響是很大的。

英國道德學家年表

	一五〇〇	一六〇〇	一七〇〇	一八〇〇
霍布士	八八	七九		
克特華茨		一七　八八		

洛克			三二		〇四					
岡伯蘭			三二		一八					
吳那斯登				五九	二四					
孟德維爾				七〇		三三				
沙夫茲伯雷				七一	一三					
克拉克				七五		二九				
勃克萊				八五			五三			
柏普(Pope)				八八		四四				
柏脫勒				九二			五二			
赫金生				九四		四七				
愛德華					〇三		五八			

哈德萊					○五		五七			
脫克爾					○五			七四		
李德					一○			九六		
休謨					一一			七六		
斯密					二三			九○		
普萊司					二三			九一		
巴雷						四三			○五	
邊沁						四○			三二	
斯帝華脫							五三		二八	
輝末爾 Whewell								九五		六六
彌耳									○六	七三

第八章　勃克萊與休謨

勃克萊的一生及其著作(1685—1753)　勃克萊是模範的愛爾蘭的精神的代表。他的偉大的思想力與惟心論的哲學，不禁使我們回憶到中代的一個愛爾蘭學者；這人便是愛利仁那。勃克萊富有批評的精神，然而他仍具有兒童一般的宗教信仰。他將虔誠的宗教信仰心與求知的渴望相聯合。他年紀極輕的時候就將他對於知識上的貢獻發表出來。勃克萊在二十四歲的時候便有著作出版，休謨是在廿八歲，笛卡兒在四十一歲，洛克在五十八歲。

勃克萊的一生可分爲三期，分別敘述於左。

一、初年的教育(1685—1707)　勃克萊幼年的事情我們不大知道，祇知道他生在愛爾蘭的吉肯尼 (Kilkenny) 地方。在吉肯尼的學校讀書，斯威夫脫 (Swift) 也是這裏的學生。聽說普利阿 (Thomas Prior) 是勃克萊的一位同學。勃克萊十五歲入達布林 (Dublin) 的三一學院，十九歲卒業。那時經院哲學在三一學院中仍很有勢力；但是好些新科學如植物學，化學，解剖學等亦已列入課程。勃克萊那時便見有許多人討論洛克的人類知識論，而牛頓，波以爾(Boyle)

蕪白朗希，笛卡兒，與來勃尼茲等大學者的著作亦有許多人研究。勃克萊早年便預備了一本劄記本記錄他的哲學思想，名爲他的雜錄(Common place Book)從這本劄記上我們可以看得出來於他最有影響的兩個哲學家是洛克和蕪白朗希。

二、爲著作家(1707—1721)　他在三一學院畢業之後，留達布林爲本校教師及特待校友者五年。一七〇九年被任爲美國教會執事。一七〇七年發表兩種關於算學的論文，一七〇九年發表他的"Theory of Vision"，一七一〇年發表他的人類知識原點(Principles of Human Knowledge)後述的兩種著作，便是他的哲學的全部。前者說『凡我們所看見的都是感覺』人類知識原理上說：『凡存在的皆我們的知識』。於是勃克萊赴倫敦，入安皇后(Queen Anne)之朝，與當時名士如斯帝爾(Steele)斯威夫脫愛迭生柏普輩遊。他待人表示出謙恭和藹和不自私的精神來，雖不能安居於朝，但凡與他見過面的都很仰慕他。他爲說明他的惟心論起見，用會話體著了一卷海拉司與菲羅奴的三篇談話(Three Dialogues between Hylas and Philonous)是假設的一個實在論者與惟心論者的談話。此後他兩遊大陸，居義大利較久，對義大利文學頗有研究。南海之事使他轉而注意經濟，一七二一年遂著有英國敗滅之預防策第一書發行。

三、爲牧師與傳教士(1721－1753) 勃克萊於一七二一年被任爲德來 (Derry) 的副總牧有一千一百磅的薪金。他雖然辦事很熱心，但他心目中已有一理想社會，此理想社會中，國家與宗教是合一的。但他頗嫌惡此破敗零落的歐洲社會，思另闢一乾淨土。於是籌措了大宗的款項，政府又許他兩萬磅的津貼，於是他就辭去了副總牧之職，航海赴美。他原來想到白麻達地方去，(Bermuda) 在那裏建設一個理想的國家，且爲引領印第安人信奉基督教的中心。但是英政府許他的津貼竟未付給他，到了羅特島 (Rhode Island) 的新港 (Newport) 就不能前進，便在那裏住了三年。他在新港的時候，著了一本書名爲精細的哲學者阿西弗朗 (Alciphron, the Minute Philosopher)。此書於一七三二在英國出版。據新港地方三一教會的記載，知道他有許多星期日在那裏談道說教。他送了好些書籍與哈佛耶魯兩大學。在新港的時候，約翰生 (Samuel Johnson) 曾去訪他。約翰生亦相信了勃克萊的惟心論，他的惟心論遂因以傳於約翰生的門弟子愛德華(Jonathan Edwards)。

自一七三四至一七五二年，勃克萊是克羅因地方(Cloyne)的主教。此時他特別對一般窮苦的人說教，有許多人患流行性傷風症的，他便用煤膠藥汁去救治他們——這個醫方是他從印第安人學來的。一七四四發表一本論煤膠藥汁的哲學的性質的論文名 Siris。一七五二年到牛津去住，一七五三年死。

影響於勃克萊之思想者。勃克萊的哲學自最初發表他的著作以後；便無甚發展。除 Siris 外(此書含柏拉圖的惟心論的元素頗多)後來的幾種著作，不過發揮原有的主張而已。因此我們便可以推論謂影響於勃克萊的哲學，祇是他少年時所受的影響。而且他的主張是很一致的。影響於他的哲學的祇有洛克和麻白朗希兩人，洛克的影響，似乎有一部分是反響：勃克萊承受了洛克的心理的分析，但對於洛克的「常識」的二元論，在學生時代便發生反響。麻白朗希以其所謂「偶起之因」的學說，使勃克萊的反響更有力。但勃克萊的果斷的天才影響於其哲學者更大。更有進者，勃克萊的單純的宗教信仰實在是斷定他的知識上的信仰的一個很重要的元素。

他這種的特別的惟心論亦非以一種有信仰的心意做根據不可。

勃克萊的目的　勃克萊的一生與其學說眞是對於宗教有貢獻的。他可以說是宗教的啓明運動者。他不像自然神教者一般，將宗教完全與教會教義分離，他要解放教會教義與理性的哲學使爲宗教之用。他的目的是一方面解放經院哲學，一方面解放理性論，使不爲抽象與曖昧的名詞所束縛，然後再造成一知識與信仰的聯合。

我們前面已經提到啓明時期的一個假設是個人的獨立。勃克萊的哲學所集中的個人是精神的個人，所以與這一時期是一致的。這樣的個人是超越他的環境的，因爲他不是附屬在物質世界的，是屬於一宗教的團體，可以與神相晤談的。英國的啓明運動自洛克入於勃克萊內部生活完全受了支配，精神的個人發現了。從洛克的有許多矛盾的動機的哲學，發現了勃克萊的一往直前的哲學。他的哲學是精神支配一切的宣言。與法國啓明運動的發展正相反——惟物主義與物質的原子的發展。圍繞的不可知的物質世界，洛克謂爲人類知識所不能確知者，到了勃克萊的手中便破碎了。

細心研究思想史的人，見這經驗哲學時期，忽然發現出勃克萊的一派哲學來，又適在洛克之後，常常覺着系統很亂。英國學派常稱爲經驗學派，然而勃克萊亦是個惟心論者。但我們須要知道經驗論與惟心論並不是相反的。經驗論所論者爲知識的泉源；意謂我們的一切知識都是從感官知覺發生出來的。這些感官知覺可以有兩種：(一)心理的事實，或(二)物質的事實。勃克萊，與洛克休謨一樣，是第一類的經驗論者；但是因爲勃克萊否認物質事實的獨立存在，所以他亦是一個惟心論者。他是個經驗論的惟心論者，(Empirical Idealist) 正如啟明時期的法國的哲學家是經驗論的惟物論者。批評家或者說勃克萊不是徹底的經驗論者，然而實在說起來，洛克又何嘗是。勃克萊開始即確定經驗的試驗以與經院哲學的理論與抽象抗，然他自始至終竟假定了經院哲學對於「心」的觀念。然而即此「個人的假設」遂使勃克萊成爲啟明運動的眞結果。

勃克萊與洛克休謨之關係。　英國學派從洛克到休謨的發展是很容易了解的，亦是很容易記憶的。大部分爲知識論而非玄學。洛克問道，我們能知道什麼？他自已回答他的問題道，我們能知道我們的『觀念』同時他一方面假定一精神本質之存在，一方面又假定一物質本質之存在。使觀念而爲知識之對象。則凡此皆非觀念也。勃克萊對於洛克之進步，與休謨對於勃克萊之進步實在不過是删除的工夫。勃克萊删去物質的本質，因爲物質的本質不是觀念。休謨更進一步問道，我們爲什麽不將精神的本質也删去呢？精神的本質亦不是觀念與知識的對象呵。我們應當將他與物質的本質一般，亦取消他。我們所知道的祇是我們的觀念。爲列簡表如左。

洛克　精神的本質——觀念——物質的本質。

勃克萊　精神的本質——觀念——

休謨　觀念。

休謨是將洛克推到論理的極處。勃克萊祇走到半路。祇有休謨是徹底的經驗論者。

勃克萊與洛克的相同之點。　勃克萊以洛克的心理分析爲起點，而爲其哲學之根據。洛克對於人心的內容的科學的分析，勃克萊並不曾批評他。他似乎不以論理的分析爲十分重要。他雖然承受了洛克的分析，然而他仍舊常用別的名詞。他在他的原理上第一句便承受了洛克的心理學的經驗論。『凡研究知識的對象的都確實知道，或者是實在印刻於各感官的觀念；或者以得有情欲與人心的運用而知覺的或者藉記憶與想像而成的觀念。——或分，或合，或僅表現依前面所述的方法而知覺的』所以我們的知識僅限於觀念。有感覺與反省的單純觀念，亦有以此聯合的觀念。

除此以外，勃克萊亦與洛克及其他啓明時期的哲學家一樣，假定個人精神的獨立。『但除此無限數的觀念或知識的對象以外，仍有知者或知覺者——即我所謂心意精神，靈魂，或自我。這不是指我的觀念中之任何觀念，是一絕對與他們不同的東西。他們在那裏存在，便在那裏受人知覺』

所以勃克萊（一）與洛克相同謂凡知識皆從感官知覺發生，（二）他對於洛克的假設之一同意。換言之，他贊同洛克的經驗心理學，又贊同精神的本質之存在。

勃克萊哲學的消極方面 上面已經將勃克萊與洛克休謨的關係，及其與洛克的相同之點畧畧的說過。現在我們却要細細的研究他的哲學了。

勃克萊必須要多用些工夫去發揮他的哲學的消極方面。正如洛克一樣，如果不完全否認天賦觀念，便不能建設他的經驗的心理學。所以勃克萊也是一樣，如果不用全力反對抽象觀念，便不能建設一種惟心論。

一、因此他就進而分析抽象觀念。他不但否認抽象觀念有相同的外界的實在，更否認抽象觀念本身在人心中存在。抽象觀念的欺人之點由應用寬泛的名詞而起。字句常常是普通的；觀念是特殊的。決無一與字句絕對相同的觀念。字句之用不在傳達觀念，而在引人動作且激起感情。無論什麼時候用一個字時，我們便想到特殊的感覺，觀念或者使之發生觀念，或感覺的許多感官對象。譬如黃顏色這個「黃」字，我們要用他時便不能不想到某種黃色的東西。所以勃克萊是一個極端的惟名論者。

二、其次勃克萊便取消原本的與次等的性質的關係，要表明如抽象觀念之物質，亦無存在。這種分別自希臘的德謨克利泰以來便有，洛克亦承受了這種分別。我們前面已經說過了：譬如一杯糖，白，粗，甜等等感官性質都是次等的，因爲他們的存在須靠著我們的感覺；我們的機體便是這樣的受影響，然而並不是事物的眞模本，算學的性質，形式，大小，密度，不可入性等等都是原本的，因爲他們的存在不靠我們的感官，這却是事物的眞模本。霍布士已經說過這樣的分別是錯誤的，勃克萊更進一步以爲一切性質都是次等的。物體的大小與其不可入性也和甜味顏色一樣的靠着感官知覺。……

勃克萊以爲物質的概念不過是許多哲學家要在知覺之外有所尋求，不過是一種哲學上的煩瑣問題而已。街上的人所要求的是要解釋他所見的東西，並不願求取神祕的抽象的。這些抽象的話哲學家可以第一句話說我們知道，立刻又說我們不能知道的。

所以勃克萊與洛克同意，假定精神本質的存在；但又有一點與洛克不同他否認物質的本質的存在。所以勃克萊對於啓明時期的兩個普通的假設，已承受了一種而否認其他一種。勃克萊實在有一種目的，他竭力要將宗教從僞哲學中解放出來。他以爲宗教的仇敵——無神論與惟物論——是用抽象觀念以反對宗教。故勃克萊竭力攻擊抽象觀念，尤其攻擊物質的抽象觀念。抽象觀念不存在；物質觀念爲一抽象觀念，故亦不存在。勃克萊爲達到他的宗教方面的目的起見，所以不得不自始卽反對物質本質之存在。

勃克萊哲學的積極方面　勃克萊在積極方面建設他的哲學的時候，就將「常識」的二元論取來縮小，而認定這已經縮小的爲比較好的。他將這種二元論變爲一宗教的假設，然而仍舊是一種二元論，——心意與其觀念的二元論。於是勃克萊進而申述其學說，對於知識論的貢獻。勃克萊要將科學人生化了。他從舊的二元論的假設中解放精神，但其用處乃不在玄學的問題而在知識論的問題。

（一）勃克萊的學說可以用他自己說的一句話來表明，——『存在卽知覺』(Esse est percipi)，或者再用這常常徵引的幾句話。『有些眞理祇要睜開眼睛就可以看得見的。譬如天空的歌詩與地上的種種傢俱，總之凡構成此世界的，無一心則均不能有其存在——他們的存在卽是知覺或被知』。或者再用近代學者 Hibben 說的話；他說道：『一切事物皆爲心所辨別；一切事物亦爲心所構成。勃克萊之意，以爲一切事物的存在與其性質均在意識範圍之內，意識之外無事物存在。爲感官知覺則有實體；記憶則失其親切與淸楚之點；但非知覺而又非記憶者則絕非事物。這些事物常爲感官知覺所染受之者爲意識構成之者亦爲意識。凡存在的祇是心意與其觀念。

二、勃克萊並不去證明心意或靈魂的存在，亦不說我們知覺（動詞）靈魂。但是在啓明時期的精神中他並且不問他的實在如何。他假定其存在，與這時代的別的哲學家一樣，他直接陳訴於意識之前。『我知道我自覺我自己的存在。』像洛克與笛卡兒一般他確定他直覺自我。在他的人類知識原理上他提到『我們自己的心意或精神的概念』。觀念旣是其他觀念的模本，靈魂便無觀念；但此概念卽似知道他的精神。』所以我們於知道我們的觀念的時候便直接知道我們自己；我們直接知道有高出於觀念的東西，一種活動，其實體不在於被知而在於知。他初在大學校的時候，在他的雜錄上便說祇有自覺的人存在。其餘一切均爲人的存在的記號，而並非存在。「我」的意義，我是確實知道的。」

三、精神本質足可以解釋一切觀念。要解釋我們心中的印象是不難的，因爲我們的心支配他們。但是不歸我們支配的知覺，又將何以解釋呢？如果我們移去「物質的假設」他們有什麼本質去維持他們呢？若我假定我存在而足以支配我想像的觀念，亦有別人存在支配他們的想像的觀念，那麼，我就要向勃克萊，對於在我與他人的支配以外的知覺世界怎樣去解釋呢？

所以現在必須要將勃克萊的心理學的地位，畧爲敍述，以便答復這重要的問題．他的主張是：(一)萬有皆不過是知覺，(二)一切觀念，知覺與印象，都是被動的，必有自動者爲之因。(三)靈魂是自動的，爲觀念之因。現在的問題是我們的知覺的原因是什麼靈魂？知覺是觀念，是被動的，但是誰的觀念呢？物質的本質，是否認了，知覺的原因是什麼呢？

知覺不是由我發生的；他們亦不能自生自發，因爲他們是被動的不是自動的；亦不能從物質的本質發生，因爲物質本質原來不存在。他們的起原必須在無限的精神中去尋求，或者說是神。如果我們考察這搆成我們所謂自然事物的觀念，便可知道這些關於他們的重要的性質。我們已經說過，他們有力量，有生氣，明白而有秩序與想像不同。是神以他的有秩序的法子向我們說話。自然事物是神的言語。表現一無限的，智慧的，全能的慈愛的存在(卽神)。四季變遷的規律，天體與衆星的常住，爲人預備的地球——一切自然律皆爲一有秩序的「存在」的表示。

現在我們可以見到勃克萊與洛克的不同點的重要了。勃克萊以為一切觀念都是被動的。既然一切觀念都是被動的，必有一物為之因。自動的原因祗有精神。我是我自己的想像的原因或知者。我看見他人的動作知道他人或其他精神必是他的原因。自然於其不變的有目的的調和中言語，故我知必有一絕對的精神為其因。

勃克萊的哲學，初學的人或者不容明白，以為太曖昧了。將天空，樹木，都縮為觀念的學說，實在引起了許多笑話。約翰生博士聽見了勃克萊的話，便立刻頓足反對他。佩朗（Byron）說道：「照勃克萊的話，如果沒有物質，他所說的話也沒有什麼意義」又有人問我們能否吃觀念飲觀念穿觀念。然而勃克萊並未否認物質的東西的存在，此點萬不宜輕輕放過。他所否認的是一種不知的本質（物質）在外界事物背後的本質的存在。『我的寫字桌是存在的，我看見了亦覺着了；我出了書房，我亦說他存在，意謂如果我在書房裏或別人在書房裏仍可看見。』

還有一個更深一步的問題。如存在即知覺，則沒有人看見過的森林中的一顆樹有存在否？忘記的過去的事情有什麼存在呢？勃克萊對此亦嘗加以討論而有所答復。他所謂存在即知覺，所謂知覺，不僅是我自己的知覺。勃克萊不是哲學上所謂獨在論者（Solipsist）。一件東西可以在其他的心意中有其存在。人所不知覺的，如果有，必爲神所見（知覺）。近代的科學家假定全宇宙中物質的存在。勃克萊假定一知覺的神的存在。一以惟物主義釋宇宙，一以宗教釋宇宙。

休謨的一生與其著作（1711－1776）　休謨一生的外表有與勃克萊相似處。所授的訓練雖大不同而在時間上都在二十五歲左右發表他們的最重要的哲學著作。都從哲學轉入別的事業——勃克萊三十六歲轉入宗教事業，休謨以四十一歲轉入政治。然相似之處，僅此而已。

勃克萊的熱烈的性情與休謨頗不同。休謨始終不富於想像。不愛自然亦不崇拜藝術。休謨性情和善，然而並無益處。他最注意的是他自己的名譽。若不是能增加他的才能的，他便覺得無價值。他的論文的失敗是他的終身的打擊。自此以後，著作恆求衆人之喜悅，以求其個人之成功。

洛克是英國人，勃克萊是愛爾蘭人，休謨是蘇格蘭人，都從社會的中等階級來，都受過大學的教育，都曾經服務公役，都列入哲學上的同一派經驗學派。然而爲人頗不相同，雖非正式代表，亦足可表示其國民性之不同。

（一）學生時代(1711－1734)　休謨以一七一一生於愛丁堡。一七二三至一七二六年他是愛丁堡的學生，次年又學律。一七三四年在不列斯德(Bristol)地方做事，這時代的一切的事都是不如意的。

二、哲學家的時代(1734－1752)　自一七三四至一七三七休謨退居法國，在拉弗列希地方的時候尤多。他的人性論(Treatise on Human Nature)便是在那裏做的。他一七三七年回到愛丁堡，發表他的人性論(1739－1740)沒人讀他，是完全的失敗了。休謨知識論的全部實在是在原來的人性論中而不在後來的考究中。但他後來在一七四八年，改正原書第一卷，定名爲人類知識考究(Enquiry Concerning Human Understanding)一七五一，修正原書定五卷定名爲道德原理考究(Enquiry Concerning Principles of Morals)『我一切的著作中，以此爲最佳。』一七五七發表原書第二卷(Essay on the Passions in Four Dissertations)一七四〇年與亞當斯密相稔。一七四一至一七四二年出版他的政治的道德的論文集(Essays, Moral and Political)一七四五年困於資乃爲人私家教授。一七四六至一七四八爲英國赴維也納軍事大使的祕書。一七五一年，重復修改原書第三卷，同時著自然宗教談話，此書一七七九年始出版。他的自傳亦死後始出版。

三、政治家時代(1752—1776) 一七五二年休謨出版他所著的政治論說集(Political Discousses)，出版後，風行一時。一七五四至一七五一爲愛丁堡圖書館員，著英國歷史，出版後聲名大震，家貧亦漸裕。一七五七又重新修改原書第二卷。一七六三至一七六五爲英國駐巴黎大使館祕書，頗受法社會的歡迎。這時他與盧騷會見。以後盧騷又到英國去找休謨。他說盧騷根本上錯了。一七六六休謨被任爲協理國政大臣；一七六九返愛丁堡，一七七六死。

休謨所受之影響。 休謨的著作並不表示其博學，因此對於他的來源不容易確實知道。他雖然在拉弗利希地方著人性論，然並無一語及笛卡兒。休謨至少受了「希臘的羅馬」期的希臘哲學家與洛克的影響。他出愛丁堡大學後，他在九井地方的圖書館中(Ninewells)頗研究羅馬斯多亞派的著作，頗受西西洛，西利加，與普羅太希的影響。休謨讀書甚多，然對舊時頗不滿意，故輒棄置之，他信眞的哲學還不曾著作出來。因爲這種對舊時的思想的反動，他就受了洛克與勃克萊這一路的反響。他讚美勃克萊對於洛克的進步，他當然亦向着這個方向更進一步。他對於霍布士的著作與英國的道德學說的歷史亦頗有研究。

一七四〇他始與亞當斯密相熟，而休謨的政治論說集實在斯密氏的原富以前。此時(1752)他和別的英國人一般都轉而討論政治。斯密與休謨有許多點相似，尤以倫理學說方面爲最。

獨斷論，現象論，與懷疑論。休謨常常自認爲懷疑派，但依哲學上說來他祇對於文藝復興時代的獨斷的理性論懷疑不能算是懷疑派。休謨以啓明時期的精神謂人心祇與觀念起交涉而不及實體。所以人類知識是有其限制的。他比洛克或其他的啓明時期的哲學都澈底，他要表現人類知識的限制與其範圍。

但是純粹的懷疑論否認一切眞理之存在；純粹的獨斷論是以許多不容置辯的原則爲根據，以演繹法解釋一切問題。要找一種絕對的眞的獨斷論與懷疑論很難，因爲差不多的哲學上的理論都是獨斷論與懷疑論混合物。常有稱皋羅(Pyrrho)爲純粹的懷疑論的，然而皋羅和別的希臘人一般，對於外界物質的存在，一刻也不懷疑，斯賓羅涉可以說是[illegible]論的思想家了，但他的倫理學亦有許多不在他的原來的假設中的別的原則。一個徹底的懷疑論者必爲一近代人——非希臘人——他否認我們可以知道眞理並否認事物之存在。然而休謨却不是這樣。他（一）確定算學的推理是確實的，（二）確定「實在事物」(Matters of Fact)是確實的，（三）亦確定自然科學的，或然性(Probability)。休謨確可以稱爲一現象論者，(Phenomenalist)一實證論者，(Positivist)與一不可知論者(Agnostic)。只要他承認有許多事情是理性所不能知的，他便是個不可知論者。他又確定我們能知觀念祇能知觀念，他便是一個實證主義者。他又確認祇有觀念存在，所以他就是現象論者。外界的事物是感覺的原因麼？經驗是啞的。外界事物何以有？經驗是啞的。靈魂是我們思想的本質麼？經驗是啞的。然而算學有眞理，經驗是在問題以外，自然的工作是或然的。

休謨是這批評的時期中最富於批評精神的。研究極澈底；提出種種問題。他不但告訴人說根本的理論的許多問題還不曾解決，並且告訴人許多實際生活的未經試驗的假設。這是批評，是實證論，是現象論或不可知論，而不是懷疑論。他說他的主張頗似「中學園」，以與皐羅相比。他說過度的懷疑論足以擾亂人的工作與普通的業務。理知的結論與我們的自然的本能決不相合。每次有懷疑論發現，自然便破壞了他。

休謨的實證主義者對於生活的實際的態度，最好用他自己的話表明出來。（人性論，卷一，結論）『我們現在可否設一界說，就是沒有精細的推理是可以容受的？如果我們採取這種原則，就發見無數的矇昧不明之點。如果我們贊同這些推理而拒絕之，就根本將人類知識破壞了。所以我們沒有別的選擇，祇是一僞的推理，或者一無所有，很可慶幸的，就是理知雖不能撥開雲霧，自然却足可以，足可以救我出此哲學的迷途。我吃飯，遊戲，談話，與朋友們一同快樂——不如我必爲一愚人，——凡推理或信仰什麼的人確是愚人我的愚蠢還至少是自然的。一生種種的情事中，我們仍須保守我們的懷疑論。如理知活潑而與某種自然的傾向合，卽趨赴之。』

觀念之起原。　洛克否認天賦觀念後始進而建設其知識論。勃克萊更進一步而否認一切抽象觀念之存在。休謨則更進一步謂除印象（Impression）所發生之觀念外無其他觀念之存在。洛克的攻擊天賦觀念是攻擊未經徵驗的遺傳；勃克萊的否認抽象觀念是反對惟物論；休謨則對理性論下總攻擊。因此休謨的心理學就很單簡了。不過是將那與澈底的經驗論不相容的元素除去而已——這些元素是洛克與勃克萊所有的。休謨的經驗的心理學不過如此：每一觀念是一印象的影像或謄本。

印象是什麽？印象有兩種：（一）感覺或外部的印象；（二）感情或情緒與內部的印象。印象決不錯誤。因爲印象永久有其活動的眞切的性質。什麽是觀念？觀念是印象的謄本。觀念決不致與印象相混，因爲觀念比印象細弱。譬如黃色的感覺比黃色的思想較爲有力。怒的感情比怒的思想眞切的多。印象是單純的，原始的。但我們能溯求其起原否？是不能。我們接受印象，印象的回聲爲觀念；觀念可與其他觀念相結合。試觀下表。

知覺（心理情態）	印象（原始的）	感覺或外部的印象
		感情或內部的印象
	觀念（引出來的）	記憶或爲一印象的產物或許多印象結合的產物。
		想像或印象的結合分離，與改變依據想像的則律的。

但上面的分列法依休謨看來是不大合符的。印象是在觀念之先，而在印象中，情緒或內部的印象是『在感覺之後從感覺發生的。』休謨是一個維覺主義的哲學家，因爲最原始的印象是感覺。

觀念的聯合。　除自內部或外部的印象所發生者外，無可入人心者，心中的觀念是一個印象或多數印象的謄本。但何以仍有「錯誤」呢？「錯誤」是在他們操縱印象的知識與想像中發生從人心的結合，分離，變換其印象與其記憶的功能發生。一觀念變換位置的結果常涉及與其原來的印象不同的別的印象。

休謨所謂「心」的功能與能力是什麼意義呢？他的意思並非謂「心」有其作用而爲實體。因爲凡存在的祇有印象與觀念。休謨所謂「心」的功能與作用是觀念結合的不同的方式。休謨對於記憶想像，判斷，概念等等均無分別，僅(一)觀念的不同的團結(二)以不同的感情爲伴者。心理生活的全部與心理生活的功能，沒有別的不過是觀念的聯合。(Association of ideas)單個的觀念是單個的印象的謄本。從這些觀念又發生許多觀念的團結，我們稱之爲「思想之練。」但是觀念爲什麼自己團結起來呢？答案祇可說是觀念性質如是。休謨常稱這種聯合的關係爲『曉得觀念的態度』又常說觀念有一種『溫柔的力量』或『定力』使與其他觀念發生關係。休謨有印象與其關係卽可以充分解釋知識的歷程的全部。休謨的學說中以此聯合的關係爲最重要。亦有人批評說這是任意闖入的從後門引他們進來而在他的心理學的目錄上並不會提到。

然休謨並不以觀念之聯合爲奇。他們是在機械律下有一定的規律離合增減他們的關係不是自由發生的。印象怎樣遇見便怎樣遇見。觀念怎樣結合便怎樣結合。觀念的關係是偶然的外表的。觀念祇有一種性質不必倚賴與其他的觀念的偶然的關係。這便是「無矛盾」(Non-Contradiction)的性質。此爲一印象必須有的性質。印象不能有與其自身性質相反的性質。凡一印象，其一致的性質是必要的，內在的。

休謨說觀念聯合有三種根本方法。可稱爲觀念聯合之三律。(一)類似律，(The Law of Resemblance)類似律是因此事而引起其他相同或相反的事情。算學卽以類似律爲基礎，其相反處，與觀念的量的關係。(二)時間空間中的接近律，(The Law of Contiguity)敍述的與實驗的科學皆以此爲基礎。(三)因果律，(The Law of Causation) 因果律是宗教與自然世界的玄學的基礎。現在休謨的問題不是要講觀念如何聯合，他的問題是，如何解釋這三條律都是從印象中發生出來的。因爲他的知識論是說一切知識都是從印象來的；若是他不能解釋這三條律都是從印象中發生的，他的知識論便走了絕路了。理性派皆以算學的命題與因果律爲自有的，原來在事物的性質中的，便是休謨以前的洛克與勃克萊，也以爲如此。如果休謨眞要建設他的完全的惟覺主義的經驗論的學說時，這便是他的試驗了。

這些聯合(不是一個一個的印象)是八類的興趣研究與考查的對象。休謨又將「聯合」分爲「觀念的關係」(Relations of ideas) 與「實在事物」兩類。接近的聯合與因果的聯合是實在事物，而類似的聯合是觀念的關係。休謨又以接近的聯合爲外部的印象。類似的聯合是內部的印象。因果的聯合是從若干內部的印象引出來的。試更列表以明之。

- 知識之對象
  - 實在事物
    - 接近聯合……外部的印象……敍述的科學
    - 因果聯合……內部的印象……玄學
  - 觀念的關係——類似聯合……內部的印象……算學

接近的聯合。 這是三類聯合中最單簡的。是關於印象來到我們這裏的空間上的與時間上的次序。兩個印象同時來或相繼來，想起一樣，其他的亦連帶想起。我們看見一人，聽見他的名字；以後我們想起他的面容時，或者便也記起他的名字來。休謨以爲這種繼續或並存的聯合是與印象本身同有的。這是外部印象的次序。這是關於「實在事物」的我們所有的僅有的確實性。我們知道我們遇見印象的次序，但如果以此相辯，謂如我們的印象以同一的次序復現，則我們必在誤謬中。任何次序都是可以復現。太陽今天從東邊出來，未必定明天也從東邊出來。不過是或然的事。「實在事物」沒有確實的科學。

類似的聯合。 類似的聯合是印象有的最清楚最分明的聯合。我們有一印象，我們直覺卽可知其與其他印象之異同，及其相似與不相似的等差。某甲的面容引我想起某乙的面容，或者與野人相較。這種聯合祇涉及內部印象。接近的聯合卻涉及外部的印象。這是與「觀念的關係」有關的，而接近的聯合卻是與「實在事物」有關的。

一、算學。 但是接近的聯合與類似的聯合還有一不同之點，類似律爲一種證明的科學的基礎。這就是算學算學所討論的是我們的觀念的內容間的可能的關係，——我們的內部的印象間可能的一切關係。這些關係是我們直覺知道的，我們從這些關係中間得到一種充分確實的科學。我們比較觀念內容之大小而分析其次序。這就是算學，是確實可靠的。因爲算學祇講觀念間的關係；與「實在事物」無關，可爲一證明的科學。一切算學知識祇限制在研究或證明觀念，故與外界無涉。

二、休謨對於本質的概念——休謨之攻擊神學　但是類似的聯合常流爲錯覺的來由。超越其內部的印象中的正當關係；觀念間的類似常被人稱爲玄學的（形而上的）同一或本質。已從觀念間的關係移轉爲一「實在事物」間的關係。本質決不是印象的聯合，如接近的聯合或類似的印象。本質是印象以後一種不可知並不能描述的東西的概念。有物質的本質的概念或物質，有精神的本質或靈魂。這樣迷妄的概念是怎樣發生的呢？如休謨不承認其爲眞知識，則必須解釋其心理的起原。本質的迷幻的觀念是由某種印象常相接合的類似而發生的。許多印象——甜，粗，白等等——常常這樣的相遇，想像中就發生糖的本質的概念。此非從第一次經驗發生，是在印象聯合見過許多次以後。因觀念之常常聯合而發生一種「情感」以爲他們一定並存。因此我們纔有物質本質的觀念發生。

休謨的批評物質的本質確與勃克萊走的是一條路。但勃克萊祇走了一半路。勃克萊研究的結果謂物體僅爲感覺的接續。故否認物質本質之存在。他却不知道可以同樣的攻擊精神的本質。勃克萊否認櫻桃有本質的論證，亦可以用來攻擊自我或靈魂。我有我的自我的印象麼？我能看見麼？我能摩觸麼？即此簡單的試驗便表示我們對於所謂「自我」完無所知。便不能確認其有無。但是如果靈魂的概念非爲知識之對象。則心理學上將何以解釋之？怎樣在心中發生的？靈魂的觀念是由於在我心中同一的思想之流常常的復現。所以便有這種觀念。以爲必有一玄學的(形而上的)同一或靈魂存在。

因果的聯合——休謨之攻擊科學。 休謨所批評的許多的遺傳的概念中，他所最注意的是因果的概念。自亞利士多德以來，以休謨的研究爲最詳細。他看見所有的哲學的，神學的與科學的知識都以此因果之概念爲基礎。中代的經院哲學者，文藝復興時代的理性派，以及與休謨同時的科學家都毫無問題的承認這種因果的概念、但是舊說如果存在，則休謨的一切批評，將歸爲有，因爲『用這種關係我們便能涉及我們的記憶與感官以外的事。』若是這樣則休謨所謂一切知識皆基於印象與觀念之說，將復何以自存？他這種心理學的解釋便要墜落下去。如果他的心理學失敗，則他對於物質本質或精神本質的批評，亦必失敗。經院哲學者的許多證明神的存在的論證，都以這種因果的概念爲之基礎的。雖然在感官印象之外，亦可證明其存在。想像可以無限制的擴張；因爲神非但是原因，更爲原始之因或無因之因。笛卡兒與來勃尼茲皆承認之，便是洛克與勃克萊。雖然洛克勃克萊二氏欲以感官知覺與觀念限制知識，然亦承認之。況且這種因果的概念亦是相信人的精神的與身體的活動之後有一活動的靈魂之信仰之基礎；以此爲起點，亦可以從感覺證明有物質的本體。這些都是沒有對證，沒有限制的知識，因爲已『出乎記憶與感官之外。』非僅神學也，便是科學本身也『出乎記憶與感官之外。』休謨竟取懷疑科學的知識中的因果律。許多事情中間是否有什麼必然的關係，我們可以確實說如果有這件事便一定有那一件事麼？宇宙中或歷史上是否有一種確定不可移的因果律，每一件事情都是以前的事情的必然的結果，以後的事情的必然的原因麽？所以這因果的問答，是休謨所不能不加以解釋的。如果他能打倒因果的概念，科學的理論就必定要與神學一同失敗。

休謨研究時間與空間的概念（接近的聯合）謂繼續爲印象之一性質爲印象所有。但不過如此——是時間秩序的關係，不是必然的關係。外部的印象可如此如此的相遇，然不必定如此相遇，或者決不再相遇。時間的秩序決非因果的關係。原因的觀念是能力之移動，但我們沒有能力的印象。印象是繼續來的，不是結果或能力，只有印象的繼續是「實在事物」；結果不是『實在事物』他們不過是『觀念間的關係』，無客觀的實在。休謨看來，所謂原因之說是很不實在，也是很容易看得出的。

然而如果否認我們有原因的概念是很無道理的。我們確有此概念，然其心理上的起原將何以解釋之？這種觀念是怎樣發生的？其來由非（一）爲一先天的概念，卽許多觀念的一種分析，（二）亦非一外部的印象，卽一感覺，（三）亦非記憶，以記憶爲印象之影象也。原因的觀念乃是從一內部的印象中發生的。——與想像有關的眞切而堅強的情感。但何以情感如此堅強足以使我們相信這與之有關連的觀念便是實體呢？此情感非僅從一二印象之連接而生，是兩個觀念常常的復現，因而發生的。人對於原因的信仰是從印象的不絕的連接中發生出來的一種情感。因此火能焚燒，毒藥毒死人，等等觀念所以非常眞切。這種接連發現了許多次，想像中便以爲有其一必有其二。有第一個觀念，我們便要求有第二個觀念。其實所謂必然是人心中有的，不是在客觀的事物中的。

人類知識之範圍與限制。　自經休謨這一番破壞的批評之後，知識上還有什麼餘物呢？批評休謨的人說，如果休謨是澈底的，一定毫無知識了。於此純粹的實證論之下，一切知識都是印象與其摹本所構成，知識是一種不可能。但是他又引進了一件新事，即『關係』，有關係即可以有知識。因有可以有綜合與分別了。

休謨的主張，結果是如此。科學有兩種，形式的與經驗的。形式的基於觀念間的關係，有論理與算學。這種知識是實在的。經驗科學基於實在事物的知識。這種知識是或然的，至多不過是多分如此而已。自然科學中無實在與證明。結果引起信仰而非確信。此外別無知識。玄學與神學都是玄想的。印象與觀念之外別無可以實證確說的。思想欲超出其自己的領域以外，這是我們玄學上一切困難的原因。不應爲而爲，結果則爲抽象觀念。理知與類似的關係使我們有精神的與物質的本質的觀念；想像與因果的關係，使我們有宇宙的根本原理的觀念。

休謨的宗教哲學與倫理學。休謨在啟明時期的哲學家中是個例外，他是澈底的經驗論者。他說明他將他的哲學應用於宗教與倫理的歷史的意義。啟明時期的哲學家大致是不問過去的；但休謨却與其同輩不同。

休謨是破壞自然神教的，他以歷史的事實反對自然神教。自然神教有三條原理：（一）宗教是科學研究的對象，（二）宗教起原於理性，（三）自然宗教是最古的。休謨容納（一）而否認（二）（三）。他以歷史表明宗教不以理性爲起原，而已感情爲起原，最古的不是自然宗教是偶像崇拜。他的倫理學亦與他人不同，是以情感爲基礎的。倫理的動機是快樂與苦痛，非理性之一觀念。

宗教與道德都要以經驗去研究如科學一般，所得的結果祇是或然的而非直覺的。我們的道德的行爲亦受制於自然現象的世界中的相同的因果律。意志受制於感情，理知是情欲的奴役。

我們的道德的判斷是以同情的情感爲根據的（亞當斯密）實際上或者世界中有一意志，故有一神。但這是不能成的。根據於同一的或然的原則，世界可如機械一般的或偶然的長成。宗教自然是很有理的，但其所持之理是不能證明的。

蘇格蘭學派。　這一派是在英國的對於啓明時期的感覺論的反動。這一派是在英國回答休謨的，康德是德國的回答。但蘇格蘭學却沒有康德那麼重要。

此派始於李德（Thomas Reid）李德承認勃克萊與休謨自洛克的假設所得的思想的對象不是事物是觀念之說。所以李德謂洛克的地位必須棄去。而經驗論依然可以存在，然必須應用於心的現象上。意識的材料是什麼？如洛克所云則非單個的觀念而爲複雜的觀念或斷定。分析這些複雜的情態以後便可以發見其元素。人心不是一張空白紙先有單簡的字跡，然後再有斷定再增加信仰。我們的知識無寧謂以斷定爲起點，包括幾許原來的眞理或『自然的斷定』。人皆具有『常識』的能力，這『常識』的能力便將這些眞理表顯出來，使盡人皆知。此中包括有「自我意識」被知覺的事物的實在，與因果之原則，蘇格蘭學派力說自省工夫之重要。他們的分子以經驗的心理學的觀點去攻擊感覺論。哲學在他們手裏成為心理學——內省的科學之心理學。故雖反對啓明時期所產生的感覺論，仍與啓明時期的學派相符合。這一派的分子中最主要的有李德，斯帝華脫，白郎與威廉漢密登。(Sir William Hamilton)

第九章　法國與德國的啓明運動

啟明時期的法國　法國的啓明運動，可列表表明如下。

本土的：
- (甲)懷疑論的基礎始於孟田，同時為
  - (一)神秘主義
  - (二)正宗的奧古斯丁主義

  之基礎
- (乙)科學的能力初表現於笛卡兒主義，後表現於牛頓學說的發展中，因為「法國的牛頓主義便是在笛卡兒的旗下得勝的。」

輸入的——英國的哲學與政治學說——自然神教者與休謨尤以洛克為最。但法國人對於這些輸入的哲學，表現時別具色彩。

法國啟明時期的歷史，非常之複雜。思想亦異常混雜，頗不易爲溯本求源之研究。研究這時期的歷史的，必須要研究兩個君主；一是路易十四（1643—1715）一是路易十五（1715—1774）一共佔了有一百三十一年的時限。路易十五之世爲啟明時期實地發展之時，而路易十四之世，祇有其導因耳。路易十四在位七十二年之久，政尙專制。文學上亦無大發展，其不歸於教會之科學亦被制壓。是莫利哀（Molière）哥內亞（Corneille）拉新（Racine）拉方登（La Fontaine）與弗利隆（Fénelon）的時代，在藝術上頗見進步，而政治的與哲學的創作是不敢出諸口的。牛頓的物理學直到一七三二年纔有人承認，這時他的著作已在英國發表了四十五年了。路易十四死後，法國便紛擾得很。

方路易十四秉政的時候，社會上各種勢力，互相爭競。個人要在壓制了他許多年的機關之下，爭得他個人的權利。法國的啟明運動的發展，與爭政治的自由的運動是適相符合的。歷史上（或者除希臘的卑利格的時代以外）政治史與哲學思想的關係，沒有再比這時代密切的。路易十五秉政五十九年，這時有許多驚心動目的事情，是哲學家與歷史家都有興趣的。此時政治的與教會的專斷主義，都不能維持了。因爲教會的政治不能再維持其獨立與道德之要求；而國家政府以財源竭盡的緣故。政治的勢力亦消磨殆盡了。所以法國十八世紀的歷史，每一件事有二方面，——一則趨向革命，一則爲啓明時期個人的一步發展。這種情形與英國相比較是很有趣味的。在英國的政治的與教會的機關均富於伸縮力，安安穩穩的吸收了啓明時期的運動。舊制度的束縛既不嚴，故個人主義之發展亦較有秩序。而法國的情形，却與此相反。(一)法國的教會與政治組織在路易十四之下均成爲固定的團體。發展至於極點。專斷主義與特殊利益的根基，牢不可拔，毫無自由改良之餘地。路易十五的時代的問題是很簡單的。還是打倒新的個人主義呢，還是打倒舊的制度與機關呢？雙方決絕毫無調和之餘地。至終舊機關(保存了他們的用處)打倒了。(二)其次法國的政府與教會許多年來久以壓制與暴虐著。而英國人於近百年來逐漸得了許多應有的改良。結果十八世紀的英國政府竟與個人主義的自由相合了。英國的政治的與宗教的理論在後，不在政治的改革之前。法國又適與此相反。法國人心目中，以爲教會所代表的祇是迷信。而政府所代表的祇是專制與暴虐。教會與政府愈相結，祇要個人主義得一地位則反動愈速愈烈。這是自然的。

結果是英國的啓明運動常常是批評的消極的，法國的就成爲固執的積極的專斷主義了。法國的批評的背後，發展一哲學的信條。這時法國的哲學家的透視雖不準確，而對於進步與人道是有很熱心的信仰的。

法國之英國的影響。 路易十四及他以前的時候，巴黎爲歐洲知識中心。直到一六九〇無與爲敵者。法語與拉丁語並用。路易十四之初，那時巴黎的科學家，執全歐之牛耳。我們還記得霍布士在巴黎始得讀優克利特。洛克居此者亦四年。來勃尼茲則在此得其算學的學問十七世紀巴黎是學問的勢力中心，此可直接或間接於十七世紀的哲學家的著作中見之。

差不多在洛克發展他的人類知識論的時候，知識的重心開始從巴黎移到倫敦。皇家學會於一六六年設立於牛津，便是英國科學勢力有組織之始。牛頓的物理學起而代笛卡兒的物理學，而洛克的心理學的學說亦起而代理性論者的獨斷論。牛頓的物理學與英國的經驗論是十八世紀的科學界的記號。法國承認他們雖在後，然而據說啟明時期之末，法國的學問界中人沒有不能讀英文的了。自路易十四之死至大革命法國有許多有名人物到英國去。詩人，算學家，歷史家，科學家，言語學家，與哲學家都承認英文和英國人有研究的必要。

法國人在十八世紀的時候，忽然轉向英國，不僅是科學的動機，政治的動機，或者亦很堅強。那時的英國政府是政治的自由的榜樣。故法國的思想家乃轉而向自由之英國以求精神上的幫助。法國人初到英國的，對於英國的富饒，非常的驚異。對於英國的言論與議會的自由，對於以代表的團體支配管理歲入的事亦非常之驚異。這樣，英國就成爲歐洲的一切的思想的學校，藉其文學之力，將政治的自由之說先輸入法國，再輸入全歐。

法國啓明時期之兩期　法國啟明時期分兩期：第一期達於十八世紀的中葉，此時以爲個人的啓明運動須先訓練知識；第二期，則其救度漸成爲社會的與實際的。第一期爲伏爾泰爲代表，繼之者爲孟德斯鳩與百科全書派；第二期爲盧騷，結果爲法國之大革命。

兩期的手段雖不同而動機則一。皆欲於舊制度的反動中提高個人。但是第一期是知識上的啓明運動，而第二期是感情的與社會的。先者爲貴族的，後者爲平民的。然其運動之全部則爲個人主義漸由上而及下之運動。第一期的理論至第二期乃不得不謀所以實施。第一期的時候，防護舊君主政府的人不得用他的反對黨的根據來對付。第二期的時候，這班人又不得不改變戰地，實際上略事改良。起初是攻擊教會的，後來是攻擊社會的。

知識上的啓明運動。(1729-1762) 伏爾泰，孟德斯鳩，與百科全書派。法國啓明時期的最初的代表是伏爾泰和孟德斯鳩。伏爾泰以一七二六年赴英，孟德斯鳩以一七二八年赴英，均於一七二九年返法。伏爾泰於一七三四年發表他的英國研究 (Letters on the English) 又於一七三八年發表他的牛頓哲學要義。孟德斯鳩則於一七二一年發表一極銳利的反對法國政治組織之文，一七三四年爲文討論羅馬之衰落，至一七四八年發表他的有名的著作法意，十八閱月再版二十二次。伏爾泰以自然神教的方式介紹並解釋洛克的宗教思想。孟德斯鳩則發揮洛克的政府論。他們的著作，上等階級中人讀的很多。這種理論上的反對現制度的革命運動至一七三五年爲極盛。

這種運動的目的完全是貴族的。不過欲以開明專制優待羣衆已耳。階級的二元論常是假定的。受教育的祇是少數人理性將取獨斷教義以代。一般羣衆不足以擔當理性，無受教育的資格，對於他們是要宗教的。使個人不要懼怕那超自然的，解放其爲宗教所支配之道德，知識上不受教會與政治的牽制——這是知識的啓明運動的方針。思想必須是自由的，個人的良心不可干涉，因爲理性是很可靠的指導。因爲是主理性的，所以這運動是貴族的。以新貴族政體代舊貴族政體。有知識的人必須要參加現在的政治的利益。

伏爾泰(1694—1778)　伏爾泰到英國去的時候是個自然神教者所以英國的自然神教頗與一深刻的印象。英國的自然神教者中孛林孛洛克影響於他者最大，是『伏爾泰是宗教思想之祖。』孛林孛洛克不大相信世界上的人，與伏爾泰是很合適的。伏爾泰眞是天才，無論對於什麼問題都有著作。所有的英國哲學家如霍布士勃克萊洛克等皆研究有得；尤喜讀洛克。

伏爾泰在他的哲學的論文集上做了許多很瑣碎的洛克的經驗論與笛卡兒的理性論的比較，英國的自然神教與天主教的比較，英國政府和法國政府的比較。他對於基督教，像他在本國所看見的，他很恨他。因此基督教亦以他爲無神論者。然而他是個自然神教者，以爲吾人雖可知神之存在，而不能知其性質。他喜歡將一切教義都取來批評。他『一樣事情也不否認，然而對一切事情都懷疑。』他自稱爲『無知的哲學家。』他以爲無神論猶較教義與迷信爲優。他反對法國教會之心太激烈，所以他對於神與不朽的主張是冷酷的非人格的。

百科全書派 (Encyclopedists) 在近代的時候，法國的百科全書與字典之盛，是莫與倫比的。這就是說的那有名的 Encyclopédie 或 Dictionnaire Raisonné。從一七五一年至一七六六年陸讀發表共十七卷，又加版十一卷(1766－1772)。初版三萬部，至一七七四年即有四種文字的翻譯。主動人與編輯長爲狄德洛(1713－1784)，第一個助手是 d' Alembert。許多著名的法國著作家都幫他的忙，做了許多條文字。(如盧騷，伏爾泰，格利姆等皆在其內) 還有許多不謹愼的著作家在內。百科全書以前步封(Buffon)即已發表其自然史，共四十三卷，末卷於一七八九年發表。百科全書其實已有兩前驅——倍根之論實驗歷史(Exprementa l History)與章柏斯 (Chambers) 的 Encyclopedia。百科全書中有許多隱刺法國當時制度的文字。

關於這百科全書有兩件事要注意：此書的著作人向個人主義與懷疑論行去，比伏爾泰遠的多；而此書流傳廣遠，上下流階級都讀這種著作，故亦較伏爾泰爲勝。不僅爲伏爾泰的自然神教，其中且有懷疑論者，無神論者，與惟物論者的文字。百科全書派的澈底的不可思議論（Agnosticism）已趨於一極端，而不是哲學了。狄德洛說「不信」是哲學的第一步，附和他的人，遂趨於極端，以爲「不信」爲哲學之全部。他們的極端的感覺主義，自然主義，與惟物論，有時亦在百科全書中，載幾篇暗指的文字，但以特別的著作爲多。百科全書至終成爲一般人的問事處一般。久而久之，一般人便不尊崇法國當時的現制度了，昔之認爲神聖者，今且視爲遺傳固襲，爲衆矢之的矣。

此時的澈底的感覺論者爲康地拉，（Condillac）他似與百科全書派無關。他在一七五四年發表他的感覺論，將洛克的心理學的分析改爲純粹的感覺論。洛克的心理學便因他而傳入法國，卽由法國而傳入德國。

社會的啟明運動（1762—1789）法國啓明時期的第二期始於盧騷之發表他的民約論（1762）終於大革命。盧騷的勢力支配了第二期，亦如伏爾泰之支配第一期。一般伏爾泰絲毫沒有社會革命的目的。他的目的是以自由思想與自己教育以解放個人。他不是個歷史家，不曾見到欲謀法國知識界的革命非毀壞當時的社會結搆不可。他並不知道攻擊教會便是法國社會的結搆的致命傷。伏爾泰的工作雖然無効，但他的熱忱是很有影響的。有一時代似乎法國的知識的啓明運動可以在教會中成功。但是革命的原因，根本是社會的，伏爾泰所反對的病根太深了；而當時的人又都注意於國家的本身。於是就有社會的啓明運動。

盧騷(1712－1778)　盧騷在第一期受伏爾泰的影響很大。他原來的生發的動力亦是從伏爾泰得來。所以他是第一期的學生，却是他的最激烈的反對者。盧騷所要求的是個人的具體的權利，不是抽象的知識的自由……

雖然盧騷是法國革命的旋渦中最大的思想家，但他的人格亦和他的思想一般，很奇怪。他的懺悔錄是當時流行的日記文中最好的；表現他的外部生活與內部生活的許多光明處與黑暗處，並且像其他敘述私人生活的文字一般，這卷懺悔錄是盧騷自己在那裏賣弄他的優點與缺點。他一生潦倒，歷盡艱阻，並且自己找出許多煩難來。他理論上以為人性本善，實際上却一個人也不相信。他交了許多朋友，不過是和他們吵鬧而已。他一半有神經病，一生事跡，毀譽參半。著作共二十二卷。最重要的是兩次應徵得獎之文(1750與1773)這是他的主張的消極方面。還有Héloïse (1761) 愛米耳(1762)與民約論(1762)是他的建設方面的思想。

盧騷起初是百科全書的投稿者，但他心中並不注意於知識與藝術之傳布。他並不了解狄德洛的知識上的野心。他恨 Hebetius 的功利主義與 Holbach 的惟物論。一七五〇年當他作他的應徵的文章的時候，他忽然見到在法國的紛擾的社會狀況中知識的啓明運動是可笑的。他就同時反對現秩序，亦反對將要做知識上的改良家的人。他以爲研究，知識，教育，不過是退化的一種註釋。社會的組織是人爲的，一切組織都是專制的。人原來是好的，以後文化與藝術，使之愈益複雜，於是道德破懷，成爲一痛苦而有罪的人。文化與受過教育的人與法國有什麼益處？這是當時最急切的問題。盧騷回答道：文化將快樂的小孩子從他母親的懷裏破壞了，不過是破壞他的思想與他的意志。文藝復興時期將科學神化了；啓明時期則崇拜發明科學的人的理性。盧騷道：現在的問題是，這科學的文化是否使我們快樂。盧騷的中心問題是文化與科學的關係是什麼？他在 Héloise 上提到他極思復返瑞士的山，他少年時是在那裏的，他以爲這可以表示受過文化的薰陶的人渴望幼年的自然的樸實生活。許多法國人中，祇有他一人完全看不起過去。讓我們復歸於自然，於此樸實的生活中，讓小孩子們自由長成，除他自已的未經傷毀的本能外，沒有別的抑制。——『不朽之聲』這便是盧騷的要點之所在。他爲一切近代生活以哲學解釋文化的問題。

但盧騷不僅是批評家。他更深遠些。他研究人類不快樂的原因。以爲其原因在文化中。文化是有害的，因爲他在人羣中發生不平等的情形。自文藝復興以來，文化與不等同時發展。但其救濟之法自否是無政府呢？盧騷不是無政府主義者。還是有目的的。自然的世界固然是永久消滅了。但我們未嘗不可以乞靈於教育，——但非以歷史爲本之教育，是內心的教育。社會不單是個人的集合，是一有機的統一。眞正救濟社會的方法，是一種主觀的教育，以平等爲起點而發展其原來的權利。

盧騷的教育學說是情感與元始的能力的福音。盧騷在他的愛末耳那本書上，他有許多主張是從洛克得來的。但他對於情感一方面特別注意，以爲已全失其原來的權利，蓋以理性的思想太專斷故。人實在是自動的感情的統一。文化以其概論，抽象，與乾燥的計算法來，遂致情感破壞無餘。愛米耳便是一個試驗的小孩子，他的教育是任他的純粹的情感自由發展的。

盧騷的宗教觀，如巴斯卡爾一般，以爲宗教是自然情感之所生，其本身便是宗教的。惟物論與自然神論與正宗的神學都是一樣的，都是理性的產物，不過是抽象而已。盧騷反對羅馬教會的中代主義與啓明時期的新產物，一方面反對他說他太不信宗教了，他方面又批評他說他太信宗教了。他在民約論所說的法律說其基礎亦如此——最好的國家的法律是以自由的情感與社會的平等爲基礎的。社會的平等與文化相連結時社會的不平等是不可避免的，不論是在中代的教會制度之下，抑或是文藝復興的時候。應當是絕對的法律的平等，於此則一切法律上的不同點都消滅了。國家必須實現自然之要求。

盧騷其實是舉起很高的理想與當日狀況相比。而於他同時的人，並不討究他的不整飭處。法國全國祇有他一人高呼自尊。祇有他一人請求於人類的情感。他是對法國全國人說的話，引起絕大的同情。他的勢力不但影響當時，而影響於十九世紀者尤大。有人說他是近代最偉大的人物。無論如何，他提出我們的文明的要義，尤以在藝術文學與教育中爲最。因爲他根本的示我們以自然與情欲的相互關係。

法國革命是法國的啓明運動自然的結果。直接的問題是關於財政，法制，經濟與政策的實際問題。物質科學之發展（始於一七六〇）政治學之發展，政府的理論之發展，又加以法國政府的財政上的擾亂，美國革命之成功，法國中產階級之逐漸得勢，與法國政治家之漠不關心之政策——凡此種種，結果遂發生絕大危機。然而盧騷的文字，落在結果子的土地上，纔是眞正的原因呢。大革命之前，全歐騷動，對於自然有無限的熱心，對於當時的社會表示輕蔑之意。一般人都很希望改革之實現。思想家的幻想亦很多。即專制帝王如大弗列特列克帝(Frederick the Great)俄羅斯的卡塞甯奧國的約瑟亦受了這極端主義的影響。而西班牙，葡萄牙，脫斯肯尼(Juscany)英國，法國，德國，亦皆爲此人道主義的情緒所動。盧騷便是這彌漫全歐的大運動的表現。

德國啓明運動[illegible]況。

一 1648－1740 知識上物質上逐漸發展。

甲、哲學的狀況。

路德的正宗神學的勢力。

輸入之哲學——如笛卡兒哲學，斯賓羅莎哲學與惟物論。

神祕主義之復興——斯賓納(1636－1705) 與 Fraucke(1663－1727)。

理性論之發展——來勃尼玆及 Tschirnhausen, Puffendorf, Thomasius 等；吳爾佛及『來勃尼玆吳爾佛學派』之發展。

乙、文學的狀況。

創作稀少，皆模倣法國——倭皮玆 (Opitz) 為一七〇〇以前僅有之著作家。

1730－1750。試驗時期。以瑞士人戈特希特為領袖。

丙、1694普魯士設大學於哈爾。(Halle) 教授有 Fraucke (神祕主義者)；吳爾佛，(1706) 與 Thomasius——理性派與神祕主義者合以反對正宗的神學。

丁、1723理性派爲神祕主義者所攻擊——吳爾佛逐出哈爾。

戊、普魯士之發展。

二1740德國的啓明運動於弗列特列克帝接位後，乃發揚光大。——吳爾佛召回哈爾——，戈特希特派漸衰。

1750　伏爾泰與弗列特列克同居柏林。

哲學的發展

「來勃尼茲吳爾佛的學說」爲德國各大學所承認——皆用吳爾佛之教本，以較有系統，又大半係德文。

洛克的影響發現，少年的吳爾佛派皆習心理學。

德國文學的發展

1759—1765　勒星的論近代文學書——戈特希特派與文學上的絕對派的致命傷——反理性論的浪漫的反動文學的運動，始於民間，弗列特列克及其餘貴族皆主摹倣法國。

頗多研究美的情感來——忘却理性——『美之靈魂』——情緒發展時代。盧騷的影響發現，——理性有限制。

折哀派

「來勃尼茲吳爾佛」的哲學在各大學中直至本期之末始漸失勢。

1756－1763 七年戰爭。

1773－1787 啓明運動的本身終結。

1777 勒星的人類的教育——歷史中的發展的觀念。

1787－1805 古典主義（失勒）。

1795－1850 前後，哲學上與文學上的浪漫運動。

1850 寫實主義的運動。

德國的政治狀況　來勃尼茲的哲學，無論在什麽時代都是偉大的。德國的舊帝國，羅馬帝國，三十年戰爭以後，即永不能復振。事實上直到一八〇六年始完全廢去。但從一六四八至一八〇六年不過是許多國家集合於一名義上的政府之下而已。專斷的帝國的觀念深入人心。政府實在不過是虛有其表而已。如果德國參加歐洲的啓明運動則在十八世紀必須要澄淸德國的政治。此可於弗列特列克帝及普魯士之發展見之。這便是德國啓明運動的政治的基礎。

弗列特列克接位爲普魯士君主的一年(1740)是德國啓明運動的開始。弗列特列克接位之後，便許以宗教之自由，又將吳爾佛召回哈爾大學校，極端的保護知識界，與七年戰爭等事，凡是愛自由的人沒有不受感動的。德國人方始見到他們的大敵就是日耳曼帝國本身，如天主教的奧國人與撒克遜人，結果其他的聯邦，俄國和奧國均有政治的改革。

弗列特列克不但攻擊神聖的羅馬帝國的致命處，並且爲近代歐洲立一模範，使君主自認爲國家之僕。國家必須要改良。因此他就建設宗教的自由與哲學的自由的原則，他的國民在法律下一律平等。

來勃尼茲的影響　來勃尼茲是德國思想從文藝復興到啓明時期的過渡——他以單元之說調和理性的知識與經驗的知識。然而他的影響並不以身死而稍殺。他支配了德國的啓明運動，這一時代的思想家沒有不受他的影響的。(一)始發見於吳爾佛的哲學和「來勃尼茲吳爾弗學派」——欲以德文系統的宣傳來勃尼茲的思想。(二)影響於機械的科學的哲學。(三)半世紀後，來勃尼茲得到他眞能解釋他的思想的一個文學家——勒星。來勃尼茲的哲學是德國啓明運動的泉源。

吳爾佛與「來勃尼茲吳爾佛」學派。吳爾佛(Christian Wolff)(1679－1754)用德文解釋來勃尼茲的哲學，並加以系統，而對民衆宣傳他的思想。他的朋友Bilfiger稱他所解釋的謂「來勃尼茲的吳爾佛哲學」，他很不願意；他實在是應當不願意，因爲他將來勃尼茲的主要點反而畧去了。來勃尼茲將經驗的眞理與理性的眞理與分很淸，因爲他想要調和他們。吳爾佛却將這兩種眞理說得相反了。來勃尼茲的目的已經達到了，因爲他說發展的單元有許多可能；而他的知識論是根據於他的單元的玄學的。

吳爾佛則以知識論爲中心問題。他將發展的概念完全略去了。結果怎樣？——來勃尼茲的哲學却將來勃尼茲除外了。吳爾佛傾全力以整理哲學，宣傳哲學，於是成功一種很普遍的，系統的知識論，爲當時思想家所不及。他祇能將經驗的眞理與理性的眞理提出來，表面上是相反對的，想說實在是同樣的，不過是不同的出發點而已。所以他的結論是每一種事物各有其理性的與經驗的科學結果絕對是一致的。凡此皆以矛盾律爲基礎，再演繹以得充分理性之原則者。世界是理性的機械觀，理性上可以知之，於是理性論始流入德國而大盛。更有進者，凡此時哲學家，皆注重此知識論的問題，以求經驗的知識與理性的知識的關係，惟注重點有不同耳。

吳爾佛是德國一般人的教師。這就是他對於德國知識生活的貢獻。他是第一個德國的建設學派的哲學家。與德國的思想以一種統一。雖然他將德國思想的血抽了出來，祇餘下了骨架，然而那時的專門的哲學家差不多都屬於他那一派或者與他間接有關係的。

勒星(G. E. Lessing, 1729－1781)　眞正能解釋來勃尼玆的哲學的還是在十八世紀下半所謂德國的浪漫主義運動中——這是第一次在德國發生的強有力的文學運動。其眞因卽爲吳爾佛所遺漏之來勃尼玆的思想的主要部份。始於勒星。然後滲入了外國的分子；個性太提得高；正當的規道亦亂，伏爾泰，洛克，盧騷與斯賓羅莎的觀念均發現。改變這些元素而應用之都是勒星，文克爾孟，赫特爾，哈孟，歌德與失勒等人的功勞。這些人哲學上都是從吳爾佛的理性論，文學上從戈特希特出來的。然皆潰決以出。發生的(Genetic)的人生觀代替了機械的人生觀。是進化與可能的觀念，而非究竟的觀念，這是這偉大的文學運動中主要觀念。

勒星是德國啓明運動的最大的哲學家。從前的哲學史都不提到他，因爲那時的哲學史都是學派學說的編年表。他與來勃尼茲一般，不是專門的哲學家。他是世界上的文人，寓言與喜劇的著作家，戲劇與文學的批評家，繙譯家與文學家，藝術的著作家，又是研究哲學與敎會的歷史的學者。近代德國文學以他爲起點。反對戈特希特之模倣法國；介紹莎士比亞入德；參加一切文學的與藝術的改良，社會的啓明運動，與宗教的解放運動。雖然他的哲學是從文學中取出來的，雖然他的文字死後始爲人重視，然而他是批評家，他是德國在來勃尼茲與康德之間的惟一的創造的哲學家。

勒星所以重要者，因爲他將來勃尼茲的歷史上的個人進化觀解釋得非常清楚，足供文學之用。他說如果來勃尼茲要找人解釋他的哲學，便不找吳爾佛。勒星讀史甚多，知道他的時代是過渡時代。他確實知道理性論不能代表當時，而當時的主情主義亦不是。他沒有玄學的根據，而他確信兩件事：(一)歷史的許多時代結果不同。(二)內部的努力是一樣的。理性論與其保有永久的眞理，在歷史上不成功的。因爲他同情於過去，所以他纔能見到來勃尼玆的思想深處，而得到他的歷史的解釋。他見歷史上的人的「永久的努力」，大宇宙中之小宇宙——各部繼續的，調和的努力。歷史是那普遍的單元之努力，以求實現其可能。這種進化的汎神論之下，不論有意識的或是無意識的，潛伏自勒星至歌德之文學。來勃尼玆以有十八世紀之工具，乃出乎十八世紀之外。

第十章　康德

德國哲學與其區分。　德國哲學始於康德之發表純粹理性批判(1781)至黑格耳之死。(1830)啓明時期的種子現在都開了花。Spener的虔誠主義，盧騷的主情主義，英國人的心理學，吳爾佛的理性論，牛頓的算學的嚴刻主義，斯賓羅莎的汎神論，尤以勒星的特出的文學上的進化的汎神論——凡此種種動機，始發現於康德之批評哲學，復現於康德以後之惟心派哲學家。這就搆成德國哲學的兩大時期。康德的哲學是第一期，是啓明時期的許多勢力的集合點，亦爲康德以後的惟心派出發點。一方面說，他是啓明時期的過渡，又一方面說，他引起了德國的惟心論。實在說也可以自成一期。康德的問題便是吳爾佛提出來的問題，是知識論的問題，是理性的知識與經驗的知識的關係。第二期的哲學家便有費息脫，色林，黑格耳，海巴脫，與叔本華。本期亦包括歌德，失勒，與其他許多德國的浪漫主義者，因爲那時哲學與文學是相聯的。耶那是那時德國第一個大學，便離威馬地方 (Weimar) 不遠，那裏便是文學的中心。這些哲學家對於來勃尼茲學說中的別一問題，即普遍的，進化的，前趨的單元的玄學的問題很有興趣。然而他們都以康德的知識論做他們的玄學的基礎。此時哲學復入學校之中，爲大學教授之哲學，而一般人不與焉。故愈益神祕深遠；皆以內部生活與精神生活的問題爲基礎。更有進者，這些新哲學都是宇宙的，因爲他們不是不知道世界或科學的人。

這一章我們所要研究的是康德。

康德學說之淵源　康德思想的發展，受下列五種影響。

一，**虔誠主義**(Pietism)　這是他一生所受的最早的影響，由於他的父母和孔尼斯堡(Königsberg) 地方的高等學校的教師蘇爾慈 (F. A. Schultze)。但是須要知道這一派的倫理的清教主義(Puritanism)是三十年戰爭之後對於教會的形式的一種反動。康德一生皆與虔誠主義者有接觸；以後他的嚴肅的倫理學說，與他的一生的生活，皆從他早年的虔誠主義的訓練中發生出來的。

二、「來勃尼茲吳爾佛」的哲學　這是他在孔尼斯堡大學所受的影響。他十六歲始入孔尼斯堡大學。這時正是一七四〇年，同年弗列特列克稱帝，吳爾佛復召回哈爾，正是這一派哲學在德國的極盛時代。這種學說在德國直到康德學說成就以後，始漸衰落，以前還是極盛的。康德自入大學以後二十年，信吳爾佛的哲學彌篤，而吳爾佛的玄學上的二元論，他竟始終不曾擺脫。

三、牛頓之物理學　他在大學的時候，牛頓之影響於他者，亦甚大。吳爾佛的玄學與牛頓的物理學的衝突，於康德的發展頗有關係。康德在大學時，有教師名馬丁克魯曾(Martin Knutzen)，他的講演有哲學，算學，和自然科學。康德那時便與他往來，他便將吳爾佛的哲學，牛頓的物理學和算學都介紹給康德。所以到後來他當教師的時候，他還是偏向自然科學，尤以地文學與人類學爲最。一七五五年被任爲孔尼斯堡大學的教授，同年即發表他的"Theory of Heavens"，他在拉普雷司（Laplace）以前四十年已提起星雲說的假設。

四、盧騷的人道主義　康德從盧騷得到一種對於人的新估價。康德三十歲左右，勒星所發動的運動，已在德國成了一種社會力。德國人民因弗列特列克大帝的影響與法國人伏爾泰，盧騷的影響發生一種新的政治心。康德三十八歲始讀盧騷的愛米耳。康德自讀盧騷後始確信個人的神聖。因此康德對於科學與理論均得有一種新價值。本身不是目的，而爲道德的發展的手段。道德高於知識爲康德學說中之至要點。幼年所受的虔誠主義的訓練，至此乃益堅固。在這一方面，盧騷乃代替了牛頓。

五、休謨的懷疑論　休謨之影響於康德者是反面的，消極的。康德謂休謨將他從一武斷的睡夢中驚醒。所說的是經驗派的武斷主義（卽休謨的一派）而非吳爾佛理性派。康德以爲理性論與經驗論都太武斷；一則假定感覺爲確實，一則假定天賦觀念之存在。休謨之影響於康德者乃適發生反對休謨之說。但因此乃使康德知吳爾佛的理性論不足以解答此問題，須從一時間與空間的觀念的概念中去求。康德自得休謨之影響後，始確定其知識論而發表其純粹理性批判。

康德之一生及其著作(1724—1804)　康德的一生在表面上沒有多少可以敍述的他以一七二四年生於孔尼斯堡;始入本地的學校,旋入大學校,卒業後爲人私家教授。三十一歲爲孔尼斯堡大學助教授,四十四歲爲論理學與玄學教授。一七七八年被召赴哈爾大學,康德不願離開孔尼斯堡,不果行。其實康德始終不曾出孔尼斯堡省,便出城亦不遠。然而以後他自己亦知道他是孔尼斯堡的最重要的人物,以後更知道是德國學術界的勢力。一七九四年經弗列特列克威廉第二的反動的政府的檢查,禁止他以後再講演關於宗教的題目。這是他一生僅有的和外界的衝突。一八〇四年死,壽八十。他一生生活,皆有規律,不稍紊亂,——他的講演,他每天的散步,他和他的朋友們聚餐,他研究他的大問題的時候,都有一定。關於這些事,有許多人敍述他。

他的一生是很可注意的,因爲他竭畢生之力以求解決一思辯的問題。他幼年的出發點是吳爾佛的理性論;他的終點是純粹理性批判。康德自謂當以一七七〇年爲界,分他的一生爲兩部分;他的批評以前的時期和批評時期。此時他的著作的形式內容均有改變。前期的著作流麗生動,後期則結構謹嚴。以康德著作的內容論,前期仍可分爲兩階段,以一七六〇年爲界。所以康德一生可以分爲三個時期：（一）1724－1760，這時期他是一個吳爾佛派的理性論者；（二）1760－1770，這時期他是個經驗的懷疑論者；（三）1770－1804，這時期他是個批評的知識論者。

第一期他承受了吳爾佛的理性論，但他所特別注意的，依他的著作上看來，是自然科學。他受了牛頓的自然哲學的影響，因此，在本期之末，竟使他不信任吳爾佛的玄學。質言之，卽他已開始懷疑以『純粹理性』依論理去運用概念不能表現眞實的世界的事物。此後十年，他確信理性論的玄學爲不可能，而英國經驗派的玄學亦照樣的不妥當。這時期他的著作多是關於玄學與知識論的。過此爲批評的時期。批評的時期始於一七七〇的有名的論文。至一七八一乃發表其純粹理性批判。自一七八一至一七九〇年，著作更成熟。此中有實際理性批判，(1788)斷定之批判(1790)皆取法於純粹理性批判者。此外著作甚多，臨死的一年還有一篇論文。但自一七九〇年以後，所有著作大半關於法律哲學與行爲哲學，就著作本身論，亦知其爲衰年之作也。

康德的問題 康德的問題是知識論的問題。康德所要研究的是「知之歷程」(Knowing Process)。康德之所以重要者，是因爲他對此問題建一成熟的新概念，對於哲學的進行方法亦建一新概念。他確信他當時的問題不是玄學的，雖然他亦知道在宗教與道德的範圍中，這種玄學的理論，仍有其價值。然而他見到吳爾佛的玄學的理性論已自證其不確實，因爲這不過以論理的運用概念，並未涉及其實在的關係。英國的經驗論亦是不完全的，因爲經驗論決不知何者爲眞。理性論的玄學論理上是眞的，但不是實在的；經驗論是實在的了，却又決不是眞的。所以康德決定要尋出思想之論理的歷程與事物的實體的關係來。他覺得他當時的首要的問題是知識論的問題。他原想以後再研究玄學的問題，但延遲太久，至老也不曾有什麼大結果。康德的問題，簡單說來就是我們能知道什麼？他擱起來的玄學的問題是，什麼是實在的？然他的問題說起來不應如此簡單；因爲他的知識論的問題，因吳爾佛的玄學的二元論而益增其複雜。因爲康德贊成吳爾佛的心物二元論，所以他的問題不是「我們能知道什麼？」却是我們關於外界能知道什麼？

康德的方法。　解決知識論的問題必用一新方法。康德稱他的方法爲批評的方法。(Critical Method)。此所謂批評，非普通所謂批評，必須詳細審慎考量知識的條件。將自身限制於一特殊的範圍之內。康德以爲可用兩方法，卽武斷的與先在的。(Transcendental)他以爲武斷的方法已經從前用過證明有錯的了。武斷的方法是什麼？康德以爲凡表示知識之起原與發展而謂眞知識的哲學都是武斷的。武斷主義不是解決，不過從心理方面追溯其淵源而已。這淵源如爲理性派，則爲天賦觀念；如爲經驗派則爲感覺。眞方法是先在的或批評的方法。這個方法是什麼？是研究理知的本身的性質。是考查『純粹理性』，看他的斷定是否於人類經驗之外有其普遍性而又仍爲人類經驗所必須者。這種斷定的論理必要十分可靠；而同時又須要能實施於事物的世界。方法旣是先在的，這種斷定亦是先在的；並不是因爲他們超過經驗，是因爲他們是經驗必須先在云者，非年代在先而理性在先也。先在的爲知識的必須。批評的方法便是尋求此必須的條件。康德之目的卽在此。康德以知情意爲理性的根本形式，故謂思想範圍爲知識的先在的原則，意志爲道德的先在的原則，感情爲「美」的先在的原則。

康德之三界——主觀情態，自存物，與現象。康德在尋求外界知識的必須的條件時，謂人生有三種特點。從前吳爾佛以爲世界是二元的。他以爲實體離意識而獨立，然吾人仍自覺此實體。

康德始終不曾能完全放棄此吳爾佛的二元論，但他已見到在如此情勢下不能有知識。因爲離我們意識而絕對獨立的，怎樣能使我們自覺呢？於是康德乃於其中添一現象世界。將吳爾佛的二元論分爲三分的世界各加上新的知識論的價值。一爲個人的內部意識或主觀情態的範圍，一爲現象界或知識範圍，一爲絕對實體的世界 (World of Absolute Reality) 或自存物 (Things-in-Themselves)。現象界的價值以其爲知識的範圍。其餘則各自有其價值。

試與吳爾佛之二元世界比較則：

吳爾佛	康德
(一)心。	(一)主觀情態。
(二)物。	(二)現象——知識界。
	(三)自存物。

一、主觀情態的範圍自然不是一知識的範圍。因爲這是直覺的範圍，爲個人自己的觀念與感覺的直覺的範圍；此非我們所謂知識。主觀世界祇我獨居。爲他人所不知；爲給我以個性之範圍。

我的許多的純粹的主觀情態間的惟一的連鎖是時間的偶然的秩序，以經驗或以聯合而相遇。動物的知識祇有這樣的感官知覺與感覺，這些都是他的主觀意識的變化。這樣的心理組織，無具有知識之能力，僅偶然有觀念之聯合。康德以爲主觀意識的內容，祇是心理學的研究的對象，

二、自存物亦不是知識的範圍。所謂自存物者，康德之意，決不是說爲我們的事物，非物體，亦非自然事物。自存物在一切感官知覺之外，故亦在一切知識之外。神的理知或者以自存物爲其知識的對象，但決不是我們人類。自存物是不知的，亦是不可知的。然而如果自存物絕對離我們而獨立，我們決不能知道他，何以又能謂爲存在呢？康德回答道：我們雖不能說明自存物是怎樣，然而我不得不說他（自存物）存在。因爲自存物雖在我們感官知覺之外，仍爲知覺之必須的假設僅爲一『問題』。康德亦謂自存物爲本體，（Noumena）謂爲神的無感覺的理性的『限制的概念』其實在不大能否認，亦不大能確認。

三、康德說在主觀世界與自存物之間或其旁爲人類知識的範圍，康德名之曰『現象世界』或『經驗世界』。主觀世界祇有個人能了解，自存物的世界則人類全不能知道。但是現象世界是人

類知識的普通的對象現象不是自存物而是『爲我們的事物』不能構成絕對的實體，但是與我們相關的實體現象是經驗在他們的關係中；這相關的經驗便是知識的對象，其組織與系統便是自然。

於是我們常見的二元論與康德之批評的新說乃有許多不同點。最要緊的就是在康德的學說中意識與實體的問題不發生了。實體與意識祇有一點相接——發生感覺之點。感覺爲不知的實體與意識間的界線。實體方面，一切都是黑暗的。意識方面，一切均爲我們的複雜的綜合能的創造。以感覺之界線爲基礎，向相反的方向擴張出去。至於我們意識生活的價值祇是相對的；但自存物的價值是絕對的。

知識世界。 我們的意識生活是主觀的範圍與知識的範圍相合而成。一爲自覺的個人的範圍，一爲人類全體的意識的範圍。於一純粹主觀情態中「心」(Mind) 完全是被動的，而他的內容是沒有支配的；於一知之情態(Knowing)中，「心」很活動的集合並關聯其觀念。康德稱此爲宗合(Synthesis)。

康德在研究這問題的途中漸漸的知道它表現知的活動之綜合性。漸漸覺得知之歷程的秘密的解釋，是許多經驗連合成一「統一」的作用。此「綜合」的概念即將純粹理性批判與康德在此書以前的著作間劃一鴻溝。純粹理性批判分三卷，即以心的綜合之完成之三階段而分者；(一)知覺，(二)了解，(三)理性。人的「知之活動」即發展成此三種不同的方式的綜合，低的階段爲高的階段的內容。

知識的中心元素究竟是什麼？即人心之綜合能是。人心不但消極的自覺其連續着來的感覺，並且自動的將這些感覺連合起來，綜合起來。人心是動的機關，他的活動是在現在的時候綜合過去的經驗。人心不像一幅帳幔似的，幻燈片照上去就有圖畫，不照就沒有了。人心則不然，雖然不是向帳幔上擲去的，然而却保存了這些圖畫。譬如我們聽見鐘表的聲音。如果我們沒有綜合能，我們所聽見的只是一聲一聲過去的。但因爲我們有綜合能，所以我們說一，二，三，四，一直數下去。我們連貫著數下去，每一詞皆包括前一詞。二包括一，三包括二。這便是知識。這是累積的經驗。二十隻獸類的經驗，各有一經驗，與一人而有二十經驗者不同。要緊的事情不是遇見什麼，是人

心有什麼能力。所以康德研究的結果，以爲知識是各樣的統一。(Unifying)

所以知識有兩方面：被動的感覺與自動的綜合能。感覺是原料，理性以其許多種方式用感覺做原料創造知識的結構。感覺是知識的內容。一方面理性亦有其自動的統一的能力。感覺與綜合能相聯則爲知識。康德說『只有經驗中的是眞的』，又說『概念沒有知覺是空的，知覺沒有概念是盲目的。』這就是提到將知識限制於感官所得與理性的綜合作用以內。

綜。合。在。知。識。中。的。位。置。　綜合在知識的歷程的全部中占有什麼位置呢？綜合是知識的一元素麼？綜合是與感覺，情感，與想象並行麼？不是的，是不同的。康德所謂綜合不是推論的結果。康德所謂綜合不是事實的連合，如一種結果。康德所謂綜合不是連合經驗的結果是連合經驗的行爲。是連合一切的架子，是連合的則律，將分立的隔離的經驗結合起來的行爲是綜合。綜合的位置高出知識之元素，或知識之本身。綜合是知之歷程而非被知之產物。是組合的；是創造的；限制經驗而將經驗之所得連合起來。但又不要想以爲是人心的有自由的行爲，要做就做，不要做便不做的。人心活動時，便卽綜合。(Synthesizes)

更有進者，所有人心的綜合作用是一致的。不論感覺如何不同，其結合與其佈置感覺之所得是一樣的。人心的綜合能是知識具有普遍性之泉源。感覺則爲知識中所以不同的泉源。知識是人心的結果，而人心之作用亦絕對相同。如世界的秩序與連鎖本諸經驗的偶有性則吾人必毫無知識。譬如算學之公律與機械的因果律。則無論對於誰何，均無改變。此爲普遍律。普通以爲他們（指則律言）是一獨立的自然世界的獨立的原則，然而這種概念，並不能謂爲與人人皆有必要之理由，亦不能算是他們的普遍性的理由。如爲獨立的原則則將以人而異，如感覺之不同一樣。這樣情勢下，我們必無知識。人類不能想着一件事，理性亦不能在同一的原則之下。然而我們思想確是相似的，我們有同樣的幾何學，相同的物質律，相同的時間之計算；不過是因爲我們綜合的作用相同，所以如此。所以知識是人類所共同有的，因爲不同的個人的綜合的作用是相同的。

最好的得到康德所謂「綜合」的原則的法子是採用以下的一個譬喻。假如人類之旁（人類有其自己料理其世界的特別法子）有一族天使賦有他們自己的能力，又有一族鬼怪亦賦有他們自己的能力，如此推廣直到X族與Y族Z族——數目任便。那時的情勢是怎樣？第一層，各團體必絕對相隔離。沒有一個團體能知道別的團體的存在。沒有一族有一樣事情與其他團體相似的。各人的世界必定不同。其次，各人必都沒法去解釋實體，在這種時候，一定各人各自建設並整理其實體的世界。各族的分子必有一共同的世界，各分子亦必互相知道。然而盡於此矣，有人說天使那裏沒有空間時間，然這不過是說空間與時間是我們的心理的綜合的方面而不是他們的。我們有我們的世界，他們有他們的。即X，Y，Z亦復如是。沒有一個人能生活於一絕對實在的世界裏。但各人必生活於一與其他世界不同的世界中，其所以不同，由於各族心理能力之不同。然而各族的分子必居住於一共同的世界，因爲各族的個人有共同的心理的能力。人居住的世界叫做物質的自然，其則律即爲科學的則律。此萬億不同的人類所生活的世界何以謂之「一」呢？因爲這許多人類是生活於相同的根本的理性的則律之下，以共同的形式建造此世界。自然律其實是我們心意的則律。是理性的則律。自然律並不是絕對實在的則律，是人類解釋實在的則律。所有的事實的連鎖，我們的宇宙的則律和秩序，一切不同的知識的對象的連合——

一言以蔽之，科學的全部或自然世界全是人類的心理的綜合。然而獨立的絕對的實體，是否存在呢？是存在的；但我們看不見。心理的綜合構成我們實際有關係的世界——心理的綜合穿透我們的一切的經驗。心理的綜合是宇宙的架子，所以康德說『這世界是我的表現。』

人類知識所必須之斷定。 據上所討論，知康德不信一觀念或一感覺本身足以構成知識。知識由連合感覺於一綜合而成。換言之，觀念必與其他觀念並論。在文法上謂之一辭，有一主辭與一賓辭。在論理學謂之一斷定(Judgement)。人類表示知識之惟一的方法卽取斷定的方式，然而人類的一切的斷定却不一定是知識。

康德分斷定爲兩大類——分析的與綜合的。分析的斷定的大部分不是表現知識的。分析的斷定是什麼？分析的斷定祇在賓辭中表現主辭的平常的意義中所含之某種義。這種斷定因注重其某種很普通的性質而連續一觀念之意義。譬如說『金子是黃的。』這樣的關於『金子』的說詞，並不能表示任何知識。有時稱爲『解說的斷定』(Explicative Judgement)。這是重複的，然並不因此而謂爲瑣碎。但是最要緊的，綜合的斷定是什麼？綜合的斷定賓詞並非主辭的平常的意義。並說現在關於現在的主辭所有的的新意義。譬如『這隻表是黃顏色的』這一句斷定是一個綜合的斷定，因爲表不一定是黃顏色的。綜合的斷定將兩觀念於一新關係下連合起來。於是加添知識而是新發見的表現。綜合的斷定常稱爲擴充的斷定 (Ampliative Judgement) (綜合的斷定，意與康德所謂「綜合能」不同，不可相混。)

凡綜合的斷定是否全是知識的表現呢？他以爲綜合的斷定有兩種：即先天的(A Priori)與後天的。(A Posterori)所謂後天的斷定是以感官知覺爲基礎，是特稱的斷定，是從感官知覺的較大或較小的歸納而推論的。譬如我說『今天熱』，或者，『就我所觀察的，天鵝是白的。』這是綜合的斷定，因爲我將兩觀念結合成一種新關係；這亦是後天的斷定，因爲根據感官知覺所說的一句話。但是依康德的主張，(譬如『太陽從東邊出』來等語)，這樣的後天斷定，或說是根據於經驗的，不論怎樣大，也不能給我知識，不過是多分如此而已。(或然的)這種的斷定的基礎尙有限制，在我們觀察之外還有例外。

所以表現眞知識的斷定祇有先天的綜合的斷定了。換句話說，就是他們必須要表現觀念間的某種新關係，而這種新關係亦必是普遍的眞的知識。康德所謂先天的，就是普遍的與必然的。並且他的主張以爲搆成知識的祇有普遍的與必然的，更沒有別的。他亦指點出來說這種斷定是我們做成的。當我們說三角形的三角等於兩直角之和，或每一件事情必有其原因等語的時候，我們所說的是普遍的，必然的，不是根據於經驗的。凡此種種命題均無例外。康德在他的純粹理性批判上所要答復的問題是『先天的綜合的斷定何以可能？』或者，依康德的主張，以爲知識之搆成由於先天的綜合的斷定，則問題知識於什麼條件下纔可能呢？

爲清楚起見，我們不妨從另一方面去陳述康德的問題。人總想以玄想發見實體的性質，這也是人的本性。理性派便試了一試，不用經驗幫忙，便以玄想之結果答復關於神，不朽，與自然的問題。以爲凡明白而清楚的意想必有與之相符的實體，所以是實在的。這樣的斷定是先天的分析的斷定，但是這種思想之分析雖可使人信服思想，然而不一定卽有相符合的實體。反言之，以經驗爲基礎的結論，在現實世界有一種確實性，然不能得其眞。這是後天的綜合斷定。如果休謨所謂此僅爲對於自然之斷定之語是對的呢，則我們對於自然仍不能得其眞。他們所給的概括的結論大體上是有用的，但是不過是從可能的至於大部分會有(或然的)的而已，未及其眞也。除(一)概念的知識與(二)『實在事物的知識以外康德謂尙有第三種。祇有這一種是確實的。這種知識是以先天的綜合斷定爲基礎的。這種知識不賴經驗而發生——先天的——然而仍與經驗相符合——綜合的。休謨謂此爲後天的綜合的，康德却不以爲然。所以康德必須要表明這第三種的先天的綜合斷定何以可能，純粹思想怎樣能與經驗相結。

人類知識的確實性的證明。　現在我們知道康德所要解決的問題了。他的問題是『我們怎樣能知道？』他的方法是批評的研究理性的方式。我們已經知道理性最要的是一種綜合能，是現象世界的架子而爲知識之制限。知識是一件複雜的東西，以感覺爲緯而以綜合爲經。要答復「知識於什麼條件下纔可能？」的問題時，我們要研究的不是感覺而是綜合的各種方式。如果康德能指明人必能預備先天的知識，卽知識之普遍的與必然的方式，便自以爲能證明這件事了。然後再解釋人類知識何以確實，且證明人類知識是確實的。現在康德要指明這特別的先天的方式的知識是什麼，而這些方式何以確實。他在純粹理性批判的第一卷上，(Aesthetic)表明什麼是算學的先天的方式並且說明因其爲心理綜合之方式故成確實的知識。以後在純粹理性批判的後半(Analytic)又說明什麼是物質科學的先天的方式及其所以使物質的科學確實而爲客觀的之故。末一部份爲Dialectic，討論理性的先天的方式，並且說明他們所以在知識裏沒有確實性之故。這是「知之活動」的三階段，爲綜合的三種方式此三階段是知覺，了解，與理性。較高的階段以較低的階段爲內容。完成的知識包含知覺，了解中的產物與一思想主體的全部的承認。知覺，了解，與理性不是分割的行爲，是一意識的不同的階段。請依次分論之。

感官知覺的確實性的來由　康德謂：

(一)感官知覺有(甲)感官性質的內容，如聲，色等等與(乙)空間與時間之關係。

(二)空間與時間原屬於主體爲其感官知覺之方式，不是從外面經驗來的。

(三)先天的知識以空間時間而可能。

如知覺的知識而有確實性，則必有賴於空間與時間之組織；並不賴於經驗的內容的性質，或感覺。所以感官知覺的確實性的問題，是算學是否可以信靠的問題。

感官知覺有兩元素：一必然的與不變的，和一變易的與偶然的。空間與時間是不變的元素。他們的性質是相同的，性質永久是一致的，相同的。時間與空間都是統一的，因爲祗有一時間亦祗有一空間。許多時間與許多空間皆爲此統一的時間與空間的區分。時間與空間中的一切不同點皆由於物體的關係與運動，而非附着於時間與空間之本身者。但是時間與空間的統一與相同要怎樣解釋呢？先假定空間與時間是知覺的原來的一致的作用，知覺的方式，了解的方法。是我們在意識的低下的階段的綜合的方法。如果是從經驗得來，爲什麼許多時間與空間不必定要內容不相同，如不同的體與不同的性質一樣呢。然而從知覺的階段認他們爲心理的綜合，則可以解釋算學的則律的普遍性。言是人類全都戴着的有色眼鏡，或者另用一譬喻，他們是一切感覺的模型。因爲既然是我們的感覺的容受能的不變的方式故在知覺全部有其確實性。他們是普遍的，因爲空間與時間之一經驗在所有的時間與空間中是確實的；他們亦是必然的，因爲我們不能想到離開他們的事物；他們是知覺的綜合因爲他們增加知識。自然是我們並不自覺此在時間與空間中的知覺的元素的知覺的綜合。這是自動的。但在發見之後，其歷程是可以分析的，遂謂感覺爲知識的材料，空間與時間的方式爲先天的元素。但實際的經驗上，感覺之來決不是不曾成熟的情形。苟未經過空間與時間決不能轉爲了解。所以知識的歷程是以複雜的原料爲起點——謂之複雜者，以其在意識下已綜合故。換一句話說，知覺加入知識的歷程有兩方面：(一)他們的永久的必然的方式與(二)他們的偶然的與變易的內容。

二、「了解」的確實性的來由　康德的研究「了解」(Understanding)與研究知覺同。康德以爲「了解」是完全的知識之綜合之歷程之第二階段，這是要記住的是比知覺高一階段的綜合。知覺實在是「了解」綜合（動詞）的原料。康德在 Aesthetic 上要表明：(一)「了解」的先天的元素，(二)這些先天的元素與知識有其確實性。知覺的統一的原則是算學的；但是物質的自然，是研究「了解」的題目，却不僅是算學的了，不僅是空間與時間的方式的集合體，不僅是形式與運動。自然之存在如一有關聯的有本質與因果的系統。自然科學除他的算學的基礎外尚有許多普遍的先天的原則，以徵其結論的確實。

所以康德的工作的起點是表明知覺有空間與時間的普遍的與綜合的原則。知覺不過是知識的開端。不是知識，不過是主觀的意識。一方面，「了解」是知識的功能，故康德要指點出他的先天的或普遍的元素。如有此卽足證明其確實性。

自亞利士多德以來，推理用的一般名詞都用範疇。(Category) 凡類名均可稱爲範疇。亞利士多德有十範疇卽本質性質，度量等等。但是這些亞利士多德的範疇是分析的關係的部類，如形式論理中所有者。他們是關係與屬性的部類，在其中的物事是可以分析的。然而這的確不是康德所要的。他要尋求的是綜合的範疇。他所要尋求的是「了解」的本身的綜合的方式，知覺因以轉爲知識之對象者。他所要尋求的不但是抽象的概念。觀念之爲自然事物僅於他們經思想爲事物而具有凡人心均有的普遍的性質者始可成爲自然事物。「了解」以知覺創造形成自然世界的思想的對象。「了解」的範疇是構成這種自然事物的原則。範疇是綜合的相關的方式，自然事物因以發生。康德的批判上最難的一部分是『範疇的演繹』在這上面康德欲從種種斷定引申「了解」的綜合的方式。康德所列的表是很奇異的，但是不要緊。祗有本質與原因兩範疇是有用的。

分量的範疇，——統一，多數，總計。
性質的範疇，——實有，非有，限制。
關係的範疇，——本質，因果，交互。
情狀的範疇，——可能，存在，必然。

這些範疇在「了解」中的地位如知覺的空間與時間一樣，——是先天的原則。知覺與之較則爲後天的材料。這些範疇是純粹的，天賦的與先在的。是「了解」的內性 (Inner Nature) 所以「了解」的對象有先天的元素，亦有後天的元素。知覺綜合感覺「了解」復綜合知覺而以斷定的方式陳述此綜合。

「了解」的方式既如上述。但何以見得因爲有他們，則我們關於自然的知識便有確實性呢？康德是怎樣講的？因爲「了解」活動的時候，便爲知覺定這些方式。如果我們不思想印象則印象依舊還是浮泛無定的。我們用思想將印象與事物鎔合起來，而與以一符合的實體。這便確實是「了解」。「了解」如果自然是一件獨立的事物而爲「了解」的預定的則律，則這些則律決不是普遍的必然的。自然律的普遍性的解釋祇可以假定「了解」爲自然定則律。但所謂自然非謂自存物，不過是指表現於我們的感官知覺的而已。自然之普遍的與必然的知識，苟非自然之關係與結合絕對與思想的變化相符合者必不可能。所以「了解」的範疇有客觀的確實性，因爲「了解」的則律是根本的自然律。「了解」已爲自然定了這些則律。先天的所以是普遍的必然的，綜合的所以是創造的，世界是「了解」的則律下的事物。「了解」的範疇有多少，自然的事物便也有多少。

如果我們考察我們所謂的自然世界，就知道自然世界中有許多事物是我們不曾看見的。人最近始四出闢地，然而空間裏有許多大地方人不曾見到的。即如南極北極也是最近纔知道。月亮的那一邊他始終不曾看見過，還有無數的星宿便連望遠鏡也看不見。這些都是不能知覺的，然而仍舊是「了解」的對象——知識的對象。但怎樣可能呢？如果自然律以經驗上所能看得見的事實爲限制，便必定是不可能的了。因爲「了解」的則律是自然律，不論這件東西能夠知覺不能知覺，這自然律是無論何處都適用的，所以是可能的。月亮一定有那一邊，因爲人的「了解」看各樣本質都是這樣看法。因果律可適用於衆星之外。（雖然我們不曾看見。）物質事物的世界，或者換一句話說，「了解」的對象的世界，有實在看見的事物，亦有可能的事物。如自然律是由自然加諸人心者則物質事物的世界祇有實在看見的事物了。

但細一看這自然世界，是一個整個的世界其中有無量數的東西。爲什麽這樣呢？如果我們對於世界的知識祇是世界表現給我們的這一點時，還能這樣麽？一定不能的，若是這樣，便有多少人便要有多少不同的世界了。我們對於這萬彙的我們的世界的統一便足見「了解」不但是世界的則律的淵源，而這萬千人類的了解的功能亦必有一先在的統一。(Transcendental Unity)所以知識的確實性乃得一極堅強的證明因爲一個人的知識便是全體的知識。每一個人都自覺其自己的主觀世界與一與人相共的知識世界。他自己的觀念有他們自己的運動，在他們自身以外無確實性。但他與人相共的觀念却都是確實的，因爲這些觀念是不受任何一個人的支配的。凡個人皆須承認這支配他的知識的是寄托於他自身以外的。每人的「了解」的範疇確與他人的「了解」的範疇的相聯合。個人在經驗中不自覺此聯合的歷程，但他客觀上承認他的必要。

所以個人的意識不是創造知識的對象的；創造知識的對象的是大意識——人類的意識。康德不是個獨在論者(Solipsist)，是一個惟心論者。必須要假設一較高的意識，一超自覺的自我(A Super-Conscious Self)以解釋人類知識。康德不稱此超自覺的自我爲「靈魂」爲「精神」，而稱之爲「我思」或「先在的自我」，或者更用一句很拙笨的名詞，稱之爲「統覺的先在的統一」。這是思想者的自我，而非思想到的自我。與「經驗的自我」是不同的。這超自覺的自我永久是自動的，決不倚賴經驗的條件。這是必須承受認爲一切知識的假設。這便是普遍的自我，因此普遍的自我而人類「了解」之範疇遂以普及。正如空間與時間是綜合的意識在他的較低的階段的統一的方式；又如「了解」的範疇是綜合的意識在一較高的階段的統一的方式；所以必須假定此普遍的自我以解釋範疇的普遍性。這種理論的自我的概念與從前的靈魂的概念是很不同的。

理性本身有確實性否　康德所謂純粹理性批判者，其所謂『理性』，取義甚寬，實卽全部的知識的歷程之意。在Dialectic上所說的理性，意義較狹，似乎說是一種特殊的功能如知覺或「了解」一般。這也和「綜合」這個字一樣，有兩種意義，但如果事前便辯別清楚，大概沒有什麼困難。「觀念」這個名詞亦有兩個意義，此處另有一特殊用法。是理性的綜合的方式。理性的綜合式有三種觀念，卽神，靈魂，與宇宙的全體。

此理性之特殊的功能與其觀念之方式的作用是什麼呢？這是康德用來說明人心欲從他的知識得到最大的統一與最大的容積的自然傾向。意識是一種綜合，決不滿意於部分的與不完全的。他的知覺與「了解」的功能的部分的綜合不能滿足他。知覺與「了解」無一語及神，靈魂，與宇宙的全體，因爲這些觀念是爲知識所限制的。然而神，靈魂，與宇宙的全體都是極要緊的事情。所以理性跳出知識的範圍，入於知識所不及之處。理性不以此相關的與部分的算學的與物質的科學的知識爲滿足，而欲涉及此無關係的與無條件的。其實我們祇要自省便可見康德是與事實相合的。我們不以此條件附的東西而滿足。反之，我們很渴望知道那絕對的無條件的，以此而可以解釋其餘一切的條件。我們永久要求使我們的綜合完全，使我們知識所不及者亦得一合理的與完全的解釋。

方式於感官知覺是必須的，範疇於「了解」是必須的，但理性的觀念於知識不是必須的。因果，時間，空間進入一切知識。物理的與算學的則律之存在，猶如事實，不待證明。康德從前的問題是『綜合的先天的斷定怎樣可能？』但是關於理性的斷定，他的問題改了。他不問他們怎樣可能問他們是否可能？

理性與其三觀念康德稱之謂超越的知識。謂之超越者，意謂在可能的經驗之範圍以外。而先在的知識則謂關於經驗的必然的原則。但是康德亦很願意承認此理性的觀念有其適當的用處。表示人類知識並非終局。觀念而用得正當則科學與神學均有所得。康德說他已經爲維持信仰的緣故而破壞神與靈魂的知識。

靈魂的觀念　據合理的心理學的研究，謂靈魂有自身的直接的與直覺的知識。自從笛卡兒說「我能思想是故有我」以來，自我意識的概念是很普遍的。我可以我自己爲我自己的思想的對象。理性論者以此爲基礎，便謂靈魂有單純，本質，靈性，與不朽四種性質。

但是康德不承認我們有這樣的自識。知識必以（一）感覺爲基礎，因此（二）祇是現象中有。靈魂不是現象，是最深的實體。我怎能知道我的靈魂？即依據理性派所言，靈魂亦是靈性的，不是現象的。所以靈魂不能算知識的一個對象。更有進者，理性派以靈魂為單純，為不朽，則將使之為知識之不可能的對象。知識的對象不是單純的，但是萬彙的統一。此統一的或綜合的作用非其本身之一對象。感覺為空間與時間所綜合而成知覺；然而空間與時間並不是感覺的對象。在「了解」中綜合知覺而成斷定之「我思」，不能是「了解」之一對象。

康德說我們必須謹慎，不要將先在的自我與經驗的自我相混。康德說如果知識是可能的，必假設有一『統覺之綜合的統一』。然而這樣的自我不過是一假設；我們不知道他，亦不能說他是什麼。我們知道直接的經驗，或知識之相同時時刻刻的要求他。這便是先在的自我，一種普遍的綜合的根據。

然此與經驗的自我不同。經驗的自我是無論在什麼時候我能知道我自己——一堆感覺，情感或思想。但是這一堆一堆的是時時刻刻變易的。我對於我自己的知識不過是由於我的頃刻的，變易的自我。然而這改變的自我不是理性派所謂單純的，不朽的，相同的靈魂。經驗的自我是複雜的，過渡的是知識之一對象，故與不朽的靈魂不同。『我想主觀的我』("I Think I")是不可能的。『我想客觀的我』("I Think Me")是可能的。若以『主觀的我』("I")爲一對象則誤矣。

宇宙的觀念　至於宇宙的全體的觀念，則推理上頗發見矛盾。關於無限的問題康德在很早就發見其推理上的內在的『自相矛盾』這種『自相矛盾』康德在後來稱之爲『二律背反』(Antimony) 共有四種。

(一)創造的二律背反。正：宇宙在時間上必有其起原，而在限制的空間裏終止。　反：世界永久的，是無限的。

(二)不朽的二律背反。正：宇宙可以分成不可再分的單純的分子。反：宇宙是由可以無限制分析的原子組成的。宇宙間沒有單純的事物存在，

(三)自由的二律背反。正：有自由；有不能以必然計算的現象。反：無自由；一切事物完全依樣自然的必然律發行。

(四)神學的二律背反。正：有一必然的存在爲世界的原因或部分。　反：無論世界之外或世界之內並無一絕對必然的存在。

許多批評家說康德所說的這些問題不一定全是宇宙論的，亦有心理學的與神學的矛盾處。理論上看都是「理性」的矛盾。可以表示理性論與經驗論，如以玄學論本來都是矛盾。　如以宇宙爲知識的對象，則矛盾的理論可以同時存在。其矛盾處亦否認亦證明。提到第一第二兩種二律背反，則正反都是假的；提到第三第四兩種，則如果在不同的世界裏正反，都或者可以是眞的。如將這些觀念應用於現象世界則有不可解的矛盾。自由意志的觀念與無條件的存在可應用於本體世界；而必然的觀念與條件的存在可應用於現象世界。

神的觀念。　康德不否認神的存在。他祇說我們不能以神爲知識之一對象。康德以爲神的觀念是理性要求一完全的統一的表現。

康德在他的一種初年的著作中曾建設一神的概念，與後來在純粹理性批判所說的是相同的。神猶之實體的總計將一切有限的性質全包括於他本身以內，而不爲萬有所制限。是一切的存在的可能的根本原因。但是這樣的觀念，能否有客觀的確實性呢？沒有的；這種觀念不是可能的經驗的對象。祗有特殊的事物或現象是爲我們的實體。(Realities for us) 然而此特殊事物之超越的總計之神祗有一概念的實在與思想上之確實性。任何觀念所有之實在則其總體亦有之。

但是神的概念在舊哲學中是很重要的一部分。所以康德不得不進而研究其最主要的三種辯證，以表白其眞相。

他先提出本體論的神在辯，此說始於安色姆而爲理性派所承認。神的觀念是一完全的存在的觀念。(Idea of a perfect being) 不存在者必不能完全。故完全的存在的觀念必以『存在』之性質歸於其客觀之列。神的本質必包含他的存在，因爲實體的統計的不實在是不能想的。康德回答道：『存在不是實在的賓詞，』不是像愛，能力，善等等性質一般的。因爲對於主觀的內容並不能加添什麼。我們不能從眞實的概念推到他的存在。眞實的惟一的標準就是知覺。

其次就是宇宙論的辯證。這一部份人以爲有無定之現象則必有無條件的實體在。必有一無因之因爲一切現象之因。康德說道因果之說若應用經驗範圍之外是毫無意義的。經驗之內的一切原因是原因的結果。然則無因之因的說法名詞上是自相矛盾的。凡存在的事物都是偶然的無定的。一種必然的存在祇能算是一種思想，沒有什麽能力的。

又其次是物質的結局論的辯證。又有一部份人說宇宙的圖案如此精巧，推想起來，必有一精巧的宇宙的作圖者。康德回答道，果如所云，此世界的建設表現此善美，而又有目的的圖案，則祇可證明有一建築家存在，而不足以證明有一創造家的存在。然而康德亦謂這種證辯是最舊的，最清楚的，最有勢力的。然而康德以爲此種證辯缺少知識的確定性；因爲宇宙或者是自動的而本身內有力量的。

總之，若僅爲概念的思想則不能爲靈魂，神，與世界的實在的知識。且理性的觀念是人心的一主要部分，必有其目的。他們（指觀念）不能爲經驗所證驗；但是他們能約束經驗。他們是『約束的觀念』（"Regulative Ideas"）如果我們的行爲似乎是有神，有靈魂，有宇宙的全體，則我們的經驗將以之而約束較好。況且一方面思想雖不能證明神的存在，靈魂的不朽，意志的自由，然而他方面無神論的思想亦不能證其無。

結論。 純粹理性批判所包含的意義是『我們的意識力的批評』。指明人類知識的限制與範圍。從一方面說，是建設的；因爲他結論承認知識在他自己的範圍內有確實性，這是針對懷疑論的。反之，是破壞的，因爲從前認爲知識的正當的範圍的，現在認爲都是白費工夫，這是針對獨斷派。的超超的知識是不可能的，——經驗的範圍以外無知識。經驗是「了解」的範圍。實體卽自存物是不知的亦是不能知的。但是先在的知識是可能的。經驗之內有先在的元素，一方面變感覺爲現象，一方面與這些現象以普遍的確實性。有此先在的元素而知識乃可靠，然於其內容，絲毫無所增。有此先在的元素吾人乃得與人類全體的世界的各分子以理性相見。知識的價值，並不減少，惟少限制耳。現象的世界至今乃確爲一相對實在的世界。是以我們對於實在的世界的解釋看去的。這是很要緊的；因爲我們的心理的能力雖不能知實體，然仍可以思想的。但是，此當於道德意志中求之。

實際理性批判的問題：康德的倫理學。 『心理有兩件事，是常新的，亦是讚揚無已的，越想越是這樣的，便是上面的衆星的天空與內中的道德律。』這是康德的話，由此可見康德並不想壓制理論的理性，這便是「了解」祗加以適當的限制巳耳。道德的世界與衆星滿布的天空之影響於康德者正同。他批評「了解」之後，便轉向意志（或逕如康德所云謂之實際理性）而批評的作用與範圍。康德的倫理學說在他的道德的玄學 (Metaphysics of Morality) 與實際理性批判上。他的幼年的虔誠主義的訓育，他對於盧騷的研究，與他對於英國道德學家的研究影響了他的道德學說。而他對於文明史的調查，他的理論的哲學，他的倫理的情感的分析實開啟未來的倫理學的發展的路。康德以爲道德的世界高出一切。在他的理論之中，這便是實在的世界，因爲與科學的現象的世界相比時，理論的理性的世界是相對的。

康德的道德學說的中心觀念是理性的自然發動 (Spontaneity) 與自由正相同。人生的價值視乎他的自然發動的行爲，而不以他遇所見的爲斷。此自由的觀念爲康德的所有的關於社會的討論的中心觀念。他的政治學說，視共和較專制爲先，因爲國民有自動的自由的機會。在宗教方面，他以爲眞正的教會是自由敬拜神的人組合的。在教育方面，他以爲自動是成長的惟一原則。倫理學是自由的純粹的合理的則律的一種系統，正如科學是自然的純粹的合理的則律的一種系統。如倫理學而有確實性則其則律亦必與自然律同，爲先天的，或者是從理性本身引申的，可以普遍的應用於經驗的。所以道德的原則的淵源是與科學一樣的，是先天的。道德的原則，如知識的先天綜合一般，可以普遍的應用於經驗。其根本不同之點，卽爲純粹理性與實際理性之不同。理性在知識的方式中是以經驗爲限制的；但是理性在意志的方式中，雖可應用於經驗而不以經驗爲限制。如「了解」無經驗的內容，是空虛無用的。「了解」必須永久是萬彙的綜合。然而實際理性卻不必須內容。是本身滿足的。在現象世界中無任何具體的內容。所注意的不是「是什麼」，是「應當是什麼」？道德的世界與現象世界是不同的世界。道德的世界是絕對的實體，而知識的世界不過是相對的。道德的世界是無條件的，知識的世界是以經驗爲條件的。道德不但適用於人類，如有其他的理性人物存在，亦可適用。而知識卻祗能應用於人類。道德律的來源不是經驗的世界，是超越的世界，此超越的世界於知識則爲自存物的世界。

道德律及與其相關之兩問題　實際理性批判的問題與先前 Dialectic 上的問題是相同

的；卽(一)有先天的綜合否？此與先天的綜合是否可能的問題是不同的。(二)人類能否成爲道德的而仍舊是現象的與必然的世界的一部分？今請先討論第一個問題。如果意志是有確實性的，則必爲某種普遍的與必然的原則的表現。我們能在我們的意識裏尋著這些先天的原則麼？

一、第一問題　我們的意識中有兩種行爲的誘因(Incentives)第一種是意向，或逕謂之衝動。我們可以立意以取得快樂或功用等等。這樣的意志是倚賴着激起此意的對象這種意志的行爲是各各相異的。譬如個人間的快樂便不是一致的；此以爲樂者，彼且以爲憂。關於功用與欲望的對象亦是如此的。在這些事情上，斷定並不能幫我們選擇，因爲最特別的人或者是最無用的，最不快樂的。凡此皆實在是善，但都是暫時的善——非本身的善。不過是適當的結果而已，然而是過渡的，所以不能是確實的。所以意志被意向支配的時候，是爲經驗的(後天的)原則所支配而不是爲普遍的，必然的(先天的)原則所支配。這種經驗的原則，康德稱之爲「假定的命令」(Hypothetical Imperatives)。

今請更進而研究理性之本身，以究其實際的原則之所在，因爲我們的意志的普遍的確實性的原則，決不在我們的衝動中。理性是一自然發動的綜合。意志可以由內裏發動，不必須外面的逼迫。意志可謂本身之一命令，宣布他的權利因爲他是合理的，認定他爲正當因爲他是合理的可以有作用，因爲他是理性的作用。意志是理性的表現，是實際的理性。意志是無條件的，自由的因爲意志是無條件的理性的活動。是自動的。這意志是有確實性的，因爲理性是必然的，普遍的這一種意志，康德稱之爲「無上的命令」(Categorical Imperative)這就是道德律。道德律是及於本身的則律，是道德的惟一的基礎，因爲這是普遍地有確實性的理性。

「無上的命令」是惟一的。是一種有絕對的確實性的意志；因爲他是統一的，以本身爲自己的目的的。良心就是這意志在個人內所表現的。康德以爲德道律的命令是『你的行爲必須經你的意志而成爲自然之一普遍律。』道德的許多格言，如「你不可說謊」一語，在意志上的地位與範疇之與「了解」的地位相同。他們是道德意志的方式。行爲應當本於道德的格言而不本於衝動。道德的格言是適應於一切理性的人物的。某種特殊的行爲可以因道德律之啓示而成爲善的。然而『世界之內，除「善良意志」(Good-Will)之外，一切事物決不能有無條件的善。即在世界之外，亦復如是。』

二、第二問題　第二問題是『這樣的純粹的必然的與普遍的原則何以能影響於人生呢？這樣形式的原則，如意向與之相聯則行爲便不是道德的，那麼，於人有什麼用處呢。道德律不但是先在的，亦是超越的，因爲他並不以經驗爲內容。是本身的內容。有三方面與經驗毫無所關：(一)關於起原則祇有一形式之原則；(二)關於內容亦祇有一形式的原則；(三)關於確實性，則不論其是否服從所宣言的是應當做的，卽使此所宣言的應當做的，永久不曾做，也不要緊。關於康德的倫理學常發生這一個問題，就是這樣的一種遙遠而形式的原則，有什麼用處呢？道德是經驗世界的事；而康德的道德的原則卻在一無條件的實在的世界裏。至於這樣的原則的效用，康德的解釋卻不完滿意。他的倫理學，根本上是嚴肅主義，這是逃不了的。義務與意向是相反的。祇有那完全從義務心完成的意志的行爲是道德的。自然的意向本身是無善無惡的；與道德的意志相反則爲惡；只要爲道德的意志所啓示便爲善。所以道德的行爲祇是義務的命令自覺的最高的行爲。……

道德的假設　康德的倫理學說與其謂為向現象世界，無寧謂為離開現象世界。自然的意向為道德律所啟示時，便有了道德律的色彩。但是道德律所告訴我們的是實體世界，不是現象世界。道德律所表現於人者，以為人大部分為實體世界之一員而非大部分為現象世界之一員。人的本性是二元的。以道德的為根本。人根本上與其說是思想的無寧說是意志的。人是一現象的存在，為自然的必然律所束縛；然而人亦是一實在的無條件的存在，因為無條件的理性是他的眞自我。在純粹理性批判中所包含者，在實際理性批判中乃毫無所隱。人類知識是先在的「了解」與經驗的感覺的混合物。神的知識必是純粹的了解；野人的知識是純粹的感覺。然而人類的道德，有一種二元論；因為人的實際道德是由於形式的道德律感動感覺能而成的。純粹理性的意志是神的活動；純粹衝動之意志是野人的活動。但是人的眞境界是理性的世界與神合一的。雖然他是同時因他是現象世界之一分子而受牽制，然而仍是在理性的世界與神合一的。

一、**自由的假設**。　無條件的道德律是自由的基礎，別的科學知識是無用的。無條件的意志是自由意志。意志以理性為基礎，即以自身為基礎，所以是自由的。我們自覺道德律在我們心內，其實現卽爲自由。『我應當』已包含『我能。』我們不能有自由的知識，因爲在『了解』的目中，祇有因果的必然律支配一切。然理性亦發命令亦知道。他說明什麼是應當的，亦說明是什麼。其命令卽包含自由，其知識卽說明存在。我們意欲做什麼的時候，我們行爲好像我們是自由的，而我們的自由是一種解釋，不能以「了解」證明之。自由不是知識之一對象，而爲信仰之一行爲。自由的假設是道德的條件，而意志高出純粹理性之事可於一件事實見之，卽意志能保證「了解」所不能證明者。

二、靈。魂。不。朽。的。假。設。　一切意向的目的是快樂。意志的目的是道德。在此世界中快樂與道德並無關係。人可以快樂而不道德；或有道德而不快樂。因爲人在自由精神的世界中，亦在必然的世界中，正努力於此生求最高之善。最高之善，卽道德與快樂之聯合。此生得此則他生可以保障。然此僅爲一假設而非一證明。當人立志做什麼的時候，好像他是不朽的。

三、神。的。存。在。的。假。設。　信仰向前則必須假設神之存在，祇有神可以保證善與樂的未來的調和，祇有神可以將此世的不公平的賞罰加以是正。當我立志做什麼的時候必以爲神是存在的。

當我立志做什麼的時候，我的意志便創造了我的自由我的不朽，與神的存在。但是我的意志是我的眞存在無條件的則律，所以我對於這些事情的信仰是極有根據的。(註一)

第十一章　德國的惟心論者

康德以後之惟心論　康德的哲學，成爲許多哲學的出發點。近來柏林大學的一位德國教授說『康德的批評有十種解釋，便是現代的十種哲學。』康德的哲學所以有名，正因爲他的哲學前後不連絡。

康德哲學大盛的時候，斯賓羅莎的哲學，亦介紹入德國。康德是破壞一切的批評家斯賓羅莎是獨斷的神祕主義者。他們的相反之點，還不一定是矛盾，不過是互有關係而已。所以康德與斯賓羅莎便成了兩個知識界的中心，即以是而構成康德以後之哲學。以後的哲學家都承認了他

註一　康德的美學是在的斷定之批判上講的，他要設法消弭道德與知識的衝突，此說與失勒大有影響，今從略。至於他的歷史哲學，宗教哲學，法律與道德的關係等項，則爲深研究哲學者所不可不知。今亦從略。

的知識論所受的斯賓羅莎的影響則大小不一。

康德以後的哲學家可以分成幾派第一派有來因賀爾特，(Rheinhold) 費息脫，(Fichte) 色林，(Schelling) 與黑格耳。(Hegel) 這一派破壞康德的自存物的概念而建設一種純粹的惟心論。第二派有海巴脫 (Herbart) 與叔本華。(Schopenhauer) 這一派用不同的方法發展一種自存物的玄學。第三派是舊的吳爾佛派的理性派，此派反對康德與斯賓羅莎的哲學的發展，然而不曾成功。還有一派文學上的浪漫派，他們的作品有許多頗有哲學的精神，斯賓羅莎的影響在這一派中最爲顯著。里希特 (Jean Paul Richter) 是這一種運動的前驅，還有狄克 (Tieck) 華肯諾德，(Wackewroder) 兩位西耳格，(Schlegel) 奴伐里，(Novalis) 還有兩位婦女，一是獨魯狄亞，一是卡洛林，(Dorothea and Caroline) 還有失勒與歌德，均爲浪漫派的重要人物。失勒是一位詩人，宣傳康德的美學學說與道德學說甚力。

費息脫，色林，與黑格耳。 這一派的康德的弟子，若不通曉他們當時的時代，便對他們不能有同情的了解。他們不是在哲學上冒險的人，否則當時時代精神的代表——歌德——便不能將色林與黑格耳同視。他們是時代的反動反對一切外表的系統，以求實現一自由精神的精神界。他們所求的不是想像的，是眞要發見精神生活的主要之點。他們在精神上重新尋求實體，他們的惟一的缺點，是提出他們的原則時太匆忙了。費息脫，色林，與黑格耳都是盡力於同一種運動的。他們想系統地將進化的世界表現爲思想的一種不斷的進化。他們復歸於康德，卻比康德勇敢些。他們想要超過康德所定的思想的制限。他們要解放思想，細細的觀察自身的精神，即發見無限的宇宙的全部。費息脫，色林，與黑格耳等三人雖各以自己的觀點觀察世界，然他們共同參加一趨向精神的自由的運動，欲重新建造玄學的運動，

費息脫之一生及其著作。(1762—1814) 費息脫 (Johann Gotlliet Fichte) 爲康德高足。他與康德不同，一生經歷了許多衝突，有時極貧，有時又因他自己脾氣不好，引起了許多仇敵。他的一生是悲劇的，亦是浪漫的。他幼年頗喜愛道德的與神學的，他克己自制，向着鵝兒講道。他已預備去做牧師，但他所受的大學教育使他終於放棄了這種願望。他成了一個必然論者，要他的生活與他的哲學相一致，雖然自己抑制自己也由他。其次他在耶拿做教授的時候即發生所謂

「無神論的爭辯」柏林紛擾的時候，又轉而從事於愛國運動，本想加入軍隊，以身死未果。費息脫的精神的發展亦與康德不同。康德的精神的發展與他的一生頗相符合。費息脫在二十八歲的時候，讀了康德的著作亦承受了他的哲學，四年之後就創造了他自己的哲學。此後不過向着斯賓羅莎的汎神論的方向畧有更變。康德的主張雖成爲以後一切哲學的基礎，然他一生與當時政治均無關係。費息脫的一生與其哲學頗足以表示他當時的時代精神而其影響之大，卻不如康德。費息脫的一生可以分爲四期，詳述如左。

一、他的教育(1762—1790) 他的父親是一個很窮的製緞帶的人。他年輕的時候，便幫他父親作工，又和人餵鵝。和人餵鵝的時候，有一位慈善的貴人，看他的記憶力奇強，便供給他的教育費，使他讀書。他在來布集和耶拿兩處研究神學，哲學與言語學。後來那幫他的忙的人死了，他又入於窮困之境了。一七八八年在敍利希 (Zurich) 得了一個教師的位置。在此地遇見了柏斯太羅齊 (Pestalozzi) 拉伐德 (Lavater) 與他的未來的妻子，詩人克洛普斯托克 (Klopstock) 的姪女。這時代他的哲學是必然論，是從他所研究的神學與讀過的幾種斯賓羅莎的著作而成的。

二、就學於康德(1790－1794)　費息脫從敍利希回到來布集，以哲學教師的資格幫助一青年學生研究康德的著作。他因此便誠心誠意的信服康德的學說。一七九一年到孔尼斯堡去找康德，將所著默示的批判給康德看。第二年便發表這種著作，偶不經意在第一頁遺漏了著作人的名字。於是人都說是這是康德的重要著作，流傳頗廣。康德於是不得不設法更正，費息脫之名，遂因之大顯。一七九三年回到敍利希與 Fräulein Rahu 結婚，那時她自己的境遇很好。

三、在耶拿的生活(1794－1799)　一七九四年又是費息脫一生最重要的一年。這一年他到耶拿去繼續來因賀爾特，那時的耶拿大學是德國的最重要的大學。這一年他發表他的主要著作 Wissenschaftslehre。費息脫居耶拿僅五年。起初名譽超出來因賀爾特之上，嗣後便引起了許多紛爭。他與學生們和教士門爭辯，於是發生所謂『無神論的爭辯』。於是就有人說他的學說是無神論。他不受這種批評，欺侮大學當局，因以去職。

四、在柏林的生活(1799－1814)　一七九九年費息脫到柏林去居住。起初並不曾有關於學術的組織，但有一部分聽他講演的人表同情於他。浪漫派如西耳格，狄克與西利馬吉爾（Schleiermacher）等均很歡迎他。此時他的哲學系統並無大發展，但斯賓羅莎的影響表現了出來。他講演他的哲學的倫理與宗教的方面，又講演關於政治與社會的問題。一八零八年發表他的有名的告德人文。一八一〇年，柏林大學初建，他就去擔任哲學的講座，然亦僅兩年。因為一八一二年的徵兵，他一定要去，勸阻他也不聽。後來留在柏林在帳棚裏向兵士們講演。他的夫人自動為醫院裏的看護婦，傳染了熱症，她雖痊愈，而費息脫在她病的時候去看護她，却在一八一四年得此疾以死。

費息脫所受的影響　費息脫富於天才，此與他的學說頗有關係。他實在是一位清教徒的改造家。他稟性剛烈，而愛生命，然而亦是一個居心單純的人。凡他所能感覺着的哲學的影響，自然而然的都經他轉而為倫理的或宗教的訓辭以達於人的生活。

影響於他的主張，自然是康德與斯賓羅莎了。然而大思想家如勒星，盧騷，與柏斯太羅齊等在他的初年貢獻給他不少的材料，以後則浪漫派的主要人物所貢獻於他的亦甚多。他的夫人亦是他的能力之泉源，自結婚後，他的目的格外清楚，從前的粗燥脾氣改了不少。然而最要緊的，自然還是康德與斯賓羅莎。費息脫的哲學曾有稱之爲『以康德釋斯賓羅莎者』，亦有稱之謂『惟心的斯賓羅莎主義者』。斯賓羅莎的影響在他一生的兩端發現。最初不過是普通的斯賓羅莎派的一人。他覺着他幼年的神學教育是和斯賓羅莎的哲學想似的必然論。他不信基督教了，但是他很不快樂因爲他覺著忍受不住斯賓羅莎的必然論的主張，卻又不能辯駁。以後他研究康德，得一解決法，覺得仍無礙於斯賓羅莎的主張。因爲康德在受必然律支配的世界之後，仍有一自由的精神。至費息脫一生的末期，因與浪漫派交往之故，復表現斯賓羅莎哲學的神祕主義的一方面。

爲什麼我們研究哲學　費息脫以爲哲學純乎是個人問題。而我們覺得在他所有的著作中，他是與他的本性衝突。他覺得他心中有兩種不同的觀念，他確實知道哲學問題便是因此發生的。一方面是關於物質的世界的觀念，這不過是在必然律之下的我們的經驗。又一方面有個人的意識的觀念這是不能測度的，是自動的。這兩種觀念以那一種爲基本的呢？費息脫以爲一切的哲學的好奇心都是因這種觀念相對待而發生的。哲學的解決與我們的哲學的好奇心的滿足，祇有將這兩種觀念歸於一種觀念，始可達到。費息脫以爲凡欲將搆成我們的意識的自動的觀念歸入必然的系統之下者，都是獨斷主義者。斯賓羅莎便要這樣去做，費息脫便以爲斯賓羅莎的哲學爲忍受不住。然亦有以自動的意識解釋必然的系統的哲學。這便是惟心論。吾人畧一思考，便於必然論與惟心論二者之間有所棄取。自由呢，還是必然的，這是常常在思想家面前的問題。

道德的覺醒　費息脫初年以爲決不能逃出必然論的哲學。逮後得讀康德的純粹理性批判，遂大有所得。他立刻投身於惟心論的一邊。他見到必然的事實是現象，所以是意識的創造。意識不能是必然的事情的奴役。費息脫以爲康德的哲學是一種自由精神的藝術作品。世界不能拘束人，逼迫人。人可以爲世界所壓服，然他可以見到這樣的壓伏不是眞的。他在他的著作 Vocation of Man 上面用自傳體述說個人心意的覺醒與發展。最初則爲所見的世界上的必然的事情所逼迫。嗣乃確信一切事情都不過是顯象，乃更以無實體之存在爲憂慮。至終在顯象之海中發見希望的岩石。他認定義務的無上命令中有一件究竟的，不可覆滅的事實。『你必須』是超乎必然之上的，超乎現象之上的。義務卽我的精神生活的自由。我總有一要作事的義務心，卽此可知我是超越現象的，是超感覺世界的一分子。

若不墮落於懷疑的憂慮中，便必須於獨斷論與惟心論二者之間定其棄取。吾人之棄取，有兩個動機可以決定：一爲理論的，一爲實際的。最初的動機是實際的，但是獨斷論的與惟心論的系統都是很整飭的，所以人對於這兩者之棄取就大半要看他是那樣的人了。如個人有很高的義務心，便一定相信他的道德支配他一切的經驗。自覺的自由便似乎是實際生活的惟一的滿意的解釋。但這時便加上了理論的動機。不論那人所取的是獨斷論或是惟心論，必須理論上使他的世界沒有矛盾。獨斷論者不能以定命論解釋自覺的事實；但是費息脫以爲惟心論者可以用意識解釋必然的事實。

費息脫哲學的基本要義。　費息脫怎樣能造成一種一貫的學說以打破物質的宇宙的必然的事實與自由的意識情態的二元論呢？他是一個惟心論者，他必要重新思考科學的知識。但這要怎樣做呢？他以什麼原則安置在意識的中心點以解釋從前的二元論所認爲表面上的事情的人生的許多問題呢？這裏我們就看見費息脫與他自己的本性的衝突了。他確信眞正的人生的哲學的根本是從意識的研究來的。自我（Ego）的本性是哲學的研究的題目。自我或人格的本質是什麼？是活動，意志生力；不是理知與不變。但是我們能不能追究人格的活動，問道，爲什麼人格活動？是的，因爲他應當活動。我們所欲言的，已盡於此。自我的活力的本質是道德上的義務。「應當」是生活的根本；是存在的究竟的根據。如果問爲什麼有所謂「應當」，惟一的答復，就是應當這樣。有義務所以我和你亦將有一義務。要存在，（要有）則自我必須活動；他活動是對答義務的。這種活動是自由的活動。自我是無條件的，因爲這是發動他自己的本性。所以費息脫談「自我，」「應當，」道德律，或自由等等，他所談的是一件事。費息脫以道德的自由爲玄學的中心原則，然後試以道德的自由重新思考此必然的經驗的世界。他想建設一種一元的人生觀，以自由的道德的人格爲其內部的活力。一元論與自由是費息脫的口號。實體在我們之內；離開我們無實在。在道德的自由的自我是人生的根本。

道樣的一種哲學對於德人的本性的兩方面都可以適應。爲一種玄學則可以適應他們的血裏的神祕主義；而於當時的革命時代的革命的精神與人道主義的精神中可得一實際的回答。起來幹去，實體不是一般人所想像的了。你的環境不過是在你的支配之外的差不多的獨立的存在。實體不是靜止的。重新思考而使之成爲動的實體。實體不是存在，是活動、是自由的活動。這便是費息脫對當時的德人的呼聲。他的學說可以用希拉克利泰的一句話來表明，即「萬有皆變」，惟此所謂變是道德的活動，費息脫以爲哲學的研究是以宇宙爲自由的道德的活動，無處不活動，將我們從二元論中解放出來而參加此普遍的自由。自由較眞理爲高。存在是從行爲中的思想申引出來的，所以我們的存在與我們的環境可以由我們造成的。思想最要緊的是行爲。我們祗可以我們自己的活動來教育世界。

道德的世界。費息脫的哲學是可以用幾句話說明的，他的見解也很容易覺得出來的。但是要重新申述他的意義，却是很難。他以爲康德初期哲學不是眞的康德的，而他所代表的是眞康德。他的態度既是如此，他就不得不做道兩件事。一則不要自存物，一則以道德的自由的自我的活動解釋必然事物的世界。

如我們以存在的中心——活動的自我——爲起點，世界在我們之前如推理之一系統爲自我的活動所創造者。因此費息脫的哲學常稱爲主觀的惟心論。在這般系統中康德的自存物是沒有位置的。一切存在不過是自動的自我的伸張出去的產物，爲其知識之對象。自我活動因爲必要活動，然後思考他的活動。他的活動的知識是有次序的，自感官知覺以至於完全的知識。康德曾以自存物的感覺之泉源。但這不是必須的，因爲感覺不過是自我的活動。感覺是自我的無根據的，自由的活動。感覺似乎是固定的，原來就有的，因爲似乎是從外面來的。然而感覺不過是人格的活動的最低級——是自我的無意識的自限。感覺無所依據，但以其爲自我活動的最下級，所以倒是絕對自由的。既用不着自存物來解釋感覺，自然是無用的了。

費息脫要做的第二件事是要重新考究物質的世界的必然事情的系統。如果我們以意志的自我的觀點看去，則皆爲有目的的活動的產物。總合起來是有連繫的理性的活動的世界，不是機械的系統。自然中的必然是結局論的，不是因果的。必然並不將事情的系統連繫起來，却將每一件事情與活動的自我連繫起來因而連結全系統。試取惟心論者的地位，則必有此思想，即一件事情存在不是因爲有別的事情存在，是要別的事情也可以存在我們既爲道德的存在則有我們的工作；我們是義務的人格，義務便是實體。這些攪擾我們的現象，我們視爲必然的，其實不過是依賴我們的義務的行事的。一件事情的存在，並不是因爲有別的事情存在，是因爲「我」存在。現象是趨向大目的的小步驟。世界不是因果關係的，是自我要完成目的的結局論的法子。歷史與自然是人類爲他們自己的活動所創造的材料。我們不但創造我們人類的戲劇，更創造演作這人類的戲劇的舞臺。『世界是道德活動的劇場』『自然是義務的感覺得到的材料』

神與人。　費息脫視人格既若是其高，則必與神以一種新意義；因爲神是絕對的實體。神非一本質，神是普遍的道德的過程，道德的世界秩序。神是「普遍的自我」(Universal Ego)——自由的，創造世界的活動。我知道在我身上義務是實在的，我的眞自我是道德的作用以後，便要取第二步。我又知道神是普遍的義務，普遍的道德的作用，我是參加於其中的。我們不但是神的分子——是的，我們就是他。絕對的自我在我們的可憐的有限的自我中表現其自身。我們的行爲中，神正活動呢，這是很榮幸的！我們是參加神的戰爭我們勝他便勝。我們的義務是神的鼓角聲。我們發揚他的聲音斯為之人。不論我說是我自己的義務或是世界的道德的意志，都是一樣的。

我自己我的眞自我是什麼？不是這似乎是必然的現象的存在。是永久常存的義務。思考我自己是什麼？便是思考我的義務而思考義務便是思考神。我自覺我的自我時，宇宙的秩序亦自覺至於此點。實體亦得到此點。歷史是此道德秩序逐漸自覺的歷程的記載。有限的自我努力欲成為普遍的。永久不曾完成的義務是一切存在的原則。

後來費息脫的主張便屈伏於當時流行的斯賓維莎的哲學之下。他以神為一自我其無限的動力是趨向自身的。他以為有限的事物是這無限活動的意識的產物。此有限的產物恆模倣此無限的生產者，其模倣並非因無上命令而復產生其他有限的事物，是浸入無限的『幸福生活』道德的實體。 實體既是這道德的發展的歷程，其情狀將自其本身發生而為其自己的創造。世界既是向本身的理知。則亦必自己從他原來的工作中發展他自己的情狀。歷史上的一切行為，依費息脫說，可釋為原來的『行事』。費息脫以為哲學的事業便是要表明此意識的原來的

「行事」所包含的是什麼？換言之要表明自我意識所包含的是什麼？自我意識是實體，所以這就是解釋實體包含什麼？

一、第一，意識常包含關於其他事物的意識。用費息脫的專門的話說，自我安置他自身（因爲他是一道德的歷程）同時復立一「非我」（意識的必須的對象）。絕對『的自我確定一可以分別的自我，更立一可以分別的「非我」與之相對。』我與非我均爲絕對的自我之所創造，而此絕對之我卽係永久無盡的義務或神。我與非我，互爲範圍。是相關的，皆造端於神的自由的活動。所以世界是眞自我的創造，爲其自身的活動的條件者。且創造感覺以爲其知識的原有的材料。世界是義務的材料歸入感官的方式的。我們雖創造物質以爲我們活動之地，然空間的與時間的方式，及其範疇均限制我們的活動。

二、其次，自我自覺其本身中實含有奇異之矛盾。義務原來就是矛盾的。義務驚醒我使我自己知道我自己以完成我的工作，却是又不許我工作完成。要充分了解義務，常爲一相反的制限的非我所限。「非我」於我爲必須，同時又防止自我之充分了解其自身。非我而存在則決不能充分了解我自己。有非我以限制我，故決無完全的知識與義務之完成。義務命令我們使我們完成一項工作，但總使其於某項制下不能完成。道德的進步是無窮無盡的，我們更應滿意此奮進的歷程，而不可安於靜止的狀態。在道德上奮進便是實在；是沒有止境的。什麼是與什麼應當是永久是相對待的，道德的工作與實際的工作亦永久是相對待的，這是看得見的矛盾。三段的歷程是無窮無盡的。第一段費息脫稱之爲絕對的自我的使命中的「正」。其次是「反」，此可於我與非我的相互限制中見之。其次是綜合，有所完成。但仍爲其他的「反」的「正」，如此遞進，至於無窮。正，反，綜合，這三個名詞是很重要的。因爲以後色林與黑格耳都用這三個名詞。

浪漫主義。。。。 浪漫主義是歐洲從一七五〇至一八五〇中間一百年的大運動。在德國則很可以說從勒星到海恩（Heine）中間的一個時期是浪漫派的時代。盧騷與法國革命黨人，屋西恩（Ossian）斯各脫，華茨華斯（Wordsworth），庫列力治（Coleridge），白朗（Byron）希麗，（Shelley）濟芝，（Keats）與華格納等是這一種大運動的代表。便是古典主義時期也是此運動中之一部分。德國的古典主義時期（1787—1805）亦與十七世紀的古典主義不同，因爲已經完全沾染了浪漫的色彩。如果要研究勒星以後的德國思想，應分三期研究 1773—1787 爲第一期 (Storm and Stress Period) 發表的惟美的人本主義與康德和費息脫的嚴肅主義是相反的。

色林完全採用失勒的惟美的惟心論變而爲他的先在的惟心論。他看費息脫所謂理論的理性與實際理性的相反，爲與自我之自覺的與非自覺的活動的相反相同。從理解方面看，意識是由無意識支配的；從意志方面看，無意識是由意識創造的。實際的或意志的自我組織自然世界的產物。思想的人不僅是被動的。因他的道德的自由就可以組成或改變其世界。

但是被動的所見的事情的統系，與自動的道德的意志所變化的事情的統系都不是完全的。人不論爲宇宙之一被動的產物或爲一道德的意志都不是一完全的存在。無論在那種情形下，人永久感覺這種矛盾。因爲人不是全部自動的，亦不是全部被動的。意志與感覺的衝突是常有的。人在藝術天才的「意識的無意識」的行爲中，超越意志與感覺，道德與科學而實現其自我的全分。這是最高的綜合。色林發表他的先在的惟心論以後。在耶拿所講演的藝術的哲學中，應用這種學說，爲此後耶那的美學的先河。康德從前謂天才爲工作與自然相似的理知(Intellect)；失勒謂爲游戲；色林視之爲美的理性爲惟心哲學的止境。發展理性的工具是藝術而非論理。藝術的理性是理性所向的目的。

同一哲學　他發展了他的先在哲學後一年，他就發表他次爲古典主義時期，又次爲浪漫運動。(1795－1850)

文學上的浪漫運動我們已經知道大部分是反抗啓明時期的哲學上的理性論的。十八世紀之末十九世紀之初有許多非常活動的人，他們是浪漫運動的中心，頗有研究的必要。在哲學上，費息脫，色林，與黑格耳均多少賦有這種精神。但浪漫派的哲學的代表，還是色林。

浪漫運動以廣義言雖爲世界的文學運動，然以哲學方面的狹義而言，則亦不難表現其動機。此浪漫派之淵源有三：(一)當時在德國盛行的斯賓羅莎的神祕主義；(二)康德的哲學，時已爲哲學上的權威；(三)造端於來勃尼玆的進化說。這許多動機相結合，乃變哲學爲一種藝術，即爲一種宗教。『生命裏無論什麼單簡的東西內部都與生命的全體有關係』(神祕主義)；其統一之原理為意識之綜合，（康德的哲學；）全體的統一不是機械的是有生命的——許多進步的階段，每一階段，可為全體的縮形（來勃尼茲的哲學。）所以個人為意識於其發展之每一瞬間均可為宇宙的一種宗教的與藝術的表現。

所以浪漫的個人是自己的則律，為無限制的想像所支配，是感情的生物，惟神秘之是趨。浪漫派的惟一的普通義務是不相符合的義務，去表現他們個人的直覺，去實現他們的為我的意志。宇宙而不服從其個人主義的欲望者，則與之挑戰。這樣的個人主義是以使他們對於實際生活的事情膽怯。但是浪漫的同一的系統，希望能為他以前的兩種見解謀一共同的根據。宇宙不是絕對的。是有限制的客觀的我。心亦不是絕對的，雖然是主觀的，亦是有限制的。主觀與客觀，心與宇宙，實在都是一樣的。所以現在的問題是：是否有絕對的我存在？是有的，但在存在的條件之外而無一切矛盾。是最高的條件，無條件的條件。但生活的兩種相反的方面是以什麼為其礎呢？色林以為最適宜的名字是同一，或一致；因為別的字即包含條件。他所要建設的一種絕對的惟心論，色林表現他所受的影響。他的所謂同一，便令我們回想到斯賓羅涉的本質。是內容不會決定的絕對的理性。色林此一轉於斯賓羅莎，黑格耳遂與他分裂，而謂他的同一『晚上牛都是黑的』。色林受斯賓羅莎的影響很深，甚至於效法斯賓羅莎的倫理學的體裁。但他不以主觀世界與客觀世界爲兩不相關的。他以爲每一現象是理想的亦是實在的，依照兩元素結合的度數而有論理的地位。構成現象的是不同；絕對是一致的。色林以磁石爲譬。

在宇宙的系統中以客觀的元素爲重要，在心理的系統中，則以主觀的元素爲重要。宇宙是最完全的藝術品，最完全的機體。神的最好的表現。

色林的宗教哲學　浪漫主義在十八世紀之初在西利馬吉爾(Schleiermacher)的影響下轉而向宗教。此運動的動機以爲宗教的情緒在藝派對於德國人民的結果是很好的；因爲浪漫運動使他們的精神生活較深，且表現個人與他自己，他的同伴，他的同族的密切的關係。拿破崙自詡他的失敗根本上不由於外交與刀槍，而在於德國理想家的抵抗力。

歌德　歌德與失勒，多才復多藝，頗難爲之歸入某一派別。他們自然是屬於廣義的浪漫派的，但以之隸於此就狹義而言之浪漫派，則有所未當。『歌德是詩人思想家；這些浪漫派是富於情感的詩人」讀 Santayana 的 Three philosophical Poets, P.139 ff. 浪漫派與歌德皆欲發見人道的普通模範爲他們的藝術的產物之用。歌德的模範爲經驗世界所無，他是研究出來的；浪漫派的模範皆從內部運化而超越外界者。

然而歌德有許多地方與浪漫派相似。他亦很受了斯賓羅莎的影響，所以竟有人稱他爲斯賓羅莎的哲學的詩人。他的自然觀與其他的浪漫派中人相同的——其階段的進化與個人與自然之合一。但歌德確信人與自然互相改變的時候，眞理斯可以實現。雖然他渴望無限，渴望自有限中解放出來，求取自由須在自然中，而不在自然之上。世界有一靈魂，因爲他可以明白表明人類的靈魂；而達於我們自己的靈魂之法，不是忘棄自然現象，是要解釋自然現象。自然與我們自己的生活都是眞實的。都在前定的規道上運動，然如關係斷絕則都是虛空的。

哲學上的浪漫主義

色林是德國浪漫的哲學上的代表。他表現的是純粹的浪漫的精神。——他對於靈魂與生活全部的精神的關係的直覺，他提高個人的衝動，他將科學與宗教及藝術統一起來。浪漫派的哲學家是浪漫派的朋友，表同情於他們，住在一座城裏，有時還住在一處，是同一精神的家庭的分子。但有一層要記住，浪漫派沒有領袖，各人走各人自己的路。色林哲學的要點是浪漫運動的動機的哲學的陳述。

(一)人的理想是擴張他的靈魂，至與神合一爲[illegible]

(二)無自存物。有限的世界不過是自我的限制。

(三)人與自然世界根本是合一的。人知道自己[illegible]道世界。讀他自己的歷史，便是讀自然的歷史。浪漫派從自然的表面上任拉一幕，在那裏見[illegible]自己的精神。

色林之一生及其著作(1775—1854) 色林著[illegible]十九歲，其中以一七九五至一八一〇年中之十五年著作最富。他和勃克萊一般，多才多藝，[illegible]天才，早年即多所著作。十六歲即發表第一篇論文；二十歲前又著了許多篇關於費息脫的[illegible]的論文，名盛一時，因此而被召赴耶那大學任哲學教授。他的專門著作都有學術的著作的[illegible]一八一二年以後，靜默無所表見。後來看見有人不得他許可便將他的講演發表，他差不多[illegible]意再在柏林大學講演。黑格耳註釋色林的時候，謂色林願在公衆前提出他的思想。

費息脫與色林可以合併研究，因爲他們都是發表康德哲學的一方面。但他們的一生際遇却很不同。色林以爲他的哲學是一種發展，但其連鎖之點是像線索一般的，其故是由於他的奇異的想像與思想的運動。他富於指示力，多用譬喻而少用邏輯；他的辯證與他自己的哲學在我們以前似乎是常在適應的歷程中。色林具有浪漫派的嗜好與見解，及他們的爲我主義與任情的態度。他的哲學比斯賓諾莎的哲學更難說。他是一元論者，汎神論者，進化論者；並行論者，通神術家，信仰自由者，他贊同三位一體之說；這都表明他是個眞的浪漫主義者。色林的自然哲學只有以他那時代對於藝術的嗜好而視爲他的藝術的人格的表現，始可以明白。他對於自然的藝術的觀察的理想成爲他的科學的觀念。實體卽是自然，自然是一件藝術作品，是自己搆成的，自己創新的。色林的目的是要將一切人類的存在都歸入藝術的方式。始以自然爲理性的，後來始漸覺其爲非理性的。

色林的一生可以分爲六個時期。

（一）初期（1775－1797）　色林的父親是距離都賓仁（Tübingen）地方很近的一個修道

院的教師。便在當地的大學裏研究歷史與思辯科學。卒業後在來布集地方某豪族家中做私家教授，有兩年之久。這時他便到來布集大學去聽關於醫學與物理學的講演。二十歲以前便發表了許多有價值的著作。("The Ego as a principle in philosophy"與一七九七年之"Ideas for a philosophy of Nature"均在內。) 因此耶那大學請他去做哲學教授。他很早就深研來勃尼茲的主張，而此時與他最有影響的還是康德與費息脫，尤以費息脫為最。

(二)宇宙的哲學(1797—1800) 色林，因歌德，失勒，與費息脫之力而得入耶那；到耶那之後，纔完成他在來布集時起始著作的宇宙哲學——是補足費息脫的哲學的。(一七九八年作)他是費息脫的同事，後來又是黑格耳的一個好朋友。耶那那時是浪漫運動的中心，鼓動的精神是卡洛林，她是 August Schlegel 的妻子。色林在耶那為講師，是他的大成功；當時發表的著作亦不少。

(三)先在哲學(1800—1801) 他在耶那的時候便感覺失勒的影響。失勒是將康德的觀念與歌德的觀念聯合起來，成為一種惟美的惟心論。色林受了這種影響，便將費息脫的自我哲學建築於一浪漫主義的基礎之上。

(四)同一哲學 (1801—1804) 此時色林又將他的改造過的費息脫的哲學建築於斯賓羅莎的哲學之上。因此而他與黑格耳費息脫的哲學分歧。一八〇三年他與卡洛林結婚，卡克林是(August Schlegel)的離婚妻，浪漫派的偶像。同年應吳士堡(Murzburg)大學之招任教授，在吳士堡地方住了三年。(1803—1806)

(五)自由與神的哲學 (1804—1809) 此時色林的主張受了 Boehme 的影響，漸趨神秘。一八〇六被聘赴繆里希學院。(Academy of Munich)

(六)啓示與神秘的哲學 (1809—1854) 色林在此一時期就著作一方面說，沒有發表什麼。一八〇六年應繆里希之招，除赴愛郎仁(Erlaugen)七年外，在繆里希地方三十五年。(至一八四一) 此特頗受亞利士多德新柏拉圖主義與 Gnosticism (請閱中代哲學史) 的影響。初在繆里希學院有一位置，嗣在愛郎仁大學任教師七年，(1820—1827)一八二七年入新開辦的繆里希大學。一八四一年應召赴柏林以反對黑格耳派的運動，爲德國學院之一員，得在柏林大學講演。現在已經六十六歲了。至一八五四年死。

費息脫與色林之比較

費息脫與色林與浪漫運動的關係我們已經說過了。他們都是哲學家，他們的關係是怎樣呢？費息脫的哲學常稱為主觀的惟心論。用平常的話說，費息脫並沒有適當的宇宙哲學；因為他假定宇宙不過是理知的材料。費息脫以為宇宙不過是理知可以活動的場所。費息脫對於人事所見綦深，對於宇宙之意義却無所陳說。所以色林的宇宙哲學，費息脫是很歡迎的；因為他看見這種哲學很可以他的觀點去發展，惟宇宙仍視為理知的材料的統一耳。總之，色林的哲學較進於費息脫者為：(一)色林加一宇宙的科學於費息脫的「心」的科學；(二)他又將費息脫的惟心論變為惟美的惟心論；(三)屢設法為他的宇宙哲學和他所改造的「心」的哲學謀一共同的玄學的根據。色林的方法與費息脫並無不同；但他的普通的動機却是不同。因為色林以為宇宙必不能視為一活動的道德的自我之創造，而以為必有其自己的存在。費息脫以為思想即係發生，色林以為是重新發生。色林以為經驗與觀察是知識的來源；然却不可謂色林的哲學是歸納的，或者說他從「非我」中引出「我」來，好像自我是從非我進化來的。此時近代的進化論猶未出現也。心意的來源不在宇宙中；反之，心意與宇宙在理知中有一共同之泉源。他們是並存的，是於同一則律下發展的。宇宙是存在的理知，心意是思想的理知。

色林的宇宙哲學。

色林採取康德起初的觀念以爲宇宙是動的——因拒力與吸力之相互動作而有物質。人類的身體就是這種動的行爲的最高表現。世界裏沒有一件死東西。物質是動的行爲的最低的表現；其次爲植物，再其次爲動物，人的頭腦是這種生產的歷程的完成。所以心與物是宇宙中的理知的兩極。萬有都是生之運動。宇宙間的一切事物皆爲此兩極中的顫動，相反而又相關的力的互相動作。用浪漫派的話說，宇宙是轉化中的自我。宇宙是一生活的全體，在心物之中用許多力逐漸表現其自身，繼長而增高焉。

這種的概念與當時浪漫派的要求是正相符合的。以前的物理學家的希望不曾能達到。達爾文還不曾來。當時醫學雖大有進步，亦不能爲機械的宇宙觀增一辭。此時關於電學磁學，頗多發明；而這種神祕的性質似已打破此機械說。活動主義代替了算學。時代的模範不是蓋律雷而是斯賓羅莎。宇宙是統一的神在其中充分的現表其自身。

凡此種種影響均表現於色林的最初的哲學。歌德用詩說的，色林用哲學來說。宇宙固不可以數量描述，更不可以尺寸計量。宇宙超乎數量。是生命力而以有機的生活爲究竟。宇宙是理性生活，不是機械。萬有都有其論理上決定的地位。色林[illegible]當時的自然科學，指明力的結合與其相互變化爲神的宇宙的意志的表現。以結局論的概念補其空處。他與歌德相同，用形態學。他亦以爲宇宙應有一種理性之意義，爲算學所不能有者[illegible]一理性的有目的的意義……他以爲物種是逐漸升高的；但他僅以第一段爲第二段的預備[illegible]爲神的表現。但色林不是近代的進化論者。對於生物的觀念，與近代的進化論是不同的。

十九世紀當以此浪漫時代的科學爲阻礙近代[illegible]地考查的科學，然而十九世紀並不曾能解決這個問題，宇宙[illegible]終須有一理性的解釋。

。。。。。。色林的先在哲學。。。。。。 色林的宇宙哲學以感覺性的解釋爲止。從此處起，色林便要講到他的知識哲學了。三年以後他正要改造費息脫的惟心論——正預備與費息脫分裂——他就大受失勒的影響。此時哲學與文學的相互影響，Weimar與耶那距離很近亦是一個原因。色林便是第一個以哲學表現此新思想的。失勒的學說是一種惟美的惟心論，藝術的作用代替了費息脫與康德的道德律，而爲人生之根本的實在。

失勒之修改康德的道德哲學不僅涉及他的美學的結果，亦提到他的行爲，歷史，與其玄學的全部。失勒的最大的問題是藝術與美的地位。所以他要調和康德的純粹理性與實際理性時，自然乞靈於藝術了。什麽是必須的而又是自由的呢？！美『美是現象中的自由』。美的想像便了解此美的事物，而因爲這樣便超過一切煩惱與經驗的束縛了。藝術的神化之境是必然中的自由。不受道德與知識的制裁。所表現的是失勒所謂的『遊戲衝動』。關於人的教育，康德所貢獻者爲宗教，而失勒則貢獻藝術。藝術足以使情感純潔，使感覺的意志溫和，爲道德意志謀一位置。然而道德意志不是目的，不是止境；因爲藝術不但是教育的方法，亦是目的。如道德與感官之衝突在藝術的情感中消滅於無形，夫然後而有完全的生活。『人只有遊戲時是眞的』。失勒爲這浪漫主義時代所規定的理想便是這所謂『美的靈魂』。當康德的嚴刻的倫理律祇能在感覺與責任處於相反地位的時候始能於人的靈魂中存在時，這『美的靈魂』却不知有衝突，因爲他的性質因他本身的意向而益增高貴。失勒替他所處的時代便表明了這種重美的人文主義，與康德和費息脫的嚴刻主義是正相反對的。桂特却將這種理想做了他立身的原則，並且還用他的著作去代表他出來。浪漫派的人在他們的實行和他們的文學產品上都將這種見解推廣到了最大的限度。如此他們到後來便成了一種文化上的貴族，並且那所謂『倫理上的溫和』在他們身上便也達了極點了。浪漫派的人是和那樣樣事依着規則做的鄉愚極端對立的。他以他自己的個性爲極有價值，而要以他的生平來發展表示他的個性。他以幻想的無窮的游戲來代替，費息脫的倫理律，並且因此便常是怪誕不羈。我們試看西來蓋耳的魯心德便可以知道了。做牧師的西賴哀耳馬罕耳却要想法子保存失勒的教義的純潔。

色林在建設他自己的心的哲學的時候完全採用了失勒的美的理性的論說，並且就把他叫做了先在的唯心論。他以費息脫的理論的與實際的理性的對立爲和那一己的有知覺的與無知覺的活動的對立是一樣的。由理論上講起來或是由領悟的觀點上看起來，知覺是要由那無知覺所斷定的；由實際上講起來，或是由意志的觀點上看起來，那無知覺却是知覺的創造品。實際的或是那有意志的已將宇宙間的產物都改了個樣子。因爲一個有思想的人不僅是反映或轉獻宇宙間的自然產成的事物。他是不僅是被動的。他一定要依賴着他的道德上的自由去改造轉變自然界的種種東西。

但是不拘是被動的領解的，或是由那道德的意志所改造的，這些事物總是不曾完全。不拘當他是宇宙的一個被動的產物，或是當他是一個道德的意志，人總不是一個完成的動物。無論在那一個地位裏人總要常常覺得那一種矛盾，因爲他總並不是完全的被動，或是完全的主動的。意志和感覺中間的衝突因此便常常存在。在那美術的天才的似有知覺似無知覺的活動中間，人纔超出了意志和感覺，道德和科學，並且他纔能領會他的自我的圓滿。這纔是那最高的集合。做完了他的先在的惟心論以後，色林便在他在耶那所講的美術的哲學中間推展施用他的理論，並且後來耶那人士美學上的發展也被他的理論所左右了。在先康德曾經說過天才就是那一種能和自然做一般工作的智力；失勒說他是游戲；色林却將他當做美的理性和那心的哲學的止境。理性所靠着發展的乃是美術不是邏輯。美術的理性便是理性所向着的鵠的。

同一哲學一八〇〇年色林印行了他的先在的惟心論。第二年他又印行了他的同一哲學，希望要替他兩個早先的觀點找得一個共通的根據地。因爲自然不是絕對的乃是一個有限制的客觀的自我；心也不是絕對的，因爲他雖然是主觀的，然而也有限制。那一個已看見了一樣東西以爲不是他自己所以回想過來便當他是那較深一層的己的一種形態。主和客，心和自然，在實際上不過是一件東西。所以我們要問的問題是：究竟這個絕對的己是不是有的？這個回答便是：有是有的，不過是在一切生存的條件之外和那一切矛盾的意見所不能及的地方。他自己便是那最高的條件，那無條件的條件。但是什麼是這兩種相反的人生狀態的基礎呢？色林所能給他的最確當的名字便祇是「同一」或是「無差」；因爲別種名字就要包含條件了。在這種要想建設一個絕對的惟心論上面，色林便顯出斯賓羅莎的影響來了。他的同一彷彿就是斯賓羅莎的物質，這種物質就是那對於一切心理的和自然的現象都絕對的沒有變動的實際，但是那兩種現象的實際也就是他了。這就是那沒有斷定的絕對的理性。因爲色林這樣的傾向於斯賓羅莎的學說，所以黑格耳纔和他分離，並且將他的同一叫做那『使一切牛都變成黑色的夜』，色林到後來所受斯賓羅莎的影響愈加深切以至於在陳說他的倫理學的時候也模仿着斯賓羅莎的形式，但是色林對於那主觀的宇宙卻並不知斯賓羅莎一樣當他是各各獨立的。反過來，他是將一切現象都當做又是理想又是實際的，並且是照着這兩種元素配合的程度各有他合理的適當的位置。差別是形成一切現象的原因；絕對就是那無差，色林以磁石來說明這一點，因為磁石自己對於相反的兩極，無論他的強弱若何，都是沒有絲毫感應。

在自然界中作最重要位置的就是那客觀的分子，在心理界中的卻是那主觀的分子。宇宙是一件最完全的美術品，一個最完全的有機體，並且是那主神的最良好的表示。

色林的宗教哲學　在十八世紀初浪漫主義受了西賴哀耳馬罕耳的影響便帶了一些宗教的趨向了。這種運動的原由是因為那時有一種思想，以為宗教上的情感是埋伏在藝術的下面的。理性祇在宗教中完成。但所謂宗教，非獨斷教義，亦非道德。乃為與「世界之根基」的美的關係，絕對依賴的一種情感。為絕對所浸透之一種情感。Schleimacher　以浪漫主義的眞精神說宗教是個人的事情決非教會的組織。色林就取來成了他的宗教哲學。

色林現在不以絕對爲不偏爲一致，直稱之爲神或無限。他以爲神有許多變形與能力。此時他引進了新柏拉圖主義的觀念說謂爲神對於自身的直觀。爲神與世界之居間物。以後色林又有更變，這種主張在他手中成了一種通神術與一種非理性說。色林返謬里希後，黑格耳勢力卽壓倒色林。色林親見黑格耳在學術界之發展。但他在老年亦很滿意，因爲柏林的學者都稱爲反對黑格耳派的代表。

黑格耳與惟心論之最高點。 這種運動在政治方面，以拿破崙爲最高點（一八一五年在滑鐵盧）在知識方面，至黑格耳而集其大成。黑格耳以一八三二年死，他的知識的王國，便也和拿破崙的政治的王國相同，立刻分崩離析了。但是惟心論的勢力很大。黑格耳在柏林支配德國的知識界，在滑鐵盧戰後尚有十六年；他的哲學亦爲柏林的當局所公認。

黑格耳可以說是將以前的許多惟心論者的線索歸入一系統。他和他們一樣絕對的以康德的知識論爲他的哲學的基礎。他亦和他們一樣，欲以自我得絕對的實在，這就是說他們三人都是惟心論者。但是費息脫的自我的概念還祇成了一半。不能算是絕對的實在，因爲他還有個非我。但是黑格耳認清楚了理性比活動，目的，或意識本身還要重要。他以爲我與非我根本上都是理性。自我若起始不是理性的，則不能知道已立一非我。若要分別我與非我，必有相同之點爲二者之基礎。黑格耳對於這一點最初與色林的意見相同。後來他看到色林不過又回到斯賓羅莎的抽象的普遍。一種神秘的『黑夜』的同一不是實在的，更不能解釋任何實在的事物。不過說絕對的實在是不可知的。生活如此複雜，這樣的一種解決，太省事了。既無意義，亦無實在。不能解釋此實在的具體的，含有意義的事物。絕對的實在必須是普遍的。然而亦必須是具體的。歷史是在工作中的理性。絕對的實在必包括歷史，亦必爲理性。

何以。。。黑格耳今日仍爲康德的代表。。。。。。。。。。黑格耳至今仍爲康德的代表，這也有許多原因。

一、他比別的康德以後的康德派的學問與能力都好些。

二、他自己的解釋是一種事實的解釋。其他的康德以後的康德派所表現的不是眞相，是已經改變了的。黑格耳則不然，極尊崇事實。不夾雜感情在內。他雖然是個浪漫派，他亦是個無所不知的歷史家。

三、他將康德的主張應用於進化論。這是後來經達爾文發表的進化論的運動的開端。十九世紀，人皆預備爲進化論者。黑格耳於此種運動，頗多助力。

四、黑格耳的哲學有一種正宗派的氣息。十九世紀人皆願爲正宗派的基督教徒。黑格耳並不反對以他的哲學去做這種解釋。

黑格耳的一生及其著作（1770－1831） 黑格耳是一個極謹愼的思想家。幼年即謹愼穩當，並無卓異之處。成年之後，聰慧而謹愼。對於反對他的或不如他的則驕之，高於他的未嘗不可擁護。他亦和康德一樣，終身從事於學術，但他所到的大學很多，如祁賓仁，耶那，海特白，與柏林。他在柏林的十三年工夫是很要緊的，不但他的哲學佔優勢，他在社會上與朝庭上的影響亦很大。但是柏林當局之公式承認他的哲學結果上是一種損害，因爲他一死之後，（一八三一）便大失其勢力。黑格耳在柏林是繼續費息脫的，恰巧柏林的當局又將色林請出來以與黑格耳抗。他死之後，門弟子對於其師之說，解釋各有不同，紛爭綦烈。海巴脫亦攻擊他。知識界轉而爲實地之研究與進化論之研究。二十年來他的勢力毫不重要，後來德國大學裏連他的名字也不提起了。然而在英美兩處，頗有勢力。然而卽使在德國，博學亦無出其右者。他的淵博的學識，系統的能力，判別的能力都可以說是他所以有勢力的原因。他的哲學的光耀，在於他的玄學者少，而在於他將這種學說之應用於歷史及習慣者多。人之所以靡然嚮風者不在於他的深奧難懂的辯證，而在於他的解釋；不在於陳說其「絕對」，而在於表明其所謂絕對者，卽宗教家之所渴望以求之者，道德學家所假定者，而歷史家所承認者。於詳細解說他的哲學時恆取事實為例，尤以其宇宙哲學，歷史哲學，與歷史為最。在純粹思想方面的，則不甚顯著。譬如，他在美學上，就是成功的。黑格耳的文學的體裁是很難的，用專門術語又極生硬，採用哲學名詞與尋常名詞但求與他自己合適。

一、初期（1770－1796）　黑格耳以一七七〇生於司士格脫（Stuttgart）一七八八年至一七九三年在都賓仁大學習哲學神學與文學。他的朋友中便有色林和霍德林（Hölderlin）一七九三年至一七九六年在瑞士教書，且深研康德的學說。

二、他的哲學的成功（1796－1806）　黑格耳於一七九六至一八〇〇年在 Frankfort 做私家教授的時候，始建設他的哲學。一八〇一以色林的介紹入耶那爲助教。與色林同輯一哲學雜誌。一八〇三，色林離耶那，他便開始批評色林的哲學。一八〇五年被任爲耶那教授。

三、他的哲學的發展(1806—1831)

一八〇六。著現象學，(Phänomenologie)次年出版。

一八〇七。耶那戰後，大學停辦。他便到彭堡去，(Bamberg)任一新聞紙的編輯。

一八〇七——一八一五。黑格耳在牛仁堡(Nuremberg)的學校裏做教師。至一八一一年，年四十一，始結婚。

一八一二——一八一三。發表他的邏輯。

一八一六至一八一七。爲海特白大學教授。發表他的百科全書，全書分三大部分：(一)邏輯，(二)宇宙哲學，(三)精神哲學。此書至一八二七年復事增修。

一八一八。繼費息脫爲柏林大學教授。

一八三一。患虎列拉死。

實在論神秘主義與惟心論　若要用幾句話來解釋這三種學說，實在是很難的。神秘主義者以爲絕對的實體是可以直接悟解的。然而因爲直接的直覺常常是不會決定的，所以神秘主義者所謂之統一是一種極浮泛而又抽象的東西。自然神秘主義者還是認爲實在的。這樣的實體在『自然世界』中是不常找得到的；因爲自然事物雖然是暫時的。是確定的，神秘主義者的實體世界是在內的；所以神秘主義者以爲神是在靈魂之內去尋求的，是與感官世界的不實在相反的。祇有一實體，便是在靈魂之內的；其餘皆爲幻象。實體是以直接知識而得之者，非以論理的歷程而得之者。神秘主義常與惟美學者相合；愛神之愛與愛一種藝術品之愛，正復相似。實在論則比神秘主義易於解說。不過以爲有許多實在，不互相倚賴，亦不倚賴此思想的心而已。實體不是單一，是許多獨立的東西，亦均不倚賴此思想的歷程。這種實體是有限制的。對於惟心論則我們對於他們的知識是思考的一件確定的事；但對於神秘主義則這樣的確定的知識是證明他們的實在的。

這可以用 $1+\frac{1}{2}+\frac{1}{4}+\frac{1}{8}\cdots\cdots2$ 的級數來解釋。試令"2"爲實體或此無限級數的意義，無論推

到那一點，決不能至於"2"又試令此級數本身代表現象的宇宙的固定的歷程。實在論者說。祇有這依次遞增的級數是實在的，"2"是不可知的。實在論認為此級數是斷片的不完全的，但這是十分確定的，我們亦祇能做到此點。至少是實在的科學的，而科學知識的究竟是屬於可得的界域。反之，神祕主義者以為準確的知識所得的不過是變易的現象的，準確的知識是虛幻的。我們既不能以感官知識得到實在，何必費事呢？實體即在此處——我的自我。神祕主義者以為分數的無限級數不是實在的，因為是不完全的。理想的"2"可以直接的與直覺的知識得之。總結起來說，實在論者於為無限的級數是實在的，神祕主義者說"2"是實在的經驗的分數是不實在的。

黑格耳以為實在論與神祕主義均不足以解釋世界與人生。真實在的必定要不但確定，還要包有一切。不完全不好，太浮泛亦不好。又要是"2"又要是達於"2"的無限級數。真的絕對的實體必定要能解釋一切的事情。因黑格耳的惟心論的解決，實在論與神祕主義均已安置於不甚重要之地，而人生問題乃益加重要。

黑格耳哲學的基本要義　黑格耳以爲費息脫與色林均太近神祕主義，不足爲此大時代之代表。他自己的哲學是浪漫運動的最後一聲，對於康德的知識論表示一種尊敬。他的哲學確信每一件單純事物與生命的全體有一種內部的關係；很可喜是以進化論之說解說此種關係。黑格耳看當時的題目看得很清楚；宇宙必視爲一有機的統一而又必須包舉一切現象——生命的一切變化與矛盾。

黑格耳的學說以兩種基本原則爲基礎：(一)世界爲一統一必以理性解釋之；不以意志，(如費息脫)亦不以知識的直覺(色林)。黑格耳直回到康德：解此問題的機具是人類的理性。世界是人類了解的表現。然而他比康德更進一步，因爲康德謂理性對於超自然的無所知。黑格耳則以爲無所謂超自然的，因爲一切都是理性的。(二)理性的世界根本上是矛盾的。矛盾與不整飭是進化說的基本要義。科學上與平常的人類的問題，我們所求的結果是論理上整飭的實際生活則立志以求實現。科學上則欲將此世界納入一算學的公式。政治上則要實施我們心愛的學說。這都是有用的，但所謂整飭不過是外表。非生活的實在性質。不合宜，不整齊，與否定，在實際生活裏確實是有的；如我逕去考究思想的性質，其本身，我們就可以知道他的主要的性質便是不整齊。爲什麼我們要以思想爲自身連貫的歷程呢？因爲形式倫理的方法是這樣，而形式論理又是假定爲思想的科學的。殊不知此不整齊乃爲思想存在之必須。所以現在的問題不是理性的宇宙的全體能否認爲整飭的問題。現在的問題是，他的不整齊的則律是什麼？

這便是黑格耳哲學的兩原則，試更詳論之。

宇宙的統一。浪漫主義的進化的汎神論——一切的單純的事物內部皆與生命的全體有關，所有的單純的事物以相連的階段表示此全體之內容——到了黑格耳手裏便成了一種進化的汎論理主義(Panlogism)成爲宇宙的理性的哲學。許多舊說復表現於黑格耳的學說中。例如他堅持理性爲世界的生命；因此理性即構成單純事物與生命全體的內部的關係。黑格耳亦說宇宙的理性在人的靈魂中亦有動作。此亦是一句舊話。黑格耳將舊的理性的概念從神學的束縛中解放出來。他雖然稱理性爲精神，爲神，爲觀念，然理性不過是一種非人格的，論理的，宇宙的歷程，包括一切，計劃之而支配之。人的靈魂與事物的本性中有一種支配他們的內在的與必然的論理。雖有經驗上偶遇之事，然仍可使本身確實發生結果並不顧及人類的意志。他創造一切矛盾，一切不整齊，及主觀世界與客觀世界的問題，但不過是解決這些問題。所以說我們想是不對的，思想在我們內部進行。生命卽是邏輯，生命的研究卽是邏輯。

如果我們看清楚了所謂『進化的汎論理主義』是什麼意義，黑格耳的浪漫派的精神，我們就可以知道黑格耳的哲學，爲什麼常稱爲歷史的。現代的黑格耳派的學者，全部認定他個人的概念沒有他的歷史觀有興趣。他的學說常爲人所誤解；但他對於歷史學的貢獻是極可貴的。他以爲惟有研究民族的意識的發展可以表現理性的眞性質。民族意識在個人發展之上造成一種歷史的結構，所以人類應當研究的，不是「人」（謂個人）是人類。雖然黑格耳並不曾確定研究歷史卽可以表現絕對眞理，然而他相信歷史是絕對在人類經驗中表現的方法。無論那一種生命都是有意義的，因爲都是歷史的發展中一步正當的路。割裂的分離的事情，不是是全部的眞理。簡直不是眞理。僅以其爲事物的歷史的論理中的一部，其意義亦止於此。黑格耳決不曾說所有的事情理性上都是確實的。當他說『凡存在的，都是理性的』這句話的時候，他的意思是說每一件事情在一連貫的全體中是一件事情的，始有其理性的意義。——是一「統一」中的一件事。實在的是理性的理性的是實在的。但如將一件事從他的歷史的關係中分開來便毫無意義了。

這就是黑格耳與浪漫運動的關係。但是他的哲學與康德有什麼關係呢？我們記得康德的範疇的演繹是很重要的；但是黑格耳對此並無所討論。他的浪漫主義是一種範疇的哲學。他的歷史是前進的範疇的運動。但是康德之所謂「範疇」，與黑格耳之所謂「範疇」意義大有不同。康德將思想的範疇限制於人類「了解」，所以他創造了一種知識論。反之，黑格耳將範疇普遍化了，成爲宇宙的動的方式。康德謂之先在的者，黑格耳謂之玄學的。這就是黑格耳在海特白反對胆怯的知識論的演說中所宣言『眞理之勇敢』的意義。因爲如果世界的實體是自覺的理性，則範疇當然不僅爲思想的方式而爲「存在」之變化。比康德所假設的更要實在。頗似中代經院哲學的『本質的方式』，惟此爲動的而彼爲靜的耳。不僅是列舉的，是有歷史的關係的。黑格耳的範疇亦頗似經驗科學的範疇，惟此則爲活動的作用，不僅爲普通的名詞。況且黑格耳還加上好些經驗的範疇中所無的如『存在』，『本質』，『總會』等等。須知黑格耳的哲學不出乎經驗之外。他的範疇是玄學的，但決不是超越的。

所以黑格耳的主張，以爲範疇同時是思想的方式與模型，而又爲永久創造的階段。知之歷程與宇宙的歷程是相同的。邏輯是「存在」的譜系。我們的抽象概念不是隔離的思想，亦不是較大的類名的小分。是我們可以在一動的統一的發展中了解的事情。所以我們對於「絕對統一」（神，精神，觀念）是一種論理的總念或概念，而不是一種知識的直覺（如費息脫與色林）「了解」的作用不是要知道世界必定怎樣，是要研究世界的性質與其究竟。概念在「了解」中的論理的發展即代表事物之發展。

然而黑格耳所謂搆成世界的統一的「絕對觀念」，究竟她什麼意義呢？他用了三數個名字——神，精神，觀念——其門弟子的解釋亦各有不同。

黑格耳的「絕對」比斯賓羅莎的神更有汎神的意味。絕對即是萬有。（Das Wahre ist das Ganze）使絕對而不超越全體，則怎樣能描述他此互相關聯的分子的統一，此宇宙的，「絕對的理性」（此爲普遍的必然）是宇宙意識之入於其本身。雖然有他的概念的必然，還是一精神的個體。是人類的綜合意識普遍化了。人類理性的範疇已成爲宇宙的而爲有機的發展。在他們的發展中絕對的統一更爲堅合因爲絕對是漸漸的自覺其本身。此概念的發展可稱爲自由，然非意志之自由，乃爲理性之發展。黑格耳的「絕對」不是一無生機的，抽象的共相像斯賓羅莎的本質一般沒有內容的。這是我們第一次有「具體的共相」的概念——一普遍的概念以世界爲其內容者。祇可以意識的綜合始可想像此具體的共相。惟有此是眞的。是個體的是統一的。這是黑格耳對於玄學的永久的貢獻。黑格耳以爲實體是絕對的宇宙的精神以他自己的活動而自己發見，自己應用的。黑格耳使我們知道世界如一個人的自我意識，一切發展均爲其內容，因而對本身與我們均愈加重要。

宇宙的則律。絕對旣爲一綜合的發展的意識，則爲他自身之發展必有一則律。我們解釋絕對的統一時，必須畧述此則律的性質因爲黑格耳以爲此統一的世界是發展的世界。如果如前所說，黑格耳的哲學是浪漫主義的理性化，則他的思想的漫浪的元素——宇宙發展的階段的則律——將搆成黑格耳哲學的第二方面。

宇宙的進化是全體發展。生物的進化是局部的；而對於此一種之成長卽彼一種之破壞的事實，亦未加研究。以發展爲一種沿一向上的直線的歷程，或爲一無限的幾何級數。並不曾從一普遍的方面觀察自然，亦不知局部的破壞卽等於建設，反動亦等於動作。然而此破壞，墮落，與相互的退步亦爲絕對理性的發展的部分。所以這種發展必不能爲論理上矛盾律所限。精神分裂開來，從本身發現一與本身相反者，然而再以這個反面的成一新結合。論理的矛盾與綜合的勝利——自此範疇至彼範疇繼續地自新——存在，否認，超越——在本身，出本身，返於本身的歷程；凡此皆黑格耳的宇宙律的浪漫的解釋。至理性完全了解自身始達於最高之點。生之則律——相反律——是死以求生，生復以死，死復以求生……。直至吾人知此卽爲生之意義。

我們在此處不能詳細考察黑格耳的三分的進步。任何三分中之任何分子如從內部看去則均表示此歷程之全部絕對的觀念因與本身分始與本身合；（一）邏輯中由存在，本質，與觀念；（二）宇宙中由物質，個體的方式，與機體；（三）精神中則由意識，自我意識，理性，正義，道德，社會道德，藝術，宗教，與哲學。邏輯是精神在本身；宇宙是精神出本身；心意是精神返於本身。

凡有限的現象目的均在本身之外；而性質上又均爲全體之所必需。較先的許多階段的結果決定以後的各階段；而內容却永久是一樣的。破壞外表的存在所破壞的不是重要的，反之，相反却是必需的。黑格耳的哲學是『欲將能力不的滅律推廣到精神界的大企圖。』存在的價格是不可磨滅的。是達於最大的價值的眞理的必由的步驟——凡有限的眞理皆有其反面。宇宙律便是相反的原則。是矛盾的聯合中的三分的歷程。在黑格耳手裏，矛盾即是宇宙的調和的原則。『現象起伏變化，而本身不變，本身存在。』人類意識的則律是如此：假定任何主張的眞理。苟細加査察則確定不但本身有矛盾或相反之點，且可確定其以前之確定與其矛盾之關係。眞理即在此確定中，此確定乃超絕此兩相反之點者。宇宙意識之原則亦復如此。意識的則律強使歷史反對其自己的確定，又達於一較高的確定愈了解其本身，直到絕對觀念的知識爲止——絕對的眞理是繼續的矛盾。

。。。。。。。
黑格耳的哲學的應用。

黑格耳的學說成於一八〇〇年，以後則竭力發揮其意義。現象學是表明經驗中的思想的自然史的。他表明心意所經過的許多階段，至於個人的發展與社會——

與邏輯的階段相同。在三分的運動中，意識從外表看世界至自覺而已；然後理性的進化乃如此兩者之綜合：即外表的意識與自我意識。理性然後繼續的反於本身至於一倫理的，宗教的，最終至於一絕對的理性。以後又著論理學。又著他的百科全書。有宇宙哲學與精神哲學。他在宇宙哲學中，宇宙亦是認爲表現三分法的。宇宙爲邏輯的反面。精神哲學中以心爲邏輯與宇宙的綜合，謂有主觀心意，客觀心意與此二者之綜合或絕對心意。所以他的三分法亦是應用於宇宙哲學與精神哲學的。

第十二章　自存物的哲學

海巴脫與叔本華　在黑格耳未死之前已經有很強烈的反惟心論運動。十九世紀之初有一種感情，以爲康德的學說在惟心論者的手中不曾能充分發揮。康德晚年已經反對他的一部分的『假弟子』，他們不是專門的哲學家，是政客們與官吏聚集起來研究康德的，便在惟心論極盛時代也是如此。海巴脫便是一位著名的實驗的心理學家和物理學家，他亦去研究康德。叔本華是十九世紀的特點的神祕主義與悲觀主義的最初的代表。在華格納（Wagner）的音樂中，易卜生的文學中與哈脫曼 (Von Hartmann) 及尼采的哲學中都要表現的。海巴脫與叔本華一樣，都注重康德的自存物。然而兩人對於浪漫主義的精神，仍是沒有違背，因爲他們不能將他們的主張建設在教育心理，或藝術上，非建設於一玄學的基礎之上不可。

海巴脫 (Johann Friedrich Herbart) 海巴脫自稱爲『一八二八年的康德派，』他說他已將康德的主張進前一步，因爲他表現他的主張的心理學的基礎。他堅持以分析法爲惟一的眞方法；他指摘費息脫，謂欲從一單純原則以演繹一世界觀，實在是不可能的事。一無所不包的原則可爲一哲學之結論，不能爲一哲學的前提。所以他的思想便絕對與惟心論者的一元論不同，與 Schleiermacher 亦不同。海巴脫依據經驗認爲有獨立的實體存在。他不能滿意於惟心論者的先天的理論，開始即否認自存物之存在者。反之，海巴脫以爲哲學最要緊的目的是自存物。他深深的受了存在的問題的印象，他以爲如果要解釋，則必須走科學的路，尤以教育學心理學爲最。海巴脫的科學方法是機械學；實在論 (Realism) 是他的方法的結果。

海巴脫最初一八〇二年在葛丁仁 (Göttingen) 教學的時候他的計劃是將各科學的概念

化複雜爲簡單概括的定哲學之範圍與意義。因此他(一)改造實在論，(二)保存矛盾的原則，與(三)將科學與哲學建設於同一基礎之上。十九世紀的哲學學派中以海巴脫學派爲最多，爲最堅固。黑格耳的態度將許多思想家趕入科學的路上去，於是大部份都跑到海巴脫這邊來。

實在論　海巴脫與希臘的懷疑派和黑格耳相同以爲實際生活中的概念都是自相矛盾的。如附着，變易，繼續等概念。懷疑派謂無所謂實體，思想是不可信任的。黑格耳則將矛盾加入他的絕對的概念。海巴脫則異乎是，他承認經驗的矛盾，但他以爲經驗若是自相矛盾的，就不是實在的。這是他的哲學的根本原理。

經驗中的自相矛盾，可見不是實體，乃是現象，更可見還有實體作他們的根據。這便是海巴脫與康德的不同之點。康德從現象的相對性推到內在的統覺的綜合的統一，而自存物則爲不可知而又不可減的賸餘。海巴脫則從現象推到外面的自存物的存在。

現象所表示的是一種獨立的，客觀的實體，而不是一思想的主體。康德以爲現象是靠着意識的創造的能力而存在；海巴脫否認意識有創造的能力。他說現象是靠着多數獨立的「實在」而有的。卽那些範疇和空間時間的法相亦不是天賦的綜合的法相。這些都是獨立的「實在」間的關係的結果，這些「實在」便是一切活動與存在的泉源。康德歸於意識的一切獨立的作用，海巴脫都歸於自存物了。

許多的「實在」與自然現象　要免去經驗中的矛盾，我們必須要安置多數的「實在」以解釋現象，認現象爲「實在」("Real") 間的關係的結果。「實在」在「知識」的空間中存在，故不爲任何現象所限制。他們有『絕對的地位』，可以同時佔有空間中之一點；他們的多數並不是說他們是互相限制的。

「實在」的關係有二。一是實在的關係。『他們在知識的空間中來往。』這實在的關係是我們所不知道的。人類的知識完全由於他們的外表的關係、他們在現象的空間中的關係——如附着，變易與繼續的關係。現象的關係是『偶觀』(Contingent Views) 他們有一種半存在，構成此經驗的世界，或者說是表現於我們的世界。

海巴脫的心理學——靈魂與心理現象　凡「實在」均有其一種作用，就是自保。因「並存」而有擾亂，爲內部的反動。「靈魂實在」像別的「實在」一樣，也要自保遂發生內部的反動。其本身雖不可知。但我們能直接知道他的表現。心理學就是研究「靈魂實在」與其反動的科學。「靈魂實在」與別的「實在」的衝突，就發生心理現象。所以意識與靈魂不同。意識是靈魂自保的行動的總合。意識是心理情態的總合。並非靈魂所必須。然而隔離的靈魂並不思想；無意識情態。必有許多實在始能發生意識。

所以我們的知識基於觀念，觀念是別的實在攪亂靈魂實在的結果。這些觀念生活於靈魂中。觀念亦互相擾擾互相止抑，敘述我們心理生活卽敘述觀念的相互的奮進。觀念間的奮進的改變每觀念的強度。一觀念之意識與其強度是有比例的。凡觀念強度最低時正在識閾（Threshold of Consciousness）之上，還是實在的。在識閾之下時，則變爲一衝動。原始的觀念是感覺。此非事物之印象，而爲靈魂企圖自保之原始的動作。其他一切心理情態如記憶，相像，情緒，與意志均各爲觀念奮進之一種。情緒與意志是遏抑的奮進。感覺之來感覺之相互動作可歸入一機械律，所以海巴脫以爲心理學是『觀念的靜學與機械學』，必須用算學的法子來研究。

海巴脫對於近代思想的貢獻便是他的心理學。近代思想雖不會承認他的玄學，但他的心理學的影響是極大的。他是舊的『能力的心理學』的致命傷。將心理學安放在與自然科學同一的基礎上，這是他的功勞。海巴脫以爲心理學不是討論靈魂的性質的，因爲那是不可知的。是研究意識的內容的總合的。不是研究心理的功能的，是研究心理的元素的。他將心理學歸於一種原子論，像別的科學一樣，從神學中解放出來。此即近代心理學之權與，海巴脫所貢獻於心理學的。海巴脫的學說在近代教育學說也有很大的貢獻。環境對於心理生活的影響，心理生活之發展說，教育的科目的『預備，表現，聯合，系統，與應用』的自然的方法，各科的相互關係——都見於他的心理學中，是很有價值的。

叔本華及其在哲學上的關係 海巴脫的實在論將康德所說的自存物解釋爲多數的實在；叔本華的神祕主義卻以爲實在是單一的。由此可知表面上完全不同的學說，其來源卻或者是一種學說。海巴脫與叔本華都以爲意識是自存物的來由。

我們要明白叔本華，最好將他與黑格耳對比。黑格耳以爲宇宙的歷史的發展是理性的努力，努力以達於本身。叔本華亦以宇宙的歷史爲不絕的努力然却不是理性的努力。黑格耳能將宇宙的歷史看成一種有研究考察的價值的發展。反之，叔本華對於歷史毫無興趣，因爲他以爲宇宙不能是一種發展。黑格耳以爲現象是宇宙的努力的一種密切的分子，因爲他們是宇宙的理性。叔本華却以現象爲一非理性的意志的表面的幻象。

叔本華爲歐洲第一位理論的悲觀論者，爲十九世紀表示其主要之點。黑格耳未死之前，黑格耳勢力甚大但現在則叔本華的勢力要比黑格耳大得多。一則由於其文學的體裁，一則由於其學說的內容。十九世紀悲觀論盛行，(一)則由於工業的問題，其中有許多關於倫理的問題，(二)則由於脫離了舊宗教的維繫。一般人的意見都借叔本華的哲學而表現出來，他的學說的代表亦甚多。

叔本華的一生及其著作。　叔本華是常願隔絕人生的一種天才。一生落寞，日趨悲觀。便在他父親家裏，也覺着自己是個外人。父命習商，這是他很不願意的。他父親死了，他母親叫他到威馬地方去。叔本華神經衰弱，性與人殊。但這並不爲奇。祇要看他的家庭便知道了。他祖母瘋狂，一個叔叔瘋狂，又一個叔叔是癡子，又一個叔叔有神經病，他的父親又是自殺的。他是天才，開花頗早。他的兩種重要著作都是在三十歲前所著。

叔本華在一八一三年至一八三一年間爲他的創作極盛時期。一八一三年在杜林琴林(Thuringian Forest)中著"Fourfold Root of the Principle of Sufficient Reason"那時別的德國青年正在和拿破崙打仗呢。此書後經承認爲耶那大學博士論文。自一八一四至一八一九年他住在特列斯登(Dresden)著意志與觀念之世界(The World as Will and Idea)全書分四部分：(一)知識論；(二)意志之方式；(三)解脫意志之藝術；(四)解脫意志之道德。一八二〇年在柏林大學爲助教。他祇做了這一年教師，却是失敗了。

叔本華所受之影響。 叔本華所受的影響有三：(一)康德的先在的知識論（他自稱爲康德的眞弟子）；(二)柏拉圖的永久的觀念，以爲解脫意志之途；(三)印度的倫理的神祕主義，且證實其悲觀主義。

叔本華在歐洲哲學家中是特出的，因爲他否認啓明時期的一切，即對於啓明運動發生反動的盧騷，亦是啓明運動的精神的一部分因爲舊哲學與舊神學的假設都以爲存在是調和的。叔本華則直認存在之憂愁與紛亂而推論謂存在根本上是非理性的。然而我們要知道叔本華思想的來源不僅在歐洲本土。從前所研究的哲學家，思想之淵源完全是西方的。而叔本華却還夾雜了東方的元素。浪漫派又發見了東方主義。十九世紀之初，歐洲學者便有喜歡研究印度的。叔本華因歌德的朋友美野（Fr. Meyer）的介紹而讀印度哲學，讀拉丁文譯本的優婆尼塞陶；(Upanishads) 這與他的學說的發展，頗有關係。

他對於基督教與佛教的原理都很讚美，因爲他們所需要的是對於一贖罪者的信仰而非對於創造者的信仰。基督教無原來的玄學，但佛教以其有玄學，故叔本華認爲格外重要。不但是悲觀論，更是悲觀論的哲學。

意。。志。。世。。界。。與。。觀。。念。。世。。界。。叔本華說道『世界是我的表現』，這是康德的知識論。但此表現在外界無相同的實體。是我自己的主觀從『充足原理』所創造的。有四種根基：論理，因果，算學，與意志活動。『現象世界是我的觀念』，他在意志與觀念之世界上面說道，『這是凡有生活能知道的都能適合的眞理』祇有人能思考此眞理。當人起始認此世爲理想的建設時，便也起始研究此世界以後的實體的性質了。海巴脫亦是以此爲起點的。但是叔本華有一點與康德不同，他雖然與康德意思相同以爲自存物不能以觀念或推理了解。但他以爲自存物是可以知道的。觀念世界是顯象的世界，但我們可以直覺知自存物——『天才之注視』。直接知識的確實使我們知道我們的間接的知識之缺點。卽最完全的推理的與間接的知識，如科學亦是在因果律之下，而不能表現絕對的事情的。科學決不能入現象之下。

如理性祇表現觀念世界。則直覺所表現的是什麽？自存物由直覺所表現的是意志。人最先知道他本身有意志。意志是我們中間的實體。我本身以內的實體的表現便可推到外界的實體。我的意志在別的事情上遇着抵抗。意志的永久的努力在各處表現。一塊石子落地，金鋼鑽的結晶都有所表現——卽物質的一切機械的運動。『百川入海的衝動』，磁石所指的方向，植物之永久的成長，動物的衝動，都足以表示世界的實體根本上是意志。世界的實體卽是意志。此意志是同一的。祇在『觀念世界』中有相異處表現。意志是普遍的獨一的實在。不同是幻象，而祇有人有的理性亦是不同點之一。

意志世界與觀念世界的關係不是因果關係，但是觀念世界是意志世界的客觀化。意志與現象如本質之於表現。意志是一切事情以內的自由；然而一切事情得有觀念的形式便已受支配了。祇有一意志，所以世界的實體是統一的。本質上一切都是一樣的——表面上是不同的。意志無內容；立志以立志——以生活——以爲實在。意志的汎神論裏，觀念世界是幻象。

非理性的實體的意志　叔本華以前，歐洲的神祕主義是一致的。無論怎樣，背後皆假定爲有一理性的實體在。幻象的本身確足以證明別處還有一支配的理性存在。中代教會中人士常宣傳一種神秘主義，以爲脫離『世界，情欲，與魔鬼』的幻象是因爲在天堂裏在神那裏可以得報酬的。叔本華現在的神祕主義却是另外一種。這是沒有地方可以避免幻象的。這種觀念在東方是很普通的。但在歐洲，叔本華的學說是統一的，將神秘主義的宗教的元素都剝去了。信仰是取消了，因爲無實體爲其對象。理性祇能發生一虛幻的觀念的世界。意志是實體，但僅爲一盲目的逼迫——一本能的盲力。事物的本質無目的努力生活。生活是意志的絕對無理性的表現。是無對象的意志。宇宙是意志的客觀化，永久的創造自身，亦永久的不滿足，不安靜，不快樂。

觀念世界之苦痛。 意志的根本的非理性表示觀念世界是絕對煩惱的悲觀論的失望是從意志的本性來的。因爲叔本華的悲觀主義不僅謂生活的顯象是虛幻的，便是實體自身亦是非理性的。觀念世界便是這種惱煩苦痛的客觀的情形。意志的來源是欲求，欲求是從痛苦發生的。而我們的欲求能滿足的也在極少數。一個人有的許多別人或者就沒有。況且我們的欲念歷時彌久，而其滿足則一瞬間事。如同給乞丐飯吃，今天他是活了，明天仍又墮入此煩惱苦痛之境了。我們欲求無厭故永久的安寧終不可得。有限的世界又不足以有無限的欲求。生活之要求與滿足永無相等之時。生物之最大苦痛卽爲有生；人之苦痛尤千百倍於其他生物。生活卽是從意志到取得，又到意志。取得的意義是新的努力，而意志却永無滿足之期。生活是無意義的。苦痛是正面；快樂是反面，不過是暫離苦痛而已。

解脫之途。 人生既煩惱苦痛，爲什麽不放棄生命呢？叔本華所貢獻的途徑是一種躲避，而不是尋着一個所在。但躲避不是自殺，因爲自殺的行爲是確認意志的最大的行爲；依佛家說，自殺的靈魂不過經輪迴而重生爲別一種方式的意志。叔本華有兩句話表明人生的兩種態度，是很重要的（一）若是人祇是觀念世界的一部份，他是『確認生活的意志』；（二）若欲求解脫之途，他『是否認生活的意志』。自殺是一種確認生活的意志的行爲。

求解脫是要否認意志；但是如何否認意志呢？我們的本質是意志，所以這問題應當是意志如何否認意志呢？這個問題已先假定有一種先在的自由，可以有兩種法子取得：一是暫時的自由，一是永久的自由。

一、意志的暫時的解脫可於藝術中求之。藝術非所用於特殊的方式，藝術所注重的是永久的表樣（柏拉圖的觀念）。藝術將一種永久的東西隔離於世界變化之流之外，在一切時間，空間關係之外。不但是將他的對象離開了觀念世界，並且將那思想者挪開。以此而思想者與被思想者合而爲一，思想者可暫時得救，因爲他已在一切欲望與苦痛之上。但是這種解脫法大多數人是不行的，祇可由少數具有藝術的想像的人有，但亦祇是暫時的。叔本華以爲最高的藝術是音樂，——且在詩上——所以叔本華派多音大樂家，這是不足爲奇的。

二、但藝術祗可以暫時解脫。還有一種先在的自由的行爲可以使人得較完全之自由；但這種行爲是一件神祕的事，因爲已完全將我們的性質改變了。這種行爲一定是超自然的，教會謂之新生與恩惠之工作是對的。完全的解脫是道德。

凡承認這兩件事的，始可以永久躲避意志。一則承認一切尋求快樂的事都是無益的；一則承認凡人都是意志的表現。得有這二重的生活觀，即含有與別的人在煩惱苦痛中的同情心。同情是惟一的道德動機，根本的倫理的感情。如我們見他人受傷如同我們自已受傷一樣，那時我們的意志是道德的。但同情不過是消極的，並不能移挪病源。煩惱苦痛依然存在，我們的同情僅改變其方式。即使我們的同情達於全世界，而此無止境之悲劇一定還是前進的。

在道德的解脫中，同情可以絕對否認而完成，但此必須禁欲，死亡，並完全抑制一切欲望而後可。印度的 Sannyasi 便表示這條路。(註一)這是意志的神祕。但叔本華以爲我們充滿了意志，絕對的禁欲主義未必辦得到。至終他說即使我們可以完全禁欲，其結果即爲虛無。『我希望在你的虛無中得着萬有。』叔本華以爲他自身不能解脫，卻沒有說他人不可以解脫。他以爲即使禁欲亦未必能絕對解脫。祇有靠着藝術與科學，或者可以有時戰勝意志。

第十三章　十九世紀的哲學

導言。時代的距離愈近，則一切的事情愈成爲記事而不成爲歷史。現在我們所處的時候沒有所謂歷史，因爲一件歷史的事實必須從未來與過去的兩方面看。現在的事情，祇有一樣背景就是過去。歷史的事實必須有兩個背景，有過去亦有將來。

所以依我們的眼光看去，十九世紀祇有許多哲學家。思想之流愈不淸楚，判斷估定他們的價值亦愈難。從我們現在的眼光看十九世紀的思想系統似在永久流動中有的完全成功了，有的分裂了。哲學家各人走各人自己的路，只聽與他有同情的人的話。差不多沒有內部有關係的學派。祇有時間是眞正的歷史家，但是時間還不曾細細的篩過現代的材料。

一、十九世紀與近代的各時期比較起來，思想似不甚發達。其精神的興趣已陷入科學與實

註一　Saunyasi 是印度的宗教的一種派別。

際生活的要求中單獨的系統祗及思想的邊緣，而不及其中心。正爲文藝復興是對於「新宇宙」有興趣，啓明時期對於「新人」有興趣，德國哲學則致力於人在他的精神的環境中的問題，所以十九世紀卽致力於人在他的物質的環境中的問題。十九世紀中葉，興趣最濃。至十九世紀下半，各種特殊科學覺得有覓一共同根據之必要，於是就有返諸康德的呼聲。然而十九世紀全部，無論在那一點，實驗的發見與發明的壓力，隨處都見得出來。

二、十九世紀上半的趨勢是趨向惟物的實在論的。(Materialistic Realism) 我們研究哲學史知道實在論是很大的一派玄學可以影響文明的全部的。實在論以爲實體在無論誰何的知識之外而獨立存在。從歷史上有三種實在論：(一)古希臘的惟美的實在論，(二)中代的教會的實在論；(三)十九世紀的惟物的實在論。

發見與發明。十九世紀之初的惟物的實在論從十八世紀的惟心論出來是很合秩序的，因爲德國的浪漫派，他們自己都是很喜歡研究科學的。但他們的研究大半在歷史，文學，文字與藝術方面；但與他們同時的電學磁學與化學的發明與他們的思想亦大有關係。滑鐵盧戰後一八三一年以前他們發表了一本很重要的科學書目錄。最大的浪漫派歌德便對於物理學很有研究。黑格耳與色林亦不得不將自然科學包在他們的宇宙哲學之中。這些初期的發明的實際的勢力以戰爭科學家之勤於分析生力（Vitalforce）說，浪漫派而延遲，直至黑格耳之死。一八二六年來勃格（Leibig）始設置化學實驗室，此後二十年間，發明甚多，科學學說亦甚多。科學之發達極快，實驗科學對於十九世紀的思想頗有支配的能力。因爲他改變了歐西各國的經濟狀況。所以惟心論與惟物論的過渡約在黑格耳死後；因爲那時實驗科學大進步，而浪漫派復繼起無人，思想上遂有此一變。

十九世紀的問題　十九世紀的哲學的討論，無論從那方面說起，所注意的都是這兩個問題：（一）謂歷史爲人從他的物質的起原而來之進化，則歷史的意義是什麼？（二）安放在物質的環境中的魂靈是什麼？第一個問題是從勒星與浪漫派遺傳下來的。第二個問題是因爲物質上有新發見，心理學的概念不得不謀所以適應。這兩個問題是相關的。以世界爲一進化之歷史觀，自然而然的要修改物質科學的概念，所以也要涉及靈魂的作用了。人的作用有一新觀念，自然而然的，歷史要取得一種新意義。歷史與自然科學，並沒有得到一種兼容並包的新的哲學概念，已經牽引在一處了。

十九世紀哲學的最高點　實在論的運動在歐美各國是一致的，至十九世紀之中葉而登峯造極。在英國則增加了本土的經驗論的勢力，而表現於斯賓塞的進化論的哲學。在德國是德國惟心論之一旁枝——然亦近五十年。惟心論變爲惟物論，以『惟物論者之論辯』而益著於世。（一八五四年葛丁仁開自然科學家大會（Convention of Natural Scientists）對此辯論頗烈，故稱爲惟物論者之論辯）在法國則在一八五〇至一八六〇年間表現於孔德的社會的浪漫主義。那時美國的哲學還在歐洲保護之下而服從之。這種運動在西方各國預備期間是一致的；亦在同一期間內（一八五〇至一八六〇）而達於最高點，分裂而爲各科學之研究。以各國之哲學的稟賦而異。至於一八六〇年以後之哲學則尚未能詳爲分別。

一、**十九世紀之英國**　試一考察我們的圖表則知英國的思想根本上是實在論的。自休謨以來經聯想心理學派至彌爾（John Stuart Mill）至達爾文與斯賓塞——然後至西其威克，

(Sidgwick)赫胥黎,(Huxley)丁特爾(Tyndall)克利福特,(Clifford)與羅門斯。(Romans)浪漫主義與康德的哲學在英國始終不曾有穩固的根據。天才如威廉漢密登(Wm. Hamilton)將康德哲學與蘇格蘭學派哲學而自成一說,終在英國哲學史上僅爲一旁枝。雖有庫列力治(Coleridge)與卡萊爾(Carlyle)等代表英國的情緒,而斯脫琳(Stirling)兩位開亞特氏,(Caird)格林,(Green)與勃拉特萊(Bradley)的黑格耳派哲學亦差不多是一種國外的成長。實在論是英島的本土的哲學;在十九世紀的功利主義與進化說中更深植其基礎。彌爾與達爾文是從中代的羅吉爾倍根(Roger Bacon)以來的英國本土的出產。浪漫派或其他學說都不是眞與實在論爲敵的。結果是在十九世紀。實在論在英國沒有反動,此與德法不同。實在論存實際上差不多佔領了英國哲學界的全部。

彌爾之前。　聯想心理學派造端於哈德萊,哈德萊與休謨同時,他將休謨的觀念聯想說系統的加以發展,將聯想律應用於複雜的感情上。在他的手裏,倫理學成了心理學,所以哈德萊不必一定要一種道德的標準。他的倫理學並不是惟物主義的,但他的聯想說有惟物主義的種子在內所以在十八世紀下半經化學家普理斯德立（Priestley），植物學家達爾文（Erasmus Darwin）而完全成爲一惟物主義的倫理學說，與同時的法國情形正相似。這種惟物主義經孔勃（Combe）的腦學而益有力。所以英國的聯想派在十八世紀之末以惟物論告一段落。

對於這一派的思想有兩種反動。一派是同時的蘇格蘭學派，他們反對聯想學派的倫理的全部，欲以內省工夫藉『常識』以確定究竟的論理的眞理。(Also Price 1723－1791) 一派是十九世紀之初的功利學派。這一派是十九世紀英國思想的大流。這些人主張返於休謨以保存聯想學派的眞性質。如倫理學可能，則聯想是心理的而不是生理的。如倫理學可能，則必須爲道德謀一標準，而此標準必須是共同的功利。巴雷以爲功利是神的法制的條例，他的道德哲學爲英國的一種課本垂五十年之久。邊沁以爲功利是自私的利益的普遍的調和。後來到傑姆士彌耳，纔將功利主義的全部安放在心理學的基礎上將休謨的觀念聯合說，化繁爲簡成爲一種接近之聯合。他說此原來的簡單，因人心內容已漸複雜故未發現。個人的快樂與苦痛是原始的簡單的動機。以個人意識之發展而不自覺其爲動機。所以傑姆士彌耳完成了休謨的心理學，而他的分析(Analysis)(一八二〇)是聯想心理學的最重要的著作。

傑姆士彌爾發表分析的一年，威廉漢密登亦發表他的無條件之哲學，足徵休謨心理學的反動，造端於蘇格蘭學派者，在英國仍極激烈。這一派以內部的經驗反對休謨的外部的經驗。漢密登為蘇格蘭學派作殿軍，而引德國哲學為武器。德國的浪漫派已在英國的文學裏表現了，尤以庫列力治的人生觀，卡萊爾的人格之浪漫的建設為最顯著。康德哲學在蘇格蘭學派的哲學裏格外有力，因而表現於漢密登的調和的哲學裏。漢密登的無條件的哲學，是一種以心理學為基礎的精神哲學。他特別注重我們內部的經驗的活動。他以一種極精細的分析表示其逐漸向外的不同的階段。意識是綜合的(康德的哲學)而共同的意識的事實則有確實性與必然性(蘇格蘭學派哲學)。事物的眞理不在於看得見看不見，而在於有積極的證據。這件事實是可以直接知道的麼?

然而凡人類知識都是相對的有條件的。去思想即是去受限制。即因果律亦是有條件的與相對的一種特殊方式。我們對於『無條件的』不能有知識，因為我們祇能想到有限事物與別的有限的事物的關係。我們如果要思想到這『無條件的』或以他爲一完全的有限或以爲一無限。(此處漢密登發揮康德的二律背反)。，神『無條件的』不能又爲一完全的有限，又爲一無限；我們沒有積極的證據。所以我們對於『無條件的』沒有知識。『無條件的』是『限制的概念』，在實在知識之兩端。祇有我們的道德的義務的意識(康德)是相信『無條件的』存在的根據。

彌爾(John Stuart Mill)(1806－1875) 十九世紀之初，英國的哲學差不多完全爲心理學所吸收。有兩種相反的運動，(一)聯想經驗派，以傑姆士彌爾而集大成。(二)蘇格蘭學派的哲學，爲威廉漢密登所完成。

約翰彌爾生長於英國政治上的激烈派與哲學上的經驗派的中心；浸潤於其父及邊沁之學說。他聰慧過人，受他的父親的教育故極博學多聞，見解亦復深遠。他的父親是以一種心理學的基礎增加休謨的經驗論的勢力，約翰彌爾思創造一種歸納的論理，俾成絕對的方式。不論他結果如何，他總是十九世紀歷史上的偉大人物，與霍布士一樣攻擊一切的英國的先天的哲學家，此功當與霍布士共之。他眞是近代的大思想家，沒有偏見，他的偏見便是痛恨一切偏見。

什麼是實驗科學的論理的基礎；彌爾在他的論理學(System of Logic)回答這個問題。(一八四三) 他想建設一歸納的論理以代亞利士多德的演繹論理，以完成昔時倍根未竟之志。有四個法子。這些方法是：(一)契合法(Method of Agreement)(二)差異法(Method of Difference)(此係主要的歸納法)；(三)殘餘法(Method of Residue)；(四)共變法(Method of Concomitant Variation)他的見解比倍根好，因為他承認在大事情上演繹與假設可以為正誤並證明之用。但每一推論式祇是從特稱推論特稱，全稱的名詞不過是一種簡單的表示而已。不論是從全稱推論特稱或從特稱推論特稱，其推理是相同的；是從知到不知的歸納法，結論所含之義較前提為多。雖然最終的試驗是要與經驗的事實相符，然而如果我們要解釋一件事實(即建設一科學)我們必要援引一則律，或者如果我們要解釋一則律，則必援引一更普遍的則律。所以解釋(——科學)必永在現象的範圍以內。科學所要問的是一般的名辭而不是自然的本質。自然的齊一(Uniformity of Nature)是用這些則律來表現的，是多少的多分如此的。物質是感覺的永久的可能。

彌爾這樣的分析實驗科學的論理的方法，所以不能完全與他父親和邊沁的聯想心理學完全一致。他以爲自我（認爲一串印象『以情感的可能爲根據者』）毫不能知其本身。所以像法國的觀念學派一般，他保存了休謨的『統一的原則』以爲靈魂之解釋，這一方面是以前的聯想學派所忘記的。關於功利派的倫理學，他以主觀之道德情操加於自利的客觀的制裁，因此私己的目的乃安放在共同的功利之下，快樂爲道德行爲之目的，不但在質的方面爲然，便在量的方面亦如此。他自己思想的改變，引起了許多煩難，他在他的自傳上說得很清楚。

。。。達爾文 (Charles Darwin) (1809－1882)　哲學史有三個有革命的影響的科學家。一是哥白尼，一是蓋律雷，一便是達爾文。前兩人我們已經說過了。達爾文的發展說是在他的物種原始上發表的，立刻便傳到歐洲去視爲時代之發見。達爾文和哥白尼一樣，他的學說是一種實際的假設，而非若一獨斷教義。他的假設若簡單說來，便是：生物恆爲生存之競爭；最能適應環境的必可生存。然達爾文雖然承認生存競爭有許多元素，但認環境爲最重要，（遍一切處）其『自然選擇』是純粹機械的。

達爾文以前便已有許多主張此說但直到他的時始爲人所承認。在達爾文手裏自然科學成了歷史了。

斯賓塞（Herbert Spencer）（1820－1903）斯賓塞得赫肯黎，格洛脫（Grote）彌爾，佛來塞，呼克（Hooker）與丁特爾等之助欲得英政府之允許將進化論的原則應用於各種科學上。雖不曾達到目的，然而他在三十三年中已著書九大册。第一册是最初原理，"The First Principles"是一八六〇年發表的，末一册是倫理學原理是一八九三年發表的。自一八三九至一八六〇年他自己的哲學思想與宗教思想常有變動，然漸信自然的發展的眞理。他的社會靜學(Social Statics)（一八五〇）與心理學原理（一八五五），與進步之公律及原因（一八五七），凡此均在達爾文物種原始之前。他漸漸的發揮一種教育哲學，以爲個人的教育不單靠他自己的經驗，亦靠在民族的經驗。這是今日大家所承認的事實，其所以特別提出者，不過因爲這是最初在經驗的哲學中表現耳。德國惟心論的基本原理在新的經驗論的下這樣的表現——進化是宇宙的。從前的一切的經驗論的學說都是個人主義的。卽孔德與彌爾亦假定如有一種固定的教育方法，即可以造就我們所要求的個人。個人的經驗即可以解釋個人的心理發展。經驗與用進化說，即祇應用在個人上。但斯賓塞將進化說的概念普遍化了。他必要答覆兩個問題（一）在知識的原理上，種族的進化說有什麼根據呢？（二）在經驗與科學上有什麼根據呢？

（一）斯賓塞發表這種新經驗論。他反對舊經驗論與康德，却仍現出他是受了他們兩派的影響。像笛卡兒一般，他假定思想之存在，因為經驗不能解釋思想的功能的存在與思想的標準。這是他與康德相同之點，差不多亦將他的哲學放在先在的基礎上。第二步他就介紹他的進化說，他的哲學就成為經驗論了；因為假定的思想的功能與標準祇在個人是先天的，但在人的種族裏，經驗上是進化的。個人的後面有一代一代的祖先——人的原始的性質受了改變的環境的不斷的影響，他的心理生活有團體進化的功能和知識的必然的標準。『我輩乃古人』（倍根語）。我們保有個去的經驗的財富。民族在經驗上所學所得在我們個人身上成為天賦的了。

（二）進化說在經驗上有什麼基礎呢？斯賓塞在他的最初原理上掃除一切障礙預備討論這個問題。他在這本書上將他的學說的原理發表出來。他先說知識有界限為宗教所未經觀察者。

宗教的神的觀念總不大可靠，宗教在他的發展上亦見到此點。宗教愈高，則愈承認神之超於一切定義；即愈入於絕對的神祕中，宗教的概念以神祕爲止迄科學的概念如時間，空間，力，動，人格，意識等等亦復如是。絕對是『不可知的』。爲什麼人類知識總不能得到絕對呢？因爲知識是相對的（漢密登）。知識是事物是分判與相似，但是『絕對』是不能分判的，因爲沒有別的[illegible]相似。科學與宗教均承認此究竟的神祕時，科學與宗教始可相契。然而『不可知的』仍不僅爲反語；他是不可知的與我們的思想無關的。說他是一種神祕，就是說他是永久不變的個『什麼東西』。我們可以稱『不可知的』爲『能力』，這是從我們肌肉裏的『什麼東西』裏比較出來的。

所以人類知識必限於理性的，理性的事實有兩種。物理的事實與意識的事實。他並不要歸從兩者於一者（雖亦畧有遲疑）。斯賓塞是個一元論者，不是個惟物論者。心理的與物理的事實是一種內伏的原理的表現——神祕的能力。我們用物理的記號，力，以表明之。我們一切的研究，不能是心理的物理的，都不是力的現象麼？物質是什麼，不過是外來的影響於我們的力觀念是什麼？不過是內部的力。科學上所謂能力永存，運動不止，物質不滅之說一定是對的，因爲都是力的表現力不能毀壞破滅，有必不能變爲無斯賓塞用"Energy"這個字表示力的現象方面他說能力不滅之定律是科學的究竟的假設。斯賓塞用一個假設解釋一切事實於實證論的系統上大有進步。

他是在別一條路上加實證論以統系。他給事實以一共同的則律。這就是進化律。一切現象皆有一歷史；有始有終。各科學研究其自己範圍內之各種特殊現象，現在斯賓塞便發生問題了，凡各種現象都在同一的發展的公律之下麼?他用兩法表明。(一)現象之分析(歸納)，(二)能力不滅律之演繹。現象的進化有三種特點：(一)結合，或集中；(二)分化，或內部或外部之分裂；(三)決定，或結合與分化之聯合——所謂部分的分化謂一組織極嚴密之全體。否則分化將爲破裂矣。

二、十九世紀之德國。德國情形與英正相反。德國思想仍以浪漫派爲中心而實在論僅爲旁枝。人與其物質的環境的問題在浪漫派的人與生活全部的精神關係的大問題中僅爲偶然發現之事。浪漫派的天才死後，後起無人，而物質的研究頗有成功，故惟物論大盛。黑格耳派之分裂，膕拔希(Feuerbach)及其他青年分子以惟物論釋其師之說，以及一八五四年之博物學家大會均足使惟物論在德大盛，至今不衰（如海克爾(Haeckel)的宇宙之謎是）。然而惟物論不過是本土的浪漫主義的破調。十九世紀的德國大哲學家都是浪漫派：如海巴脫，叔本華，洛茲，菲息納，尼采與哈脫曼都是。菲息耳(Kuno Fischer)與郎治(Lange)的『返於康德的呼聲足徵德國惟心論尚不至數典忘祖』。

對於黑格耳哲學之革命。 實驗的發見與發明對於哲學的影響在德國表現得最清楚。黑格耳的學說盛行了許多年。他死之後，本派起了革命，從外面攻擊浪漫主義的本身。一派謂黑格耳是正宗的路德派，遂成所謂黑格耳右派(Rpght Hegelians)青年的黑格耳派以爲是不啻破壞一切啓明運動之要求。於是發揮其自由之精神而成所爲黑格耳左派。社會學則有呂治(Rüge)馬克思(Marx)與拉塞爾(Lassalle)神學則有斯托斯(Strauss)巴爾(Bour)與都賓仁大學的一派；宗教哲學則有福拔希，凡此皆主要之代表。

福拔希 (Ludwig Feuerbach) (1804－1866) 黑格耳未死之前他著了一本死亡與不朽（一八三〇）已經與黑格耳分裂了。在這本書上他說黑格耳的哲學太與宗教相混。他普遍的宣布汎神論；謂黑格耳的哲學不是一種宇宙哲學，而是一種精神哲學，黑格耳用來解釋歷史的。科學上旣有這許多發見，何以能謂祇有共相是確實的，而謂經驗的宇宙為偶然的呢？關於宗教的地位，黑格耳的主張是錯了。必要從心理上去解釋，福拔希便從舊的記載陳訴於個人的精神生活。

於是福拔希完全將黑格耳的哲學改變了。他開始主張一種惟名的惟物論。祇有個體與表現於感官者存在。經驗與自然是思想的基礎；他用科學上的譬喻證明人與自然的密切關係，亦即於反證精神世界是靠着物質世界。好像魔術一般，一經福拔希的手，惟心論的推理的全系統消滅了，變而為感覺主義與惟物論了。

福拔希以為願望（Wish）是重要的心理元素。福拔希便用「願望」去完成他的工作。宗教永久是人為本身之所希望。原始人類願望無限制，以其願望為基礎的觀念亦無限制。如客觀的事實與主觀的願望不同，便發生疑惑，但即使在今日願望穿透理性而建設另一世界。宗教是發出去的願望所以是反理性的，是幻象，是不幸。是過去的一切苦痛之原因，為他令人忘却現世，其注意其行爲均惟一消極的世界之是趨。天有價值，地即空虛。人的良心與理性屈服於一「神之願望」之下，而所謂神者是與自身完全不同的。過去的宗教與文明是反比的。

我們且捨棄我們的願望轉到經驗。我們的出發點是什麼？人生活，感官思想。這些都是原來的。是不能變更的。人不是物質之創造。人是萬有——愛其種族的人，渴求快樂的人，在他的現在的感覺世界的人。人要是好好的，他必可靈巧良善。幸福是有極大的倫理的意義的。如果人康健而又無煩惱，他一定很善良，與別一同快樂。快樂決不是個人的因爲愛是建設在普遍的兩性愛的衝動上。

惟物論　德國惟物論經一八五四年葛丁仁博物學家大會而達於最高點。歷三十年不衰。一八五四年以後大半在普通的論文上發現，在科學界內者少。步息納的能力與物質，海克爾的宇宙之謎流傳極廣。

浪漫派　（一）**洛茲**（Lotze）（1817－1881）繼海巴脫爲葛丁仁教授，後又任柏林教授。末斯（Hermann Weisse）是洛茲在來布集的哲學教師，教以色林的宗教觀。洛茲對於醫學與自然科學亦極有研究。對於哲學獨有興趣他的目的是要調和浪漫派與當時的機械的世界觀問題頗似偉大的來勃尼茲的問題，問題之解決亦復相似。他承受近代科學的原則，但又欲設法表示科學仍以其自已的學說超越本身。機械的自然是靈魂的衝動的心理生活表現其自身的方式。因爲機械的世界觀的理論，以其爲一理論仍超越其事實。物質的原子，如認爲物質的，則必可無限的分析，但如認爲心理的，則必須以單元或力心視之。單元是在一精神的原則下有活動的相關性的情態中存在。如原子是獨立的，則不能有相互影響。一定是相互關聯，足徵其爲同一精神的原則的情態。所以如果我們承認自然是機械的，便也要承認精神的統一。

洛茲將靈魂的情態都包括在這宇宙的精神的相互動作之中。原子相互動作，所以靈魂任身體的原子上動作(動與反動)。洛茲並不主張近代心理學的心物並行說。靈魂以記憶，思考，與感情在身體上活動。身體則以感覺。

從單元的相互動作中所得的知識是很重要的。然知識僅爲顯象，超越機械的因果。關於知識的重要的事實是因爲知識是價值(Value)價值的世界超越機械的世界。機械的統系與知識的統系的最終的解釋。從知覺到論理的思考，知識的統系爲價值所激動——實現最高價值的結局論的觀念。所以玄學與論理均爲倫理所支配。

洛茲完成了他的論理學與玄學而不及倫理學，這是很不幸的。但他的哲學的人學，他的小宇宙，亦可以補賠這個不幸的事。

二、哈脫曼(Von Hartmann)(1842－1906)——無意識說　哈脫曼的 Philosophie des Unbewusten 出現的時候，正是十九世紀知識界鬧饑荒的時候。在普通的文學上很有影響。二十年間再版十次。並且引起許多悲觀主義的作品，這也一半是由於自叔本華以來已有一種悲觀論的伏流了。哈脫曼在色林的最後的主張裏尋出調和黑格耳的理性的絕對論與叔本華的絕對的主意說的動機。他對於哲學的貢獻是他承認悲觀主義在我們的人生觀中必有其地位。不管哈脫曼是否證明他所說的他的學說的根據的『歸納』，他堅持從物質的運動到人種的歷史，都是無意識的例證機體，本能，感官知覺，觀念聯合，情緒，命運，神意——凡此皆不過是在他們的歷程上的度數的不同而已。其下乃伏有一超人格的原則。心物性質上無分別，自然選擇不是新的方式的解釋；不過是機械的歷程爲無意識的意志所用而已。事實上，意識是分析的，消極的，無意識是綜合的，積極的。無意識不全是非理性的，意志意志動作似乎是自己知道的。

玄學之階段有三：（一）無意識；（二）宇宙；（三）無意識。生活的玄學的始末是相同的。兩端都是無意識；中間是一煩惱世界努力解除煩惱的歷史。

（一）哈脫曼謂無意識的意志與觀念分而生世界，但在元始的階段裏，是不分的。（二）在宇宙的歷史裏，觀念與意志漸分至有自覺生活而止。意識成爲歷史之一元素。他看見什麼？他對於世界有兩方面的印象。見人之努力求快樂；見人類之追求理想。他見這兩方面是完全不相合的。黑格耳的理性的進化觀是不錯的，因爲人是繼續發展的。但文化愈進步則人亦繼續的愈增煩惱。所以叔本華也是對的。進化說與悲觀論是一同前進的。初則人欲於現在此處求快樂；然後又於墳墓中求之（神學的）；然後又欲於未來的社會主義中求之（孔德）。實在的歸納的事實是什麼？苟非生活止息，則不滿足之心亦必愈增。爲什麼現在不自殺呢？因爲這是太畏怯也沒有好處。在普遍的失望未來以前人必要繼續的共同生活，因爲必要共同發展。（三）在末一階段，意志的獨立廢。觀念與意志將要在一處休止，而在宇宙的歷史中受苦痛的神（因爲他的原子分離之故）始得解脫。

三、尼來（Friedrich Nietzsche）——價值之哲學　尼來在未來的哲學歷史上或者有很重要的地位也未可知。因爲他的學說政治上影響於一九一四年的德意志不少。他對於人生有極深刻的直覺，但因爲他對於問題沒有科學的對付法，我們正不知如何分別他，是詩人，是先知，還是哲學家呢？他所見的是羣衆的寬的鉛版式的社會生活與被壓制的個人的人格；有許多可怕的因襲的擔負的近代意識與新工作的阻礙；外表的文化的束縛與超人的永久的神秘的聲音；束縛於組織之下的宗教生活與自由動作的宗教生活。故能發生價值，不從一般人來，從個人英雄來。專制的思想家將要創造新價值以一己爲人類的立法者。人的希望新的立法——在個人與羣衆之反對中；高於善惡與強者以無限的權力的意志；由於英雄的自負凡他能實現的都許他；引人入於一較快樂的境域。超人是天才的個人的理想。

這是尼采初年的作品中的圖畫。後來淸楚的時候，這種社會的二元論改爲全人類的理想論的圖畫。所謂超人是新的人的樣子，超人與現在人的不同如現在的人與猴子的不同。這是人類全體的希望；這樣的生活是對的。人是一總體，故一人之進化，即全體亦增其價值。進化是在宇宙的輪轉中。現在還是要回來的。不會失去什麼。各種的活動的能力與快樂都保存起來，爲全體爲一人人生均有價值。

康德的復歸　德國惟物論的反動不但見於各處的浪漫派的惟心論的自動的成長，即在科學的範圍亦如此。科學問題均因（一）能力不滅律，與（二）進化論二原則而發生。所以又重復引到知識論的問題。普遍的公律是否祇支配一現象世界，或者還是究竟的玄學的呢？叔本華已有返於康德之趨勢。菲息耳在一八六〇僅加以激刺而此運動遂以普及。此時科學家如黑姆和茲(Helmholtz)承認康德的地位，承認科學祇及於現象。最重要的還是郎治的惟物論史。世界觀又分爲現象與自存物；科學不承認其從前的要求，稱爲惟物主義的了。新康德派中有許多是現在的大思想家。

心理學派——菲息納(Fechner)(1801－1887)　從前的心理學是研究心意的，現在成爲研究心物關係之學了。要將心理成爲一經驗的科學，用科學的方法使與生物學生理學相連。哲學是一個巢，爲一切科學之所由出。心理學是最末一個出巢的，到現在，我們的大學校裏已將心理學與自然科學同列了。放棄了哲學的基礎，要去求自然科學幫忙了。關於靈魂與身體的關係，已有了許多解決。此種運動始於菲息納（G. T. Fechner）他乞靈於能力不變之公律以建設心理的物理學。腦與神經系亦必須服從此律，因爲是物質的。所以心不能在物上動作，物亦不能在心上動作；因爲如果這樣，能力將有始訖。所以相互動作不能是對的；但心的情態與物的情態必有一種關係存在。其關係便是心物並行論。他又採取韋勃爾（E. H. Weber）的公律他想用實驗的方法的證明，用算學來表明心物的並行。現在稱爲韋勃爾與菲息耳二氏之公律。雖僅承認爲一假設，然而是近代實驗心理學之基礎。

三、十九世紀的法國。　十九世紀的英國哲學與德國哲學與法國哲學比起來，要算一致的了。英國發展他的本土的實在論，偶爾有惟心論參雜其間。德國則發展其惟心論——惟物論僅爲一旁枝。反之，法國哲學則較爲複雜錯綜矣。

最初是康狄拉的觀念論，分裂而爲許多派別的感覺論，派別紛亂，不易分判。其反動則有三種運動：（一）笛卡兒的哲學加上了許多別的學說，（二）各處分歧之教會舊說；（三）浪漫主義結合而爲一種社會學。嗣後有康德哲學加入許多相反的運動。十九世紀末法人分習各科學，玄學則在此在彼均有所保存。

康狄拉的觀念論是革命的哲學。笛卡兒哲學，天主教義，與浪漫派的運動，不但反對康狄拉的哲學更反對革命的本身。

第一，有以笛卡兒的心理學爲基礎的折衷派，實在說起來這是法國在十九世派的眞表現。十九世紀的法國精神無處不是折衷的。一種折衷的哲學表現一種守舊民族的思想；法國人似乎是很極端的，但是他們實在是歐洲最守舊的民族。孔德的一派在法國有所創造，亦頗有勢力，而笛卡兒的折衷派却兩樣都沒有。然而這是法國的特別的哲學。庫生於一八三〇年以折衷派哲學作爲公衆研究的哲學，這種地位，歷久不衰。笛卡兒的因襲至今還繼續的保存下去。這種守舊的法國的折衷派哲學可以表明法國社會的逆性。第二，天主教會在他自己的途徑上表現他對於革命的反動教會的影響，在法國無時無地不有實在說起來，法國人始終不曾脫去教會的教義的束縛。法國人對於教會的態度很明瞭，是反對或者是贊同。據說此次大戰教會的勢力，比自大革命前以來更大。第三，物質上屢有發明，於是將法國的浪漫運動變為一種工業的社會學。這就是孔德的哲學。他是法國哲學的重要人物，因為他代表歐洲十九世紀的中葉發出呼聲來。孔德的社會學的實證論是一種工業專制的學說。他的學說漸與政治的社會主義的主張混合，他一派的人都去研究各種科學。他的名字可與彌爾，斯賓塞，與尼采並傳。

折衷派。——白郎(Maine de Biran)(1766－1824)與庫生(Victor Cousin)(1792－1867)對於革命起反動的三派，以教會為最激烈。以庫生所代表的心理學派為最溫和。庫生初主惟心論，漸入折衷論。折衷論造端於白郎 (Maine de Biran) 庫生稱此人為麻白朗希以來的法國最大思想家。白郎在觀念論者的團體中出來，在革命時代，帝制時代，均執高位。他的主要著作都到死後纔發表，最重要的是他的日記。(Journal Intime)他研究的結果，謂玄學家不能以知識的概念知靈魂的性質，而感覺主義者亦不能以外來的印象知之。哲學必以內部的思考為根據，各人爲自己打算這是法國的近代的內省心理學的起原。他見到他自身內有自動與被動兩元素之不同，於是變笛卡兒的哲學爲主意說。意志在抵抗的情緒中發展其自身之作用。他和費息脫一般，在原始動作的情緒的能力中尋出人格，自由與結局的目的的本質，這是神人共有的特點。後來與教會中人如第朋拉，拉門尼爭辯時又表現他已受了康德的影響——現象與自存物之分別。於是發展而爲一種神祕主義，便將他與麻白朗希的學說連結起來了。

白朗的文章，不甚有力，但較之觀念派與教會派的爭辯的文字則好得多。這一派以後有許多文學家與學校教師，如安培耳(Ampére)安希隆(Ancillon)，第吉蘭度，(De Gérando)羅亥哥拉(Royer-Collard)庫生，(Cousin)如佛洛(Jouffroy)等人，如佛洛且以心理學爲根據而發揮一種玄學。

庫生。

庫生在法國影響很大。他是法國最初研究哲學史的人，在翻譯和出版方面亦頗有成績。他的中代的研究是極有價值的。他是索朋(Sorbonne)的講師，他的講演的令名，至今不衰。在六月革命之下，他曾經管理過法國全國的教育，但爲時甚暫。然却已經將他的哲學成爲教授公衆的哲學，直到他死爲止。他的哲學受了色林與黑格耳的影響，（此兩人他在德國見到過。）亦受了李德的直接了解實體的學說的影響，亦受了洛克，康德，與白郎的心理分析的影響。

庫生的哲學是一種建設的哲學。他想在十八世紀之否認一切玄學與德國的絕對的先天玄學中間謀一調和之法。結果是一種以康德對於思考與自然發動的心理的分別爲基礎的玄學。自然發動是一種非人格的理性，引我們脫去我們的獨在觀。科學有三種根本觀念：無限，有限，無限與有限之關係。庫生一八二八年的講演是他的思想的最高點。自此以後他的思想，成爲一種笛卡兒的內省的分析。

社會主義與實證主義——聖西門（1760—1825）——孔德（Auguste Comte）（1798—1857）

法國的社會主義是政治的浪漫主義與個人主義不同，社會主義主張每一政治個體對於政治團體的全部都有相互關係。中代教會的舊觀念爲此說之一淵源。結果工業的社會主義常有一宗教的色彩，然而並不是說與宗教有所調和。

聖西門是個有錢的軍人，一著作家而兼改良家，孔德頗受他的影響。隨從他的稱爲聖西門派。他以爲先必要發表一種各科學的新百科全書，然後，社會旣是建築在實業上的，社會必須在一實業制度的上重新改造。聖西門以此爲一種宗教——『新基督教』——求現世快樂的親愛的結合。中代的教會怎樣，現在的社會主義也要怎樣。未來的金時代是一種愛的組織，每人對於現世間物都有充分的機會。

孔德　孔德的哲學是從聖西門的思想的反面發生出來的。他是一位算學家，初年爲天主教徒，心中滿含着復辟的思想。一八二四年他的著作便頗引人注意。他的最重要的著作是實證哲學（Cours de Philosophie Positive）共六大卷是一八三〇至一八四二年間出版的。他的關於宗教的書到一八五一至一八五四年間始發表如實證的政治等。（Politique Positive）這些著作中的根本觀念是以各種科學改造社會。孔德以爲啟明時期的個人主義負大革命的責任。這是威權顛覆的原因。革命之後應繼以一建設之時期，其建設當如中代確信社會之統一。但是這要以什麼爲基礎呢？孔德以爲教會派是不可靠的，因爲啟明時期已經表現中代神學之不能維持了。教會派亦卽服從教會之說。傅立葉的改良不過是許多同居共產的團體。聖西門亦不過是一種基督教的社會主義。祇有科學必定成爲新的社會基礎——事實的科學。在科學支配人的倫理，心理，與政府的時候，良心自由的時代就停止了。科學不是現在已支配了自然科學了麽？問題是實證主義是否能應用於倫理，心理，政治呢？社會的進化與科學的進化是相合的；要社會穩固亦必須一思想結構像別的科學一般的穩固。

這種科學就是社會學。這個名詞今日的意義，是公民權利之科學的解說。譯者案此語不確在孔德則以社會學爲倫理，歷史，經濟與心理諸科的哲學。社會的進化有三階段：(一)神學的，以神學維繫知識。人爲神與精靈的觀念所統制。想像支配心理的功能；祇可裁制經驗中之一小部分。(二)玄學的，在玄學的階段，思考支配一切。個人的精神的觀念代以普遍的能力的觀念，有多少種現象便有多少種能力。有化力，有生力等等。宇宙的觀念不過是神的觀念的抽象。大部分一致的不但是思考的更是否認的。(三)實證的階段，在實證的階段裏，經驗支配一切，與事實相符者則爲眞理。人所求的是事實的關係或公律。有許多公律而無一普遍的公律。換句話說，在此實證的階段裏，我們不想得到一種知識的容觀的統一。祇有主觀的統一，是以事實解釋事實的。然主觀方法之統一亦爲精神相通的基礎。

科學漸近實證的階段，以算學爲首，其他科學次之。社會的理論是在末一步，將科學組成一種組織以社會學（歷史，倫理，心理，與政治）冠首。六科學爲算學，天文，物理，化學，生物學，與社會學。以他們入於實證的階段的次序而逐漸升高，由簡及繁，由合及分，由演繹至歸納。但是此時達爾文的書還不曾發表，孔德所知道的，祇是古時的進化的概念。所以三階段及上升之科學不必一定是由下面一級上去的。每一步驟包括下面一級還有些新物事。物理學與化學進入生物學然生物學還有些新的東西。所以孔德說社會包含個人但不僅是個人的總合還有新的意義。在社會學上，歷史表現給我們看一種變化的全部，人道高於獸道，智慧高於衝動，同情高於利己。

我們可以用社會靜學與社會動學研究社會。社會靜學（Social Statics）研究社會的形態的結構，某一期間的社會。我們研究一代的家庭，與個人的協作，當全體向分子反動時分子的分裂是防止了的。這個公律是分功合作的公律。社會動學所研究的是在發展中的文明。其公律爲進步。我們必須視進步之每一階段爲完成他自己的目的。進步非謂改良，而謂爲公律所支配的許多階段。是秩序的一種發展。所以我們不應當批評從前，但在社會動學中應有歷史的觀念。『須要知道你的歷史。』全體要這般的權威分子始可自動的服從。權威有兩種，——精神的與世間的，因爲協作必要有知識與情緒，亦要行爲。精神的與世間的權威的關係——每一時代的大問題——中代曾得一解決，但近代必須重新解決：因爲精神的能力現已成爲科學而世間的能力已成爲工業了。

批評家對於孔德的人道教（Religion of Humanity）——他晚年的主張——與他初年的實證主義的論理上的關係，意見殊不一致。總之，他的弟子李屈立當孔德轉入宗教的時候便脫離孔德，正如孔德脫離聖西門一樣。孔德的思想之轉趨神秘主義，確可以代表他那時的時代的趨勢，與他當時的精神。他以爲科學之所圖是爲未來的秩序謀一計劃，即使不能建設此理想亦不妨。人道的宗教是一個理想，可以有能力鼓起實現此人生的止境的情緒。人道是單位；是可以崇拜的存在。人道即是神。孔德以爲人道的本質是有機制的團體——以公意爲限制力的團體；繼續而統一的團體。在孔德的理想邦裏，由貴族支配生產，平民是動力，哲學家是理論的元素，婦人是情愛的代表。在神的人道裏，人必不能像一個機體的細胞。他們是個人，所以有兩種其他們生活的時候，參加人道；他們如果生活合宜，死後在人道裏可不朽。宗教是以利他的情緒爲基礎的調和情態。拉飛脫(Laffitle)說得好，孔德必須用一種整飭的倫理學說與宗教以完成他的實證論。

柏格森(Henri Bergson)(1859生) 十九世紀中葉法國以李洛未爲中心發生一種極激烈的批評的運動。此與現代法國與美國的思想大有影響。在美國則表現於威廉傑姆士的實驗主義；法國則表現於柏格森的人格的神祕哲學。李洛未攻擊哲學的絕對論，指摘其繼續與無限的概念，他以爲這是經驗上和論理上不對的。他的建設的哲學建築於人格的概念之下，他以爲凡物均有其惟一的存在。

柏格森用一種生物學的方法同時發揮李洛未思想的兩方面，卽建設的方面與批評的方面。腦不是存貯觀念的用具，是感官與體的作用的工具。他和十九世紀的別的哲學一般(自然將惟物論除外)否認科學有涉及實在的權利，這是康德的影響。外界的知識於我們的行爲是必要的，但決不能穿透實體的深處。科學與我們的語言文字所表示之經驗，似爲量的分割的。但經驗實在是性質的，繼續的。科學將意識生活之流擲入一機械的與原子的大塊，於日常生活固有用處，然已失却實體之眞髓，卽個性與自然發動。科學以爲宇宙是死東西，哲學以爲宇宙是生動的。

實體須以直覺知之；直覺的知識卽是生命。直覺較科學的理論深的多，因爲他感覺生動的宇宙的不朽的歷程。所以在柏格森的哲學中，發見哲學與科學與哲學理知與直覺，物質與意識的二元論。物質缺乏記憶；是勉強的；表現於科學永久是不變的。意識是記憶的綜合；是自由的；永久創新的是直覺。意識的自由常侵犯能力不滅之定律。精神不重複做一件事，而是永久創新的活動的泉源。

然而心物的連結是不能分裂的，因爲他們在宇宙裏有共同的究竟的來源。兩者之下是共同的，自然發動的，活動的，繼續的，自由的動作，不論是定命論或非命論都不足以解釋之，因爲他們的活動不是原子的。此力乃爲一自動的進化；心物不可分。心可以在物上動作，因爲沒有絕對死的物但有達於某度之彈性。創造的進化——或進化的創造——在任何方式中祇局部的表現自身，在人亦如此。因爲人的靈魂爲『其牢獄所束縛』。然而所有的生物中惟人有自由。人的人格活動時，人創造時，人超於物質——乃由直解的知識。人的下自我或者是空間的，但人的較高的自我，他的全靈魂，意識的純內態是永久的。人於此乃有神之樂。

人生之究竟是創化，人格之本身以內之發展。於此歷程中，必有物質來，物質又爲一種工具而又爲一阻礙，於是此人格之發展乃爲無限之歷程。所以人的人格必是不朽的。人的意識，爲一繼續的記憶，是過去的聚積，並且要繼續的聚積。必有一個時期，見到現在的科學方法爲誤謬，亦必有一較高之科學出現，那時直覺就要做我們的指導了。

四、十九世紀之美國哲學　美國初年的思想家皆集中於神學的問題。這些思想家大半是牧師而不是大學校裏的倫理學與宗教的教師。卡爾文的哲學人對之頗有興趣。洛克的論文，與他的論宗教與論政府的著作對於一般新教牧師均有影響。許多圖書室裏都有他的著作。一七三二年勃克萊到羅特島居三年，於是約翰生 (Samuel Johnson) 就也信服了他的惟心論。這些神學家中很有許多特出的思想家。如愛德華是百來年美國最大的思想家。愛德華頗得洛克之影響。在獨立戰爭前數年洛克的論政府的著作與索馬(Somers)的小册(Tracts)與相同的政治論文都有廉價版出售，流行頗廣。倍恩(Thomas Paine)的常識與危機兩書讀之者尤衆。法國啓明運動的思想頗激引起一種與趣來；佛蘭克令與倍恩可爲其自然神教的代表，洛克的政治學說，經法人的改變影響於宣布美國獨立之人如耶佛係與佛蘭克令者頗大。蘇格蘭派在獨立戰後，在美國亦頗有勢力。

馬希在一八二九(馬希是佛茫脫大學校長)年發表一種介紹庫列力治的思考之助(Aids to Reflection)的文字，他攻擊當時的宗教哲學而主張欲以庫列力治及德國的浪漫主義代之。這是第一次擺脫神學的勢力。同時又發生惟一神教的運動，以陳林爲代表。與此有連帶關係者則德國的浪漫主義在新英蘭等地發現，以愛麥生爲代表。

後來美國的工業的與經濟的狀況改變，大學增加，大西洋交通便利，美國思想家的知識爲之大增。學生也漸漸的外國的大學校裏去讀書，德國的大學方法與思想尤其覺得出來。至十九世紀後半美國知識界大改變。一八七四年菲斯克在他的宇宙哲學綱要上宣傳斯賓塞的進化說。哈利司翻譯了黑格耳的論理學，頗有一般人隨從浪漫派的哲學。德國派的代表是羅哀司，他是哈佛教授，有一時期德國惟心論集中於哈佛。心理學的研究因傑姆士與賀爾(Stanley Hall)而大見發展。現在美國各處都有心理實驗室了。以前從巴麥爾(Palmer)羅哀司，傑姆士在哈佛，從拉特在耶魯研究的學生，也成了新進各大學的教授了。現在美國哲學可分三派，(一)新實在論，(二)新惟心論，(三)實驗主義，此派以皮耳士，傑姆士為領袖。現在的美國，頗似一七八一至一八三一年之德國，哲學在大學教授手裏，差不多還是件祕密事，因此，他的文化的價值還不曾充分了解。

羅哀司 是哈佛大學的教授，他對於美國思想的影響眞是不可計量。初年在德國讀書，對於他自己的惟心論受了極深刻的印象；以後亦從各方面發揮他的惟心論。他的學說，是始終連貫統一的，但他的思想之進化可於以下這幾種重要著作上見出來。這些著作便是近代哲學之精神(一八九三)神之概念(一八九七)，世界與個人(兩卷一九〇〇，一九〇一)與虔誠之哲學

（一九〇八。）

（譯者案 Loyalty 一字，此處頗難尋一確當譯法。姑將羅哀司教授之定義錄下。用備參考。

"Loyalty is the Will to Believe in Something Eternal, and to express that belief in the practical life of human being"

"The Philosophy of Loyalty" P.357.）

如果我們分析我們的信仰，我們不得不隨從勃克萊認世界在本質上爲一觀念世界。然觀念祇能在心中存在。所以可知的世界的存在是靠着有心的存在。自然亦有反面，如斯賓塞，簡直不認實在的世界爲可知。這兩方面是很完全的；世界不是一外面的心的觀念的世界，便是絕對的神祕。但是這種話我們要除去，因爲一「不可知」，不過是已經知道的一件東西的一個字。這樣的「不可知」是沒有存在的。但如果有一位懷疑派來，他說沒有眞知識；我祇知道我自己的觀念。但是我們以這句話爲根據便可以提出我們的證辯來，因爲這答案在一方面是眞實的。懷疑論所謂自我以外無眞知識之說足證世界中祇有一統一的存在——即神。懷疑論證明了惟心論。一心之外，神心之外無實體；進一步我們也可以說我們有限的心以外無實體，因爲我們的有限之心是一大心的有機的部分。神是我們的較深的自我。我們的有限的觀念與其『模做有較我們所想的爲深之意義』較深之意義須較深的自我始可明白。

惟心論不是幻象說。稱世界的實體爲意識原有些騙人。但羅哀司却進而糾正之，他以爲惟經驗與事實始可告吾人以關於超意識，或神之事。經驗非釋爲神的計劃的一部分則不可知，所以我們承受外界的我們的經驗須認其尙有較深之意義爲我們所未知者。惟心論承認一切科學所告訴我們的事。科學實涵二義：（一）世界是可以敍述的；（二）敍述的題目是普遍的——公律——須特殊的。自然是一種機械，可以敍述的。人是可以敍述的是自然的一分，這樣，人是沒有自由意志的。如祗有敍述的知識，那麽羅哀司算是自說惟心論成爲實證論了。

然而羅哀司在他的近代哲學之精神上特別注重他所謂『敍述的世界與評價的世界』的『創新』(Novelty) 敍述的知識之外，我們還有評價的知識。我們祗能敍述我們最初評估過的。自然爲一普遍的秩序。道德爲又一普遍的秩序。自然是量與事的秩序。道德是價與質的秩序。前者是暫時的，後者是永久的。人在時間上是受支配的；但道德上是自由的。道德上最重要的是虔誠以一種原因但許多原因成一系統，故虔誠於我的原因，即爲彼人生深義之一部分——爲神之一部分。

傑姆士　爲美國實驗心理學之祖，他的心理學原理包羅萬象有許多新見解。又從心理學轉而研究宗教之信仰——信仰之意志（一八九〇）與宗教經驗種種（一九〇二）——旋辭哈佛大學心理學教授職改任哲學教授。努力建議他的人生哲學，這是以他從前實驗的研究與英法學者——尤以李洛未爲最——的著作爲基礎。關於實驗主義的書有實驗主義，眞理之意義，多元的宇宙，哲學數問題；及死後出版之雜記(Memories and Studies)與極端經驗論文。譯者案哲學數問題亦死後始版出

在心理學原理上傑姆士特別注重，說我們的心理生活是繼續的。他稱之爲『意識之流』是生活的原流與『純粹經驗』。這種概念，是他的心理學的根據。

他的玄學學說，即以此知覺的經驗之流爲實體。人以實際的(Practical)的原因而與此實體

離。我們的本性要求與以滿足。所以我們以爲我們生活於一概念，分別，原則的世界中。因爲我們願意得到某種實際的目的與滿足。

我們認此流的某分爲意識之元素，如物理學家之視原子，使成爲概念的方式可以互換，可以計算，可以經驗試驗之。但我們不能常常如此，因爲此流中有許多遺留下來的不能與之結合或代替。

這就是傑姆士的實驗主義的大意。與理性論適相反。

傑姆士攻擊一元論，不遺餘力，不問是惟心的惟物的。實驗主義是經驗的，多元的。實體既然是實在經驗的過渡，宇宙中決無絕對的與理性的統一。新事實繼續的發生人皆有一絕對的原始。所謂宇宙之統一不過是一種目的；以科學的知識爲實際的目的而漸漸的達到。這般的統一不是實體，是遠離實體。在此流外無絕對的東西。具體的實體決不能以概念的實體解釋。具體的實體須要以一多元的宇宙的觀念去解釋。一元的世界是受支配的　　的世界可以解釋倫理上的自由意志。

傑姆士愛具體的生活。他以為哲學便是我們所見的人生的解釋。真美的純粹概念太玄虛了。真理是行事的標準，否則要他何用。做得合適的就是真的。真理的試驗是他的實際的結果。真理是可以受用可以證驗的。是有用的。是與我們以最完全的滿意的，而其所以能如此者，因為與從前認為真的和新事實都能符合。與過去事情符合的使真理有守舊性；但新事實可以改變之，於是我們的別的主義又發生了。真理之能變的性質，可見其不過是不完全的實體。純潔的人實在生活着，他是自由的。在論理的世界中，不能有自由，因為在其中一切都是定規了的。

傑姆士在他的宗教經驗種種上又用他的意識的分析，『意識之流』有其『邊緣』與『中心』以表示我們的精神生活竟不能用明白的概念說出來。實在的內心的信仰從下意識來。意識之中心僅在表而上由此可見推理的獨斷的宗教是最皮相的。任何生動的情感——以下意識之自我為基礎的情感。——可總合一人的態度與以調和的人生，這是理性的觀念所做不到的事。一切大的道德的與宗教的目的，其能力皆從靈魂的不可測度的無意識的境域來。此來源之普遍性，即可知悲觀主義非人生之究竟。所以一切宗教都要拿到經驗的公庭上來，如果合適，便可認爲眞的。我們志願信仰都能滿足我們的最深的情感。我們信仰神因爲這就將我們舉入一較高的空氣中，宗教的經驗實與人以歷史上最好的結果。

I. 十 九 世 紀 的 英 國

蘇格蘭學派
= 回答休謨
= "常識"
李 德 (Reid) (1710–1796)
斯帝華脫 (D. Stewart)
(1753–1828)
白 耶 (Brown) (1778–1820)

威廉漢密登 (178

孟西爾 (Man
(1820–1871
= 宗教的批評
波 耳 (Bool
(1815–1864
= 算學家
耶方斯 (Javo
(1835–1882
= 論理學家

達爾文的前驅
赫 德 (Herder) 應用進化論於歷史；
拉普萊 (Laplace) 於天文；步封 (Buffon),
拉馬克 (Lamarck) 與居惟一 (Cuvier)
於動物學；吳爾佛 (Wolff) (1733–1794)
與房倍爾 (Von Baer) (1792–1876)
於解剖學與胚胎學；來爾 (Lyell) (1797–1875)
於地質學。

達爾文 (Darwin) (1809–1882)
1859. 物種原始
= 歷史的概念應用於自然
= 根本上爲一博物學家。
[華勒斯 (A. R. Wallace)
(b. 1822)]

斯賓塞 (1820–1903)
= (系統的進化論的哲學)
= 進化論的倫理學
他詳述他的公律在達爾文的物種原始前二年

iller)

uart)

丁特爾 (Tyndall)
(1820–1893)
赫胥黎
(1825–1895)
= 1859. 與 "Agnostic" 這個字以今義

羅門斯
(Romanes)
(1848–1894)

克利福特 (1845–1879)
(W. K. Clifford)
麻克斯衛 (1831–1879)
(J. C. Maxwell)
皮爾孫 (1857)
(Karl Pearson)

II. 十九世紀的德國哲

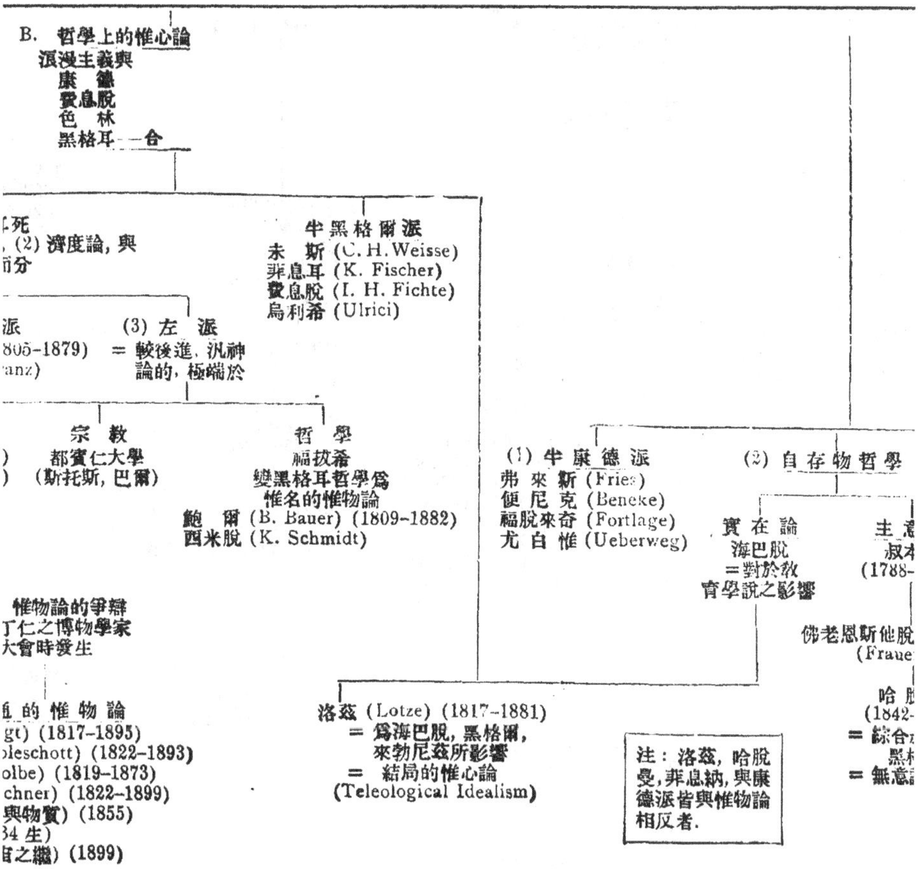

B. 哲學上的惟心論
浪漫主義與
康德
費息脫
色林
黑格耳——合
死
, (2) 濟度論, 與
分
派
805-1879)
anz)
(3) 左派
= 較後進, 汎神
論的, 極端於
半黑格爾派
未斯 (C. H. Weisse)
菲息耳 (K. Fischer)
費息脫 (I. H. Fichte)
烏利希 (Ulrici)
宗教
都賓仁大學
(斯托斯, 巴爾)
哲學
福拔希
變黑格耳哲學爲
惟名的惟物論
鮑爾 (B. Bauer) (1809-1882)
西米脫 (K. Schmidt)
惟物論的爭辯
丁仁之博物學家
大會時發生
的惟物論
gt) (1817-1895)
leschott) (1822-1893)
olbe) (1819-1873)
chner) (1822-1899)
與物質) (1855)
34 生)
之謎) (1899)
洛兹 (Lotze) (1817-1881)
= 爲海巴脫, 黑格爾,
來勃尼兹所影響
= 結局的惟心論
(Teleological Idealism)
(1) 半康德派
弗來斯 (Fries)
便尼克 (Beneke)
福脫來奇 (Fortlage)
尤白惟 (Ueberweg)
(2) 自存物哲學
實在論
海巴脫
= 對於教
育學說之影響
主
叔本
(1788-
佛老恩斯他脫
(Fraue
哈
(1842-
= 綜合
黑
= 無意
注: 洛兹, 哈脫曼, 菲息納, 與康德派皆與惟物論相反者.

III. 十 九 世 紀 的 法 國 哲

II 復古的觀念
=革命的反動

1. 折衷派
以笛卡兒的心理學爲基礎
= 中和派，反對
教會派與
惟物派
= 自由派
= 革命的原理的
中心
= 調和

心理學派
歷史的研究

= 學校教師與文學家

主要思想
= (1) 哲學與神學無關.

= (2) 心理學是哲學的基礎.

= (3) 笛卡兒的精神的固疆

= Maine de Biran (1766–1824)
安希隆 (Ancillon) (1766–1837)
羅亥哥拉 (Royercollard) (1763–1845)
普力伏斯 (Prévost) (1751–1839)

折衷派
庫生 (Consin) (1792–1867)
如佛洛 (Jouffroy) (1796–1842)

惟心論的折衷派
加立葉 (Garnier)
西門 (J. Simon)
失失 (Saisset)
白叔 (Bersot)

正宗的折衷論
= 反對庫生學說中的
黑格耳的元素
耶納 (Paul Janet) (1820–1899)
卡羅 (Caro)

2. 教會
= 極端的反動

神學的玄學學派
= 固疆的. 注重歷史
研究之價值.
笫朋拉 (De Bonald)
(1754–1840)
拉門尼 (Lamennais)
(1782–1854) (= 黑格耳派)
笫美斯德 (De Maistere)
(1753–1821)
福來西隆 (Frayssimons)
(1766–1841)
沙土白利安 (Chateaubriand)
(1769–1848)
拔朗西 (Ballanche)
(1776–1847) (= 神祕的)
聖馬丁 (Saint Martin)
(1743–1803) (= 神祕的)
[反對耶穌會派與觀念論]

新多馬派 (Neo-Thomism
Abbé Piat.)

算學
庫丟拉 (Couturat)
潘加萊 (Poincaré)

te)

y (1754–1836)
論

romiguiere)
urot) (1768–1832)
rdaillac)

rthez) (1734–1806)
chat) (1771–1802)
rtrand) (1795–1831)
ison) (1766–1805)

工業的
有宗
= 社會
聖西門
[受
海爾
恩方
(17
步 失
(17

地 大
利 洛
雷 洛

孔 德
實證

浪漫派

科學的實
李圖
(Littr

IV. 十 九 世 紀 的 美 國 哲

究

卡爾文哲學 (Calvinism)

蘇格蘭學派

ds) (1703–1758)
ds, Jr.) (1745–1801)
it) (1752–1817)

馬克希 (J. M. McCosh)
博脫爾 (Noah Porter) (18
華克爾 (James Walker) (
博 文 (Francis Bowen)

eecher)
pkins)

馬 希 (J. M. Marsh) (1794–1842)
= 注意於德國哲學及十七世紀
道德學家

唯一神教
陳 林 (W. E. Channing) (1780–1842)

先在論
愛考生 (R. W. Emerson) (1803–1882)
= 康德哲學與柏拉圖哲學

巴 克 (Theodore Parker) (1810–1860)
白郎生 (O. A. Brownson) (1803–1876)

(為天主教徒)
= 本體主義 (Ontologism)

驗主義
皮耳上在法爾盛
. Pierce)
. James) (1842–1910)
Dewey)

敬啟

『民國專題史』叢書，乃民國時期出版的著名學者、專家在某一專題領域的學術成果。所收圖書絕大部分著作權已進入公有領域，但仍有極少圖書著作權還在保護期内，需按相關要求支付著作權人或繼承人報酬。因未能全部聯系到相關著作權人，請見到此説明者及時與河南人民出版社聯系。

聯系人　楊光
聯系電話　0371-65788063
2016年3月28日